香港立法會普選研究

《基本法研究叢書》學術顧問委員會
Academic Advisory Committee for the Series of the Basic Law Studies

主任

梁愛詩　　全國人民代表大會常務委員會香港基本法委員會副主任

委員（按姓氏筆畫排序）

王振民　　清華大學法學院教授、香港基本法澳門基本法研究會會長

王　磊　　北京大學法學院教授、中國憲法學研究會副會長

朱國斌　　香港城市大學法律學院教授

何建宗　　香港一國兩制青年論壇召集人、全國港澳研究會理事

胡錦光　　中國人民大學法學院教授、中國憲法學研究會副會長

秦前紅　　武漢大學法學院教授、中國憲法學研究會副會長

陳弘毅　　香港大學法律學院教授、
　　　　　全國人民代表大會常務委員會香港基本法委員會委員

楊艾文　　香港大學法律學院教授

韓大元　　中國人民大學法學院教授、中國憲法學研究會會長

基本法
研究叢書
LB

香港立法會普選研究

王理萬

CITY UNIVERSITY OF
HONG KONG PRESS
香港城市大學出版社

項目統籌	陳小歡
實習編輯	陳泳淇（香港城市大學中文及歷史學系三年級）
版式設計	劉偉進　*Up* *Création* 城大創意製作

國際統一書號：978-962-937-373-3

出版

香港城市大學出版社
香港九龍達之路
香港城市大學
網址：www.cityu.edu.hk/upress
電郵：upress@cityu.edu.hk

**Universal Suffrage for the Hong Kong's Legislative Council Election—
A Critical Study**
(in traditional Chinese characters)

ISBN: 978-962-937-373-3

Published by

City University of Hong Kong Press
Tat Chee Avenue
Kowloon, Hong Kong
Website: www.cityu.edu.hk/upress
E-mail: upress@cityu.edu.hk

Printed in Hong Kong

目錄

詳細目錄 ————————————————————————— vii

總序　朱國斌 ——————————————————————— xi

代序　胡錦光 ——————————————————————— xv

第一章

導論：立法會普選的思考起點 ——————————————— 1

第二章

立法會選舉發展及其爭議 ——————————————— 47

第三章

立法會普選制度的經驗借鑒 ————————————— 163

第四章

影響立法會普選的制度因素 ————————————— 237

第五章

結語：通向立法會普選的道路 ———————————— 291

後記 ——————————————————————————— 311

詳細目錄

第一章　　導論：立法會普選的思考起點 _____ 1

　一、香港立法會普選的問題意識與研究方向 _____ 1

　二、香港立法會普選的概念界定與研究範疇 _____ 4

　　（一）普選概念及其香港語境 _____ 4

　　（二）權力結構中的香港立法會 _____ 11

　　（三）雙普選的內在關聯 _____ 29

　三、現有研究文獻之簡析 _____ 37

　四、分析框架與結構 _____ 40

　　（一）香港普選分析框架 _____ 40

　　（二）研究方法與結構 _____ 43

第二章　　立法會選舉發展及其爭議 _____ 47

　一、回歸前的立法局選舉 _____ 48

　　（一）代議政制在香港的建立 _____ 49

　　（二）激進民主化及後續影響 _____ 59

　二、回歸後的立法會選舉 _____ 67

　　（一）臨時立法會的設立與運作 _____ 68

　　（二）「功能組別」制度及其改革 _____ 74

　　（三）地區直接選舉的制度改革 _____ 97

　三、佔中運動與香港普選 _____ 106

　　（一）由民主回歸到民主自決 _____ 106

　　（二）由區際融合到陸港矛盾 _____ 110

（三）由政績認受性到合法型統治 _____ 114

（四）佔中對立法會普選的影響 _____ 119

四、主權意識與普選契機 _____ 125

（一）中央對香港普選的態度 _____ 125

（二）推動普選的政治時機 _____ 147

第三章　立法會普選制度的經驗借鑒 _____ 163

一、地方議會普選基本理論 _____ 165

二、經濟性都市的議會普選 _____ 168

（一）紐約市議會普選制度 _____ 169

（二）倫敦議會的普選制度 _____ 176

（三）新加坡國會普選制度 _____ 181

三、異質性地區的議會普選 _____ 188

（一）北愛獨立運動與地區普選 _____ 189

（二）魁北克獨立運動與議會普選 _____ 202

（三）加泰隆尼亞自治與選舉 _____ 213

四、地方議會普選的經驗借鑒 _____ 223

（一）如何在經濟型都市舉行普選 _____ 224

（二）如何在異質政治地區舉行普選 _____ 230

第四章　影響立法會普選的制度因素 _____ 237

一、「一國兩制」與香港民主 _____ 237

（一）「一國兩制」下的國家結構 _____ 237

（二）中央與特區的憲制互動 _____ 246

二、政黨政治的發展與瓶頸 _____ 254

（一）香港政黨的形成與分化 _____ 254

（二）沒有執政黨的政黨政治 _____ 259

（三）香港政黨政治的變革路向 _____ 265

三、比例代表制的制度設計 _____ 268
　（一）議會選舉制度的基礎理論 _____ 269
　（二）港式比例代表制的實踐 _____ 270
　（三）香港選舉制度的改革策略 _____ 277
四、香港區議會選舉的影響 _____ 280
　（一）香港地方政制的發展 _____ 280
　（二）區議會與立法會的關係 _____ 282
　（三）區議會選舉的政治影響 _____ 287

第五章　結語：通向立法會普選的道路 _____ 291
一、立法會普選的機遇、挑戰和路徑 _____ 291
　（一）立法會普選的機遇和挑戰 _____ 293
　（二）立法會普選的路徑和措施 _____ 296
二、香港立法會普選的時空意義 _____ 302
　（一）「一國兩制」中期時代的普選觀 _____ 303
　（二）2047 的政治隱喻與香港普選 _____ 306

後記 _____ 311

總 序

一

1997 年 7 月 1 日，中華人民共和國恢復對香港行使主權，「實現了長期以來中國人民收回香港的共同願望」（參見《香港特別行政區基本法・序言》）。同日，香港特別行政區成立，成為「中華人民共和國的一個享有高度自治權的地方行政區域」（第十二條）；《香港特別行政區基本法》正式生效，「以保障國家對香港的基本方針政策的實施」（〈序言〉）。始自這日，香港的歷史翻開了嶄新的一頁。

香港回歸標誌着中國在國家統一之路上邁出了一大步。對於香港特區而言，在《基本法》載明的「一國兩制」、「港人治港」、「高度自治」這些根本性原則統率之下，回歸更意味着憲制秩序的轉換與重構，以及中央與地方關係制度的再造。在特區之內，「不實行社會主義制度和政策，保持原有的資本主義制度和生活方式，五十年不變」。就政府管治制度而言，基本的立法、行政、司法制度得以延續。就此而言，香港回歸取得了巨大成就，達成了歷史使命。

彈指間，香港回歸祖國已經二十年了。

二

常聽說：「香港是一本很難讀懂的大書。」對一些人而言，這本書依然晦澀難懂；而對另一些人來說，這本書寫到這般田地，不讀也罷。二十年後的今日，有人不斷地追問，東方之珠的「風采是否浪漫依然」？君不見，港英政府時代的制度瓶頸與問題，如貧富差距、地產霸權，今日仍揮之不去，赫然在目；特區政府又面臨着新的、尖銳的挑戰，有如北京—香港關係、行政—立法關係、管治低效、社會發展裏

足不前、本土主義與港獨思潮、普通法之延續等等。這些，我們不可能視而不見。

　　然而，這又是一本必須去讀的書。於內地讀者來說，很難理解在同文同種之下，為什麼兩地人民關係仍然顯得那麼生分，其程度甚至比回歸前更甚；為什麼祖國大家庭的小兄弟還是那麼「調皮」，時不時惹得父母生氣和懊惱。而對這本書的作者——香港人——來說，儘管「本是同根生」，但就是沒有那種親密無間的感覺。

　　這些年來，中國經濟發展突飛猛進，改革開放造就了「製造大國」。以經濟體量觀之，中國一躍而為世界第二大經濟體，這的確讓國人引以為傲，這就是「硬實力」。反觀香港，其 GDP 佔全國 GDP 的比重從 1997 年的 18.45%，下跌到 2016 年的 2.85%（《橙新聞》，2017 年 6 月 25 日），斷崖式下跌，今非昔比。

　　若僅以「硬實力」比拼，香港早就慘敗了。然而，在一國兩制下，香港人仍然有那份執着和「制度自信」，社會仍然繁榮昌盛。而且，客觀地觀察，香港也有自己的「軟實力」（soft power）。香港人自持的核心價值是法治、廉潔政府、自由，還有有限的民主。

三

　　香港是一本必須讀懂的書。

　　在內地，以學術論文發表數量為衡量依據，香港研究曾一度成為「顯學」，時間大約是在《中英聯合聲明》簽署之後至《基本法》制定期間。及至香港九七回歸前後，也曾見研究興趣的再現。近兩三年來，在社會科學界，有關香港的研究又見興趣和出版高峰，這尤以法學界和政治學界為甚。

　　就《基本法》研究而言，學術成果猶如「雨後春筍，層出不窮」。理論的繁榮不一定表現在為成就唱讚歌，在客觀上，它反映了在實踐中存在並出現了很多新問題。今時今日，學術界首先面對的宏觀課題就是《基本法》理論的體系化、深度建設及研究的應用性。

　　從檢視現在的學術成果可以看到，學術界目前正關注的理論性、

實踐型問題包括：憲法與特區憲制秩序的形成、憲法與《基本法》的關係與互動、《基本法》變遷與政治發展之道、政治改革與中央權力、作為憲法原則的一國兩制、一國與兩制的關係、全面管治權與中央監督權之確立與行使、一國兩制與新型中央與地方關係模式、統一與多元之下中央與地方關係、特區管治與《基本法》、《基本法》之下權力分立模式、行政主導抑或三權分立、善治與行政──立法關係、《基本法》的「自足性」與全國人大常委會、《基本法》的「自足性」與香港普通法法庭、《基本法》下「雙軌制」釋法制度、本土主義及港獨思潮與《基本法》、《基本法》法理學，等等。

這些重大課題值得我們投入精力，一一闡發、澄清。

四

自 1996 年開始，我就在香港城市大學法律學院講授《香港基本法》及相關課程，對《基本法》研究略有心得，也希望為學術研究盡點綿薄之力。策劃出版本套「基本法研究叢書」的基本出發點及「初心」就是，多研究些問題，在理論與實踐間架設橋樑。進而言之，這也是為了學術，為了一國兩制繼續成功實踐，為了香港特區更好的未來。簡而言之，總結經驗，繼往開來。

「學術性」和「開放性」，是本叢書編輯出版所秉承的兩個基本原則。「學術性」不等於刻意追求著作的理論性、抽象性，不等於建造象牙之塔。不過，構造、解構與重構概念與理論是本叢書的使命之一。一部有質量的學術著作往往對實踐具有直接或間接的參考價值和指導意義。這樣的著作才有擔當，才能展現作者的使命感。至於「開放性」，具體而言，是指研究課題的開放性、研究方法的跨學科性，以及稿源的開放性。一切與《基本法》實施有關的課題都是本叢書關注的焦點，跨學科的著作尤為珍貴。叢書歡迎兩岸四地及海外作者不吝賜教、踴躍投稿，中英文著作兼收並蓄。

本叢書不敢好高騖遠，但還是志存高遠，希望為《基本法》研究提供一個共享平台，為學人搭建一個交流的園地。

最後，不能也不應該忘記的是，從策劃這套叢書的念頭一閃現開始，我就得到了來自香港和內地的傑出法律人和學者的至關重要的精神與道義支持。在此，我要特別記下對本叢書學術顧問委員會成員的真誠謝意，他們是：梁愛詩、王振民、王磊、何建宗、胡錦光、秦前紅、陳弘毅、楊艾文、韓大元。

五

香港城市大學位於九龍塘、獅子山下。在寫作本序言時，我情不自禁地想起那首耳熟能詳、由黃霑作詞、羅文演唱的名曲：《獅子山下》，不覺思緒萬千。《基本法》載明，一國兩制，「五十年不變」。二十年轉瞬即逝了，往者不可諫，來者猶可追。在未來的三十年，香港仍然會面對新的矛盾與挑戰，與此同時且重要的是，還有更多的發展機遇和更大的成功機會。香港人更應秉承獅子山精神，不斷適應變換中的新形勢、新環境，追求進步、繁榮、幸福。不忘初心，香港的前景必定是美好的。這也是我內心的深切願望。

行文至此，讓我引用一段《獅子山下》的歌詞為本序作結：

放開 彼此心中矛盾

理想 一起去追

同舟人 誓相隨

無畏 更無懼

同處 海角天邊

攜手 踏平崎嶇

我哋大家 用艱辛努力

寫下那 不朽香江名句

朱國斌

香港城市大學法律學院教授、法學博士

於九龍塘、獅子山下

2017 年 6 月 25 日子夜

代序
法治是香港社會穩定發展的保障

　　整個中國以實現中華民族偉大復興為奮鬥目標，而這一目標的實現，須以能夠有效解決現階段的社會主要矛盾、適應特定的社會特徵，因此，必須實現國家治理現代化、提升執政能力和執政水平、積極協調推進「五位一體」佈局。這一切均有賴於全面推進依法治國，實行法治、建設法治國家。香港社會需要穩定、繁榮、發展，使香港居民在一個更好的社會環境下生活、發展，追求更多的福祉，也需要保持一個法治的社會環境和背景。

　　我們知道，法治以民主為基礎，以自由為力量。法治因為是以民主為基礎，因此，它是社會各種不同利益的平衡器。法治以保障人權為目的。法治的核心價值是控制公共權力，並在此基礎上分配和保障公共權力的行使，達到保障人權的效果。法律是由民意代表機關在充分的民主基礎上通過的，具有正當性和崇高的權威性；法律是社會生活的基本行為規範，是形成基本社會秩序的基礎。

　　當然，法律不是萬能的，並不能解決社會生活中的所有問題。在形成和諧社會過程中，還需要其他的機制。

　　無庸置疑，香港已經是一個法治社會，具有良好的法治傳統和法治環境，香港居民具有很強的法治意識和法治觀念。

　　第一，香港有着比較完備的法律體系。全國人大為香港制定了在香港具有最高地位的《基本法》，這部《基本法》為香港社會確立了政治體制、經濟制度、文化教育制度、宗教制度，以及香港居民的權利和義務。特別是，這部《基本法》根據「一國兩制」的指導思想確立了香港特別行政區的法律地位，基本保留了原有的法律，並根據香港社

會的需要，立法會制定了一系列法律，等等，形成了適合香港社會需要、具有特色的法律體系。同時，香港還具有普通法的傳統。

第二，香港特別行政區根據《基本法》享有獨立的司法權和終審權，司法機關具有崇高的權威和尊嚴。香港各級法院依據《基本法》及其他法律，獨立地裁判案件，並可行使終審權。《基本法》設立了一系列原則和制度保障香港各級法院的司法公信力，樹立其在香港居民心目中的權威性和尊嚴，以保證其有效地裁判案件，解決糾紛，化解各種社會矛盾。

第三，根據《基本法》，香港社會各階層均有代表參加立法會，以代表和表達自己的利益。穩定發展的基本前提是不同利益之間的妥協和和諧。社會是由處於不同階層、不同群體的人組成的，而不同階層和不同群體都具有自己特定的不同利益，這些不同的利益之間又必然地存在着矛盾和衝突。同時，人們又生活在同一個社會共同體之中。要使這些存在矛盾和衝突的不同利益之間和諧相處，首先必須承認不同利益存在的正當性和合法性，其次不同利益者之間必須相互尊重，並能夠使不同的利益都充分表達，以使自己的利益及其根據和合理性為其他利益者所了解。

在香港的現行法律中，明確規定了何種利益是合法利益、何種利益是非法利益。同時，根據《基本法》的規定，不同的社會階層和社會群體都有機會通過直接選舉的方式或者推選的方式產生自己的利益代表，參加到立法會之中去，由這些代表通過立法會的各種議事程序和方式，包括提案、辯論、表決等，去表達自己的利益。

第四，立法會的立法程序能夠保證各種不同利益之間進行妥協。根據《基本法》的規定和立法會議事規則的規定，任何議案都要經過議員們的充分辯論，並進行表決；在表決通過後，還要提交行政長官公佈，行政長官具有相對的否決權；在行政長官否決的情況下，立法會還可以絕大多數表決，以否決行政長官的否決。這一立法程序保證了各種不同利益之間的平衡，使得任何一種處於優勢地位的利益在立

法過程中不得不顧及到其他利益的存在，以防止「多數暴政」的出現可能。

社會總是由強勢群體和弱勢群體、多數人和少數人組成的。他們都共同存在於同一個社會共同體之中。強勢群體和多數人從社會共同體的角度，在觀念上理性地認識自己的多數和強勢地位，去關注少數人和弱勢群體的利益，而不是一味地強調自己的利益，忽視他人利益的存在和正當性。同時，一時的多數和少數並不是永恆的，是一個變化的過程。因此，在制度上，防止多數和強勢的任性是非常重要的。

第五，《基本法》地位的保障機制也保證了各種不同利益之間的平衡。根據《基本法》的規定，《基本法》在香港所有法律中的地位是最高的，為了保障《基本法》的這一地位，《基本法》中規定了兩項保障機制：（1）香港立法會制定的法律必須交由全國人大常委會備案，全國人大常委會如果認為該法律違反《基本法》，則予以發回，該法律自發回之日起無效。（2）全國人大常委會對《基本法》擁有解釋權，雖然全國人大常委會授權香港法院對《基本法》有解釋權，但全國人大常委會對《基本法》擁有最終和最高的解釋權。此外，香港終審法院在「無證兒童案」中，開創了法院在審理案件過程中附帶地根據《基本法》對適用於該案件的香港法律的審查權的先例。我認為，這些機制都是一些保障措施，能夠防止在實行民主過程中，「多數決定、少數服從」表決機制可能導致的各種利益之間的失衡。

第六，根據《基本法》和香港的有關社團條例，香港居民有權依據自己的意願和利益保障的需要，成立社團。因此，不同利益者除了可以通過自己在立法會中的代表表達自己的利益外，還可以通過自己的社團組織的各種活動表達自己的利益。

第七，根據《基本法》，香港居民享有各種民主權利和自由。與香港回歸之前相比較，香港居民的民主權利，應該說有所擴大，香港居民原有的自由仍然受到保障。可以說，在香港回歸之後，香港居民才

真正成為香港社會的主人。香港居民可以通過直接行使自己的民主權利和各種自由，包括集會、遊行、示威的自由，以表達自己的利益。

此外，我認為，香港社會能夠穩定發展，整個中國的法治環境是一個非常重要的因素。1999 年全國人大通過修改憲法，在憲法第五條中增加了「依法治國、建設社會主義法治國家」的條款。在內地，自 1979 年以來，關於人治與法治的關係，經過了三次激烈的爭論，最終接受了法治的理念，通過憲法修正案，確立了建設社會主義法治國家的目標。因此，在香港特別行政區成立以來，中央在「一國兩制」指導思想下，依據法治的理念和思維，按照法律程序，行使中央在特別行政區的權力，特別是對《香港基本法》的解釋權。

特別行政區制度，特別是中國在「一國兩制」指導思想下所建立的特別行政區，以及在特別行政區所實行的各項制度，包括特別行政區所享有的高度自治權、中央與特別行政區的關係等，在世界上屬創舉，並不存在先例。因此，香港社會在發展進程中，必然地有許多前人所沒有遇過的問題需要解決，需要中央、特別行政區政府和廣大香港居民用智慧和理性，在保持香港繁榮、穩定、發展的總體目標下，依照法律程序，在法治的軌道內才能得到妥善解決。

因此，我認為，根據香港特別行政區制度實行以來的實踐和香港未來的發展，有以下幾點需要特別注意：

第一，必須客觀、務實地判斷香港社會所處的發展階段，特別是在政治民主方面的狀況。一切制度及其發展都必須以適合社會發展階段為判斷根據，因此，凡是適合香港社會及其發展的制度都必須堅持，任何制度的發展都必須以社會發展階段為根據，落後或者超越社會發展階段的任何制度及其發展，都可能阻礙社會的穩定和發展。香港社會各界都必須以冷靜和理性的態度，客觀判斷香港社會的發展階段和香港社會的特點，以發展自己的政治民主。

香港的政治體制及在此政治體制之下的制度設計，已經考慮到香港社會的基本特點，是比較適合香港社會的。當然，這一政治體制是一種全新的政治體制，在實行過程中，哪些方面不適應香港社會的具

體情況，需要進行全面、客觀、慎重的研究和考量，應當本着循序漸進的原則，本着保持香港社會穩定的原則，進行改進和發展。

第二，尊重法治、維護《基本法》的權威。香港社會各界的一切訴求、社會生活中的一切矛盾和衝突，都必須或者只能依照《基本法》規定的程序和方式予以解決。中央政府、香港特別行政區政府和香港社會各界在處理任何問題時，都必須以《基本法》為依據，維護《基本法》的權威和尊嚴，在香港社會形成統一的基本法秩序。香港法院特別是終審法院作為香港維護香港法治權威、解決社會矛盾、化解社會衝突的機構，在如何以「一國兩制」為指導思想，全面、客觀地理解《基本法》，根據香港社會的特點，實施《基本法》方面，承擔着極為艱巨的重任。

第三，在「一國兩制」指導思想下，在法治軌道內，維護香港的繁榮、穩定和發展。香港社會的繁榮、穩定和發展，根本上取決於對「一國兩制」的理解。「一國兩制」的精神已經體現在《基本法》之中，因此，如何根據「一國兩制」的指導思想去理解《基本法》的規定，是實施《基本法》的關鍵所在。中央政府要依據《基本法》的規定，尊重已經授予特別行政區的高度自治權，並行使中央在特別行政區的權力。特別行政區政府和香港居民要尊重和維護「一國」，孤立地、片面地強調所實施的有別於內地的特殊制度和生活方式，而不從「一國」的高度去考慮問題和理解《基本法》的規定，實際上是不利於香港的繁榮、穩定和發展的。特別是在政治民主發展方面，特區政府和香港居民要維護中央的主導作用。

我相信，在維護香港社會繁榮、穩定和發展的大局之前提下，在中央政府的主導下，在特別行政區政府的領導下，在香港各界居民的共同努力下，依據《基本法》，維護《基本法》的權威，香港社會一定能夠構建成一個穩定、繁榮、人人安居樂業的社會共同體。

王理萬講師是我指導的博士，畢業後前往中國政法大學任教。本書是他在博士畢業論文的基礎上修訂而成的著作，對於該博士論文，其花費了比較多的精力和功夫。王理萬博士有扎實的學術基礎、敏銳

的學術感覺，也捨得在學術上下氣力，未來在學術上一定有很好的成長空間。在本書出版之際，應約寫下上述文字，權以為序。

中國人民大學法學院副院長

胡錦光

2018 年 6 月 25 日

第一章

導論：立法會普選的思考起點

∞∞∞∞∞∞∞∞∞∞∞∞∞∞∞

一、香港立法會普選的問題意識與研究方向

　　本書以香港立法會普選作為研究主題，旨在經由對香港立法會選舉的歷史經驗的總結、對地區性議會普選制度的比較研究、對香港立法會的內外權力結構的多維分析，將香港立法會普選納入中央—特區關係的總體背景下，展示立法會普選涉及的憲制難題及其解決方案，並在此基礎上討論「2047 語境」下的香港立法會普選問題，以及初步討論單一制國家的地方議會民主化改革的可能性與限度。之所以選定此研究主題，主要源於筆者對兩個基本問題的關注，而這兩個問題也是本書重點討論的命題。

　　第一個問題是香港面臨的複雜繁重的政治改革任務。由於《基本法》設定了普選作為行政長官和立法會產生方式的最終發展目標，因而自回歸以來的政治改革均聚焦於「雙普選」上。雖然在 2015 年 6 月香港立法會否決了關於行政長官的普選方案，立法會普選的時間表因此延期，但是普選問題在過去及可以預見的香港政治未來之中，仍是各方所關注及爭議的焦點。現實而言，與實現普選同等重要的，是建立與普選相應的管治模式，以保證香港能成功實現政治轉型和民主鞏固，使香港不至於出現普選所導致的政治衰敗（political decay）。有學者指香港在「佔領中環」運動後已出現政治衰敗的跡象，包括各方政治力量爭拗之下錯失普選機遇、政府的認受性問題（legitimacy problem）進一步加劇、行政與立法關係更加難以調適、社會分裂導致難以產生共

識、中央政府將集中精力應對「港獨運動」（independent movement）等——這些導致香港政府的力量被嚴重削弱。[1] 處於民主轉型時期的政治共同體，民主化本身就意味着改革風險和機會成本，而其中最為高昂的代價就是亨廷頓（Samuel P. Huntington）語境中的政治衰敗——政治發展與政治現代化（modernization）並不一致，也與政治組織和程序的制度化有所區別；政治動員與政治參與的快速增長及政治原則的現代化將會損害政治體制本身。換言之，急速的政治現代化帶來的並不一定是政治發展，也可能導致政治衰敗。[2] 當然，我們對於香港政治改革，沒有必要產生「民主恐懼症」或是將民主污名化、妖魔化，而是應當肯定民主化對於政治體制的改良作用，以及充分認識單一制國家中的地方政府率先局部民主化的難度，從而審慎地判斷與建構包括立法會普選在內的香港政治改革的前途和路徑，把香港實現普選與建立優良政體的過程結合起來。

另一個問題是香港民主化所面臨的理論難題，這也是本書選取香港立法會普選作為研究對象的動力與契機。近年來，《基本法》研究興起，證明二十餘年的《基本法》實踐為研究提供了學術富礦，促使學者乃至普通民眾開始關注和思考香港政治問題。在宏觀層面上，香港以普選為表徵的政治改革與民主化，涉及的重要問題至少包括以下幾方面：一、從中央和地方關係的角度，地方率先實現民主化的可能性及其限度問題；二、從民主轉型的角度，如果威權國家內部可以容納地方性民主政府，這會對整體國家構成什麼影響；三、從立法與行政的關係而言，立法會普選將對香港的政制產生哪些影響，是否會進一步弱化「行政主導」體制；四、普選對香港居民的國家認同會產生什麼影響，其影響又會怎樣與中央政府治港的決策有所互動。這些理論命題

---

1. Jermain T. M. Lam (2015). "Political Decay in Hong Kong after the Occupy Central Movement," *Asian Affairs: An American Review*, 42(2): 99–121.

2. Samuel P. Huntington (1965). "Political Development and Political Decay," *World Politics*, 17(3): 386–430.

事實上涉及兩組基本概念，即國家認同與民主化在香港政治改革中的張力與互動關係——這源於香港作為威權國家的地方性政權的事實，是討論香港問題不可迴避的政治前提。[3]有學者提出，國族建構（nation-building）與民主化在目標上難以兼容：一方面，國族化是中國民族主義（nationalism）的當務之急；另一方面，民主化則需要培養應對複雜的全球化與日益增長的民主社會的政治素質（political literacy）。[4]因而包括香港的政治改革進程，必然會牽涉到國家認同與民主化之間的衝突，二者此消彼長的關係將決定香港政治發展的方向。

　　從研究的角度，香港立法會普選具有以下三種特殊性：第一，立法會普選是地方性議會選舉，其受制於「一國兩制」的憲制原則和中央政府確立的政治安排，與主權國家層面的選舉有較大差異；第二，立法會普選是立法機關（代議機關）選舉，這與行政首長或高級政務官員的選舉存在顯著區別——目前關於香港「雙普選」的研究多見於對行政長官普選的研究，而關於立法會普選的研究尚未充分展開，本書即是對後者的一種嘗試；第三，立法會普選是《基本法》設定的政治發展目標。而由於普選在香港尚未落實、原定的普選時間表已經被否定，因此本書關於香港立法會普選的研究側重於理論闡發、歷史梳理和比較研究。

　　基於上述的問題意識，本書將圍繞立法會普選問題，進行以下的理論探索：一、從中央與地方關係的視角審視香港民主化，特別是從中央與特區憲制結構的角度論證香港民主化的動力和限度；二、從比較研究的視角，通過對於立法會（局）選舉歷史的梳理，以及國外典型地區普選制度的比較研究，試圖歸納立法會普選的一般性規則，特別是普選後的地方議會如何處理與中央政府的關係；三、從內部的視角討論立法會內部的權力結構，特別是普選後功能組別的存廢問題；

---

3. 王理萬（2015）。〈國族化與民主化在香港問題上的展開〉，《「一國兩制」研究》。1 期。

4. Christopher Hughes and Robert Stone (1999). "Nation-Building and Curriculum Reform in Hong Kong and Taiwan," *The China Quarterly*, 160: 977–991.

四、將香港普選問題納入到「2047 語境」，討論在「五十年不變」的政治框架下，如何理解香港立法會發展的趨勢，以及在《中國憲法》和《香港基本法》的基礎上，概括立法會普選對於中國憲政發展的一般意義。這些問題意識聚焦於立法會普選問題，但並不局限於制度研究，而是將立法會普選放置在更為廣闊的中央 — 特區關係的結構中，闡釋立法會普選的憲制意義。

二、香港立法會普選的概念界定與研究範疇

在討論香港立法會普選問題之前，我們有必要界定該問題所涉及的基本概念 —— 什麼是「普選」？「普選」在香港語境下應如何被理解呢？在《中國憲法》認同的特別行政區制度下，立法會作為香港的立法機關，其內部和外部的權力關係是怎麼建構起來的？「雙普選」是否存在內在聯繫？行政長官普選和立法會普選的關係是什麼呢？要釐定這些概念和範疇，不僅可以凝練成本書即將展開的論題（以免使本書對香港政治問題流於過分寬泛的探討），更加重要的是，將立法會普選問題置於宏觀的中央與特區關係、特區行政與立法關係、微觀的立法會內部權力關係的多重脈絡之中，據此可以充分觀照問題的全貌。

（一）普選概念及其香港語境

「普選」（universal suffrage）是指所有人（all human beings）均有權投票或者代表（stand for）參加選舉，但是這項權利通常受到一定限制，包括年齡、國籍、居所，以及是否被剝奪政治權利等。[5] 因而就「普選」概念本身而言，其僅針對選舉權範圍所作出的狹窄界定，並不涉及選票價值、組織程序等要素。顯然，符合立憲主義價值的選舉不能只是符合狹義的普選概念（選民範圍廣泛），還需有其他基本原則輔助。其中，平等選舉（equal suffrage）、自由選舉（free suffrage）、秘密選舉

---

5. Council of Europe (2008). *Electoral Law.* Strasbourg: Council of Europe Publishing. pp. 14–15.

（secret suffrage）、定期選舉（regular holding of elections）、直接選舉（direct suffrage）也是經常與普選共同實施的原則。[6]需要說明的是，上述選舉原則的不同組合方式，可以形成不同的選舉模式：比如普遍但不平等的選舉、普遍且間接的選舉等。各個國家所採取的選舉模式，從根本上取決於該國的民意推動和精英意識，只有當政治精英與民眾就選舉模式達成共識時，選舉模式的變革才具有實現的可能性。

「確立普選的政治正確性」是非常近代才出現的，至少啟蒙時代後的多數政治思想家並不將普選看作是理所當然的事情，反而致力反對選舉權範圍的無限擴張，認為這會導致政治的腐敗和庸俗化（corruption and mediocrity）。[7]當時的學者基於對大眾民主的警惕，指出普選的弊端包括：一、普選之下的選民容易受到譁眾取寵式的鼓動（sway of demagogism），那些無知的、缺乏教養的、散漫的選民極易聽信游說；二、普選會導致所有宏大的公共事業癱瘓，可能造成每個關於公共工程的認知，在開始和維持階段變得無知與無能（ignorance and incapacity）；三、普選阻止人們追求更高智力的努力，高等教育所帶來的利益被寄託在那些沒有接受高等教育的人身上，而後者無法意識到自己缺乏深刻與完整的高等教育；四、普選抑制了大眾教育（popular education），其往往不重視大眾教育的發展；五、普選抹平了各層次的差距，國家宣佈人人平等，並強調國家由所有人平等治理，這將不可避免地導致資質平庸者（ordinary intelligence）同樣能行使國家權力。[8]從西方國家的普選發展歷史來看，它們也經歷了頗為漫長的政治博弈。直到 1867 年，英國工人才取得選舉權，婦女在 1928 年才取得選舉資格；法國雖然在 1789 年的「人權宣言」中就提出了普選，但是直

---

6. Yannick Lécuyer (2014). *The Right to Free Elections*. Strasbourg: Council of Europe Publishing. pp. 67–72.

7. Paul B. Kern (1972). "Universal Suffrage without Democracy: Thomas Hare and John Stuart Mill," *The Review of Politics*, 34(3): 306–322.

8. Alexander Winchell (1883). "The Experiment of Universal Suffrage," *The North American Review*, 136(315): 119–134.

至 1875 年才真正取消選民資格中的財產和教育程度的限制，1944 年法國婦女取得與男子平等的選舉權；而在美國，1965 年黑人終獲得選舉權。[9]

香港普選的理念和實踐則是近代才出現的，儘管在二戰結束後港英政府提出「楊慕琦計劃」(The Young Plan)，[10] 嘗試在香港推行政治改革。該份計劃提出設置由 48 人組成的市政委員會，其中分別由中國籍選民投票產生 16 人，由其他種族的選舉人投票選舉 16 人，由職業團體和其他團體推薦 16 人，最後均由政府委任；該計劃規定年滿 25 歲的男女皆有選舉權，但仍提出對選民的居住年限、中英文書寫能力及納稅額度有所限制。[11] 就這點而言，「楊慕琦計劃」仍是一份較為保守的政治改革方案，其後的繼任港督也提出過類似的改革動議，但都未能真正付諸實施。根據近年英國國家檔案館 (National Archives) 公開的一份文件顯示，1958 年時任國務院總理周恩來告知前來訪問的坎特利中校 (Lieutenant Colonel Cantlie)，希望他將中國政府的意願轉告給時任英國首相哈羅德・麥克米倫 (Harold MacMillan)：任何試圖將香港改變成為像新加坡那樣的自治領土 (self-governing dominion) 的計劃和陰謀 (conspiracy)，中國政府都將其視為不友好舉動，中國希望香港現有殖民狀態可以保持不變。[12] 這份真實性待查的文件，曾被作為中國政府「不願意給香港民主」的直接證據，在網絡上形成討論。本書認為這種理解顯然太過狹隘和短視，如果此文件確實存在，恰恰可以顯示出當時中

---

9. 楚樹龍、唐虹（2006）。《政治學概論》。北京：清華大學出版社。182–184 頁。

10. Gavin Ure (2012). *Governors, Politics and the Colonial Office: Public Policy in Hong Kong, 1918–58*. Hong Kong: Hong Kong University Press. pp. 111–134.

11. 強世功（2015）。〈楊慕琦計劃〉，《香港政制發展資料彙編》。香港：三聯書店（香港）有限公司。89–92 頁。

12. 該檔案的真實性待查，但是根據筆者檢索英國國家檔案館的官方網站（www.nationalarchives. gov.uk/），顯示 FCO40/327 號檔案的名稱為 "Constitutional development of Hong Kong"，該檔案建立於 1971 年，並於 2002 年向公眾公開，但是無法在線獲取該檔案全文。關於該檔案內容的報道可參見 Andrew Jacobs (2014). "Hong Kong Democracy Standoff, Circa 1960," *The New York Times*.

國領導人的政治憂慮——如果放任港英政府在香港推行民主化改革，這或許將導致香港難以回歸，永遠成為分離於中國之外的自治領土。此舉與中國在 1972 年剛剛恢復聯合國合法席位後，就主動要求將香港與澳門從殖民地名單中刪除，[13]有着共同的政治目的，即中央政府雖然並不直接排斥香港民主改革，但是如果這項改革可能導致香港分離的危險，就傾向於保持香港的政治現狀。這也說明，香港的普選問題取決於中央政府的憲制安排，中央政府不允許存在任何失控的隱患。

值得注意的是，《中英聯合聲明》中並未規定普選事宜，僅是寫明「行政長官在當地通過選舉或協商產生，由中央人民政府任命」。事實上，在 1990 年中國外交部致英方的信函中，就已經討論了回歸後立法會直選議員的比例：中方提出在 1997 年及以後立法會直選比例為 1997 年佔 33.3%，1999 年佔 40%，2003 年佔 50%；為了香港平穩過渡，可以考慮將 1991 年的立法局直選議員從 15 名增至 18 名。即使如此，中國政府堅持認為如果上述方案無法獲得英方的支持，基本法起草委員會將按照原方案作出決定——《基本法》的起草完全是中國的內部事務。[14]因而，普選概念在香港是由《基本法》確立的，但是《基本法》僅作出了原則性、目標性的規定，即分別規定「行政長官的產生辦法根據香港特別行政區的實際情況和循序漸進的原則而規定，最終達至由一個有廣泛代表性的提名委員會按民主程序提名後普選產生的目標」與「立法會的產生辦法根據香港特別行政區的實際情況和循序漸進的原則而規定，最終達至全部議員由普選產生的目標」。

在實踐中，對於普選概念本身也存在爭議，這集中表現在立法會普選後功能組別的存廢問題。2010 年時任香港中聯辦主任張曉明曾表示，普選就是所有居民擁有平等的選舉權，並且進一步督促對功能組別進行客觀評估。這次表態引發了關於中央是否要保留功能組

---

13. 吳志菲。〈聯合國將香港澳門從殖民地名單中刪除〉，《北京晚報》，2010 年 11 月 4 日。

14. 具體請參見宋瑩、張培忠主編（1997）。《中國領導人談香港》。香港：明報出版社有限公司。424–425 頁。

別的關注：建制派團體開始着手設計改革功能組別制度，期待使功能組別符合普選的要求，通過對於功能組別的技術性優化（technical optimization），以試圖正確解釋普選的含義；但也有人指出，功能組別旨在保障富人的特權，與普選的價值難以兼容。[15] 事實上，香港政制事務局曾就普選概念進行了多次討論。比如在 2006 年 1 月的會議文件中指出，普選是指包括普及和平等的原則，但是投票權仍受到法例合理的規限，其中普及選舉權意味着特區永久性居民均享有選舉權和被選舉權，而平等選舉權則意味着每一選票必須對選舉結果具有同等效力，但是並不存在一套選舉制度能適合所有地方。[16] 在 2006 年 6 月，香港政制事務局進一步對立法會普選模式進行了討論，關於功能組別的前景達成兩點共識：須顧及香港的特別需要、要求及歷史現實；及須確保有利兼顧各階層的利益，維持「均衡參與」的原則，及考慮功能組別歷來在這方面所擔當的角色。[17]

　　基於上述關於普選的一般概念及香港政治歷史和現狀的考慮，普選概念在香港被界定為以下幾點：第一是普遍選舉權的標準；第二是平等選舉權的標準；第三是普選受制於中央政府的憲制安排；第四是普選需要適合香港的獨特政治和經濟體制。其中，前兩點是普選概念的內在基本要求，而第三點來自於現實層面的中央與特區的關係結構，第四點是基於香港特殊的政治和經濟結構。

　　目前香港立法會的選舉，在普遍選舉權方面已有相對完備的制度安排。根據香港《立法會條例》的規定，年滿 18 周歲的香港永久性居民且通常居住在香港，一般均有選舉權，但要留意限制行為能力人和武裝部隊成員不具有選民資格。值得注意的是，在《基本法》制訂過

15. Yu Gu (2015). *Hong Kong's Legislature under China's Sovereignty: 1998–2013*. Leiden: Brill Press. pp. 29–30.

16. 香港政制事務局管治及政治發展委員會（2006）。《對「普選」概念的一般理解》。文件編號：CSD/GC/3/2206。

17. 香港政制事務局管治及政治發展委員會（2006）。《有關普選原則和概念討論的總結》。文件編號：CSD/GC/6A/2006。

程中曾就選舉年齡問題發生過爭論。早期的草案曾將選舉年齡確定為年滿 21 周歲，但是考慮到日後可能因需要調整選舉年齡而修改《基本法》，所以在 1989 年 2 月的草案中刪去了年齡要求。[18] 至於被選舉權，香港法律有更為嚴格的條件限制：要求年滿 21 周歲，已經登記並已列名於地方選區的正式選民登記冊，在外國無居留權，而且過去三年通常在香港居留的香港特別行政區永久性居民中的中國公民，凡未根據香港法律規定喪失當選為議員的資格者，可以在任何地方選區中競選立法會議員。但下列人士不具有獲提名為議員候選人的資格，因此不能當選為議員：（1）司法人員、公職人員、立法會的人員或立法會管理委員會的職員；（2）已在香港或任何其他地方被判處死刑或監禁而未服刑亦未獲得赦免、或正在服刑的人；（3）已被裁定犯叛逆罪者；（4）被裁定犯了賄賂罪或與選舉有關的舞弊或非法行為，而選舉將於其被定罪日期後的五年內舉行的人；（5）香港以外任何地方的政府代表或政府人員、各級立法機關（中華人民共和國的人民代表大會或政協除外）的成員；（6）未獲解除破產，或雖獲解除破產但未完全償還債務的人。[19] 因而，香港立法會選舉制度已經符合最低限度的普選標準，關鍵問題在於普選是否一定意味着直接選舉（direct election，簡稱「直選」）。

　　僅在概念而言，普選和直選之間並不存在嚴格的對應關係：一、普選是與限制選舉相對應的概念，而直接選舉是與間接選舉相對應的概念；二、普選概念強調的是盡量擴大選舉權的主體範圍，減少對於選舉資格不必要的限制，但普選並不排斥間接選舉或職業代表制。[20] 換言之，普選指擁有選舉權範圍的廣泛性，而直選則指選舉方式的直接性。在經驗和實踐中，普選與直選的概念密不可分 —— 盡量減少中間

18. 李浩然主編（2012）。《香港基本法起草過程概覽》（上冊）。香港：三聯書店（香港）有限公司。226–236 頁。

19. 孫承谷（2005）。《基本法與香港特別行政區政治體制》。香港：世界華人出版機構。94 頁。

20. 王磊（2014）。〈普選與直接選舉的關係 —— 以香港基本法為背景〉，《港澳研究》。1 期。

性代表環節也是現代意義普選的題中應有之義。比如在歐洲議會的選舉中就要求「直接的普選」（direct universal suffrage），這樣有利於建立選民和歐盟之間的直接聯繫（direct link）。[21] 在歷史上，普選和直選並無固定的實現順序。美國和歐洲多數國家的直選先於普選，當它們開始直選的時候，相當多的國民並不擁有選舉權，這種其實是非常小規模的直選；而在蘇聯、中國等社會主義國家，均是先建立普選制度，再逐步提高直選層級。[22]

　　具體到香港問題，由於上文論述的香港普選需要受制於中央政府的憲制安排，並且符合香港的獨特政治和經濟體制，因而在落實普選時除了「理想型」（ideal type）的要求，還必須平衡現實權力結構和民意訴求之間的張力。空懷追求普選的熱忱，可能無助於普選的最終實現。這恰如馬克斯・韋伯所批評的「徒具知識關懷的浪漫主義」，認為它是空洞無物、缺乏任何客觀責任的意識，無論激情多麼真誠，僅靠它是不夠的。[23] 據此，在討論香港立法會普選問題時，不能僅憑抽象的「國際標準」，而是需要注意到立法會普選問題所嵌入的「一國兩制」與「行政主導」的憲制框架。中央政府需要通過這種包括直接選舉和間接選舉的「準民主選舉制度」（quasi-democratic electoral system），以確保建制派力量和保證商業階層的權益（privilege）。[24] 這是無法迴避的現實問題。

　　基於上文對於普選概念的分析，本書認為有必要區分普選的階段性標準：一、低限度的普選概念僅包括「普選且平等」的要求，排除了對於選舉權在身份、財產、教育程度等方面不合理的限制，並且要

---

21. Emilio Colombo (1977). *Elections to the European Parliament by Direct Universal Suffrage.* Strasbourg: European Parliament Secretariat.

22. 趙曉力（2004）。〈從普選到直選〉，《書城》。1 期。

23. 馬克斯・韋伯（Max Weber），馮克利譯（1998）。《學術與政治》。北京：生活・讀書・新知三聯書店。100–101 頁。

24. Peng Er Lam eds. (2013). *China and East Asia: After the Wall Street Crisis.* Singapore: World Scientific Publishing. pp. 80–81.

求每個選民的選票效力等同；二、高限度的普選概念還應該包括了直接性、秘密性、定期性、權責一致，以及最大公共福利等原則，不僅對選舉權的範圍和效力提出了要求，還對選舉的過程和結果設定了標準。顯然，後者（高限度的普選）更加值得期待，但是由於其在選舉概念上附加了更多目標，因而具有更加苛刻的實現條件。正如熊彼特（Joseph A. Schumpeter）在界定民主概念時，指出古典民主學說將「共同福利和人民意志」作為民主的標準，卻難以界定和實現；因此他索性將民主解釋為競爭政治領導權，即「民主的方法就是那種為作出政治決定而實行的制度安排，在這種制度安排中，某些人通過爭取人民選票取得作決定的權力」。[25] 顯然熊彼特的概念較古典民主學說更加保守，卻是一個便於評價、量化和實現的概念。在香港的普選概念爭論中，也存在兩種類似的理解路徑：一種是來源於《基本法》的「低限度普選概念」，另一種是訴諸於「國際標準」的「高限度普選概念」。平心而論，無論在規範基礎還是在現實可行性方面，低限度的普選概念均有比較優勢。

（二）權力結構中的香港立法會

　　一般而言，關於組織制度的研究主要分為三個層面：一、在微觀層面上對具體案例進行描述和分析；二、在中觀層面上（middle level）對組織的結構和類型進行研究；三、更高層面上對組織進行一般性的概括與推測。[26] 顯然，對於權力結構的研究屬於中觀層面，具體包括兩個視角：一是網絡性分析（network analysis），即描述在權力結構中的關鍵組織和人物之間的關係，以及在政治事項中的權力網絡的運作；二是內容分析（content analysis），即提供新政策背後的實質信息，以及政

---

25. 約瑟夫・熊彼特（Joseph A. Schumpeter），吳良健譯（1999）。《資本主義、社會主義與民主》。北京：商務印書館。370–400 頁。

26. Amitai Etzioni (1959). "Authority Structure and Organizational Effectiveness," *Administrative Science Quarterly*, 4(1): 43–67.

策制定和權力精英背後的策略和價值。[27] 中國學者傾向將權力結構看為「權力的組織體系、權力的配置與各種不同權力之間的相互關係」，以提供一種技術的、客觀的、超越道德性的描述體系，揭示權力內部的組織和動態運作過程。[28] 本書也使用此意義的「權力結構」的概念，用以描述立法會內部和外部的權力關係與動態運作，但並不做過多的價值評判。在下文中，筆者將說明立法會與特區政府其他權力分支的關係，並且簡單說明立法會的內部權力構造。

1. 立法與行政司法的關係

根據《基本法》中提到的政治體制，立法會是特區的立法機關。作為地方性的議會機關，香港立法會與中央政府的立法機關（全國人大及其常委會）僅存在微弱的制度聯繫，包括立法會制定的法案需向全國人大常委會備案，以及常委會在特定條件下的法案發回權。此外，全國人大常委會有權將全國性法律列入《基本法》附件三，使其得以在港實施。總體而言，中央立法機關對於特區立法會的控制方式和力度非常有限。在「一國兩制」的憲制格局下，全國人大並未曾實際展開對香港立法的備案審查。備案權由於缺乏具體的制度規範，一直停留在「備而不審」的層面，未有發揮實際作用。[29] 因而，中央—地方關係在香港立法會的權力運行中表現得並不明顯。本節所述的立法會的外部權力結構也主要集中在特區內，觀察立法會與行政、司法的關係。

立法—行政關係一直是香港政爭的焦點問題，牽引着回歸後香港的政治議題。就《基本法》的立法原意而言，是希望在香港建立「行政與立法既互相制衡又互相配合，行政長官有實權但同時也受到制約」的

---

27. G. William Domhoff, *Power Structure Research and the Hope for Democracy*, available at: www2.ucsc.edu/whorulesamerica/methods/power_structure_research.html

28. 周永坤（2005）。〈權力結構模式與憲政〉，《中國法學》。6 期。

29. 郭天武（2008）。〈香港特區立法監督制度若干問題探析〉，《行政》。2 期；浦海龍、冷鐵勛（2015）。〈港澳基本法中的備案制度及其完善探析〉，《「一國兩制」研究》。1 期。

體制。【30】《基本法》確定了行政長官對於立法會通過法案的「相對否決權」與解散立法會的權力；同時允許立法會有權審核通過政府提交的財政預算、聽取行政長官的施政報告並進行辯論、對政府的工作提出質詢、同意行政長官對終審法院法官和高等法院首席法官的任免，並有權彈劾行政長官。因而在立法、財政、人事和監督方面，立法會與行政長官的權力大致均勻，並以此達到互相制衡的目的。為了確保「行政主導」的實現，在立法會議程中賦予了行政機關以特殊權力，比如政府提案優先獲得審議、立法會議員提出涉及政府政策的法律草案時需得到行政長官的書面同意，並且議員提出的議案需要受到「分組點票制度」（split voting system）的約束——最後兩者被視為對立法會權力最關鍵的制度約束。【31】除了這些正式制度，特區政府在立法和預算過程中，也會提前與立法會相關的委員會溝通，減少議案通過的阻力。比如政府提出條例草案後，透過立法會的法案委員會，與議員們商討有關草案的政策理念及具體條文，凝聚意見和達致共識。【32】因而可見，《基本法》設立了一套「立法——行政均權、略向行政長官傾斜」的權力配置方案，通過立法會賦予行政長官決策以形式合法性、並監督行政長官施政。

就民主發展的一般規律而言，強勢的立法機關是制約行政權力的必要途徑。相關研究指出，「如果行政機構的權力極大地超越立法機構的權力，佔過分主導地位，那麼民主政治就會受到極大的損害；如果一國政府的立法機構不能對行政機構進行有效的監督或有效地影響政府政策——變成橡皮圖章，只能附和行政機構的決策——那麼該國就

---

30. 姬鵬飛（1990）。《關於中華人民共和國香港特別行政區基本法（草案）及其有關文件的説明》。1990 年 3 月 28 日在第七屆全國人民代表大會第三次會議上。

31. Wai-man Lam eds. (2007). *Contemporary Hong Kong Politics: Governance in the Post-1997 Era*. Hong Kong: Hong Kong University Press. pp. 48–49.

32. 董建華（2000）。《鞏固成果 同心同德——2000 年度香港行政長官施政報告》。2000 年 10 月 11 日。

沒有現代意義的民主政治」[33]。不過如果將強勢立法機關理論移用到香港，便可能面臨一系列理論和現實障礙。

首先，究其本質，香港立法——行政關係屬於地方政治體制，權力配置不僅需要符合民主的一般理論，也受制於中央政府的政治安排。對此，中央政府的港澳問題主管官員做了直白的論述：在「一國兩制」下，特區雖然享有比內地其他省、自治區、直轄市大得多的權力並具有特殊性，但就其政治體制的屬性和定位來説，特區政府仍是一種地方政治體制，或者説是一種特殊的地方政治體制。它上面還有國家的政治體制罩着，還有中央，因此不能簡單地與一個國家模擬，這也決定了澳門特別行政區不可能實行建立在主權國家完整權力基礎上的「三權分立」制度。[34]

第二，就香港的實際情況來説，其作為一個地狹人多、經濟發達、信息高度通暢的城市，相對強勢的行政機關可以為經濟發展提供穩定的政治環境和政策支撐，也善於抵禦民粹主義和福利主義的干擾。特別是香港經濟政策在由「積極不干預」向「適度有為」的轉型過程中，更需要行政機關的形勢預判和政策制定（比如新加坡與南韓的經濟）[35]，而立法機關顯然不適合承擔這項職能。

第三，從香港歷史傳統來説，強勢政府是從港英時期開始的政治慣例，而《基本法》所確立的重要政治原則就是「既保持原政治體制中行之有效的部分，又要循序漸進地逐步發展適合香港情況的民主制度」。行政主導、司法獨立、行政與立法既互相制約又互相配合的體制，是原有政治體制的有效部分，在回歸後繼續被沿用。[36]因而，如果

---

33. 全國國際事務民主學會（National Democratic Institute）（2000）。《加強在立法——行政關係中立法機構的能力》（中文版），立法研究系列第 6 號報告。6 頁。

34. 張曉明（2011）。《為什麼説澳門不是實行「三權分立」的政治體制——在「澳門基本法高級研討班」上的講話》，2011 年 7 月 20 日。

35. Jeffie Lam (2015). "HK's Laissez-faire Policy is 'Outdated'," *South China Morning Post*. 10 August.

36. 鄒平學（2014）。〈論香港特別行政區制度的內容、特徵和實施條件〉，《法學評論》。1 期。

要在回歸後改「行政主導」為「立法主導」，建立強勢的立法機關，需要有充分的理由（或者行政主導已然不適應香港的政治和社會發展，或者是強勢立法機關更能適應回歸後的社會），否則不宜改變原有的政治慣例。

而在立法—司法的關係方面，由於長期以來香港奉行的法治傳統和司法獨立，立法權對司法權的影響並不顯著。根據基本法規定，終審法院法官和高等法院首席法官的任免需要經過立法會同意，並由行政長官任命；而其他法官，則根據當地法官和法律界及其他方面知名人士組成的獨立委員會推薦，由行政長官任命。特區法院在審理案件時，應適用立法會通過的法律，並可以參考其他普通法地區的司法判例。在回歸以來，立法—司法關係互動集中在兩個方面：一是立法會對法官任命程序的細化，二是法院對於立法會通過的法律進行的司法審查——通過這兩個微觀領域，可以觀察現有權力結構中的立法與司法的互動關係。

根據立法會在 2001 年發佈的研究報告，在回歸之前的立法局並不參與法官的任命，而是由司法人員敍用委員會向總督提出建議，並由總督根據蓋上政府印鑒的《英皇制誥》，再透過一名國務大臣發出的訓令，任命法官；而在回歸之後終審法院首席法官與高等法院首席法官的任命程序可概括地分為三個步驟：一、司法人員推薦委員會向行政長官提供意見或作出推薦；二、行政長官接納推薦委員會的推薦，並在徵得立法會同意後，根據有關推薦任命法官；三、行政長官報全國人民代表大會常務委員會備案。[37] 2001 年 6 月，立法會「司法及法律事務委員會」成立工作小組，檢討法官的任命程序，並就法官任命程序進行公眾諮詢。根據當時所發佈的報告，司法及法律事務委員會建議立法會採用「正常程序」同意司法人員的任命，其步驟要點包括：一、政府當局告知立法會內務委員會，行政長官接納司法人員推

---

37. 張惠霖（2001）。《香港自 1976 年起任命法官的程序》。立法會秘書處數據研究及圖書館服務部。4 月 10 日。

薦委員會就任命司法人員提出的建議；二、內務委員會把此事轉交司法及法律事務委員會或其他事務委員會討論；三、有關的事務委員會儘快在立法會全體議員獲邀出席的會議上討論此事；四、有關的事務委員會向內務委員會彙報其討論結果；五、政府當局請求立法會通過議案同意所推薦的任命；六、有關議案在立法會會議上進行辯論並付諸表決；七、如有關議案獲立法會通過，行政長官便作出任命。但對於具有爭議的任命，並且有關的事務委員會認為有需要調查此事，有關的事務委員會可在依循上述第四點向內務委員會作出報告後，請求立法會通過議案授權其行使《立法會（權力及特權）條例》所賦予的傳召證人或要求出示文件的權力，或者由立法會決議委任專責委員會進行調查。[38] 因而自 2000 年以來，關於立法會同意法官任命的權力，存在兩方面的討論：一是任命權本身是否為實質權力（即是否能不同意任命）；二是關於任命程序的設計（即是否包括調查或質詢程序）。目前香港社會對第一個問題並無太大爭議，一般肯定立法會在任命程序中的實質權力，但是對於程序設計卻存在分歧：贊同者認為強化立法會質詢權，有助於增強法官的社會認受性，並且行使質詢權是立法會的職責，無損司法獨立；反對者則認為對於擬任法官的質詢有損司法獨立與法官尊嚴，將導致遴選過程政治化，並且有違法官委任的先例。[39] 儘管迄今並未有擬任法官接受質詢的先例，但是此項程序之爭，足以反映立法權對於司法權的涉入所引發的反彈。

在另一方面，香港法院的司法審查權（違反基本法的審查），反映了司法權對於立法權的制衡傾向。雖然普遍認為香港法院進行的違憲審查始於 1997 年的馬維騉案（*HKSAR v. Ma Wai-Kwan, David and Others*），但事實上直到 1999 年吳嘉玲案（*Ng Ka Ling and Others v. Director of Immigration*）的判決中，香港終審法院才明確無疑地宣佈自身

---

38. 香港立法會司法及法律事務委員會（2002）。《任命法官的程序報告》。9 月。

39. 張淑鈿（2015）。〈論香港行政權、立法權和司法權對終審法院首席法官遴選的影響 —— 從首席法官遴選程序的改革爭議切入〉，《政治與法律》。10 期。

擁有基於《基本法》的「違憲審查權」。【40】即在吳嘉玲案的判決書中，終審法院明確表示：法院有權審查特別行政區立法機關所制定的法例或行政機關之行為是否符合《基本法》，如不符合的話，則可認定其無效（invalid）——雖然這點並未受到質疑，但是有必要借此機會予以明確，在行使這項權力時，法院是按照《基本法》賦予的憲制地位，對政府中的立法和行政分支進行憲制性的制約（constitutional check），以確保其遵循《基本法》。【41】

在實踐中，香港法院通過司法審查直接涉入立法權行使過程之中，典型案件包括以下三類：一、與立法會內部運作有關的案件。如在鄭家純案中（[2009]4HKC204）對立法會的委員會傳召證人是否超逾了該決議所授予的權力進行了司法審查；在「捷匯運輸有限公司訴律政司司長」一案中（HCAL93/2006）對立法會主席是否享有與議員同等的特權及豁免權問題進行司法審查。二、與立法會制定的條例有關的案件。在上文已經提及的吳嘉玲案中對《1997年入境修訂第三號條例》是否符合《基本法》進行審查，在「律政司司長訴丘旭龍」一案中（FACC12/2006）對《刑事罪行條例》是否符合《基本法》及《香港人權法案條例》進行了審查。三、關於由立法會通過具有立法效力決議的案件，不過現在尚未有立法會的決議被指超越賦權條文權限的判例。【42】

在2016年的「宣誓風波案件」中，立法會主席的律師也指出，「立法會主席有權依據立法會議事規則獨立處理宣誓事件，該事件屬於立法會內部事務（internal affair），根本完全沒有必要（totally unnecessary）交由法庭進行司法審查」，法院也不應予以干預。然而法院並不同意議員宣誓作為立法會內部事務而適用「不干預原則」，並概括出三項基本標準。第一，當適用「不干預原則」時，必須符合《基本法》相關的

---

40. 董立坤、張淑鈿（2010）。〈香港特別行政區法院的違反基本法審查權〉，《法學研究》。3期。

41. *Ng Ka Ling and Others v. Director of Immigration*, FACV 14/1998 (29 January 1999).

42. 立法會秘書處法律事務部（2011）。《司法覆核與立法會》，立法會 LS73/10-11 號文件。2011 年 6 月 3 日。

憲制規定；第二，當《基本法》賦予立法機關相應的立法權和其他權力時，法院有權裁定立法機關是否擁有某一權力、特權或者豁免權；第三，在涉及立法會內部事務或內部程序問題時，應留意上述的規範。[43] 據此，法院通過司法審查對立法會的權力進行了深入介入。

需要說明的是，法院並未無限制擴張司法審查權，特別是在立法會內部運作問題上，法院表現出高度的審慎和節制，以免侵蝕「議會自主權」。比如在「梁國雄訴立法會主席」案件中，香港高等法院認為其並無充分的理由在前立法階段（pre-enactment stage）介入，即使是在法例獲得通過之後，在其造成不可挽回的損失之前，仍有時間對其提出憲制上的挑戰。[44] 相關評論指出，司法審查與議會自主之間存在張力：司法審查的權力愈廣泛行使，議會自主便愈難維持。市民因為權利遭到立法會違法剝奪而尋求司法審查是無可厚非的（事實上也最難成功）。但議員須考慮是否應邀請司法干預，還是去建立更強的議會自主，兩者哪個較為有利香港的憲制發展。[45]

立法會在絕大多數情況下表示尊重與遵循司法審查——不僅是尊重法院「憲制性司法審查權力」，也對法院具體個案判決表示尊重。有學者指出，這種反應又可以分為兩類：一是狹義反應（narrow response），即接受或迴避司法審查的結果，在此情況下最好的方式是通過對法例進行技術性的修改（technical amendment），僅限於對司法判決中具體問題作出回應；二是廣義反應（broad response），即對憲制問題全面和深入參與，包括進行新的規範性立法，或者以妥協為基礎進行立法。[46] 在現實中，立法會主要以第一種方式（狹義反應）對待司法

43. HCAL 185/2016 & HCMP 2819/2016.

44. *Leung Kwok Hung v. The President of The Legislative Council of The Hong Kong SAR*, HCAL 64/2012.

45. 吳靄儀（2014）。〈法庭對立法會的司法管轄權〉，《明報》，7 月 29 日。

46. Swati Jhaveri and Anne Scully-Hill (2015). "Executive and Legislative Reactions to Judicial Declarations of Constitutional Invalidity in Hong Kong: Engagement, Acceptance or Avoidance?" *International Journal of Constitutional Law*, 13(2): 507–529.

審查，這既表明立法會的謙抑立場，也説明立法會強調保持自身對立法的主導性，只會對違反《基本法》的法例條文進行局部和技術性的修改。

通過以上關於立法會外部權力結構的分析，描述了立法會與行政、司法分支的關係。據此可以初步觀察到，回歸之後立法會的權力呈現擴張傾向，具備了強勢立法機關的部分特徵，並由此對「行政主導」體制構成威脅。與此同時，立法會的權力受到司法審查的監督和制約，使香港的政治結構與「議會至上」模式區別開來，呈現更多「三權分立」的特點。從學理上表述立法會的外部權力結構，可以簡單概括為「立法—行政均權，略向行政長官傾斜，且受制於司法審查」的體制——雖然這與《基本法》制定者的原意存在偏離，但尚未溢出《基本法》規範所容納的範圍。在此格局下，任何權力分支的強弱不僅取決於《基本法》規定的職權，也來自於兩方面力量的牽引：一是中央政府的態度，二是香港民眾的支持。在中央與特區關係中，中央政府更加依賴行政長官，而對立法會和法院表現出戒備心態；而香港民眾則對法院寄予了更高期望，儘管司法固有保守和消極特性。在這種情形下，為了強化特區政府的施政能力、協調處理與中央政府的關係、回應香港市民的訴求，應更多從制度建設的角度，通過強化行政長官與立法會在法官任命中的權力，加強行政機關與立法會在政策形成過程中的溝通等方式，建立更加高效的香港政治體制。

2. 立法會的內部權力結構

香港立法會有 70 名議員，立法會主席由議員互選產生。立法會一般在每個周三舉行會議，處理包括審議法案、提出質詢、進行辯論等事務。立法會設置了多個委員會，履行研究法案、審核及批准公共開支及監察政府施政等重要職能。立法會現有內務委員會及三個常設委員會（財務委員會、政府帳目委員會、議員個人利益監察委員會）。此外，立法會現設有 18 個事務委員會，負責定期聽取政府官員的簡報，並監察政府執行政策及措施的成效。為了使議會職能能夠有效運作，

立法會建立了一套服務體制，即成立了立法會行政管理委員會，作為獨立於政府的法人團體，其透過秘書處向立法會提供行政支持及服務、並監督秘書處的運作。立法會秘書處由秘書長領導，就秘書處的行政管理事宜向行政管理委員會主席負責，旨在為立法會提供高效率的行政管理、秘書及數據研究支持、提高公眾對立法會事務的認識，以及確保提供有效的申訴途徑。總體而言，香港立法會的組織結構可以分為兩個部分：一是議會的核心職能部門（立法與監督），二是為實現上述職能而設置的行政與幕僚機構（見圖 1.1）。以下將對該兩部分權力結構進行簡要描述。

目前在 70 個立法會議席中，半數由地方選區選舉產生，半數由 29 個功能組別選舉產生。值得注意的是，多數議員並非全職，主要是由兼職議員構成。根據香港立法會 2015 年 10 月公佈的數據，在第五屆立法會 70 名議員之中，僅有 25 名作為全職議員（其中有 10 名同時出任區議會議員），在兼職議員中以商人（14 名）、律師（5 名）、教育工作者（5 名）、工會工作者（5 名）、醫生（2 名）、社會工作者（2 名）為主。而在 2017 年 11 月，立法會的 65 名議員中，僅有 22 名全職議員，其中相當數量的全職議員兼任區議會議員。雖然長期以來不斷出現關於香港立法會「議員專職化」的倡議，[47] 但是由於涉及到法律修改、議員調薪等一系列相關制度，所以尚未實行議員專職化改革。事實上，這些年來專職議員的比例不斷被提高，可以預見的是，在立法會實現普選後，選舉競爭將更趨激烈，議員專職化將成為不可逆轉趨勢。[48]

除了職業性的界分，更為重要的還是議員在政治立場上的分歧。民主派和建制派的議席大概維持了「四六開」的比例劃分，這種比例結構對於香港政制發展和立法 — 行政關係有至關重要的影響。因根據《基本法》，在表決一般議案時需要立法會議員的半數通過，而在彈劾行政長官、修改行政長官和立法會產生辦法時則需要立法會全體議員

---

47. 冷夏、吳文濤（2009）。《論香港立法會議員專職化》，香港：三聯書店（香港）有限公司。50 頁。

48. 黃志勇、符龍龍（2014）。〈論「雙普選」對香港行政權和立法權的影響〉，《特區經濟》。6 期。

圖1.1：香港立法會組織結構圖

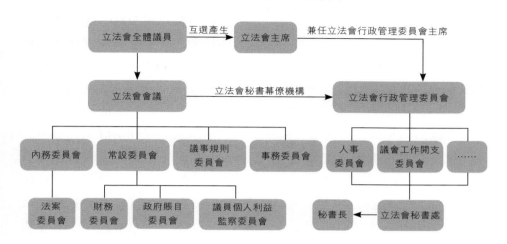

的三分之二以上表決通過。顯然，建制派的比例雖然在表決一般議案時可能對政府形成支持，但是卻不足以達到絕對多數的比例來保證通過「政改方案」。另外值得注意的是，建制派也並非政府的天然盟友，而是有自身的利益訴求和選民基礎。以政府的「樓市辣招」為例，其獲得非工商界別的建制派議員支持，甚至部分民主派議員也支持，但工商界的建制派議員受發展商影響而反對這一政策，因此政府在立法會沒有必然支持者，更沒有可靠的盟友。【49】

　　立法會主席作為議長，享有多項程序性的權力，包括主持立法會會議、決定會議議程及開會時間、召開特別會議、應行政長官的要求召開緊急會議，以及議事規則所載明的其他職權。根據《權力及特權條例》的規定，立法會主席享有在特定情況下免於作證的權利，並且在行使該條例或《議事規則》所授予立法會主席的任何權力時，不受任何法院的管轄。在前文提及的「梁國雄訴立法會主席」一案中，原訟法庭也是基於對立法會主席權力的尊重，同時避免自身陷入政治問題的

---

49. 陳麗君（2015）。《香港民主制度發展研究》，香港：中華書局（香港）有限公司。151 頁。

糾葛，拒絕對案件實質問題進行裁判，維護了立法會主席基於主持會議的權力而產生的「剪布權」。[50] 不過，立法會主席的權力並非沒有限制，基於政治中立的要求，其不能成為內務委員會的成員（內務委員會由除立法會主席外的所有議員組成），也不能加入其他委員會（不包括行政管理委員會，行政管理委員會的主席由立法會主席出任）。雖然香港法律並未限制立法會主席在表決議案時的投票權，但是其往往放棄投票，以顯示和保證自身的中立立場，避免引起偏頗性引導。

就立法會主席的人選而言，在 1993 年之前的立法局主席由港督兼任，而在 1993 年之後則實行由議員互選產生的方式，這種方式一直延續至今。首任民選立法局主席施偉賢爵士（1932-2012）曾在 1991 至 1993 年間擔任立法局副主席，並代港督主持會議。在 1993 至 1995 年間成為首位由全體議員投票互選出的主席。回歸以來，香港立法會產生過三位立法會主席，分別是范徐麗泰（臨時立法會及第一至第三屆立法會主席）、曾鈺成（第四與第五屆立法會主席）和梁君彥（第六屆立法會主席）。根據議事規則確定的選舉程序，在選舉前由秘書處邀請議員提名立法會主席人選，提名表格需有一名議員作為提名人，此外還需要至少三名議員作為附議人，並徵得被提名人的簽署同意（無論是提名人、被提名人或是附議人均只能參與一次提名），被提名人中票數最高者當選。以第五屆立法會主席的選舉為例，曾鈺成和梁家傑競選該職位，由全體議員投票產生，曾鈺成以 43 票獲得勝選（梁家傑獲得 27票）──這恰好是建制派和民主派在立法會的議席分佈情況。

立法會行使權力的重要方式是召開「立法會會議」，討論表決重要的議案並行使監督政府的權力。具體而言，立法會會議的職能包括省覽附屬法例及其他文件、提交報告、發言、發表聲明、進行質詢、處理法案，以及進行動議辯論。作為地方議會，香港立法會的議員數量較少，可以進行充分的政策辯論。不過，近年來出現的「拉布」

---

50. *Leung Kwok Hung v. The President of the Legislative Council of The Hong Kong SAR*, HCAL 64/2012.

（filibuster，冗長辯論）使得正常的議會程序受到衝擊。在 2012 年 5 月，從民主派議員提起一千三百餘項關於《立法會條例》的修訂意見開始，其後各年也陸續出現社民連和人民力量在財政預算案辯論中的「拉布」。除了利用冗長辯論的傳統方式，民主派議員通過離席的方式，使得會議無法達到法定人數而流會，這也被視為拉布的便捷方式。【51】學者從制度層面反思「拉布」何以產生，認為由於一般政府的議案在立法會中獲得簡單多數支持即可通過，而立法會又採取分組點票機制，在此制度之下，反對派並沒有足夠的資源阻止他們不歡迎的議案，所以只能運用「拉布」的方式拖延議案表決。【52】儘管如此，通過程序性事項拖延表決肯定存在負面作用，其影響了立法會的決策效率，加深了不同政治派別的隔閡，也降低了民眾對於立法會的信任。比如，在版權法修訂和設置創科局（Innovation and Technology Bureau）方面的「拉布」，就影響了香港的經濟與科技的長遠發展。【53】

委員會制度是與立法會會議並行的重要制度安排，意在將立法會的職能通過細密的專業分工，實現專業性和代表性的結合，也可以對政府進行更加具有針對性的監督。在議會中設立不同主題的委員會，是世界各國議會制度的通例。如美國在參議院中設有 21 個委員會，在眾議院中設有 22 個委員會，以及兩院聯合設立了 5 個委員會。之所以需要設立委員會並以委員會作為議會運作的核心，其理論基礎在於信息效率理論（informational efficiency theory，強調委員會較之於全體議員更加清楚政策的效果，並將最重要的信息報告給議會）、利益分配理論（distributive benefits theory，強調通過各個委員會之間的制約，實現不同群體的利益平衡）、多數黨聯合理論（majority-party cartel theory，強調議會

51. Regina Ip (2016). "When Politics Trumps Reason: Continual Filibustering by Hong Kong's Pan-Democrats has Gone Too Far," *South China Morning Post*.

52. Stan Hok-Wui Wong (2015). *Electoral Politics in Post–1997 Hong Kong: Protest, Patronage, and the Media*. Singapore: Springe. p. 71.

53. Kahon Chan (2015). "Let Copyright Bill Through, Opposition Told," *China Daily (Asia Version)*, December 7.

中的多數黨通過委員會制度將少數黨排除在外，以實現該黨的整體目標）、兩院競賽理論（bicameral rivalry theory，強調增加院外游說的難度，防止利益集團操控立法過程）。[54] 不過，這些理論並不全然適用於香港的情況。對於香港而言，設立委員會的主要目的還集中於信息效率理論方面，強調更加專業與細密的議會監督。

具體而言，香港立法會轄下設有三個常設委員會，分別是財務委員會、政府帳目委員會及議員個人利益監察委員會。財務委員會負責審核及通過政府提交的公共開支建議，特別是審核財政司司長以撥款法案形式提交立法會的財政預算。相關預算案只有先通過財務委員會的審核後，才能交付立法會進行辯論。在財務委員會之下，又設置了兩個小組委員會（Subcommittees），即人事編制小組委員會、工務小組委員會，分別負責審核政府職位的設立以及政府所實施的基本工程，並就相關開支向財務委員會提出建議。正如學者所指出的，「常設委員會在其立法權限內，通過創設小組委員會的形式，對法案進行審查與報告；常設委員會通過委派給小組委員會以特定任務，讓其在該領域內進行初步審議（initial consideration）與監督。」[55] 而政府帳目委員會負責研究審計署署長所提交的審計報告書，並有權邀請公職人員及公共機構的人員出席公開聆訊，提供解釋、證據或數據。議員個人利益監察委員會負責研究與議員申報個人利益有關的事項，以確保議員自身的廉能。

除了上述三個常設委員會之外，立法會還設有內務委員會。內務委員會的構成與性質較為特殊，其由除立法會主席外的全體議員組成，不僅負責立法會的內務事宜，也為立法會會議（特別是立法）作準備。具體而言，內務委員會負責處理與立法會工作有關的事務，為全

---

54. Tim Groseclose and David C. King (2001). Committee Theories Reconsidered (7th edtion), in Lawrence C. Dood and Bruce I. Oppenheimer eds., *Congress Reconsidered*. Washington DC: Congressional Quarterly Press. pp. 191–217.

55. Valerie Heitshusen (2011), *Committee Types and Roles: Analyst on Congress and the Legislative Process*, CRS Report for Congress, February.

體會議作好準備，並決定應否成立法案委員會或小組委員會，研究已提交立法會的法案及附屬法例。因而，內務委員會具有「預備會議」的性質，其工作圍繞如何促進「立法會會議」的有效進行。在內務委員會下設置了四個小組委員會，包括附屬法例小組委員會、議會聯絡小組委員會、立法會議員酬金、工作開支償還款額小組委員會。內務委員會還可成立「法案委員會」或委任小組委員會，負責詳細審議討論法案或附屬法例的原則及法律意義。以 2014 至 2015 年為例，內務委員會先後成立了 21 個法案委員會（在同一時間進行工作的法案委員會，最多以 16 個為限）及 31 個附屬法例小組委員會。法案委員會可邀請政府官員及市民出席會議，研究法案的整體優劣、原則及詳細條文，並可研究與法案有關的修正案。在 2014 至 2015 年成立的法案委員會中，《私營骨灰安置所條例草案》委員會舉行了多達 24 次會議。[56]

　　為監督政府在不同政策領域的施政，立法會設有 18 個事務委員會（LegCo Panels），負責監察及研究政府的政策（見表 1.1）。事務委員會定期聽取官員簡報，對相關政策事項進行商議並提供意見，在重要立法或財政建議正式提交立法會或財務委員會前，事務委員會亦會就法案或建議提供意見。丹尼爾（Daniel Patrick Moynihan）將議會機構與政府機構對應設立的現象，稱之為「模仿鐵律」（Iron Law of Emulation），意指議會為了更好的監督政府行政，必然會模仿政府的組織結構，形成一套議會內部的對應體系 —— 當政府部門採取了某種新技術，這就增強了政府的權力，因而其他分支也將採取這種技術；當總統發展了一種領導立法的新方式，議會也將採取相應方式保證自身獨立。[57]在 2007 年立法會對事務委員會進行調整時，就明確了其與政府部門對應的原則：在界定事務委員會的工作範圍時，會盡可能使其與對應政策局局

---

56. 《法案委員會及小組委員會情況報告》（截至 2016 年 2 月 3 日的情況）。立法會 CB(2)798/15–16 號文件。

57. Kenneth E. Collier (1997). *Between the Branches: The White House Office of Legislative Affairs*. Pittsburgh: University of Pittsburgh Press. p. 15.

表1.1：香港立法會事務委員會及其對應政府部門

立法會事務委員會	對應部門或政策局
司法及法律事務委員會	律政司
工商事務委員會	商務及經濟發展局（工商及旅遊科）
政制事務委員會	政制及內地事務局
經濟事務委員會	商務及經濟發展局（工商及旅遊科）
教育事務委員會	教育局
環境事務委員會	環境局
財經事務委員會	財經事務及庫務局（財經事務科）
食物安全及環境衛生事務委員會	食物及衛生局（食物科）
衛生事務委員會	食物及衛生局（衛生科）
民政事務委員會	民政事務局
房屋事務委員會	運輸及房屋局（房屋科）
信息科技及廣播事務委員會	商務及經濟發展局（通訊及科技科）
人力事務委員會	勞工及福利局
發展事務委員會	發展局
公務員及資助機構員工事務委員會	公務員事務局
保安事務委員會	保安局
交通事務委員會	運輸及房屋局（運輸科）
福利事務委員會	勞工及福利局

資料來源：維基百科

長的職責分配相符；然而，在決定某事務委員會的職權範圍及政策範疇的涵蓋範圍時，亦會考慮到對應政策局有關職責的廣泛程度與多元性。[58] 以民政事務委員會為例，其對應的政府部門是「民政事務局」，該委員會的主要職責包括：一、監察及研究有關地區、公共及鄉村事務、公民教育、大廈管理、青年事務、提供康樂及文化服務、文化藝術發展、公眾娛樂、體育及康樂的政府政策及公眾關注的事項；二、就上述政策事宜交換及發表意見；三、在各上述政策範圍內的重要立法或財務建議正式提交立法會或財務委員會前，先行聽取有關的簡介，並提出對該等建議的意見；四、按事務委員會認為需要的程度，監察及研究由事務委員會委員或內務委員會建議其處理的上述政策事宜；五、按照《議事規則》的規定向立法會或內務委員會提交報告。

各個事務委員會人數不定，議員可以申請加入，選舉主席、副主席各一名。以 2017 至 2018 年度的事務委員會來說，人數最為集中的保安事務委員會（40 名委員）和交通事務委員會（39 名委員），再加上主席和副主席，比例超過全體議員數量（64 名）的 62%；而人數最少的公務員及資助機構員工事務委員會僅有 18 名委員。事務委員會的人數，可以在一定程度上反映相關事務的公眾關注程度。而能否出任事務委員會的主席與副主席，可以間接反映相關政治力量在該領域的影響力和話語地位。回歸以來，建制派力量在各事務委員會中始終佔據優勢地位，多數事務委員會的主席由建制派議員出任，個別年份懸殊非常明顯。最近一年（2017 至 2018 年）的配置稍顯均衡，建制派在 18 個委員會的 36 名正副主席中佔據了 20 個，非建制派佔了 15 個，獨立人士佔據 1 個。事實上就事務委員會的性質而言，應更多體現專業性和監督性，弱化政治色彩。特別是在一些技術性較強的事務方面（食品安全、財經事務、交通運輸等），更應建立在對相關事務科學認知的基礎之上。即立法會內的不同形式的組織，其政治化的程度應該有所差

---

58. 議事規則委員會。《檢討立法會轄下事務委員會的工作分配》。立法會 CROP 49/07–08 號文件。2008 年 6 月 13 日。

異：全體會議的政治性最強，從而體現其代議性質；但是其下設的委員會、小組委員會則應更多強調專業性，從而輔助議會進行有效決策和監督，稀釋政治性帶來的偏頗和盲目；而議會的服務機構與幕僚機構則是「去政治化」的中立機構，為立法會提供專業化的諮詢和行政服務。

基於立法會對於專業知識和秘書工作的需求，建立專門的支持性幕僚機構便成為題中之義。比如美國國會就成立了規模龐大的支援機構，包括國會圖書館（The Library of Congress）、國會研究處（Congressional Research Service）、國會預算署（Congressional Budget Office）、美國政府責任署（Government Accountability Office）等——這些支持機構在提供信息、決策分析、預算、決算的相關審查上各有專司，給國會提供政策分析及研究報告，讓國會掌握完整且詳實的資料，是國會不可或缺的技術專業諮詢團隊。[59]與之同理，香港立法會也設立了支持幕僚機構，並成立了「立法會行政管理委員會」，專門管理這些幕僚機構。行政管理委員會的主席由立法會主席出任，主要職能包括透過秘書處向立法會提供行政支持及服務、為立法會議員及秘書處職員提供辦公地方、監督秘書處的運作、就立法會及任何立法會全局委員會的議事程序製備正式記錄以及履行立法會決定的其他職責。行政管理委員會委任了5個委員會，執行若干專委的職能，包括人事委員會（負責處理聘任及其他人事安排事宜）、議員工作開支委員會（負責就處理議員申領工作開支償還款額的事宜提供意見）、設施及服務委員會（負責監督向立法會及秘書處提供服務、辦公地方及設施的事宜，以及處理立法會綜合大樓展示藝術品的相關事宜）、立法會廣場使用事宜委員會（負責考慮和審批有關使用立法會廣場的申請，以及在有需要時施加使用條件）、立法會廣場使用事宜上訴委員會（負責考慮就立法會廣場使用事宜委員會的決定而提出的上訴）。立法會秘書處是立法會行政管理委員會領導下的

---

59. 萬秀娟（2005）。〈美國國會支持機關初探——兼論我國立法機關輔助機構〉，《國政研究報告》。6月14日。

議會行政機構，設立秘書長一職作為最高領導。截至 2017 年 4 月，立法會秘書處編制共有 661 個職位，下設 10 個部門，其中有 4 個「議會事務部」，每個部門有固定服務的常設委員會、小組委員會及法案委員會，並對接具體的議員和區議會。

　　綜合以上關於立法會的外部和內部權力結構的分析，可以得出以下簡單結論：回歸以來的立法會在權力分立、行政主導的政治體制下，通過積極行使自身權力（特別是對於行政機關的監督權），逐步強化了作為代議機關的地位和影響力，並且不斷平衡內部的政治性和專業性，提高議會的決策和監督能力。不過就權力運行的實際過程而言，無論是立法 — 行政關係，還是立法會的內部運行，均無法逃出「建制派 vs. 民主派」的政治格局，當中還夾雜着中央 — 地方關係、政黨政治、功能組別等變量，使得立法會在香港政治中的作用，難以通過簡單描述來交代清楚。而對於本書的主題——「立法會普選」而言，也是在這種權力交錯、關係複雜、變數難測的政治結構中展開的。

（三）雙普選的內在關聯

　　從經驗的角度，議會普選與行政首長普選在政治邏輯和實現順序上，並不存在必然關聯。以實行議會內閣制的英國為例，選民參加議員的普選（general election），由議會選舉中贏得多數席位的政黨組織政府，該政黨領袖出任政府首相，由女王任命之。這意味着，在內閣制國家只存在議會普選，並不存在政府首腦的普選。而在總統制國家，則有可能存在「雙普選」，即行政首長和議會分別由選民普選產生。但是這並非絕對，在現實中有更為豐富的形態。以美國為例，美國總統並非一人一票直接選舉產生，而是由各州「選舉人團」（Electoral College）根據普選結果選出的；美國參眾兩院的議員，則是由各州普選產生的（參議員最初是由各州議會間接選舉產生，在美國憲法第十七修

正案頒佈後，從 1913 年開始由各州居民直選產生）。【60】因而從嚴格意義上，美國的選舉制度也不能稱之為「雙普選」。而對於半總統制（Semi-presidential System）國家，總統一般由普選產生，總理則由議會選舉產生，二者分享國家的統治權，議會無權彈劾總統，但是可以迫使政府向總統總辭。【61】誠如學者所指出的，「法國第五共和憲法之所以一反過去第三、四共和的內閣制，創設一個人民直選、擁有實權、任期有保障的總統，其中一項重要考慮就是要透過擁有直接民主正當性的實權總統來強化政治穩定。」【62】因而在半總統制下可能存在「雙普選」，但是與香港特區的情況不同的是，半總統制下存在行政權的內部分工（縱然可能因總統和總理隸屬同一政黨，而實現某種程度的合一政府），而在香港特區中行政長官既代表特區向中央負責、又領導特區政府——就這點而言，香港的政治體制與總統制更為相似。在中國的人民代表大會制度下，實現了權力來源的高度一元化，國家元首和政府首腦均由人大選舉或任命，而全國人大是由普遍、間接的方式選舉產生的。【63】從上述例證可見，在主權國家層面上，「雙普選」並存的狀況一般僅是出現在總統制或半總統制國家中，而在議會內閣制與人民代表大會制的國家中僅可能是存在議會的普選。這次經驗顯然也適用於地方政府的選舉制度：如果地方政府首長和地方議會由選民分別選舉產生，則存在地方性的「雙普選」；而如果地方政府首長由地方議會選舉產生，或者直接由中央政府任命，則只可能存在議會的普選。

從比較研究的角度，需要追問的是：在存在「雙普選」的國家或地區中，在實現政府首長普選和議會普選時，是否存在必然的先後次

---

60. U. S. Department of State, *USA Elections in Brief,* available at: http://photos.state.gov/libraries/.../USA_Elections_InBrief.pdf.

61. Democracy Reporting International (2012). "Semi-Presidential Models," *Briefing Paper*, No. 27.

62. 蘇子喬、王業立（2014）。〈總統與國會選舉制度對半總統制憲政運作的影響——法國與台灣的比較〉，《政治科學論叢》62 期，12 月。

63. Kevin J. O'Brien (1988). "Chinas National People's Congress: Reform and Its Limits," *Legislative Studies Quarterly*, 13(3): 343–374.

序呢？事實上，多數國家並沒有刻意區分行政首長和議會普選的先後次序，二者通過選舉範圍的擴張（主要是解決無產者、婦女、少數族裔的選舉權問題），大致同步實現普選。不過在聯邦制國家，由於州政府也可能限制投票資格，因而可能會出現地方層面的不同現象。比如在 1856 年美國北卡羅萊納州（North Carolina）最後取消了關於投票的財產權限制，使全美成年白人男子均享有選舉權；在 1870 年，美國憲法第十五修正案要求聯邦政府和州政府不得基於種族而限制投票權；在 1920 年美國憲法第十九修正案給予婦女在聯邦和州選舉中的投票權；在 1964 年美國憲法第二十四修正案保證了在聯邦選舉中不得有納稅的要求。因而對於聯邦制國家而言，普選實現的過程就是不斷擴大普選範圍並且統一各州標準的過程，並沒有對行政首長和聯邦議會的普選進行區別安排。儘管如此，在世界範圍內「雙普選」的實現也有不同步的例外情況。比如在波蘭實行民主化改革的初期，雖然實行形式上的總統制，但是總統系由國會間接選舉產生，而國會是由普選產生的 —— 這種偏頗的制度使得總統雖然擁有實權，但是缺乏民意基礎，因而這種制度僅維持一年的時間（1989–1990）就被廢棄，後來採取了更加穩固的半總統制，即總統和國會均由普選產生。【64】

　　問題的關鍵在於，在行政 —— 立法關係的維度下，強勢一方更加需要依賴普遍且直接的選舉來獲得民意合法性的支持。將普選制度嵌入到權力關係之中，就可以看到普選賦予了公共權力以合法性；由普選產生的權力分支，可以依憑這種民意合法性，在權力競爭關係中處於主動地位。最為典型的例證就是，在半總統制下的總統和總理在行政權上的競爭（intra-executive competition）：一方面，在半總統制下，總統被賦予參與組建內閣的權力，半總統制的憲法將總統設定為內閣的領袖，他擁有憲法和民主選舉所給予的合法性，並且這種合法性給予總統一定的行政權力；另一方面，當總理在任時，半總統制又不希望總

---

64. 劉性仁（2008）。〈論波蘭（1990–2001）憲政體制中之分裂政府〉，《醒吾學報》。

統過度干預總理的行為。[65]以此對比香港的普選問題，也可以發現「行政主導」遭遇現實困難，部分原因是部分席位由直選產生的立法會，在選舉合法性（electoral legitimacy）上高於行政長官。[66]在行政——立法的權力競爭關係中，行政長官缺少足夠的權威去影響立法機關，使行政主導無法充分實現。因而對於香港來說，雙普選也是恢復行政主導的契機——普選產生的行政長官在民意合法性上能夠與立法會相抗衡，加上《基本法》賦予特首的優勢地位，才有可能在香港建立高效有為的政府。

需要指出的是，這種通過普選賦予形式合法性的思路，更加契合對於民主的一般理解。比如在 2014 年 9 月美國白宮發言人就指出，「如果基本法設定的普選目標能夠最終實現，香港特首的根本合法性會大為增強」[67]。然而中國政府在確定香港「雙普選」目標時，顯然並不僅是基於這種「一般理解」的考慮，而是綜合思考香港的政治發展的歷史語境和現實需求。1988 年基本法起草委員會政制專題小組在「廣州會議」上確定將普選寫進《基本法》。委員們認為「九七後的政制應朝民主的方向發展，民主的發展應當是循序漸進的」，「應討論兩個產生（行政長官產生和立法會的產生）的起點是怎樣、怎樣循序漸進、達到終點的目標是什麼等問題。」[68]而彼時香港所面臨的起點，恰值香港處於民主的起步階段，港英政府發佈的《綠皮書：1987 年代議政制發展檢討》提出的是非常保守的改革方案——比如在立法會中維持或增加官守議員，保持委任議員的數量，大致維持功能組別和選舉團選出的議員的

65. Oleh Protsyk (2001). "Intra-Executive Competition between President and Prime Minister: Patterns of Institutional Conflict and Cooperation under Semi-Presidentialism," *Political Studies*.

66. William H. Overholt (2001). "Hong Kong: The Perils of Semidemocracy," *Journal of Democracy*, 12(4): 5–18.

67. Michael F. Martin (2015). "Prospects for Democracy in Hong Kong: The 2017 Election Reforms," *Congressional Research Service Report*, p. 20.

68. 全國人大常委會基本法委員會辦公室編（2011）。《中華人民共和國香港特別行政區基本法起草委員會文件彙編》。北京：中國民主法制出版社。274 頁。

數量，並不急於推行直接選舉。學者指出，「英國對在香港實行直接選舉的決心本來就不大，現在更被中國政府和香港的保守勢力壓抑下來。」[69] 因而在《基本法》寫進「普選」之時，中央政府並未面臨 1989 年政治風波所帶來的政治壓力及 1992 年後彭定康改革所帶來的過渡問題，是真誠希望由中國政府（而不是港英政府）開啟香港的民主之路。有學者認為「中央希望雙普選消除原港英政府所做的代議制政治安排，通過普選行政長官讓香港形成行政主導體制，通過普選的行政長官溝通香港各界民眾，理順中央和香港關係，從而更好實現主權統一和高度自治」[70]——這雖然大致描述了回歸後中央政府的治港思路，但顯然並不是「普選」被寫進《基本法》的真實原因。

　　在釐清中央政府在香港確立「雙普選」的歷史背景和政治動機之後，需要進一步交代的問題是，中央政府怎樣認識「雙普選」之間的關係和次序。值得注意的是，「雙普選」的條文雖然在《基本法》中表述相似，但是在制訂《基本法》時起草委員會的委員們對「雙普選」有不同的定位。1989 年 12 月基本法起草委員會政治體制專題小組在廣州舉行會議，對《基本法》作通過前最後的修改。這次會議上，需對「雙普選」問題進行最後的協商和確認：第一，將行政長官「最終達至普選產生的目標」，改為「最終達至經提名委員會提名，由普選產生的目標（在 1990 年 1 月 17 至 19 日的會議上，最終改為「最終達至由一個具有廣泛代表性的提名委員會按照民主程序提名後普選產生的目標」）；第二，關於立法會的普選並未取得一致意見，有委員建議刪去第二款「最終達至全部議員由普選產生的目標」；有的委員認為，立法會不一定最終全部普選，如果對香港有利，應保留部分功能團體議員或其他成分；有的委員認為，這句話不宜刪去，目前的規定已有很大彈性；第三，關於立法會產生辦法，委員們認為政治體制要保證香港長期的繁榮穩定，為達到這個目標，政制發展要循序漸進、寧穩勿亂，政制要

---

69. 劉兆佳（2014）。《香港的獨特民主路》。香港：商務印書館（香港）有限公司。195 頁。

70. 劉亞偉主編（2013）。《香港發展簡報》。1 期，6 頁。

確保社會各階層均衡參與，政制要建立在一國兩制的基礎之上，不能出現一個與中央對抗的立法機關；第四，香港特區成立後的政治體制至少需要穩定時間，委員們認為 1997 年政權轉移是巨大的變化，必須有一段時間保持政制的穩定；有的委員認為，十年穩定期內，立法會的組成不要變化；有的委員認為，主要確定十年穩定期，並規定第一屆的組成比例，第二、三屆立法會的組成比例可以不作規定，留待特區政府自己決定。[71] 通過上述記錄可以看到，草委們在面對「雙普選」問題時，存在以下特點和共識：第一，草委們關於行政長官普選的認識遠比立法會普選更加統一，即對於立法會普選的爭議更大（甚至立法會是否需要普選都不具有共識）；第二，草委們對於行政長官普選的制度和程序已經有了初步的安排，即設置了提名委員會提名的程序，而對於立法會普選則並無制度預設（規定很彈性）；第三，草委們認識到立法會普選應該保持實用態度，如果功能團體和其他制度對香港有利，就應該繼續保持，而不需要追求過於理想化的政治模式；第四，草委們認識到立法會普選需要穩健，其政治底線是「寧穩勿亂」、「不能出現一個與中央對抗的立法機關」。前者意味着要保持香港的穩定，後者則強調保持普選後的立法會與中央政府的和諧關係；第五，相對於行政長官普選而言，特區在立法會普選方面擁有更大的自主空間，在必要的情況下可以自行進行微調（在最終通過的《基本法》附件中，修改立法會產生辦法僅需向常委會備案即可，而修改行政長官產生辦法則需要常委會批准）。

而在《基本法》制定者的最初設想中，「雙普選」問題的成熟度和重要度並不一致：草委們對行政長官普選有着較高的共識，並且將提名委員會制度在《基本法》中確定下來；而對於立法會普選則缺少共識，並且暫時迴避了立法會普選與功能組別的兼容性問題。事實上，目標的確定性也意味着手段和方式的不確定性，儘管《基本法》制定者

---

71. 全國人大常委會基本法委員會辦公室編（2011）。《中華人民共和國香港特別行政區基本法起草委員會文件彙編》。北京：中國民主法制出版社。

殫精竭慮，也無法預測未來數十年香港的去向，因而只能經由《基本法》確定了政制發展的節奏和原則——即在「五十年不變」的中後期，按照循序漸進的原則，逐步實現政制改革和普選的目標。從立法會產生辦法的經驗去看，《基本法》對循序漸進的立意是政治民主化的發展是依循一個總是向前和前進幅度逐步遞升的規律。[72] 而回歸以來的香港政局的發展，既保持在《基本法》所設定的議題框架之內，同時也逃出了《基本法》制定者所設想的發展步驟——香港社會急劇政治化、本土主義興起、街頭運動頻仍、內地和香港關係的漸趨緊張等，這些都是彼時未曾也難以預見的。《基本法》雖沒有為這些問題提供現成答案，卻依然預設了解決問題的方式和原則，特別是關於政制發展的步驟和程序的規定。這也是堅持《基本法》原意解釋的價值所在，即應該通過《基本法》的規範來凝聚政治共識，而不是引進一套新的標準。

　　全國人大常委會在 2007 和 2014 年有關香港政治發展問題的決定，就充分體現了《基本法》原意解釋的精神和原則。常委會在 2007 年決定的說明中對於「先行政長官普選、後立法會普選」的原因有針對性的解釋，提出了兩點原因：一是《基本法》對行政長官普選辦法的框架已經作了規定，香港社會對此也有相當的共識，至於立法會全部議員如何實行普選，《香港基本法》沒有明確規定，香港社會意見分歧也比較大，還需更多時間進行討論；二是行政長官和立法會全部議員由普選產生屬於重大政制改革，如同時進行，波及面太大，不利於政制改革的穩妥實施和保持社會穩定，並且先進行行政長官普選有利於維護行政主導體制。[73] 這種解釋延續了 1989 至 1990 年基本法起草委員會政治體制專題小組的思路，也是關於「雙普選」先後順序的權威性說明。此外，在行政長官向全國人大常委會提交的報告中，也提出在普選立法

---

72. 戴耀廷（2010）。《香港的憲政之路》。香港：中華書局（香港）有限公司。238 頁。

73. 喬曉陽。《關於全國人民代表大會常務委員會關於香港特別行政區 2012 年行政長官和立法會產生辦法及有關普選問題的決定（草案）的說明》。2007 年 12 月 26 日在第十屆全國人民代表大會常務委員會第三十一次會議。

會未能達成共識的情況下，過半數市民希望「特首先行、立法會普選隨後」。[74] 而在 2014 年「全國人大 8‧31 決定」的說明中，關於立法會普選後置又增加了一個現實的理由，即 2012 年的立法會改革已經有了發展，所以產生 2016 年立法會繼續適用現行規定，「符合循序漸進地發展適合香港實際情況的民主制度的原則，符合香港社會的多數意見，也有利於社會各界集中精力優先處理行政長官普選問題，並為在行政長官實行普選後實現立法會全部議員由普選產生的目標創造條件。」[75]

由此，基於普選的國際經驗和《基本法》的制定原意，可以簡單概括「雙普選」之間的聯繫。首先，「雙普選」後的香港將趨向形成「總統制」的政治體制，行政長官和立法會分別有相應的民意基礎，但是由於行政長官不能具有政黨背景，因而這種港式「總統制」的執行力可能會打折扣。[76] 其次，中央政府在起草《基本法》時，將普選設定為香港政制發展的目標，並明確了實現普選的原則，這是經過了縝密討論的，至少不應質疑中央政府促成香港政制發展的政治真誠。再次，中央政府對於「雙普選」並非等同對待，從《基本法》制訂時就已經顯現出來，其對於行政長官普選寄予了更多的期待和關注，而立法會普選尚缺乏共識。最後，先進行行政長官普選、後進行立法會普選，是基於務實的考慮，本着「先易後難」的原則，將立法會普選押後，從而為香港政制發展預留空間。

74. 香港特別行政區行政長官。《關於香港特別行政區政制發展諮詢情況及 2012 年行政長官和立法會產生辦法是否需要修改的報告》。2007 年 12 月 12 日。

75. 李飛（2014）。《關於全國人民代表大會常務委員會關於香港特別行政區行政長官普選問題和 2016 年立法會產生辦法的決定（草案）的說明》。2014 年 8 月 27 日在第十二屆全國人民代表大會常務委員會第十次會議。

76. 陳弘毅（2014）。《一國兩制下香港的法治探索》（增訂本）。香港：中華書局（香港）有限公司。104 頁。

三、現有研究文獻之簡析

目前有關香港政治與《香港基本法》的研究中，「普選」或「選舉」的話題可謂熱度不減，但關於此命題的研究歷史卻非常短。檢索香港大學圖書館的館藏文獻可知，有關香港選舉的中文文獻最早出現於1986年，該文獻集中分析香港區議會選舉的結果，[77]這與香港立法局首次直選的時間大致契合；而同一命題的英文文獻最早出現於1987年，同樣是關於香港區議會選舉的研究。[78]而在內地，關於香港選舉的研究起步更為遲緩，始在1994年才開始出現關於中英談判中就香港選舉問題的評論性與介紹性報道，[79]而研究性的文獻最早則在1995年才出現，是關於香港青年參與選舉的動力研究以及關於香港市政局選舉的觀察。[80]內地之所以會出現理論發育遲緩的情況，一方面由於回歸之前的香港選舉制度發展頗為緩慢——在1985年的立法局選舉之中，才首次出現了選舉因素（elective element），在46位官守議員中有24名由選舉團和功能組別選出，22名由總督委任；而地區直選遲至1991年立法局選舉中才被首次採用，在全部57名非官守議員中的18席由地區直選產生（geographical constituencies）。[81]另一方面是由於香港在開啟民主化進程之前已經實現了法治，政府對經濟社會實行自由放任的態度，使香港形成了一種在民主和專制之間的特殊「混合政權」——競爭性選舉和市民自由是現代民主制度的兩個基本維度，只有當同時實現這兩個維

77. 羅致光（1986）。《八五區議會選舉影響選舉結果因素研究報告》。香港：香港大學社會工作學系。

78. Lau Siu-kai and Kuan Hsin-chi (1987). "The 1985 District Board Election in Hong Kong: The Limits of Political Mobilization in a Dependent Polity," *Journal of Commonwealth and Comparative Politics*, 25(1): 82–102.

79. 何漢（1994）。〈中英關於香港選舉的談判為何達不成協議？〉，《瞭望新聞周刊》。1期；霍桑（1994）。〈中英關於香港選舉問題談判的前前後後〉，《社科信息文萃》。4期。

80. 譚少薇、黎國國、馬淑儀（1995）。〈香港沙田區青少年參與選舉的動力研究〉，《當代青年研究》。1期；李良棟（1995）。〈香港1995年市政局選舉述評〉，《黨校科研信息》。9期。

81. Anton Cooray eds. (2010). *Constitutional Law in Hong Kong*. Netherlands: Wolters Kluwer. pp. 19–20.

度時才能被稱為「完全民主」。若是二者均付之闕如的話，則屬於「完全專制」。在完全民主和完全專制之間存在兩種混合政權，一類是「自由型專制」（liberal authoritarianism），另一類是「選舉型專制」（electoral authoritarianism）。【82】香港在回歸前的很長時間中，可以歸類為「自由型專制」。那時，法治保障居民的自由，但是缺乏以選舉為表徵的現代民主。這些因素導致在回歸前，香港居民對民主化並沒有過分期待，這或許也是學術研究中對於民主和選舉問題缺乏關注的原因。

即使在目前的香港選舉或普選的研究中，學者的關注點仍然集中於行政長官普選，其原因不僅在於中央政府將行政長官普選設定為立法會普選的前提，還由於香港的「行政主導」體制，使許多人認為行政長官普選遠比立法會普選重要。而本書將立法會普選作為研究對象，原因有以下幾點。第一，行政首長和代議機關的選舉均是民主制度運行的基礎，二者或許在現實政治實踐中功能各異，但在學術價值上卻難分高低。儘管中央政府已經設定了「雙普選」的先後順序、香港社會也將「雙普選」視為聯動一體的政治改革，但是二者在制度設計和憲政理念上存在諸多差別，不能將二者視為等同。第二，雖然《基本法》確立了「行政主導」的體制，但是香港回歸以來的政治發展導致行政主導逐步異化，「與香港政治體制的設計原意相反，香港政府在回歸以後深陷在立法—行政失序（executive-legislative disconnection）的泥沼之中，歷任特首的權力都受到立法會的制約，出現了在《基本法》文本與香港政治現實之間的巨大差異。」【83】以至於有學者認為，「回歸以後立法機構的權力愈來愈大，尤其是對行政的制衡愈來愈大，行政主導已經很困難，甚至於出現事實上的立法主導。」【84】在這種趨勢下，立法會普選對

---

82. Brian C. H. Fong (2014). *Hong Kong's Governance under Chinese Sovereignty: The Failure of the State Business Alliance after 1997.* London & New York: Routledge Press. pp. 3–5.

83. Brian C. H. Fong (2014). "Executive-legislative Disconnection in Post-colonial Hong Kong: The Dysfunction of the HKSAR's Executive-dominant System, 1997–2012," *China Perspectives*, 1: 5–14.

84. 陳麗君（2015）。《香港社會關係與矛盾變化研究》。香港：中華書局（香港）有限公司。156頁。

於未來香港政局的影響重大，不得不慎重待之。第三，2015 年 6 月香港立法會否決了政改方案，使得持續兩年的有關普選的政治博弈和民間動員告一段落。雖然目前並未有重新啟動政改的時間表，但是中央政府官員已經表態「全國人大 8・31 決定」具有反覆適用的規範效力，「以後各任長官，實施普選，都要按照 8・31 決定，它的效力不限於一次選舉，是長期實施。」[85] 在行政長官普選方式大致既定的前提下，立法會普選也將具有一定的可預期性。

　　關於香港立法會選舉與普選的研究，已經有相對充沛的資料基礎。就目前研究成果來看，呈現出如下特點：一、關於「雙普選」的研究，目前側重關注行政長官普選，較少涉及立法會普選問題，這不僅是由於二者在時間上的先後次序，更加重要的是，研究者對於香港行政主導體制下二者重要性的認識不同——這導致對立法會普選的研究具有很強的附屬性，多數情況下是對於行政長官普選問題研究之餘，會提及立法會的普選問題；二、現有關於立法會的研究側重其選舉歷史的研究，特別是對回歸前後歷屆立法會（局）選舉情況的介紹，以及回歸後圍繞立法會問題的政治爭議作了大量研究，但是對於立法會普選問題的研究卻尚未充分展開——立法會普選作為香港政治發展的目標，相關研究並不是「政治算命」，而應對香港立法會普選所嵌入的憲制結構、所展開的路徑及所引發的後果進行評估，從而為推進立法會普選提供新的視角和判斷；三、在現有對於立法會普選問題的研究中，有關功能組別的研究成果佔據了半數以上的比例，本書並非認為立法會功能組別選舉不重要，而是認為如果過度聚焦於功能組別選舉問題，將遮蔽立法會普選的更為宏觀的政治背景，即香港民主化和立法會普選所基於的「一國兩制」憲制結構和中央—特區關係，這才是決定立法會普選能否實現的關鍵，功能組別僅是末端性技術問題；四、在現有研究中，更多是介紹性的文字，缺乏足夠深入的理論建構和比較研究，也未對《基本法》研究的方法進行反思，使多數研究停留

---

85. 曾善璘（2015）。〈李飛公開解釋：831 長期有效立場清楚沒懸念〉，《星島日報》，5 月 31 日。

在引介或者評論的層面，並未進行有效的學術化及理論展開；五、在相當部分的既有研究成果中，政治立場先於學術觀點，並未對於中央—特區的利益關係、香港民主化對於中國憲政的意義等問題有深入認識，因而得出的結論難免有所偏頗。因此本書致力於圍繞香港立法會普選問題，進行中立性的理論建構和實證分析，將立法會普選問題置於「一國兩制」和中央—特區關係的框架之中，以期得到更為客觀和宏觀的研究結論。

四、分析框架與結構

在評述現有文獻的基礎上，仍有必要總結對於香港普選問題的分析框架——因具體的觀點往往遮蔽我們觀察問題的宏觀視角，觀點上的局部共識也不能說明立場的一致性。由於立法會普選問題所涉及的問題極為複雜，所以有必要建立一套分析框架，用於廓清立法會普選所涉及的問題，並為進一步的分析論述鋪陳基礎。在本節中將首先提出本書的分析範式，將中央—特區關係作為本書的研究視角，按照國家認同與民主化雙向互動的分析框架，對於立法會普選問題展開論證；然後交代本書的研究方法和章節安排。

（一）香港普選分析框架

分析框架剪裁現實中異常豐富的素材，決定本書的研究角度和立場。在現有研究中，存在關於香港普選和民主化問題的多元分析框架，產出了豐厚理論沉澱。

現有文獻中對香港普選的研究視角，既有國際經驗的對比，也有內部管治的考量；既有歷史性和階段性的轉型研究，也有對於現實問題的深入剖析。不過，這些分析框架在應用到香港立法會普選問題時，卻缺失了很重要的一個維度——沒有充分重視中央與特區關係在香港民主化中的支配地位。如果關於香港立法會普選的研究，沒有把中央政府作為一個研究變量，得出的結論也必然不可靠。因而本書是

表1.2　「一國兩制」下特區民主化分析框架【86】

		特區政府與香港市民關係	
		緊密	鬆散
中央與特區關係	強	模式一	模式二
	弱	模式三	模式四

從中央與特區關係的視角，以國家認同和民主化的關係為切入點，對香港立法會普選問題進行研究。

　　香港實現普選需要兼顧中央立場和香港訴求，或者說需要協調國家認同和民主化的關係。香港民主化問題涉及兩類基本範疇：一是香港作為中國中央政府直轄的地方性區域，普選改變其地方政府首長和議會的選任方式；二是中央政府對香港政制發展擁有憲制權力，香港民主化也會對中央與特區關係產生直接或間接的影響。因此，香港民主化涉及的主體包括「中央政府—特區政府—香港市民」，相互之間的關係包括「香港市民與特區政府的橫向權力關係」和「特區政府和中央政府的縱向權力關係」。只有將香港普選問題置於上述「三方主體」與「雙重關係」的框架之下，才能得到理解和妥善處理。（見表1.2）

　　因此，依據上表所展示的橫向與縱向兩類關係，可以得出四種政治模式。第一種模式是「組織動員模式」，指在強化中央與特區關係的基礎上，特區政府與香港市民的關係也非常緊密。此時就形成了類似於中國內地在改革開放之前的政治模式，中央政府可以經由地方政府（甚至有些情況下繞過地方政府）對民眾進行組織和動員。第二種模式是「官僚體制模式」，指中央政府與特區政府之間的關係雖然得到強化，但是特區政府自身卻無法得到市民的充分支持，因而需要依賴官僚體制落實政策，普通市民被排斥在政策形成之外。目前香港的政治

---

86. 本研究框架參考了周雪光教授提出的「國家治理模式」理論，具體請參見周雪光（2014）。〈中國國家治理及其模式：一個整體性視角〉，《學術月刊》。10 期。

現實，基本上就屬於官僚體制模式——中央政府雖然可以憑藉選舉制度和任命權，對行政長官進行有效的政治控制，並通過與香港建制派政黨與工商界人士的合作，對立法會形成一定的影響；但是由於行政長官和立法會本身缺乏足夠認受性，導致香港市民的民主訴求轉化為對中央政府的怨懟。第三種模式是「合法性倒置模式」，指中央政府對於特區的控制力較弱，但是特區政府卻與民眾建立了緊密的政治關係（顯然，選舉並非加強政府與民眾聯繫的唯一方式），此時形成了地方政府較之於中央政府的「高合法性」，中央政府也會擔憂特區的離心傾向。第四種模式是「分裂政府模式」，指中央對於特區的控制力較弱，同時特區政府與民眾的關係也趨於疏離，此時橫向與縱向的政治關係均沒有理順，地方的治理往往趨於低效與無序，中央政府也缺乏對特區發展進行規劃的意願與能力。進一步而言，如果將中央與特區關係中的「國家認同」因素作為重要變量，強調地方對於中央權威的充分認可和尊重；同時將特區政府與香港市民的關係簡化為「民主化」的過程，以此規定特區政府的認受性問題——此時，上述分析框架亦可簡化為國家認同和民主化的雙向互動關係。（見圖 1.2）

在圖 1.2 所顯示的分析框架中，特區的民主化改革不僅會影響到特區政府與民眾的關係，也會影響中央政府與特區的關係。由於以普選為表徵的特區民主化方案，將會使特區政府與民眾的關係由鬆散趨於緊密；而在「一國兩制」下的中央政府雖然可以憑藉行政長官任命權及《基本法》的解釋與修改權在一定程度上控制與影響香港政治，[87] 但是由於「兩制」之間的制度區隔以及「港人治港」的政治原則，民主化可能會對中央政府權威構成消極影響，形成合法性倒置的局面。尤其是普選帶來的「結果不確定性」，使得中央政府對於香港政治改革表現出了保守與審慎的傾向——中央政府所傳達的信息是確定無疑的，就是香港的政治改革，包括實施普選的可能性，只能按照中央政府期望的

---

87. Sonny Lo (2013). "Central Control and Local Welfare Autonomy in Guangzhou, Hong Kong and Macau," *Journal of Current Chinese Affairs*, 42(3): 3–6.

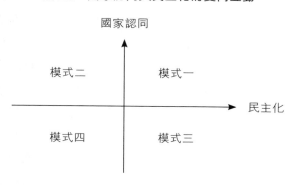

圖1.2：國家認同與民主化的雙向互動

模式進行。【88】在此背景下，香港立法會普選研究應當納入更為廣闊的視野之中，即不應將普選問題視為單純的地方政治，而是應該嵌入到中央—特區關係的政治脈絡之中。

（二）研究方法與結構

在文獻利用方面，本書廣泛搜集內地、港澳和國外關於香港民主化和普選問題的研究材料、各研究機構和智庫所發佈的研究報告，以及在《基本法》制訂和實施過程中的檔案資料，將這些文獻作為本書的出發點。在研究方法上，本書立足於法學研究的基本範式，重視規範和制度對於立法會普選的意義。具體而言，本書主要採用規範研究的方法，對《中國憲法》、《基本法》、全國人大的相關解釋和決定，及《立法會條例》進行規範分析，明晰《基本法》中相關概念和規範的含義、界定《基本法》所設定的政制發展目標、闡釋《基本法》制定者的原意。由於在香港政治發展中，出現過頗為激烈的爭論。比如關於民主化的速度問題、普選的概念界定問題、功能組別的存廢問題等。這些問題僅依賴形而上的辯駁，很難形成共識。因而各方能夠接受的

---

88. Dexter S. Boniface and Ilan Alon (2010). "Is Hong Kong Democratizing?" *Asian Survey*, 50(4): 786–807.

方案是回歸《基本法》文本，按照規範所設定的議程、步驟和幅度實現香港的普選。在具體解釋方法上，本書優先採用「原意解釋」的方法——這不僅是因為《基本法》制訂及後續釋法中，有豐富的原始材料可供參考；更為難得的是，目前面臨的多數爭議尚未超出《基本法》制定者討論的範疇，甚至關於這些問題的解決方案，《基本法》制定者也已經提出頗具預見性的判斷，並將共識寫到《基本法》之中。因而嚴格按照《基本法》實現普選，並適時對《基本法》作出符合現實需求和規範含義的解釋，對於中央和特區來説，都是最佳選擇。

同時，本書也會運用比較研究的方法，將立法會普選問題放置在歷史和地域的對比語境下，旨在得出關於立法會普選的有益經驗。比較研究面臨的最大難題不是素材的匱乏，而是據以比較的基點不甚準確。從歷史經驗的縱向角度，港英時期立法局的直選無疑是香港立法會普選的最佳參照。然而香港回歸以來，經歷了由殖民地到特別行政區、由港督獨裁到行政主導、由諮詢型議會到監督型議會，選舉的政治背景已發生很大變化。從地域經驗的橫向角度，一方面香港作為國際性的金融中心，另一方面香港又是單一制國家內的異質行政區域，因而很難有與之相似的地區進行比較研究。據此，在進行比較研究時，需要時刻保持方法論上的警覺，避免使比較研究成為凌空蹈虛的偽命題。

在結構方面，圍繞立法會普選所涉及的理論和實踐問題，除了本章的導論之外，本書還有四個章節。在第二章中，筆者會總結香港立法機關選舉的歷史，既包括回歸前的立法局選舉，也包括回歸後的立法會選舉。藉由這些歷史經驗，考察歷次立法機關選舉改革所帶來的政治效果，以及宗主國或者中央政府在改革中發揮的作用。在對立法局選舉改革進行研究時，本書也會探討回歸前的激進民主化對香港政治的影響。至於回歸後的立法會歷次選舉改革，鑒於相關研究已經非常充分，因此本書將功能組別和地區直選作為研究重點。此外，第二章也會分析香港政治運動對立法會普選的影響，將「佔中運動」作為近年來香港社會運動的樣本，藉此分析社會運動對政治生態和民主化的

作用。第二章的最後一節集中討論中央政府對於香港普選和民主化的決斷意義，其中涉及中央政府對於香港普選的態度，以及如何選擇推動普選的政治時機。

　　第三章延續第二章的比較研究，只是將比較對象由縱向歷史比較轉移至橫向的地域比較。該章第一節將討論地方議會普選的基本理論，對比其與主權國家層面選舉的區別，歸納中央政府對於地方議會普選的限制。在選擇比較對象時，由於香港立法會作為主權國家的地方議會，因而本書並沒有選擇國家議會作為比較對象，而是選取典型城市和地區的地方議會進行比對。即在該章的第二節選取了三個國際性的都市（紐約、倫敦與新加坡，其中新加坡的特殊性將在正文中特別說明），在第三節選取了三個統一國家內的異質地區（即統一國家內與主流政治制度不一致的地方政府，包括蘇格蘭、魁北克與加泰隆尼亞）。上述兩種類別分別對應香港的經濟和政治特點，藉由這些相似地區的地方議會選舉的經驗，總結應如何在經濟都市和異質地區推行普選，才能夠實現經濟發展與政治穩定。

　　第四章則深入討論影響立法會普選的制度因素，其中「一國兩制」的憲制結構作為立法會普選的總體背景，政黨政治、比例代表制和區議會選舉作為影響立法會普選的細節因素。在該章第一節對中國國家結構理論，以及中央與特區之間的憲制連接與憲政互動進行討論。立法會普選也正是在「一國兩制」的框架下展開的，一方面遵循中央政府的政治安排，另一方面也受到香港民意的牽引，二者共同決定了普選的時機和走向。在該章第二節對香港政黨政治進行研究，重點討論建制派和民主派在立法會選舉中的競爭，以及在普選語境下的政黨政治發展路向。第三節對比例代表問題進行研究，概述採用比例代表制的前因後果，並總結比例代表制的利弊和改革。第四節對於區議會選舉展開討論，特別關注香港區議會選舉對立法會選舉的影響。

　　第五章是本書的結論部分，並展望通向立法會普選的道路問題。該章第一節指出在「政改空窗期」內，可挾一國兩制「中期時代」對落實普選的迫切時間要求，充分利用立法會選舉制度的改革空間，釋放

民間和政界關於改革的期待和訴求，提升立法會的民主化程度，加強立法會對政府的監督，嘗試建構更為良性的行政—立法關係，為行政長官普選和後續立法會普選創造條件。在具體路徑和措施的設計上，主要應圍繞改革功能界別展開，不斷提高立法會的民主性和認受性，均衡各階層和各派別的利益，從而為實現立法會普選凝聚共識。該章第二節指出，香港立法會普選有特殊的時空背景和意義，時間背景包括了兩個重要的尺規，一是香港回歸已逾 20 年，「一國兩制」應該走向政治成熟，致力平衡民主化和國家認同的關係；二是《基本法》預設的「五十年不變」為現階段的香港前途提供了終極想像，因而需要正確理解「五十年不變」的政治意涵。空間背景就是需要把普選問題放置在中央—特區關係的總體背景下，才能理解香港普選（之於中國）的意義。

第二章

立法會選舉發展及其爭議

❧❧❧❧❧❧❧❧❧❧❧❧❧❧❧❧

　　香港的選舉最早始於 1888 年的潔淨局（Sanitary Board，即市政局的前身）的非官守議員選舉，其中在 10 名議員中通過選舉產生 2 名議員。而之所以開放潔淨局的選舉，主要出於兩方面原因：一、潔淨局以衛生監察為工作任務，其工作範圍深度涉入市民的私人生活，因而需要通過選舉來取得合法性；二、香港著名華人醫生何啟博士（Dr. Ho Kai）經過持續不斷的努力，在華人中爭取了 47,000 多個簽名，要求在潔淨局的議員中選舉產生 4 個席位的官守議員和非官守議員。最終港英政府只同意了選舉 2 名議員，並且要求繳納差餉（ratepayers）且在陪審員名單中的居民才有選舉權，這意味着只有納稅且英文流利的男子才有選舉權。[1]這種高門檻的選舉資格，將大多數華人排除在外，因而在該次選舉中，陪審員名單的 669 人中僅有 187 人參加投票，這說明其與現代意義上的選舉理念相去甚遠。儘管如此，這次選舉卻開啟了香港的民主之門，使香港的華人有機會開始參與政治。在其後市政局的選舉一直維持 2 個議席的局面，而在香港重光之後不斷增加了民選議席，到 1983 年時有 15 名民選議員，佔所有成員的一半。

　　較之於市政局選舉起步雖早、發展緩慢的特點而言，回歸前立法局選舉卻呈現了起步晚、發展激進的特點。這與香港回歸的歷史背景有着直接的關係，並且對至今的香港政局都產生了深遠影響。在回歸後，中央政府根據《基本法》重新設定了立法會選舉制度的發展步驟，

---

1. Suzanne Pepper (2008). *Keeping Democracy at Bay: Hong Kong and the Challenge of Chinese Political Reform*. Lanham, Maryland: Rowman & Littlefield Publishers. pp. 99–100.

通過漸進的改革措施推動立法會向普選的目標邁進，在選舉制度、功能組別、地區直選等方面均進行了改革。本章將從歷史的角度，回顧香港立法機關選舉的發展歷程和政治爭議，剖析歷史進程中的深層法理。

在本章的內容安排上，首先討論回歸前的立法局選舉，即港英政府對立法局選舉制度的重要改革，以及回歸前立法局的激進民主化帶來的深遠影響。第二節論述回歸後的立法會選舉發展——但是本書並不打算採用一般的時間軸敍事方式，而是就功能組別和直接選舉兩個焦點問題展開論述，反映立法會選舉改革背後的政治爭議。第三節將對「佔中運動」的深層原因和政治影響進行討論，包括「佔中運動」對於立法會普選的影響。最後本章將對中央政府在香港普選中的作用進行總結，特別是中央政府對於香港普選的態度和政治時機的選擇。

一、回歸前的立法局選舉

香港立法局（Legislative Council）是港英政府期間的立法機關，其一度甚至被稱為「定例局」，足見其主要職能集中於立法。立法局於 1843 年根據《香港憲章》（The Hong Kong Charter）成立，其規定「總督在諮詢上述立法機關的意見後，可全權制定及通過一切確保上述香港殖民地和平、有秩序和管治良好的法例及條例」。因而立法局被定性為輔助總督進行立法的機關，而總督作為立法局的當然主席，擁有絕對的否決權。在 1888 年修改《英皇制誥》後，才使得立法局擁有了實質立法權，規定總督在制訂法例的過程中，不但要徵詢立法局的意見，亦須取得立法局的同意。儘管如此，總督仍然有權否決一切條例，及委任所有立法局和行政局議員、法官和太平紳士。

在 1991 年之前，香港立法局並沒有直接選舉的議員，而是由官守議員、非官守議員以及由選舉團和功能組別選舉的議員（自 1985 年開始）構成。最早的非官守議員開始於 1850 年，經英國議會批准，委任了兩名太平紳士大衛·渣甸（David Jardine）與艾德格（Joseph Edgar）出

任非官守議員，他們都是在港的英國商人。首名華籍非官守議員則遲
至 1880 年，伍廷芳成為首名華人非官守議員，這得益於彼時華商經濟
能力的提升與總督軒尼詩（Sir John Pope Hennessy）較為開放的政治理念。
而首名女性非官守議員李曹秀群女士，則是在 1965 年才獲得委任，她
也為爭取香港的兩性平等、廢除香港的侍妾制度、促進婦女的政治參
與作出了傑出貢獻。[2] 但是當時的非官守議員仍然是由社會賢達所組
成。直到 1976 年，身為公交公司職員的王霖獲任非官守議員，成為立
法局歷史上首位來自基層的草根議員。是他推動了中文可以合法在立
法局辯論中使用並且為立法局議員給付津貼 —— 顯然這兩項改革都代
表了基層的利益訴求。因而在實行立法會選舉制度之前，特別是引入
直接選舉之前，香港市民為爭取參政權進行了長期努力，促使立法局
增添些許民意因素。

（一）代議政制在香港的建立

代議民主（representative democracy）是現代政治的基本形式，一般
認為代議民主與直接民主相比較下，具有以下特點：一、政策由人民
的代表制定，而不由人民自身制定；二、代表由人民按照選區選舉產
生；三、除非有個別的例外情況，所有成年公民應該有權選舉代表，
並且需要一人一票；四、代表應該向選民負責，並且可以在下屆選舉
中被替換下來。[3] 簡而言之，代議民主的基本特點是定期選舉，以及
與定期選舉相匹配的公民選舉權。因此在香港長期的殖民歷史上，從
1843 年殖民體制的正式確立到 1985 年首次正式採用選舉制度的百餘年
中，並沒有建立代議民主制，而是維持港督獨裁的體制。

---

2. 陳美玲（2002 年 7 月）。《香港女性基督徒與女性身份的建構 —— 李曹秀群在早期婦權運動的參
與》。香港中文大學性別研究哲學碩士論文。

3. Michael L. Mezey (2008). *Representative Democracy: Legislators and Their Constituents.*
Lanham, Maryland: Rowman & Littlefield Publishers. pp. 2–3.

　　不過在地方行政層面上，香港在 1982 年進行了首次區議會選舉，使官守議員、非官守議員、直接選舉產生議員的比例分別佔三分之一；而 1983 年的市政局中，直選和委任議席各佔一半。根據 1980 年《香港地方行政模式綠皮書》的規定，「香港情況特殊，需要一個穩定的局面；立法行政兩局——政府的中央機關，過去和將來都要按照環境的需要而演變；香港地狹人稠，在這樣的一個社會中，預算政策、公共服務和主要社會經濟計劃的管理，都不宜分散，而應繼續由中央統籌；但對這些服務和政策起了什麼作用，是否足夠和效果怎樣等問題，個別地區的居民，亦應有更多發表意見的機會。」[4] 故此，在 1980 年代前期推行的香港地方行政改革，雖然為香港引入了民主和代議政治的要素，但本質上仍是在「中央集權」的背景下展開的。其中一方面是為立法與行政兩局的民主改革積累經驗，另一方面也是吸納基層民意、維護政治穩定的必要措施。

　　在 1984 年發佈的《代議政制綠皮書：代議政制在香港進一步發展》中，篇首就引用在 1980 年綠皮書中的表述，並宣佈該份綠皮書的目的「就是建議怎樣使香港政府的中央組織更具代表性，使政府更能直接向香港人民負責」。[5] 由此看出，地方行政改革與代議制改革具有不同的政治意義：前者僅是在基層事務中吸納更多的民意因素，提高基層行政的可接受度；而後者則是完全重構香港的合法性基礎，使殖民政權的合法性建基於人民的認可之上。正如學者所指出的，兩個階段具有不同的特點，前一階段是加強民眾溝通、積極改善民生，同時又加強政府中央權力，改善政府的行政效率，取得了相當穩定的政治環境，而經濟也得到了高速的發展；後一階段則是把政府權力下放，讓立法機構變成權力中心，培育有自治特色的地方政府——英國希望在

---

4. 《綠皮書：香港地方行政的模式》（1980 年 6 月），收錄於《香港政制發展資料彙編》（一）（2015）。香港：三聯書店（香港）有限公司。214 頁。

5. 《代議政制綠皮書：代議政制在香港進一步發展》（1984 年 7 月），收錄於《香港政制發展資料彙編》（一）（2015）。香港：三聯書店（香港）有限公司。261 頁。

1997 年撤離後，能與日後的香港新政府建立良好關係，爭取未來政經利益，這就是一般所謂「非殖民地化」的政策。[6]

經過上述兩個階段的醞釀後，香港立法局在 1985 年開始引入選舉，共計有 24 名議員分別由選舉團和功能組別選舉產生。選舉團成員包括市政局、區域市政局及區議會的議員，最後登記的人數為 443 人。而功能組別包括商界第一、商界第二、工業界第一、工業界第二、金融界、勞工界、社會服務界、醫學界、教學界、法律界、以及工程、建築、測量及都市規劃界（其中勞工界有兩個議席），登記人數為 46,645 人。就功能界別包括的範圍而言，其顯然側重工商界和專業界的利益，吸收社會精英參與決策和治理。在 1984 年 11 月的《代議政治白皮書：代議政制在香港的進一步發展》中，解釋了為何要設置功能組別選舉：「鑒於本港財經界及專業人士對維繫香港前途的信心和繁榮，關係重大，故綠皮書強調這些人士應有充分的代表權」。[7] 而事實上 1985 年的功能組別選舉確實對後續香港政治影響深遠，其中李柱銘（Martin Lee）和司徒華（Szeto Wah）分別當選為功能組別中法律界和教育界的代表，他們成為接下來數十年中香港民主派的領導人物。[8] 需要注意的是，在 1985 年立法局改革中引入功能組別選舉，顯然是有利於民主發展的；然而在 1991 年實行部分議席的直接選舉後，功能組別就迅速被視為民主化的障礙物。這也說明制度的發展並沒有一成不變的優勢，而是不斷地與政治背景和社會需求相協調。

雖然 1985 年立法局選舉僅僅是採用了有限範圍的間接選舉，但是如果將其放置到 1840 年代以來的華人參政歷程以及 1984 年簽署《中英聯合聲明》的背景下，則會發現其特殊意義。一方面，1985 年的立法局改革改變了由官守議員和非官守議員構成的立法會，選舉產生的議

---

6. 饒美蛟、楊偉文（2000）。〈論香港區域諮詢制度之發展及其政經功能〉，《亞洲研究》。37 期。

7. 《代議政制白皮書：代議政制在香港進一步發展》（1984 年 11 月），收錄於《香港政制發展資料彙編》（一）（2015）。香港：三聯書店（香港）有限公司。281 頁。

8. Danny Gittings (2013). *Introduction to the Hong Kong Basic Law*. Hong Kong: Hong Kong University Press. pp. 133–134.

員佔據了立法會的半數;另一方面,1985 年立法局改革是在《聯合聲明》簽訂之後進行的,由此也引發了中英兩國對於「保持香港現狀」的分歧和爭議。中英兩國爭議的焦點在於回歸前香港機構改革的步幅和範圍(pace and scope),雖然《聯合聲明》規定了香港在回歸前需要維持現狀,但是聯合聲明並沒有對現狀給出定義。中國政府認為香港應當按照其 1984 年的狀態延續到回歸,即保持《聯合聲明》簽訂時的狀態;但是英國政府和港英當局卻堅持接下來的 13 年不能完全冰封。中國政府將任何政治、機構與立法的改革均視為英國要在香港保持其影響力的舉動。[9]

　　1987 年 5 月港英政府再次發佈綠皮書,對於 1984 年以來的代議政制發展進行檢討,其中對直接選舉有詳細討論。綠皮書總結了正反兩方面的觀點,贊成實行直接選舉的觀點主要認為「直接選舉是建立一個真正有代表性和負責任的政府的最佳辦法,而這樣的政府可以在大多數市民支持下推行它的政策」,而反對一方則認為「直接選舉可能導致對抗式政治,也可能引致政黨出現,他們認為這樣的發展足以破壞本港社會的穩定和海外人士對香港的前途和信心,因而危害到香港的經濟繁榮」。[10]根據李柱銘回憶錄披露的內容,「民主政制促進聯合會」(民促會)在 1987 年舉行了一系列社會運動來爭取「八八直選」,包括「八八直選,和平靜坐」、「民主政制維園大會」、「民主大請願」等,意圖向中國政府和港英政府施加政治壓力。[11]但是該方案既未得到中國政府的認可,也未得到港英政府的支持。在 1988 年 2 月發佈的《白皮書:代議政制今後的發展》中,港英政府明確表示,「鑒於社會人士在這個問題上(直接選舉的時間)有十分明顯的分歧,在 1988 年實行這樣重大的政制改革將不會是正確的做法,一個有充分理由支持的看

---

9. John M. Carroll (2007). *A Concise History of Hong Kong*. Lanham, Maryland: Rowman & Littlefield Publishers. pp. 185–186.

10. 《綠皮書:一九八七年代議政制發展檢討》(1987 年 5 月),收錄於《香港政制發展資料彙編》(一)(2015)。香港:三聯書店(香港)有限公司。308–309 頁。

11. 司徒華(2011)。《大江東去:司徒華回憶錄》。香港:牛津大學出版社。259–262 頁。

法，就是下一屆的立法局應再次採用現有的組合方式，而不應該在三年內進行第二次重大改組，政府因此決定在 1991 年採用直接選舉選出若干名立法局議員。」【12】這表明在 1980 年代末期的政制改革中，港英政府對於直接選舉採取審慎的態度，所以在 1988 年的立法局選舉中僅是進行了微調：一、增加兩個功能組別議席取代委任議席，即新增會計界和衞生界兩個組別，使得功能組別議席達到 14 席；二、功能組別和選舉團選舉的投票方法都改為「按選擇次序淘汰」的制度。

值得注意的是，在香港立法局的改革同時，《基本法》的制定也進入攻堅期，其中爭論最為激烈的命題也包括回歸後的立法機關選舉問題。1986 年由民主派人士提出「一百九十人政制方案」，並以此為基礎組成了「民主政制促進聯合會」，他們支持普選行政長官及 1997 年至少有半數立法局議席由直選產生，並希望以此為藍本影響基本法的草擬工作。【13】與之相對，香港工商界代表向基本法草委會提出「八十九人政制方案」（工商專業界諮委方案），建議 1997 年後的行政長官由一個 600 人選舉團選出，選舉團還會選出四分之一的立法會議員，而立法會的一半議席由功能團體選舉產生，直選則佔四分之一。除了上述兩種影響力頗大的方案之外，還有香港政府華員會、香港大學畢業同學會、香港工會聯合會、港九勞工社團聯會等提出的方案。在各種方案對立的情況下，查良鏞與查濟民兩位草委在 1988 年 11 月提出了協調方案，被稱之為「雙查方案」——建議立法會分三屆發展到半數直選；而第二任及第三位行政長官由 800 人組成的選委選出。「雙查方案」在穩健和激進之間找到了一個平衡點，故被稱之為「主流方案」。基本法起草委員會最終採納了「主流方案」，認為「主流方案是融合了大部分方案的特點和精神而成的，各個方案共同的特點，就是採取循序漸進的方式，朝着民主的方向逐步發展政制；而其最終精神則是為香港帶來

---

12. 《白皮書：代議政制今後的發展》（1988 年 2 月），收錄於《香港政制發展資料彙編》（一）（2015）。香港：三聯書店（香港）有限公司。333–335 頁。

13. 蔡子強（2003）。〈香港政制發展的回顧與展望〉，《和平正義》。10 期。

一個真正民主開放的政治制度」。[14]因而在 1980 年代末期香港立法局改革與基本法的制訂過程，存在深層的互動關係，二者的最終目標是塑造香港在回歸後的政治形態。

1991 年的立法局選舉首次引入地區直接選舉，將全港分為 9 個選區，每個選區選出兩名立法局議員，共計 18 名議員。學者指出 1991年立法局選舉的重要意義包括以下幾個方面：一、1991 年的直接選舉是自 1842 年英國管治香港以來第一次實行的立法機關一人一票自由選舉；二、香港的立法局產生 18 名直選產生的議員，他們是選區選民的合法議會代表；三、經過 1991 年直接選舉後，立法局內經選舉產生的議員數目比委任議員多，這是前所未有的；四、《基本法》規定 1997年後的立法機關成員全部由選舉產生，1991 年的直接選舉是邁向這項規定的其中一步；五、直接選舉刺激了政黨的興起，參加該年直選的候選人中獲政黨（或政治團體）支持的共 29 名，佔 54 名候選人的53%。[15]因而，直接選舉是香港立法機關發展的轉折點，這不僅改變了立法機關的合法性基礎，也撬動了政治體制的總體變革，使得政黨政治、選舉政治和議會政治在香港有實現的可能。但是儘管如此，立法局直選並未改變香港的總督獨裁政體——總督仍為立法局主席，包括其在內有 4 名當然議員和 18 名委任議員。這些都保證了總督對於立法局的支配地位。

1991 年直選的重要特色還在有「雙議席雙票制」的選舉制度，這是全世界一種非常罕見的選舉制度。就港英政府的本意而言，設計這種雙議席制度，是想達成一種適當的混合（appropriate mix），即讓選民投票給優秀參選人（prominent）而不是投給其具有的政黨標籤，這是一

---

14. 香港基本法起草委員會（1998 年 12 月 10 日）。《基本法的草擬與政制「主流方案」》。文件編號：CCBL-SECR-00-RM1-881210。

15. 陳景祥（1993）。《政黨政治與 1991 年立法局直接選舉新聞報道》，香港中文大學研究院新聞傳播系哲學碩士論文。1 頁。

種合理的預期，因為當時香港還沒有正式的政黨。[16] 不僅如此，港英政府認為根據區議會選舉的經驗，在雙議席雙票制下，選民會自然而然將一票投給民主派人士、另一票投給保守派人士，從而實現兩個政治派別的均衡。但是選舉結果顯然超出了最初的設想，民主派的港同盟和匯點取得了 18 個直選議席中的 14 個；在同年舉行的區議會、市政局與區域市政局的選舉中，民主派同樣獲得大部分選舉議席。事後對於此次選舉的檢討中，學者們認為選舉策略上的「聯票效應」是造成民主派大獲全勝的重要原因，即政團可以派出兩名由政治明星和實力較弱參選人的組合，前者呼籲選民將另一票投給後者，從而取得全部兩個議席。[17] 然而不可忽視的是，保守派在首次立法局直選中的失利，不僅是選舉制度和選舉策略的問題，而是中國內地政治形勢的變化導致了香港民意向民主派的傾斜。學者認為這是由於 1989 年北京的政治風波所導致的香港民意變化，而民主派自此開始問鼎香港政壇，並扮演舉足輕重的角色，本地憲制歷史發展亦因此步入新紀元。[18]

　　平心而論，1980 年代末期香港立法局選舉改革總體還未出現循序漸進的原則。雖然英國政府希望通過殖民地末期的改革，迫使中國政府接受既定事實；但是由於該階段英國尚顧忌中國政府的態度，因而並未出現過度激進的改革措施。許家屯在回憶錄將這段時間稱之為「短暫的合作」：第一，在草擬《香港基本法》方面，中方尊重並盡量接納英方建議，兩者當然有爭論，但以合作妥協為主；第二，在保持香港的繁榮穩定方面，雙方是合作的。[19] 在 1990 年 1 至 2 月間，中國外交部

16. Ian Scott (1992). "An Overview of the Hong Kong Legislative Council Election of 1991," in Rowena Y. F. Kwok ed., *Votes Without Power: The Hong Kong Legislative Council Elections, 1991.* Hong Kong: Hong Kong University Press. pp. 3–4.

17. K. S. Louie and T. W. K. Fung (1995). "Investigate the Problem of Coat-Tail Effect under A Two-Vote Electoral System," in Y. S. Cheng and K. S. Louie eds., *Hong Kong Politics and Elections.* Hong Kong: Oxford University Press. pp. 287–294.

18. 羅敏威（2009）。《香港人權法新論》。香港：香港城市大學出版社。73 頁。

19. 許家屯（1993）。《許家屯香港回憶錄》（上）。香港：香港聯合報有限公司。193 頁。

長錢其琛與英國外交大臣赫德（Douglas Richard Hurd）交換了七次書面文件——這一輪交涉的焦點，就是香港立法局的選舉安排。[20]根據事後雙方所披露的文件，雙方談判的籌碼事實上是回歸前後的立法會直選議席：中國希望通過在回歸後逐次增加直選議席的方式，來換取英方在回歸前放緩民主化的速度；而英方則以控制回歸前立法局直選的增幅，要求中方承諾在回歸後更快進行民主化。比如在第一份文件中，中方提出應當把 1991 年立法會直選的議席限制在 15 個，作為交換，中方承諾在 1997 年的香港立法機關中有三分之一議席（20 個）經直選產生、在 1999 年增加 40%（24 個）、並在 2003 年增加 50%（30 個）；而英方對此方案並不滿意，而是希望中國在 1997 年將直選議席增至 24 個，在這種情況下，應該準備將 1991 年的直選席位限定在 18 個，將 1995 年的直選議員定為 24 個。[21]在這個階段，圍繞立法局和回歸後立法會的過渡銜接問題，雖然雙方有頗為激烈的爭論，但是仍保持了必要的合作和克制，最終以「直通車計劃」作為此階段談判的最終成果——1995 年立法局選舉產生的議員將在回歸後繼續成為特區立法會的議員，直至 1999 年任期自然屆滿為止。「直通車計劃」的最終成果體現為基本法草案說明和《全國人民代表大會關於香港特別行政區第一屆政府和立法會產生辦法的決定》，明確說明「原香港最後一屆立法局的組成如符合本決定和《香港特別行政區基本法》的有關規定，其議員擁護《中華人民共和國香港特別行政區基本法》、願意效忠中華人民共和國香港特別行政區並符合《香港特別行政區基本法》規定條件者，經香

---

20. 錢其琛（2003）。《外交十記》。北京：世界知識出版社。329 頁。

21. 《英國外交和聯邦事務大臣道格拉斯・赫德閣下致外交部長錢其琛閣下的書面信息》，收錄於《香港政制發展資料彙編》（一）（2015）。香港：三聯書店（香港）有限公司。387–388 頁。

港特別行政區籌備委員會確認，即可成為香港特別行政區第一屆立法會議員」。[22]

不過這種相對穩定的過渡時期格局，在 1992 年 7 月彭定康（Christopher Francis Patten）出任港督之後，發生了根本性的改變，這直接導致後續的政治風波。這種改變不僅是因為港督個人政治風格的轉變，根本是由於英國政府改變了立場和方法，決意在香港回歸前所剩不多的時間內，冒險完成民主化改革。「英方改變了立場，執行戴卓爾夫人回憶錄曾經提及在適當時候加快香港民主化的策略。」[23]彭定康甫一上任就在 1992 年 10 月發佈施政報告，其中提出要改變立法和行政的關係、建議立法局和行政局分開、總督不再擔任立法局主席、加強立法對行政的監督制約，更為關鍵的是提出了在 1995 年的立法局選舉中要進行重大的改革，加速民主化的步幅。具體而言，1995 年立法局選舉改革的方案包括以下要點：一、降低投票年齡，即將投票年齡由 21 歲降至 18 歲；二、改變 1991 年地區直選中的「雙議席雙票制」，將其改為「單議席單票制」；三、新增九個功能組別，使其包括香港所有二百七十萬的工作人口，以個人票取代團體票。[24]中國政府對於彭定康改革方案表示堅決反對，將其定性為「三違反」，即違反了《聯合聲明》、違反了與《基本法》相銜接的原則，違反了雙方過去已達成的有關協議和諒解。時任國務院港澳事務辦公室主任的魯平指出，「表面上這個方案仍然說要維持行政主導制，實際上卻要急劇改變政制，迅速提高立法機構的地位和權力；這套方案不僅讓中英之間達成的直通車安排徹

---

22. 姬鵬飛（1990）。《關於中華人民共和國香港特別行政區基本法（草案）及其有關文件的說明》。1990 年 3 月 28 日在第七屆全國人民代表大會第三次會議上；《全國人民代表大會關於香港特別行政區第一屆政府和立法會產生辦法的決定》在 1990 年 4 月 2 日第七屆全國人民代表大會第三次會議通過。

23. 鍾士元（2001）。《香港回歸歷程：鍾士元回憶錄》。香港：香港中文大學出版社。151 頁。

24. 《總督彭定康施政報告（節錄）》（1992 年 10 月 7 日），收錄於《香港政制發展資料彙編》（一）（2015）。香港：三聯書店（香港）有限公司。416–425 頁。

底化為泡影，而且也讓香港的平穩過渡遭遇到了嚴重困難。」[25] 在 1993 年間中英就香港政制問題進行了 17 輪談判，但最終並未達成任何共識，由此中英關於過渡期香港政制安排的談判正式破裂。

香港立法局在 1994 年 6 月通過了「彭定康方案」，而在 1995 年的立法局選舉首次全部議席由選舉產生，這也是港英政府最後一次立法局選舉。在全部的 60 個席位中，地區直選 20 席，功能組別選舉 20 席，以及選舉委員會 10 席——考慮到這次功能組別選舉增加了「新九組」，使得之前未納入其他組別的工作人口進入新九組投票。「功能團體和組別的選民基礎由 1991 年選舉的不足 10 萬人激增至 270 萬人，改變了功能團體間接選舉的性質和目的，使它變成帶有普選性質的分行業選舉，取消了《基本法》給予工商和專業精英的特殊政治權利」[26]。此外，由於 1995 立法局選舉一改之前的「雙議席雙票制」，實行「單議席單票制」，從而使得該次選舉成為檢閱香港政黨力量和民意傾向的最直接方式。學者對此指出「1995 年立法局選舉成為香港選舉史上最接近兩黨對決的選舉，因為要避免分薄票源，兩陣營都協調候選人，在大多數選區形成泛民主派 vs. 親中派的對決局面，結果民主黨為首的泛民主派拿下 20 個直選議席中的 12 席，親中的民建聯只取得 2 席」。[27] 雖然工商界和保守派人士在功能組別選舉中取得了一定的優勢，但是在最終的選舉結果中民主派佔據了半數以上議席——這顯然是中國政府無法接受的結果。

概覽港英政府從 1980 年代至香港回歸前所推進的代議制改革，旨在建立一個有民選基礎的立法機關，並由立法機關對政府進行監督與制約。這個階段的改革產生了兩方面的政治影響：一方面，民主化與代議政製作為香港政治的發展趨勢，這是中英雙方的基本共識，因而

---

25. 魯平、錢亦蕉（2009）。《魯平口述香港回歸》。北京：中國福利會出版社。76–77 頁。

26. 劉兆佳（2014）。《香港的獨特民主路》。香港：商務印書館（香港）有限公司。197–198 頁。

27. 柴子文（2012）。〈在分化中爭民主：專訪香港中文大學政治系副教授馬嶽〉，《陽光時務》。15 期。

此階段的改革為回歸後的政制發展鋪墊了制度經驗和民意啟蒙；另一方面，1992 年後民主的超速發展，給之後香港政治發展帶來了長期影響，其遺留的「民主赤字」（democratic deficit）需要由回歸後的中央政府和特區政府進行償還，因而打亂了《基本法》確定循序漸進的民主政制發展原則。需要強調的是，中央政府並不反對抽象意義上的民主化，並在《基本法》中明確普選的最終目標，計劃回歸後的民主化可以與國家認同同步展開；但是回歸前的激進民主化改革卻沒有以國家認同作為基礎，導致回歸後的「戀殖情節」甚至分離主義的產生。

（二）激進民主化及後續影響【28】

　　港英時代進行的激進民主化改革措施，改變了香港的政治生態——其不僅激發產生了競選與政黨等現代政治基本要素，更為重要的是導致香港社會的政治化，改變了香港居民的政治意識。這場持續數年的激進民主化，已經足夠改變由殖民地到自治政府急劇轉型時期普通民眾的政治心靈——香港的民主化並沒有建基於充分的國家認同之上，因此在接下來的政制發展中，民主化的進程必然會遭遇國家認同問題。

　　事實上，單就香港本身的情況而言，其具備實現民主化的潛質——市場經濟發達，民主訴求高漲，法治基礎堅實，司法獨立且具有權威，言論與新聞自由，信息高度共享，文化趨於多元——這些都契合了波普爾（Karl Popper）筆下的「開放社會」的諸多特徵。【29】然而，問題的關鍵在於香港並非獨立的主權單位，其民主化安排最終取決於以中央政府為載體的「主權者」的決斷。用儒家政治哲學的話語來表述，香港對自身的政制發展只有「治道」的導向，而沒有「政道」的抉擇權。在這層意義上，被作為香港成功經驗的「行政吸納政治」的作用範圍

---

28. 該小節部分內容曾公開發表，具體請參見王理萬（2015）。〈國族化與民主化在香港問題上的展開〉，《「一國兩制」研究》。1 期。

29. 卡爾・波普爾（Karl Popper），莊文瑞等譯（1998）。《開放社會及其敵人》。北京：中國社會科學出版社。325 頁。

是非常有限的，可以被行政吸納只能是「狹義上的政治」（包括官僚選任、決策方式等），而「廣義上的政治」是無論如何也無法被行政所吸納的（比如政制構架、香港與主權者的關係等）。目前香港面臨的最大的「政治問題」就是如何理解與因對「主權者」（中央政府）所設定的政制安排，表現為國家認同（如何處理與「主權者」的關係）和民主化（如何接納「主權者」的民主規劃）的互動關係。

羅斯托（Rustow）的「民主轉型理論」指出，民主化需要滿足背景條件，即國族一致性原則（national unity）。「其僅意味着，對於即將步入民主的大多數公民而言，須對於其所隸屬的政治共同體毫無保留」，「國族統一性被作為背景條件，這意味着其必須先於民主化的其他階段。」[30] 事實上，就世界各國的民主化經驗而言，缺乏國家認同的民主化往往導致族群分裂、國家動蕩。[31] 更有學者指出，「無論是從邏輯上講，還是從經驗上來講，一個新興國家在能夠解決國族認同問題之前，幾乎不能建立起鞏固的民主制度。」[32] 對於香港而言，如果無法實現高度的國家認同，無法正確處理自身與中央政府的關係，那麼民主化也只能會導致其與中央政府「漸行漸遠」，從而有可能走向分離主義的邊緣，而這顯然是中央政府無法接受與容忍的。在香港問題上，國家認同是民主化無法超越或逃避的命題。並且作為地方行政區域的香港，如果抗拒國家認同，也將會使其自身在民族國家的現代化過程中處於邊緣化的狀態。誠如學者所言，「北京中心」的國家認同與「香港

---

30. Dankwart A. Rustow (1970). "Transitions to Democracy: Toward a Dynamic Model," *Comparative Politics*, Vol. 2, No. 3.

31. 有學者在研究馬來西亞的政治問題時指出，民主化與國族重建沒有辦法分開，因為（馬來西亞的）巫統的威權體制其實是「族群政體」和「選舉性一黨制國家」的結合體。黃進發（2013）。〈分裂社會中的贏者全拿：馬來西亞政治體制與社會結構的錯配〉。於 2013 年 9 月 14 日「當代馬來西亞政治理念暨制度之省思」研討會。

32. 王紹光（2010）。《祛魅與超越：反思民主・自由・平等・公民社會》。北京：中信出版社。146 頁。

中心」的本土化，存在着固有的政治碰撞，並不斷在香港的政治及選舉中反映出來。[33]

　　香港回歸以來，這種碰撞在「二十三條立法」和「國民教育」等問題上鮮明體現出來。這些例證可以說明沒有國家認同的香港難以完成民主化的進程。《香港基本法》第二十三條規定：「香港特別行政區應自行立法禁止任何叛國、分裂國家、煽動叛亂、顛覆中央人民政府及竊取國家機密的行為，禁止外國的政治性組織或團體在香港特別行政區進行政治活動，禁止香港特別行政區的政治性組織或團體與外國的政治性組織或團體建立聯繫。」從《基本法》的立法原意考察，在1986年4月年通過的《基本法結構（草案）》中並沒有具體提及國家安全立法事宜。直至1987年4月，基本法起草委員會「中央與香港特別行政區的關係」專題小組在提出的條文草案中增加了「香港特別行政區應以法律禁止任何導致國家分裂和顛覆中央人民政府的活動」，並配以以下說明：「委員們考慮到香港現行的『刑事罪行條例』中關於禁止危害英國皇室和背叛英國一類的規定，在1997年後肯定不能沿用。香港特別行政區作為中華人民共和國的一部分，有義務維護國家的統一和安全，屆時應該有相應的法律來代替，因此認為有必要對此作出原則的規定。」[34]

　　其後各個版本的基本法草案，雖然在行文上有所調整，但基本上保留了最初的設想，並且沒有引起太多爭論——從立法原意的角度，第二十三條實際上所要解決的是「法律適應化」問題，即在保證香港法律體系不變的前提下，修改原有立法中與《基本法》相抵觸的內容，使其符合特別行政區體制。所以在香港特別行政區籌委會預備工作委員會「法律專題小組」的報告中，也是以「不至於出現法律真空」來解釋《基本法》第二十三條的意義；並且第二十三條所涉罪行在香港原有的

33.　呂大樂等編（2011）。《香港・生活・文化》。香港：牛津大學出版社。11頁。

34.　全國人大常委會基本法委員會辦公室編（2011）。《香港基本法起草委員會文件彙編》。北京：中國民主法制出版社。82頁。

《刑事罪行條例》、《官方保密法》、《社團條例》中都有相應規定。【35】即使如此，2002 年 9 月香港特區政府保安局所公佈的《實施基本法第二十三條諮詢文件》仍然引發了強烈抗議。值得一提的是，在該諮詢文件中對於國家安全立法的意義闡釋尤為精到：國家保護其公民免受外地侵犯，確保公民在一個安穩、太平及有秩序的社會裏生活，追求理想，因此公民對國家負有效忠的義務作為回報，這是放諸四海皆準的原則。【36】

2003 年 1 月 28 日，時任香港保安局局長葉劉淑儀女士發佈了對第二十三條立法的進一步解釋，其中對部分概念進行了限縮，廢除了部分罪名。2003 年 2 月 13 日，行政長官會同行政會議通過實施《基本法》第二十三條的條例草案，並申明：在制訂條例草案時，政府已小心確保在保護國家安全和保障基本人權自由之間取得平衡。其後，該草案進入立法會審讀程序，並根據市民意見和專業人士建議進行了修訂。此間由於部分市民和民主派的持續抗議，審讀程序被一再延宕。值得注意的是，在 2003 年 6 月期間，美國眾議院通過了對於香港二十三條立法的決議案，英國外交部官員和歐盟亦發表反對意見，這種干涉中國內政的行為遭到中國外交部的反對。2003 年 9 月 5 日，行政長官董建華宣佈撤回《國家安全（立法條文）條例草案》，此後「二十三條立法」經過了長時間反覆爭議，中央政府和特區政府均多次表示對「二十三條立法」沒有明確的時間表。

縱覽「二十三條立法」的過程及其爭議，其中針對具體的規範條文和犯罪構成的審慎討論固有必要，並且特區政府顯然亦遵照了嚴格立法程序進行諮詢。然而，在反對聲音中所彌漫的對於中央和特區政府的不信任、對於國家安全聞之色變，這些都是非常令人擔憂的現象。誠如學者所指出的：「香港對第二十三條進行立法也充分體現香港特別

---

35. 全國人大常委會基本法委員會辦公室編（2011）。《全國人民代表大會香港特別行政區籌備委員會預備工作委員會文件彙編》。北京：中國民主法制出版社。206–207 頁。

36. 香港特區政府保安局。《實施基本法第二十三條諮詢文件》。2002 年 9 月。

行政區在『一國』層面上所盡的必要義務。」【37】舉凡世界各國多數都有國家安全立法，在一國兩制框架內，以《基本法》的形式授權香港本地進行國家安全立法，這顯然體現了中央政府對於「一國兩制」下國家認同和政治理性的信心。但是反對派以民主進程阻擊國家安全立法，其背後是對於國家認同的抗拒和排斥。有人據此指出，「在民主的發展上，要在國家認同方面一定要有提升的過程，如果這方面認識更多，民主的發展就更快；如果這方面的認識不夠，一國兩制就有很大的問題。」【38】所以，成熟的民主機制應當建基於國家認同之上，並且應具有政治智慧和理性，而非故意利用民主機制阻礙國家認同、試探中央政府的政治底線，將香港的政制發展和經濟繁榮作為政治籌碼，這顯然不是民主制度之幸事。

　　與「二十三條立法」的內在機理一致，國民教育也可以反映國家認同在香港的遭遇。在港英政府時代，基於統治的現實需要，港英政府不僅限制愛國思想的傳播，而且對於現代公民意識也頗為忌憚，其所推崇的是非政治化的教育。「港英政府為了實行有效的管治，長期以來在香港的學校教育皆避談國家和民族，以使大部分在港出生的華人對自己國家和民族的認同感十分薄弱。」【39】在當時冷戰的國際背景下，港英政府對於教育內容具有較強的選擇性和目的性，其即便容許中國傳統文化教育，也意在在意識上預防共產主義的擴展。【40】並且「不僅共產主義等敏感話題成了禁忌，就是民主、人權、自由等西方社會的政治觀念，也絕少機會在香港的學校制度內傳播；很明顯，在八十年代之前，培養香港新一代成為有政治和社會覺醒的公民並不是港英政府

---

37. 顧敏康。《第二十三條立法是香港的憲法性義務》，第一百四十七號意見書。

38. 葉國謙、劉頌傑（2007）。〈香港發展民主需要國家認同〉，《鳳凰周刊》。15 期。

39. 胡少偉（2010）。〈香港國民身份教育的回顧與前瞻〉，《香港教師中心學報》。9 卷。

40. 根據解密檔案顯示，英國政府 1950 年在香港大學成立中國文化研究院的目的，在於鼓勵對中國進行學術研究，藉此發揚中國傳統中反馬克思主義的觀點，進而影響華人對共產主義的態度。李彭廣（2012）。《管治香港：英國解密檔案的啟示》。香港：牛津大學出版社。174–176 頁。

的目標，學校教育的目的，只是培養守規矩、安守本分的順民」。[41]
因此在回歸後開展國民教育就成為當務之急，此時的國民教育的目的
不僅在於培養對於國家的政治和情感認同，也包括培育現代的公民理
念——所以國家認同和政治啟蒙作為當時國民教育的雙重任務。「特
區政府向外申明，竭盡所能，把香港發展成為一個現代和國際的大都
會，未來特區公民會是具有參與和貢獻精神的多層向公民，關心地區
事務的同時，亦是具有民族主義和愛國主義情操的中國公民，及具有
守望相助、友善博愛和積極參與國際社會的世界公民。」[42]

時任特區行政長官曾蔭權在 2010 年施政報告中提出，進一步加強
國民教育內容，使這個課程成為獨立的「德育及國民教育科」，預計於
2013 至 2014 學年推行。[43] 2011 年特區政府計劃將國民教育納入正規課
程的《德育及國民教育科課程指引諮詢稿》出爐後，引發香港市民就國
民教育是否作為「洗腦」的爭議。2012 年 7 月由香港教育局資助，香
港浸會大學當代中國研究所編制的《中國模式國情專題教學手冊》一
書，作為國民教育服務中心出版的一本國民教育參考書，其中對於中
國共產黨的評價將國民教育問題的爭議推向高潮。2012 年 10 月，時任
特區行政長官梁振英宣佈正式擱置課程指引，由學校自由採納認為合
適的教學指引以及相關的教材，政府不會為德育及國民教育科提供任
何的規定性的或官方的課程指引。

國民教育由力推到暫停的劇變，也反映了香港市民國家認同所面
臨的困境。雖然其中涉及到一些具體的技術操作，比如國民教育與公

---

41. 本土論述編輯委員會編（2009）。《本土論述 2009：香港的市民抗爭與殖民地秩序》。香港：漫遊者文化。68 頁。

42. 賴柏生（2003）。〈香港民主公民的發展與公民教育〉，載古鼎儀等編：《教育發展與課程革新：兩岸四地的視域和經驗》。香港：港澳兒童教育國際協會。228 頁。

43. 曾蔭權。《2010 至 2011 施政報告：民心我心‧同舟共濟‧繁榮共享》。2010 年 10 月 13 日。

民教育的區別，[44]對於教學內容的設計，[45]以及對於中國政治體制和社會現狀的表述等。但是，首先需要解決的問題是「必要性問題」，即是否有必要進行國民教育——相關研究指出，從 1870 年到 1970 年各國憲法中，明定國家有義務提供國民教育的個案從 43 個增為 139 個，這顯示推行國民教育是國際慣例。[46]「國民教育與國家意識（national awareness）緊密聯繫，國民對國家的歸屬感經由國家意識而獲得，國民教育的核心內容就是樹立國民的國家意識。」[47]如此一來，抗拒國民教育實際上並沒有普世價值的支持，而只能尋求意識形態的支持。反對派認為國民教育實質上在侵蝕香港自由的空間，認為國民教育是具有北京色彩的洗腦運動。[48]但是在「一國兩制」的政治框架內，「一國」因素亦應體現在香港的政治運作、社會心理和教育制度之中，塑造最低限度的國家認同是「一國兩制」的內在要求，而這個過程也是完成「國家建設」（national building）的必要方式。意識形態的話語體系並不能成為反對國民教育的充分理由，卻可以激發香港市民對於國族化的排斥。

　　以上關於「二十三條立法」和「國民教育」的例證，旨在說明國家認同（國族化）在香港的困頓以及沒有國族化的民主化可能帶來對於「一國兩制」的衝擊。回歸以來的經驗表明，國家認同的推進速度顯然慢於民主化進程，並且由於國家認同的滯後，在一些關係國家安全、國民教育、中央權力和陸港關係等方面的立法和決策中，民主機制帶來的往往是建構國家認同的阻礙。需要明白的是，如果國家認同遲遲未能深入，民主化的單邊深入很可能導致民粹主義的氾濫，被反對派

---

44. 徐海波、邢立軍（2013）。〈國民教育、意識形態與身份意識建構——從香港國民教育開展受阻談起〉，《學術界》。6 期。

45. 曾榮光（2011）。〈香港特區國民教育的議論批判〉，《教育學報》。39 卷第 1–2 期。

46. 香港青年交流促進聯會。《對「德育及國民教育科」的意見書》，立法會 CB(2)2336/10-11(10) 號文件。

47. 魏健馨（2013）。〈對香港國民教育問題的幾點思考〉，《「一國兩制」研究》。3 期。

48. 何黎譯（2012 年 9 月 7 日）。〈香港「國民教育」爭議〉，英國《金融時報》社評。

所挾持的民意也會導致民主質量下降並不斷破壞「一國兩制」和基本法的憲制架構。換言之，沒有國家認同的民主化，將會導致特區與中央政府「漸行漸遠」。部分港人的國家認同感日趨薄弱，甚至把中央政府視為民主化的阻礙，從而在民粹主義的鼓動下走向分離立場，這對於國家和香港而言都將是嚴重的憲制危機。從另一個角度來說，如果在缺乏國家認同的前提下，民主化往往會異化為街頭政治和民粹政治，這種劣質民主顯然並非香港的政治福音。

就政治學理論而言，國家認同和民主化的目標並非一致：國家認同解決的是政治認同問題，而民主化指向合法性問題。更為重要的是，達至兩個目標的方式也是有差異的：民主化往往是經由權力分配，不斷擴大民眾參與政治的方式和途徑，平衡精英政治和國民主權的關係，而「國家認同問題則有賴國家制度符號、象徵、內部認同的改造來完成」。[49] 國家認同和民主化是國家建構中兩個基本的維度，是支撐起現代民族國家的政治倫理。只有國家認同才能為民主化提供必不可少的穩定政治平台，而循序漸進的民主化可以強化民族國家的認同基礎。

現代的民族國家應當無可偏頗的進行國家認同和民主化改造，由此方能完成國家建構的任務。但是與傳統國家側重依賴於「族群認同」與「文化認同」的模式不同，現代國家往往依賴更為穩定和規範的「制度認同」。「族群認同是一個基於客觀的血緣連帶或主觀認定的族裔身份而對特定族群產生的一體感，文化認同是由於分享共同的歷史傳統、習俗規範以及集體記憶所形成的心理歸屬，而制度認同則是建立於對特定的政治、經濟、社會制度的肯定所產生的公民認同。」[50] 而現代國家的憲法（包括憲法性法律）對於國家的政治制度、結構形式、國

49. 張茂桂（1999）。〈種族與族群關係〉，載王振寰等主編：《社會學與台灣社會》。台北：巨流圖書公司。229頁。

50. 江宜樺（1997）。〈自由民主體制下的國家認同〉，《台灣社會研究》。25期。

家標誌等進行了規定。它既是完成國家認同、建構民族國家的文本依據，也是進行民主化、建構民主國家的規範來源。

　　對於香港的國家認同和民主化的問題，最終亦應建基於《基本法》和「一國兩制」之上。應當建立對於憲法和《基本法》的認同和尊崇，《基本法》中對於香港歷史的闡述、中央權力的規定、國家標誌的確認都是國家認同的制度本源，而《基本法》中對於民主目標的確認也是香港民主化的正當性基礎。誠如學者所指出的，「政制發展問題表面上是民主化的問題，其實質上則是香港繁榮穩定和國家主權建構問題。」【51】所以，國家認同和民主化互為表裏，不僅不能把二者對立起來，還應使二者有良性互動，這才是香港長期繁榮穩定的福祉所在。而相比《基本法》的文本的保守性和穩定性，「一國兩制」作為《基本法》的制度靈魂，具有開放性和彈性，香港的國家認同和民主化可以加大豐富和拓展「一國兩制」的內涵。在國家認同問題上，香港應將國家認同作為建立本土意識的前提，從而構成「一國」的觀念基礎；而在民主化問題上，則表現為內地和香港的「同向異速」、互相支持 ── 內地和香港民主化的方向是相同的，但速度不同，【52】從而構成「兩制」的豐富內涵。由此，基於基本法和「一國兩制」之上的國家認同和民主化，是完成國家建設並且豐富制度內涵的面向未來的憲制道路。

二、回歸後的立法會選舉

　　在香港過渡時期，中英雙方各自展開了對於香港未來政制的塑造工作 ── 對於英國而言，1989 年的「居英權」計劃、1990 年關於修建新機場的「玫瑰園計劃」、1992 年通過的「香港人權法條例」以及 1995 年立法局選舉的激進民主化措施等，均可以視作英國撤退安排的一部分；而中國政府也採取相應反制措施，利用《基本法》的起草以及與

---

51. 強世功（2010）。《中國香港：政治與文化的視野》。北京：生活 • 讀書 • 新知三聯書店。341 頁。
52. 嚴飛（2011）。〈香港大陸化，還是大陸民主化〉，《二十一世紀》。12 月號。

香港工商階層的合作，爭取保證香港的經濟繁榮、人心歸屬和政治穩定，特別是回歸後的政治主動權。在政制銜接的談判破裂之後，中方決定放棄「直通車計劃」，另起爐灶，按照《基本法》重新設定香港的政制發展路線。按照 1990 年全國人大通過的《關於香港特別行政區第一屆政府和立法會產生辦法的決定》，在 1995 年底成立特區籌備委員會，負責籌備成立香港特別行政區的有關事宜。在「直通車計劃」被迫廢止的情況下，由特區籌備委員會擔負另起爐灶的責任就成了必然選擇。由於承擔沉重的創制責任，籌備委員會有必要提前運作，於是在 1993 年 3 月全國人大授權常委會設立了「籌備委員會預備工作委員會」，作為常委會的工作機構，為實現平穩過渡進行各項準備工作。值得注意的是，預備工作委員會成立之初，中英談判尚在繼續，因而預備委員會在 1993 年 12 月的會議上還在強調「預委會必須做好兩手準備，一方面希望中英談判達成協議，這樣有利於香港的平穩過渡，另一方面也要做好談判達不成協議的準備」。[53]

（一）臨時立法會的設立與運作

在 1994 年 7 月的預備工作委員會政務專題小組的會議上，首次討論建立「臨時立法會」的必要性。在這次會議上，首先確定了討論背景是「英方對談判毫無誠意，蓄意破壞並單方終止了談判，並根據港督彭定康的政改方案制定的法案提交立法局」。而對於是否需要成立臨時立法會，有些委員會認為如果無法在 1997 年 7 月 1 日完成籌組立法會的話，就有必要成立臨時立法會，以便處理一些必須由立法會負責或參與的事務，尤其是人大常委會宣佈某些香港原有法律抵觸《基本法》，因而不被採納為香港特別行政區法律後，需要臨時立法會制定相應的新法律來替補；另一些委員則認為不必成立臨時立法會，因為缺乏法理依據。在特區成立、第一屆立法會成立之前，對上述有關法

---

53. 全國人大常委會香港基本法委員會辦公室（2011）。《全國人民代表大會常務委員會香港特別行政區籌備委員會預備工作委員會文件彙編》。北京：中國民主法制出版社。23 頁。

律問題，可以暫時通過行政長官發佈行政命令、制定行政法規等辦法處理。[54]

在 1994 年 12 月舉行的預備工作委員會的第四次全體會議上，已經達成成立臨時立法會的共識，政務專題小組提交了《關於設立香港特別行政區臨時立法會的建議》，交由預委會審議。此後在 1995 年 12 月的第六次全體會議上，又對成立臨時立法會問題進行了確認，認為在回歸當日及其後一時難以產生第一屆立法會，因而成立臨時立法會是必要的，也是最合適的方法。雖然在全國人大的《關於香港特別行政區第一屆政府和立法會產生辦法的決定》中並沒有提及臨時立法會，但是該決定第二條規定由籌委會負責籌備成立特區的「有關事宜」，因而在沒有「直通車」的情況下採取其他必要的措施應包括在「有關事宜」的範圍內，成立臨時立法會是符合《基本法》和上述全國人大決定精神的。[55]

在預備工作委員會前期的工作基礎上，1996 年 3 月籌備委員會第二次全體會討論通過了《臨時立法會小組工作情況報告》，對設立臨時立法會的必要性、法理基礎和人員構成等進行了詳細說明。該報告認為設立臨時立法會的必要性有三點：一、「直通車」安排不能實現，特區第一屆立法會難以在特區成立時及時產生；二、為確保特區成立後的有效運作，特區立法機關是特區政權結構中不可或缺的一個組成部分；三、由其他機構代行特區立法機關職能的設想不可行。概括而言，由於立法機關既無法按照原計劃延續、也不可或缺與不可替代，因而成立臨時立法會就成為唯一選擇。並且該報告認為臨時立法會開

54. 全國人大常委會香港基本法委員會辦公室（2011）。《全國人民代表大會常務委員會香港特別行政區籌備委員會預備工作委員會文件彙編》。北京：中國民主法制出版社。59–60 頁。

55. 全國人大常委會香港基本法委員會辦公室（2011）。《全國人民代表大會常務委員會香港特別行政區籌備委員會預備工作委員會文件彙編》。北京：中國民主法制出版社。244–245 頁。

始工作的時間，應當早於回歸。如果臨時立法會要等到 1997 年 7 月 1 日才能立法的話，就失去了設立的意義。[56]

在這份報告的基礎上，籌備委員會在 1996 年 3 月 24 日通過了《關於設立香港特別行政區臨時立法會的決定》，主要內容包括：一、臨時立法會由 60 名議員組成；二、臨時立法會由第一屆政府推選委員會全體委員選舉產生；三、臨時立法會在 1997 年 7 月 1 日之前審議、通過的有關法律從香港特別行政區成立之日起實施；四、臨時立法會工作至香港特別行政區第一屆立法會產生為止，時間不超過 1998 年 6 月 30 日。[57] 自此臨時立法會得以設立，成為香港特區的首個立法機關（但不是第一屆立法會）。

1996 年 9 月，籌備委員會籌組了 400 人的特區政府推選委員會（全部由香港永久性居民組成），並於該年 11 月通過廣泛徵求提名，於 11 月 15 日推選出行政長官候選人吳光正、楊鐵梁和董建華三人。12 月 11 日推選委員會選舉董建華為行政長官，12 月 21 日推選委員會由 130 位（實際上為 134 人）候選人中選出臨時立法會議員 60 人（其中 33 人是現任立法局議員，7 人是上屆立法局落選的候選人；臨時立法會 60 名議員中有 50 名是推選委員會委員）。[58] 臨時立法會選舉採取了「全票制」（plurality-at-large voting）的方式，即每位推選委員會成員均可投出最多 60 張選票，以最終的得票數量排序來確定當選。在當選的 60 位臨時立法會議員中，譚耀宗獲得 345 票的最高票數，而雷震霆以 163 票的最低票數當選。值得注意的是，臨時立法會議員的構成中，親建制派政黨或政團佔了絕大多數：其中民建聯成員有 10 位、自由黨成員 10 位、港進聯 6 位、自民聯 3 位、新港盟 2 位、工聯會 1 位、新社聯 1 位、勞聯 1 位、公民力 1 位，而民主派政黨只有「民協」獲得 4 席，其餘都是

56. 全國人大常委會香港基本法委員會辦公室（2011）。《全國人民代表大會常務委員會香港特別行政區籌備委員會文件彙編》。北京：中國民主法制出版社。51–55 頁。

57. 《全國人民代表大會香港特別行政區籌備委員會關於設立香港特別行政區臨時立法會的決定》，1996 年 3 月 24 日全國人民代表大會香港特別行政區籌備委員第二次全體會議通過。

58. 梅祖彥（2004）。《晚年隨筆》。北京：清華大學出版社。178 頁。

沒有明顯政黨背景的獨立的參選人。[59]這種政治構成與當時仍然存在並運作的港英政府立法局形成鮮明差別,保證了臨時立法會與中央政府的順利合作。

1997年1月25日,臨時立法會在深圳召開首次會議,選范徐麗泰為臨時立法會主席,這代表臨時立法會開始正式運作。在回歸之前的臨時立法會,從事了大量的立法和審議工作,以保證香港平穩回歸與政治延續:共計審議並通過13項由行政長官辦公室提出的法案,統一香港特區終審法院法官和高等法院首席法官的任命,辯論及支持1997至1998年過渡性財政預算案,修改或廢除已存的香港法例,以確保法例符合《基本法》——所有獲通過的法案及議案均經《香港回歸條例》確認及生效。[60]事實上,《香港回歸條例》是一部具有特殊憲制意義的法律,其作用不僅在於確認了臨時立法通過的條例草案、法官任命的合法性,更重要的是延續了香港的政制譜系,確認了新的政權機構對於原政權的繼承性和區別性,使香港的政權機構和工作人員在回歸後繼續具有形式上的正當地位。與此同時,《香港回歸條例》發揮了對香港政治「去殖民化」的功能,確認在香港法統中原有的英國女王、皇室、殖民政府等象徵符號的失效,代之以中國中央政府或者特區政府,從而使得原有法律在繼續生效的同時,被重新賦予政治意義(在1998年4月由臨時立法會通過的《法律適應化條例》事實上也起到類似作用)。但是可能面臨的悖論是,《香港回歸條例》作為臨時立法會制定並通過的法律,被用來確認臨時立法會決定的效力,就成為了自我證成的循環。因而在馬維騉案中,被告人就認為「普通法在香港的效力隨着香港回歸已經消失,而雖然香港特區臨時立法會制定的《香港回歸條例》規定普通法在回歸後繼續有效,但這個條例本身是無效的,因

---

59. 葉天生(2001)。《香港選舉資料彙編:1996–2000年》。香港:香港中文大學亞太研究所。183–187頁。

60. 立法會行政管理委員會(2012)。《從立法局到立法會:邁向新綜合大樓的歷程》。62頁。

為臨時立法會並非按照基本法成立的合法的立法機關」。[61]因而《香港回歸條例》可以視為《基本法》的補充，確認在特區成立之前臨時立法會的正當性、並完成原有法律體系的「去殖民化」，應該由全國人大或特區籌備委員會制定，如此更有權威性和穩固性。

在香港回歸後，臨時立法會作為香港的立法機關，也得以從深圳遷入香港本土，繼續從事立法和監督工作。在 1998 年 4 月 8 日舉行的臨時立法會最後一次會議上，范徐麗泰女士總結指出，自 1996 年 12 月 21 日成立臨時立法會以來，運作 16 個月，共審議通過條例草案 63 項、附屬條例 359 項、政府決議案 86 項、審批撥款 104 項、提出書面及口頭質詢 529 項並進行了 57 項動議辯論，履行了研究法案、監管公共開支以及監察政府施政的職責，為香港特區成立及運作，為特區第一屆立法會的產生奠定了堅實的法律基礎。[62]

在臨時立法會成立的前後，關於其合法性的爭論一直未曾中斷——主流觀點認為，在「直通車計劃」被迫中止、且無法選舉產生第一屆立法會的情況下，通過設立臨時立法會行使立法權是無奈的必要舉措（matter of necessity），並且得到了全國人大對於特區籌備委員會的授權，並不存在合法性的問題；[63]但是反對者認為臨時立法會得以存在的法理依據是全國人民代表大會通過的《關於香港特別行政區第一屆政府和立法會產生辦法的決定》，然而該決定的第二條規定的是「全國人民代表大會設立香港特別行政區籌備委員會，負責籌備成立香港特別行政區的有關事宜，根據本決定規定第一屆政府和立法會的具體產生辦法」，如果只是引用「負責籌備成立香港特別行政區的有關事宜」是典型的斷

---

61. 陳弘毅（2014）。《一國兩制下香港的法治探索》（增訂本）。香港：中華書局（香港）出版有限公司。42 頁。

62. 袁求實（2003）。《香港回歸以來大事記（1997–2002）》。香港：三聯書店（香港）有限公司。125 頁。

63. James V. Feinerman (1997). "Hong Kong Faces 1997: Legal and Constitutional Issues," in Warren I. Cohen and Li Zhao eds., *Hong Kong Under Chinese Rule: The Economic and Political Implications of Reversion*. Cambridge: Cambridge University Press. pp. 92–94.

章取義，因而根據該決定所涉事宜只能是關於第一屆政府和立法會，而並不包括臨時立法會。[64] 香港法院在馬維騉案和吳嘉玲案的判決中，維護了臨時立法會的合法性，或者說是迴避了對於其合法性的實質判斷 —— 這顯然是司法機關基於謙抑性和權力分立的原則，避免對國家行為進行審查。但是也有學者指出，臨時立法會的問題並非國家行為（acts of state），因為在普通法中的「國家行為」是指行政機關而非立法機關的行為，因而全國人大設立香港臨時立法會的行為並不能視為國家行為（《香港基本法》將國防與外交行為規定為「國家行為」）；並且《基本法》規定特區法院在審理案件時，只有在關係到中央政府管理的事務或中央和香港特別行政區關係的條款時，才需由全國人大常委會進行解釋，而臨時立法會並不屬於此類事項，因而屬於香港法院的管轄權範圍（jurisdiction）。[65]

事實上，在討論臨時立法會的合法性時，不可忽略的一點就是中央政府的創制權是否存在邊界，如果根本不存在邊界，則設立臨時立法會就無所謂合不合法；如果存在確定邊界並且設立臨時立法會逾越了該邊界，則即為法外組織；如果尚未逾越既定邊界，則為合法組織。一般而言，中央政府有權決定地方採取何種政治體制，並通過憲法予以確認。但是在香港問題上，中央政府在聯合聲明和基本法中已經確定了對於香港政治體制的規劃，因而這種創制權事實上是受到限制的。在香港回歸過程中，中央政府有權在出現重大情勢變更時，採取相應的政治措施，保證香港的平穩過渡和回歸。誠如在《基本法》頒佈十三周年研討會時，梁愛詩女士所指出的「回歸前的政改，使原有直通車的計劃被破壞，如果沒有一個機構去執行立法機關的工作，整個政府就會癱瘓起來」。[66] 如果將「直通車計劃」下的平穩過渡與銜接視

64. 向青。〈從法理和政治上看臨時立法會〉，《先驅》。37 期。

65. Ralf Horlemann ed. (2003). *Hong Kong's Transition to Chinese Rule: The Limits of Autonomy.* London & New York: Routledge. pp. 65–67.

66. 梁愛詩（2003）。《律政司司長在基本法研討會致辭全文》，來源：www.doj.gov.hk/chi/archive/pdf/sj120403c.pdf

為回歸的「常態政治」，那麼在談判破裂與另起爐灶下的回歸就「非常政治」。成立臨時立法會與否，是政治決策，而並不是法律決定，但是這個政治決策需要受制於既定的法律基礎。顯然《全國人大關於香港特別行政區第一屆政府和立法會產生辦法的決定》並不足以為臨時立法會提供法律基礎，因為該決定指向的是「常態政治」下的香港政制安排，並且缺乏對於「非常政治」的有效預案，造成了事後產生關於臨時立法會的質疑。因而，臨時立法會合法性的證成，顯然應當尋找更為基礎的規範——事實上，在全國人大通過該決定之前，還通過了《全國人民代表大會關於設立香港特別行政區的決定》，在「設立香港特別行政區的決定」中明確規定「自 1997 年 7 月 1 日起設立香港特別行政區」。就這兩個決定的邏輯關係，「設立香港特別行政區的決定」顯然構成「關於香港特別行政區第一屆政府和立法會產生辦法的決定」的前提和基礎，即先設立特別行政區，才會進一步設置特區政府。因而臨時立法會的合法性根本依據來自於「設立香港特別行政區的決定」，從根本上來源於憲法第三十一條規定的「國家在必要時得設立特別行政區」，強調中央政府有權在出現重大政治事項時，對特區政治的具體設計進行調整。

(二)「功能組別」制度及其改革

功能組別一直是香港政治改革的焦點問題，但是吊詭的現象是，對該制度表示支持或大肆討伐的背後，其實輿論往往缺乏對該制度的深入認知。正如學者所指出矛盾之處，市民對於「普選」和「功能組別」的概念並沒有正確理解（僅有 12.4% 的人可以正確回答），而對於長期服務的「明星議員」（余若薇等）也無法辨別其究竟來自於功能界別或是地區選舉。因此現狀是，一方面是關於功能組別的廣泛討論與個人的低水準認識，另一方面是市民對政治保持關心和熱情。[67]本節重點討

---

67. Joseph Chan & Elaine Chan (2006). "Perceptions of Universal Suffrage and Functional Representation in Hong Kong: A Confused Public? " *Asian Survey*, 46(2): 257–274.

論功能組別，首先分析功能組別的理論基礎，其次整理功能組別在回歸後的發展，再次綜述關於功能組別的正反兩方面的評價，最後論證功能組別與普選的兼容性以及關於功能組別的改革方案。

1.　功能組別的理論基礎

功能組別的理論合理性不同於其政治合理性，前者着重功能組別何以能夠在理論上具有正當性而不論其在現實中的利弊，而後者則重在強調功能組別有存在的必要性且在現實中發揮了積極作用。目前關於功能組別的理論基礎，有以下幾種重要的觀點：法團主義學說、行會主義學說、國家組合主義學說以及職業代表制學說。而對於功能組別的政治合理性辯護，主要理由是功能組別在促進均衡參與、維持行政主導、支持中央政府等方面發揮的作用。

馬嶽教授無疑是對於功能組別的「法團主義」基礎研究最為成熟的學者，他指出法團主義者通常希望透過推動社會改革，改造社會，令各法團在管理社會生活中扮演更重要的角色，但是香港與西歐的法團主義存在一些差別：第一，歐洲的法團主義一般只將主要利益集團納入行政部門或者其附屬架構之中，甚少將之成為立法機關的組成來源（愛爾蘭和斯洛文尼亞除外），而香港將這些組織利益吸納進入立法機關，使得他們對所有決策也有高人一等的參與決策權；第二，某些商會壟斷了該行業的代表權，但是其並不具有強制性，只是一種歷史地位和固有政治影響力的延續，並不如西方法團主義般有特定的公權力，或是規定業界團體必須加入才可得到相關的利益保障，因而其實他們的代表權並沒有強迫性（compulsory）。[68]基於特定範圍的利益群體所形成的功能組別，對於以地域性的代表制為主流的現代代議政制，可以視為一種補充、變通或者反動，稀釋直接民主制度對於差異化的排斥性，「法團主義有助政府跟重要的利益群體進行協商，更有針對性

---

68. 馬嶽（2013）。《港式法團主義：功能界別 25 年》。香港：香港城市大學出版社。56–57 頁。

地解決社會上不同的矛盾，而以地區劃分選舉單位其實只是為了迴避政治風險而進行的隨意編配。」【69】

也有學者提出，功能組別背後的政治理念實質上是「政治行會主義」，這種基於職業的政治制度在香港具有一定合理性。雖然從「政治行會主義」進入「政治個人主義」的趨勢不可逆轉，但從香港作為自由貿易港和國際金融中心的定位來看，伴隨行會主義衰落而來的是：一、立法會內部缺乏利益分殊與制衡機制，「泛民」的簡單多數可能帶來一種「福利主義」，削弱「一國兩制」中香港資本主義因素及其創造活力；二、立法會簡單多數對行政權構成壓倒性優勢，香港行政主導體制將發生結構性變遷，政府管治能力進一步弱化；三、議會辯論與政府決策中的「專業性」下降，專業界利益與公眾利益的互動平衡被打破。【70】由此可見，無論是法團主義或是政治行會主義，均意在強調維持特定精英群體利益對於整體社會的必要性。特別是香港作為商業與金融中心，維護這些行業的利益就等於保證香港的經濟繁榮和政治穩定。然而值得注意的是，這種政治話語權上的精英主義取向，顯然有着歷史的階段性，一旦超過了特定的歷史階段，平民政治對於這種精英取向持否定態度，抑或是精英主義政治的效果受到廣泛質疑，那麼功能組別就難以為繼了。

反對功能組別的學者指出，功能組別的理念雖來自於「政治行會主義」，但其最早的實踐可追溯到意大利墨索里尼（Mussolini）治下的「國家組合主義」，在歷史上的地位是相當負面的。當時的意大利全國經濟組織，規劃為 22 個全國性組合，由勞資雙方參加，並接受黨政機構的指導，議席也據此劃分，從此資方不得以停工要挾，勞方亦不得以罷工為威脅。「國家組合主義」則指國家為排除階級鬥爭及資本主義所導致的惡性競爭，在不同行會間，擔任經濟活動協調者的角色，國家本

---

69. 李曉惠（2012）。〈香港普選保留功能組別的法理依據與可行模式研究〉，《政治學研究》。5 期。
70. 田飛龍（2015）。《香港政改觀察：從民主與法治的視角》。香港：商務印書館（香港）有限公司。98–99 頁。

身就是全國各行會組合，行會也變成國家的行政機構。現時世界各地的立法機關之中，尚存功能組別成分的議會，只有愛爾蘭和斯洛文尼亞，並且愛爾蘭已經在推動摒棄功能團體代表的概念。[71]也有學者更加地直接地指出，功能組別是「法西斯政權」才採用的，「只有墨索里尼治下的意大利和佛朗哥治下的西班牙用過類似制度（即可以說，只有法西斯政權用過這個制度）；愛爾蘭上議院有部分議席是留給專業人士的「功能」議席，但卻是由普選產生的下議院內的各政黨，按照下議院議席比例委派專業背景的代表進上議院，而且上議院只有拖延法案的權力，和香港的功能議席大不相同。[72]

此處需要指出的是，儘管法西斯政權曾經使用類似制度，但以此簡單類比香港的功能組別，顯然在邏輯上並非嚴謹，畢竟國家層面的代議制建構與經濟性城市的地方議會具有不同的制度背景。並且值得注意的是，愛爾蘭國會上院一直沿用功能團體代表制度，雖然在社會上一直主張廢止功能團體，但是根據 2013 年舉行的公投結果，仍有51.7% 的愛爾蘭人支持保留主要由功能團體代表構成的上院。那些主張廢除功能團體的組織，也謹慎指出「即使採取全國名單制仍會吸引有特殊專長而未必有穩固地區基礎的候選人」。[73]

相比前述關於功能組別的理論基礎的學說，職業代表制是更加中性的學說。職業代表制並不關注制度背後的政治動機，而是側重從選舉制度和代表來源的角度理解功能組別。事實上，職業代表制（professional representation）較之於地域代表制而言，是一種較為晚近的代表制度，其產生於現代職業共同體形成之後，單純從理論上難以判別二者的高下。在現代選舉民主制度下，職業代表制可以提高代表能力和責任——相對於地域代表，職業代表往往對於被代表人的利益有更

---

71. 民主黨立法會議員秘書處（2006）。《民主黨對立法會產生辦法的建議》。立法會 CB（2）2018/05-06（01）號文件。

72. 馬嶽（2004）。〈功能組別——只有法西斯政權曾使用〉，《明報》。5 月 27 日。

73. 香港立法會秘書處（2004）。《愛爾蘭、斯洛文尼亞及法國的功能團體代表》。編號：IN16/03-04。

加準確的判斷。[74]而香港的功能組別也是職業代表制的體現，其將社會職業進行細緻化界分，並給各個職業分配固定的名額，從而使職業利益能在議會中得到體現。

　　而在實踐中之所以需要保留功能組別，主要是中央政府和特區政府擔心一旦放棄功能組別，可能會使民主派在立法會中取得半數以上的議席，這將導致行政主導難以實現，且中央政府權力在香港的實現也將面臨更多阻力。在《基本法》起草的過程中，確定了政治體制設計要符合「一國兩制」原則，要從香港的法律地位和實際情況出發，以保障香港的穩定繁榮為目的，為此必須兼顧社會各階層的利益，有利於資本主義經濟的發展；既保持原有政治體制中行之有效的部分，又要循序漸進地逐步發展適合香港情況的民主制度。功能組別被視為「兼顧社會各階層利益，有利於資本主義經濟的發展」的制度設計，從歷史的角度而言，其意在「保持原政治體制中行之有效的部分」。[75]在2004年4月喬曉陽的講話中，對功能組別的現實合理性又做了進一步闡釋，「沒有工商界就沒有香港的資本主義，不能保持工商界的均衡參與，就不能保持香港原有的資本主義制度，如果在既沒有兩院制又沒有能夠代表他們界別的政黨來保證均衡參與的情況下，就貿然取消功能團體選舉制度，勢必使均衡參與原則得不到體現。」[76]

　　學者以自由黨為例，指出代表工商界利益的自由黨在近幾次的立法會直接選舉中的表現不盡如人意，需要通過功能組別選舉將本黨黨員輸送進入立法會，在立法會中代表工商界發聲。一旦取消功能組別，自由黨議員要想取得現在的議席數量難度非常大。此外，假設功能組別被完全取消，泛民主派很有可能拿下半數以上的議席，行政

---

74. 李舒（2013）。〈簡論職業代表制〉，《大珠三角論壇》。2期。

75. 姬鵬飛（1990）。《關於中華人民共和國香港特別行政區基本法（草案）及其有關文件的說明》，1990年3月28日在第七屆全國人民代表大會第三次會議上。

76. 〈求真務實發展政制——全國人大常委會副秘書長喬曉陽發言全文〉，《星島日報》2004年4月27日。

長官領導的行政機關將舉步維艱，行政主導會成為一句空話。[77] 也有學者進一步指出，功能組別可以補充地區選舉的不足，並且有利於社會穩定：一、功能組別選舉與地區選舉可以實現互補，地區選舉更注重公平正義與人權保障，而功能組別選舉更注重經濟效益，二者並不矛盾；二、功能組別有利於維護社會穩定，功能組別選舉僅限於本行業、職業內部，候選人之間聯繫密切，很少會出現你死我活的爭奪，這種情況下，很多組別內部都會出現相互協商的情況，就利益分配達成一致，共同推舉候選人。[78]

2.　回歸後功能組別的發展

正如在上一小節中所述，回歸後的特區政府通過組建臨時立法會，延續並重啟了香港政制發展歷程。其中，功能組別的改革是回歸後立法會選舉制度發展的重點。特區臨時立法會在 1997 年 10 月制定了《立法會條例》，重新劃定了功能組別，規定了功能組別選民資格和範圍。在《立法會條例》中，1995 年立法局選舉中設置的「新九組」部分得以保留，但是由個人票改回團體票（分別為體育、演藝、文化及出版界，勞工界，進出口界，紡織及製衣界，批發及零售界，諮詢科技界，航運交通界，漁農界，保險界，其中勞工界並非新增加的組別，而是增加 1 個席位，這使得勞工界的總席位達到 3 個）。由此，1998 年的立法會功能組別選舉，是在 28 個功能組別中選舉產生 30 位議員，除勞工界有 3 個席位之外，其餘每個界別各有 1 個席位。其中 6 個組別（即市政局、區域市政局、鄉議局、漁農界、保險界和航運交通界）採用「按選擇次序淘汰制」的投票方式，其他 22 個組別採用「得票最多者當選制」。

---

77. 郭天武、宋曉（2014）。〈功能組別當下存在的合理性分析 —— 以香港自由黨在立法會選舉中的結果為視角〉，《當代港澳研究》。3 輯，35–53 頁。

78. 徐加喜（2014）。《基本法視野下香港立法會的功能界別問題研究》，華東政法大學博士學位論文。37–39 頁。

　　功能組別在投票時又區分為三類，即個人票、團體票和個人團體混合票。在 1990 年代初期的彭定康改革中，對於功能組別的改革除了設置「新九組」之外，還將全部職業人口納入功能組別，以個人票取代團體票，擴大功能組別的選民基礎。在回歸後，特區政府恢復了團體票，使得功能組別進一步體現與維護工商資產者（而非從業人員）的利益。相關研究統計指出，金融界和金融服務界都實行的是團體票——金融界有 124 個機構選民，選民必須是根據《銀行業條例》所指的銀行、有限制牌照銀行或接受存款公司；金融服務界現時有 573 個機構選民，選民必須是被認可的交易所或有權在金銀貿易場的大會上表決的該會會員，而現時香港有接近 20 萬與金融領域相關的從業人員，竟然由不到 700 個公司團體票去「代表」，代表性不足 0.35%。[79] 這意味着功能組別採取團體票制度，是更加趨於保守的制度，其使得在功能組別選民內部形成了不平等的局面，投票權掌握在工商界企業主手中，而不是廣大從業者手中，「小圈子選舉」的特徵更加明顯。更有甚者，勞工界雖然有功能組別議席，但是全部為團體票，其導致廣大勞工只能通過間接的方式選舉工會領袖，然後由工會領袖投票產生立法會議員——其代表性經過兩次轉換，更加削弱了代表的直接性和負責性。

　　香港第一屆立法會選舉於 1998 年 5 月 24 日正式舉行，除了上述的 30 個功能組別席位之外，還有 20 個地區直選席位和 10 個選舉委員會席位。在功能界別選舉中有 77,813 個人或團體選民參加投票，投票率達到 63.5%，其中有 10 個界別的議員是自動當選的，這也說明功能組別選舉的競爭性較弱。在該次選舉中，建制派佔據了立法會的多數席位（40 席），民主派在重返立法會之後的首次選舉中獲得 20 席——功能組別選舉成為建制派的「票倉」，在 30 個功能組別議席中建制派獲得了 26 個議席，加上所有的選舉委員會議席均為建制派人員，此兩項類別構成了建制派的主要票源。在 1998 年立法會選舉，功能組別中的

---

79. 阿灰（2014）。〈功能界別之荒謬——金融人篇〉，「獨立媒體」：www.inmediahk.net/node/20141030a。10 月 30 日。

多數選民顯然傾向於支持建制派人士，在一些規模較小（比如區議會、鄉議局）的選舉中，民主派人士甚至沒有參與這些界別的選舉。[80] 此結果一方面說明了功能組別的制度設計客觀上達到了通過保障工商界利益從而保證建制派在立法會中的多數席位，最終維護行政主導體制的目標；另一方面也說明建制派在地區直選中表現不佳，以至於僅能以「制度保障」才能維持立法會的多數局面。這種情況也印證了中央政府的政治擔憂，即如果徑直取消功能組別的話，便無法保持建制派的多數席位，從而使中央和特區政府的權力更加難以落實。

由於《基本法》規定第一屆立法會任期僅為兩年，所以第二屆立法會選舉在 2000 年 9 月 10 日舉行。在此次選舉中，共 28 個功能組別選出 30 名議員（勞工界選出 3 名議員），其中「市政局」和「區域市政局」兩個組別被取消，新增「飲食界」和「區議會」兩個組別。在投票方式上，4 個組別（即鄉議局、漁農界、保險界和航運交通界）採用「按選擇次序淘汰制」，其他組別採用「得票最多者當選制」。值得注意的是，該次選舉中無論是地區直選或是功能組別選舉，投票率均有所降低。根據嶺南大學在選舉前進行的民意調查顯示，58.5% 的受訪者表示將會參加投票，14% 的受訪者表示不會參加投票。[81] 而實際投票率遠低於民調數據，根據選舉委員會的事後統計，地區直選的投票率僅為 43.5%，而功能組別的投票率也僅為 56.5%，出現了投票率大幅下滑的現象。學者指出其中的原因在於，「回歸初期香港政治平靜，兩大陣營關係緩和，在立法會選舉中競爭未見激烈，其中 2000 年第二屆立法會選舉投票率很低。」[82] 第二屆立法會選舉的結果，大致維持了第一屆立法會中的政治格局，建制派取得了 39 個議席，而民主派獲得了 21 席。具體而言，在全部 60 個議席中，民主黨佔 12 席，民建聯 11 席（程介

---

80. Shiu-hing Lo and Wing-yat Yu (1999). "Election and Democracy in Hong Kong: the 1998 Legislative Council Election," *Contemporary Asian Studies*, 4: 1–64.

81. 嶺南大學意見調查研究部（2000 年 9 月）。《立法會選舉意見調查》。

82. 陳麗君（2015）。《香港社會關係與矛盾變化研究》，香港：中華書局（香港）有限公司。272 頁。

南自動請辭後成為 10 席），自由黨 8 席，港進聯 4 席，前線 2 席，職工
盟 2 席，新論壇 2 席，民協 1 席，街工前線 1 席，獨立人士 17 席。其
中，民建聯所獲得 11 個議席中，功能組別議席佔了 6 個——這説明雖
然在這屆選舉中民建聯的成績不俗，但是其半數以上的席位仍有賴功
能組別的支撐。

值得注意的是，在第二屆立法會選舉期間，發生了震驚香港政壇
的「程介南事件」。此事對於立法會選舉與建制派均有較大影響——時
任民建聯副主席程介南被《蘋果日報》披露「偷設顧問公司，泄立法會
機密」，從而迫使程介南在勝選後放棄議席，退出政壇，其後更是被判
刑入獄。顯然「程介南事件」對民建聯乃至建制派都有消極影響，選舉
前的民意調查也印證了這一判斷，但是出乎預料的是民建聯在此次選
舉中仍獲得 11 個議席（程介南事實上也贏得了選舉，只是事後被迫放
棄議席）。相關分析指出，出現這種情況的原因有兩個：一、民建聯支
持者的政黨認同較為強烈，「親中」意識形態也較為鮮明，「程介南事
件」對他們雖然造成強烈的衝擊，但一旦冷靜下來，他們較不容易選擇
放棄民建聯；二、這次立法會選舉投票率較上一屆大幅下跌近 10 個百
分點，對民主派特別是民主黨的得票率造成一定的壓抑，可謂順理成
章，而民建聯的得票率不跌反升，便也不難理解了。[83]

第三屆立法會選舉於 2004 年 9 月 12 日舉行，共 28 個功能組別選
出 30 位議員（勞工界選出 3 位議員）。作為首次取消選舉委員會議席的
選舉，功能組別和地區直選首次實現了比例上對等，但是二者在「選票
價值」上顯然是不對等的，地方選區的選民人數共計 3,207,227 人，而
功能組別的選民人數則為 199,539。由於 2003 年的一系列政治和公共事
件（「非典」事件、二十三條立法等），導致該次選舉的投票率激增，
投票人數超過了 1998 年的首屆立法會選舉，達到 55.64%。這次選舉
也是香港社會政治化的標誌，從此香港立法會選舉中的政黨對峙更為

83. 王家英（2001）。〈香港立法會選舉的兩個意外〉，《中國報道周刊》。5 月 21 日。

激烈，市民社會也開始深度的政治化，一系列街頭運動和抗議活動也展開。

從選舉結果來看，第三屆立法會中建制派取得 35 個議席，而民主派取得了 25 個議席，在得票率上民主派卻得到 60% 的選票，而建制派獲得近 37% 的選票。特別是在 2003 年七一遊行之後，民主派選情看漲的情況下，民主黨卻只獲得 9 個席位，成為議會中的排位第三的政黨，而民建聯與自由黨分別以 11 席和 10 席位列議會中的兩大政黨。造成這種情況的原因除了「比例代表制」下的投票率和議席數量並不嚴格對稱的技術原因外，民主黨的競選策略也受到指責：一、民主派內部不團結，未能以協調方式推出參選人，民主黨候選人又相繼發生一系列醜聞，降低了民眾對泛民主派的整體支持度；二、民協主席馮檢基聲稱「民主派如能取得過半數議席，就有可能癱瘓政府運作」，這也導致了民眾對於民主派的擔心及不信任。[84]

針對香港部分政團提出的「零七零八雙普選」的訴求，全國人大常委會在 2004 年 4 月通過決定，認為香港回歸祖國以來，立法會中分區直選議員的數量已有相當幅度的增加，在達至分區直選議員和功能團體選舉的議員各佔一半的格局後，對香港社會整體運作的影響，尤其是對行政主導體制的影響尚有待實踐檢驗——由此決定 2008 年香港特別行政區第四屆立法會的選舉，不實行全部議員由普選產生的辦法，功能團體和分區直選產生的議員各佔半數的比例維持不變，立法會對法案、議案的表決程序維持不變。[85] 對此，特區政府謀求在《基本法》的框架內，對立法會產生辦法進行局部調整，並在 2005 年 10 月發佈《政制發展專責小組第五號報告》，建議把立法會議席數目由目前 60 席增加至 70 席，其中分區直選議席 35 席，功能團體議席 35 席，並把新增的功能界別議席，全數由區議員互選產生，即把「區議會功能界別」

84. 紀欣（2004）。〈從香港第三屆立法會選舉談香港政制改革〉，《海峽評論》。10 月號。

85. 《全國人民代表大會常務委員會關於香港特別行政區 2007 年行政長官和 2008 年立法會產生辦法有關問題的決定》，2004 年 4 月 26 日第十屆全國人民代表大會常務委員會第九次會議通過。

議席數目由目前的 1 席增至 6 席。報告認為，新增功能界別議席全數由區議會議員互選產生，按照這個方式，將會有差不多六成的立法會議席，包括地區直選議席及部分功能組別議席，是經三百多萬選民透過地區選舉產生，可以進一步提高立法會的代表性。[86] 持平而論，2005 年「第五號報告」所設計的改革方案，是在全國人大決定的框架內，盡量用足制度空間，擴大立法會選舉的民主基礎，通過改革功能組別議席，將更多民主元素注入到功能組別之中。該方案在 2005 年 12 月提交立法會表決，最終表決結果為 34 票贊成，24 票反對，1 票棄權，未達到《基本法》要求通過政改方案的三分之二的標準。在此次表決中，民主派 25 名議員除了一人投棄權票外，其餘均反對該方案。

由於 2005 年的政改方案未獲通過，根據全國人大常委會的決定，2008 年立法會選舉辦法不做修改，即延續 2004 年立法會的產生辦法。2008 年的立法會選舉具有以下幾個鮮明的特點：一、兩方陣營在議題上對壘色彩減弱，香港受到高通貨膨脹影響，政府支持度逐月下滑，接連發生的政治事件都受到嚴厲批評，但其矛盾面和 2004 年的公務員減薪、「二十三條立法」等仍有相當距離，加上香港政府對事件迅速作出響應，使此次建制派和泛民主派的對壘氣氛大減，因而也降低選舉的熱度；二、競選議題更加多元，由於全國人大常委會已經就香港的普選問題作出決定，上屆選舉中被反覆炒作的「雙普選」議題明顯淡化，經濟民生及政府管治成為參選者辯論的着力點；三、競爭程度空前激烈，主因是其選舉結果將影響未來香港政治改革的進程，次因是各政黨重視接班問題，紛紛推出新人上位，希冀加快培養新的政治人才，保持政黨活力；四、分裂的民主派對抗團結的建制派，其中民主黨、公民黨與社民連由於路線的不同在選戰中彼此相互抨擊，降低了社會輿論以及中間選民對泛民主派的支持度。[87]

---

86. 《政制發展專責小組第五號報告：二零零七年行政長官及二零零八年立法會產生辦法建議方案》，2005 年 10 月。

87. 陳築君、蕭督圍（2008）。〈香港第 4 屆立法會選舉觀察與研析〉，《展望與探索》。10 期。

　　第四屆立法會選舉於 2008 年 9 月 7 日舉行，民主派取得 23 席（其中地區直選 19 席，功能組別 4 席），建制派取得 36 席（其中地區直選 11 席，功能組別 25 席），此外中間派人士（沒有明顯的政治傾向與政治聯繫）梁家騮在功能組別選舉中取得 1 席。由此建制派議席和民主派議席依然大致維持了「六四比例」的分佈，民主派依然保持了三分之一以上的席位，從而擁有對政改方案的否決性權力。而在地區直選的得票率，兩個派別也保持了「六四比例」，即民主派獲得了將近 60% 的選票，而建制派則獲得了將近 40% 的選票。民建聯保持了立法會第一大黨的地位，獲得了 10 個議席，其中地區直選議席 7 席，功能組別 3 席，相當程度的擺脫了對於功能組別議席的長期依賴；而自由黨則恰恰相反，其在地區直選中毫無斬獲，而是依靠在功能組別選舉中獲得 7 個議席，成為立法會的第三大黨。在民主派中，民主黨得到了最多的 8 個議席，包括了地區直選的 7 個議席以及功能組別 1 個議席。

　　值得注意的是，這次選舉中民生議題得到了空前重視。根據香港中文大學香港亞太研究所在選舉前進行的民意調查顯示，對於政治性議題的關注僅有 10% 左右，而對於民生性議題的關注則高至 70% 以上。[88] 這表明在經過「零七零八雙普選」的政治動員之後，政治議題暫時隱退，同時伴隨着香港物價上升、競爭力下降且貧富差距增大等現實問題，民生問題成為選民所關注的焦點。民建聯在地區直選中獲得不俗選績，也説明其常年來深入草根階層的策略，顯現出了階段性的成果。2008 年的選舉也預示着，未來香港立法會選舉中政治議題與民生議題將交替成為選舉主軸，直至普選實現。但是普選之後，香港社會能否實現去政治化、選舉議題能否回歸常態，仍是未知之數。事實上，在經歷了 2008 年短暫的政治消沉之後，2009 至 2010 年的「反高鐵事件」最終演變為民眾對功能組別的聲討。「由於撥款得到大量功能組別選舉產生的議員所支持，在這群年輕人眼中，一撮由工商界及專業

---

88. 香港中文大學香港亞太研究所（2008）。《選民對 2008 年立法會選舉意見調查最新結果摘要》。8 月 18 日。

精英小圈子選出來的議員，竟然把持香港的發展方向，這讓反高鐵的年輕人感受到功能組別象徵着香港政經特權階層，這些特權階層往往得到北京政府的政治祝福。」[89]正是在這一階段，香港的本土意識和激進勢力也開始發育成型，並開始支配溫和民主派的話語，成為一支獨立的政治力量。因而 2008 年的第四屆立法會選舉，只是在政治運動間的短暫平靜。

在中央政府、特區政府和香港溫和民主派的斡旋、合作與妥協下，2010 年 6 月香港立法會通過了 2012 年行政長官和立法會產生辦法的修訂議案，決定香港 2012 年立法會將選舉 70 名立法會議員，其中 35 個為地區直選議席，35 個為功能組別議席，其中新增的 5 個功能組別議席由區議員提名，由不屬任何功能組別的選民投票產生。這意味着，2012 年立法會選舉採取「一人兩票」（即一票投給地方選舉的候選人，另一票投給功能組別中的候選人）的形式，民主成分比之前有大幅增加。2010 年的政改方案產生的一系列影響，導致了民主派的分裂，甚至招致民主黨內部「創黨元老」的反對；而在中央政府和民主黨的合作過程中，行政長官的功能並沒有得到發揮。[90]從另外一個角度，2010年香港政改也開啟了中央政府和香港民主派之間的短暫合作，中央政府正視民主派的力量並開始傾聽其政治訴求，這是中央政府建立常態治港模式的探索。

第五屆立法會選舉於 2012 年 9 月 9 日舉行。在此次選舉中產生的 70 名立法會議員裏，功能組別獲分配 35 名，其中 30 名議員通過原有的 28 個傳統功能組別選出（勞工界獲分配 3 名議員），新增的 5 名議員通過區議會（第二）界別予以選出。新增的區議會（第二）組別則由沒有在 28 個現有功能組別中登記的地方選區選民組成，獲提名的候選人

---

89. 葉蔭聰（2011）。〈香港新本土論述的自我批判意識〉，載《思想》（第 19 輯）。台北：聯經出版事業公司。113 頁。

90. Michael F. Martin (2011). *Prospects for Democracy in Hong Kong: The 2012 Election Reforms*, CRS Report for Congress, February 1.

在提名期間必須為在任的區議會議員，候選人需要由 15 名已登記的區議會（第一）功能界別選民表示同意才可獲提名，投票方式採用「比例代表制」。最終的選舉結果顯示在全部的 70 個議席中，民主派獲得 27 個議席，建制派獲得 42 個席位，中間派獲得 1 個席位，依舊保持「六四定律」的議席分佈。其中，在地方直選議席中，民主派獲得 18 席，建制派獲得 17 席；而在新設的區議會（第二）組別選舉中，民主派獲得 3 個議席，建制派獲得 2 個議席；而在傳統功能界別的選舉中，民主派獲得 3 個席位，建制派獲得 23 個席位，中間派獲得 1 個席位。民建聯作為議會第一大黨獲得了 13 席，公民黨和民主黨並列第二大黨的位置（均獲得 6 席）。

2016 年 9 月 4 日，香港第六屆立法會選舉開始舉行。該次選舉的選民投票率頗高，其中地區直選投票率為 58.28%，傳統功能組別選舉投票率為 74.33%，區議會（第二）組別投票率為 57.09%，各類投票率均超過了 2012 年立法會選舉。這說明經過 2013 至 2015 年的政改爭議，已經實現了充分的政治動員，選民的政治熱情隨之上升，香港社會政治化的趨勢進一步加深。根據全國人大常委會的決定，2016 年立法會選舉沿襲了 2012 年的席位分佈和選舉方式，未作調整。最終建制派獲得 40 個席位（地區直選 16 席，傳統功能組別 22 席，區議會（第二）組別 2 席），民主派獲得 26 個席位（地區直選 16 席，傳統功能組別 7 席，區議會（第二）組別 3 席），中間派人士在傳統功能組別獲得 1 個席位，新興的「本土派」在地區直選獲得 1 個席位。民建聯蟬聯立法會第一大黨的角色，獲得 12 個席位，而民主派的民主黨和公民黨分別獲得 7 個和 6 個席位。該次選舉有幾個引人注目之處：一、由於本土派的興起，分薄了傳統民主派的票源，導致建制派和民主派在地區直選中平分秋色；二、建制派延續了其在傳統功能組別中的優勢地位；三、由於民主派內部的協調性減弱，建制派和民主派在區議會（第二）組別的議席分佈，保持了 2012 年的格局。

根據上文所論述的立法會功能組別選舉的發展，尤其是在歷次選舉中的政黨議席分佈，可以觀察香港立法會功能組別選舉有以下特

點。第一，中央政府和特區政府在設置、發展並保留功能組別選舉問題上，有着深入的考慮：一則是為了保證工商階層的參與權，並以此實現香港經濟的穩定和發展，避免過度民粹主義可能帶來的福利主義傾向，二則是保證建制派在立法會中佔據多數席位，從而保證中央政府權力在香港的實現以及維護《基本法》確定的行政主導體制順利落實。第二，功能組別選舉面臨着一系列詰難和挑戰，其造成在功能選舉和地區直選以及在各個功能組別之間的選舉權上的不平等，特別是團體票的存在加深了這種不平等。因而在普選的政治目標之下，如何協調普選的平等性與功能組別的特權性的關係，就成了普選必須解決的理論命題。正如學者指出的，事實上並沒有一個統一的理論去解釋哪些部門或者功能（functions）可以被政府所認可，或者説哪些部門或者功能應當被列入一個組別，現在的功能組別的安排與其説是按照原則或者既定的政治決策來劃分的，不如説是按照政治勢力和憲制發展的需要而劃分的。[91]第三，功能組別在實踐中呈現出了高投票率、高自動當選率、高連任率並存的特點，這説明職業內部的認同感和識別度使得功能組別選民之間對於候選人的認可度較高，並且基於認同感而產生了較高的投票率。

3. 功能組別的存廢之辨

　　回歸以來的香港，關於功能組別存廢之論一直持續。各方基於自身的政治立場，各自總結功能組別的利弊。有人概括了功能組別的三個積極作用：一、體現均衡參與原則，使不同行業在立法機關內有自己的聲音，這就是當年起草《基本法》對實行均衡參與的最強共識；二、功能組別起制衡作用，萬一整個立法機關都由地區直選產生，香港很可能會變成福利社會，功能組別和分組點票機制就是應對上述擔心的制度設計；三、普選須顧及均衡參與，功能組別的問題不在於其

---

91. Simon N. M. Young and Anthony Law (2004). "A Critical Introduction to Hong Kong's Functional Constituencies," *Civic Exchange.* pp. 51–52.

存在價值，而在於如何通過更廣泛的選民基礎產生，當下尚未有很好的答案，也無人能證明功能組別不可能滿足普選的要求。【92】概括而言，支持者認為功能組別可以體現均衡參與原則、制衡民粹主義的福利傾向，因而在普選中不應廢除功能組別，不妨通過技術性調整，擴大功能組別的選民基礎。

　　事實上，上述三點理由除了第一點之外，其餘兩點均難以證明、也難以證偽。民主化和社會福利之間關係非常複雜，並無法斷言普選會導致社會福利化。根據香港中文大學社會工作系在 2004 年的調研，民主化程度，無論是以立法會中地區直選議席或是功能組別議席的比例來度量，其對於狹義福利開支（社會福利）和廣義的福利開支（包括社會福利、教育及醫療，或稱之為民生開支）均沒有任何明顯的正面的影響。【93】但是香港工商界顯然認為「經由民選產生的政府，為了向選民負責及爭取下次選舉的勝利，很難抗拒派發『免費午餐』的壓力，而這樣很可能會損害工商界的利益；工商界人士寧可相信由中央政府委任的特區政府的穩定性與可測性，比選舉產生的政府強，而不相信草根階層壓力團體的領袖，認為彼此的價值觀難以協調」。【94】至於功能組別議員的現實表現與履職情況，也有受人詬病之處。根據「立法會議員天主教監察組」對於 2014 至 2015 年間香港立法會議員表現的觀測結果，地區直選議員在提出質詢、動議和平均發言次數方面均明顯高於功能組別議員，並且功能組別缺席、不投票的比率也遠多於地區直選議員。【95】因而，上述保留功能組別的三個理由中，並非都有堅實的依據。此時，「體現均衡參與原則」就成為保留立法會功能組別的重要理由。

92. 黃宜弘（2010）。〈功能組別體現均衡參與原則〉，《商薈》。6 月刊。

93. 香港中文大學社會工作學系社會福利實踐及研究中心（2004）。《「民主化與社會福利」記者招待會新聞稿》。3 月 31 日。

94. 余國華（2006）。《從中共人大常委會「雙普選」釋法看香港的民主化》，淡江大學中國大陸研究所碩士論文。

95. 立法會議員天主教監察組（2015）。《2014–2015 年度監察報告》。

關於香港政治的均衡參與原則，有學者認為主要體現為兩個方面：一是由四大界別產生的 800 人（2012 年起增至 1,200 人）組成的具有廣泛代表性的選舉行政長官的選舉委員會；二是立法會的功能組別選舉制度。【96】這兩個制度分別保證了各界在行政長官和立法會選舉中的均衡參與，使得各方利益可以在選舉中得到反饋和表達，進而在行政決策和立法過程中需要考慮各方訴求，避免過分偏重某個階層的利益。除了均衡參與的原因外，以下這些方面也是保留功能組別的重要原因：一、有利於維護行政主導體制，功能組別選舉產生的議員由於來自各專業、行業界別，為了所屬界別的長遠利益，一般都願意與行政長官相互配合，維護行政長官作為特區代表的形象及其施政權威；【97】二、功能組別有利於形成立法會內部制衡，通過功能組別選舉出的議員能夠在很大程度上與通過地區直選產生的議員形成制衡，使立法權被濫用的風險大大地降低。【98】事實上，這兩個理由是可以合一的，即通過立法會內功能組別對直選議席形成制約，從而壓縮民主派在立法會的議席，保證了行政長官所提出的法律案與預算案可以獲得通過，也使中央政府可以間接通過建制派來影響立法會的運作。相關研究也表明，雖然功能組別違反多數民意、為政府爭議政策護航的情況並不多見，但是依靠功能組別議員支持而通過的政府提案，幾乎全部都是在社會中引發重大爭議的政府政策，包括《行政長官選舉（修訂）（行政長官的任期）條例草案》、《2006 年行政長官選舉及立法會選舉（綜合修訂）條例草案》、《截取通訊及監察條例草案》、《2009 年撥款條例草案》及《廣深港高速鐵路香港段》的撥款申請等。【99】

---

96. 李曉惠（2012）。〈香港普選保留功能組別的法理依據與可行模式研究〉，《政治學研究》。5 期。

97. 徐加喜（2014）。《基本法視野下香港立法會的功能界別問題研究》，華東政法大學博士學位論文。77–83 頁。

98. 謝宇（2014）。〈香港立法會功能界別制度 30 年之重思與展望〉，《重慶行政（公共論壇）》。5 期。

99. 新力量網絡（2010）。《2009–10 年度香港特區立法會議決分析報告》。

　　反對功能組別的理由主要認為，功能組別的存在與選舉平等原則相抵牾。雖然在 2012 年設立「區議會（第二）組別」之後，這種不平等性得到了形式上的緩解，但是顯然並沒有從根本上得以解決。正如學者所指出的，中央政府堅持保留功能組別，並認為功能組別可以提供均衡參與政治的機會，但是這種規則影響了立法會的代表性，商業和職業利益在立法會中存在被「過度代表」的情況（over-represented），勞工階層的利益卻未得到充分體現。[100] 而在「李妙玲訴律政司」（*Lee Miu Ling v. Attorney General*）與「陳裕南訴律政司司長」（*Chan Yu Nam v. Secretary for Justice*）兩個案件中，香港法院傾向於採取維護功能組別的立場，認為功能組別選舉並不違反《香港人權法案》，並且團體票也並不違背《基本法》和《公民及政治權利國際公約》。[101] 由此可見，法院事實上對選舉平等原則與功能組別選舉之間的關係，採取了目的解釋和歷史解釋的方式，追溯功能組別的淵源，並認為功能組別在現實中發揮了積極作用，從而確認了功能組別的正當性。事實上，功能組別的正當與否，從根本上並不取決於司法裁量，甚至也不取決於法律規定，而是取決於中央政府和香港市民對於功能組別的現實功效的認識。有學者指出，目前為功能組別進行辯護的理由多數是不成立的：第一，支持者所謂的功能組別議員提供獨立和專業的意見，就多方議題廣泛參與立法會辯論，提高立法和施政水平，但是事實上功能組別議員的立場取決於其自身利益，一旦與其利益無涉，通常就放棄投票或者跟隨其所屬的政團或者政府的意見；第二，支持者認為功能組別有利於經濟發展，但是大多數功能組別議員在立法會投票時，首要考慮的是既得利益集團的好處，縱使為此犧牲市場經濟、公平競爭乃至香港的經濟發展也在所不惜；第三，支持者認為功能組別有利於各界均

---

100. Bill K. P. Chou (2013). "Election without Fair Representation: Hong Kong's Legislative Council and Its Implications for Non-Liberal Regimes," in Yongnian Zheng, Liang Fook Lye and Hofmeister Wilhelm eds., *Politics in Asia: Parliaments in Asia: Institution Building and Political Development*. London & New York: Routledge. pp. 232–233.

101. 楊曉楠（2015）。〈香港立法會功能組別選舉與「普選」的兼容性分析〉，《河北法學》。33 卷第 1 期。

衡參與，但是相關研究發現有關改善政治問責的動議，大多數來自地區直選議員，而非功能組別議員。[102] 概言之，功能組別的反對者試圖拆穿長期以來附着於功能組別的「政治光環」，認為應當從利益角度理解功能組別選舉——功能組別議員雖然多數作為香港社會的精英，但是他們首先是維護其自身和所屬階層的利益，而不是維護公益和香港長遠利益。

施易安教授（Ian Scott）提出，功能組別選舉不再適合香港，如果其繼續存在的話，將損害《基本法》的公信力和合法性。他認為至少有四個理由反對功能組別：第一，功能代表制有損於議員的代表性：議員被選舉產生後，會考慮選民的意見，但並非受民意約束，而是按照自己的意志，而功能代表制至少提高了其受制於功能選舉的可能性；第二，功能代表制扭曲了公共意志：功能界別反映傳統和日漸失信的權力結構，代表小圈子的利益，而直接選舉的代表則不然；第三，功能代表制及其所代表的功能利益：作為僅有的支持功能代表制的學術權威，科爾（G. D. H. Cole）的理論現在已趨於沒落，關鍵在於每個人都有多重利益，但並不能擁有多個投票權；第四，功能組別選舉的管理機制：功能組別在運作中存在明顯的腐敗、操縱提名等問題，並且這些問題並不能通過修改功能組別就能根除的。[103] 其實在施易安教授提出的四個理由中，後三個理由並無太多新意，不過是強調功能組別選舉代表小圈子利益、違反平等原則以及存在操控選舉等現象。值得注意的是他提出的第一個觀點，即強調議員一經選舉產生就應該具有相對獨立性，並非僅是民意的傳聲筒，而是具有自身獨立的立場和判斷，而功能組別使得代表和其所代表的職業群體之間聯繫過於緊密，從而影響了功能組別議員的獨立性。

---

102. 成名（2010）。〈應否全面廢除功能議席？〉，《明報》，2 月 10 日。

103. Ian Scott (1991). "Functional Constituencies and Representation, Paper presented at a seminar on Democracy and Political Development: Hong Kong Characteristics," Organized by the Hong Kong Democratic Foundation.

綜上所述，關於功能組別的存廢問題，事實上牽引出兩個方面的爭論：一是功能組別是否合理，二是功能組別是否有用。前者指向功能組別和選舉平等性、直接性、普遍性的內在矛盾，這種小圈子的選舉是一種典型的政治特權；並且由於大量團體票的存在，更加使其具有明顯的權貴色彩。後者是指向功能組別對於香港的政治與經濟、以及中央—特區關係的影響，功能組別對維護工商階層的利益顯然有益，並且基於這種利益建立起「北京—特區—香港工商階層」之間的合作關係，依賴功能組別來維持香港的行政主導體制的有效性、保證中央對於香港的節制性民主安排得以落實。因而功能組別的存廢，並不單純取決於理論基調或是現實作用，而是在二者之間維持適當的平衡——即使其在理論上存在瑕疵，但是如果對於香港政治不可取代的話，依然無法取消。就長遠來看，只有當功能組別在「各方多數人認為其已經無用」之時，才會自動退出歷史舞台。換言之，只有當中央政府不再依賴功能組別來落實權力，只有當特區政府不再依賴功能組別獲得立法會支持，只有當香港工商階層找尋到新的利益表達方式，只有當民主力量和反對聲音足夠強大時，廢棄功能組別才具有現實可能性。當然，在暫時（情願或是不情願地）保留功能組別的前提下，並不排除有制度改良的空間。事實上，2012 年的立法會改革就是一次有益的嘗試，其切入點在於提高功能組別的代表性和民意基礎，逐步減少功能組別內團體票的比例，科學劃分各個組別的範圍、平衡各個組別之間的人數，提高勞工代表在功能組別內的人數。通過這些局部的改革，可以保留功能組別的現實功用，同時緩和其與一般選舉原則之間的矛盾，並為立法會普選奠定基礎。

4. 功能組別的改革方向

功能組別之所以保留延續至今，以及有許多政治力量極力維護功能組別的存在，其根本原因並不在於功能組別具有理論上的「政治

正確」或者現實中的「路徑依賴」（path dependence），[104] 而是其對於維護現有政治格局和權力關係具有暫時無法替代的功用。因此，拋卻意識形態上的爭論，功能組別的改革必須以承認工商階層現有的特權為基礎。[105] 而改革的方向就是將更多的民主因素注入其中，稀釋其固有的特權屬性，均衡各個行業之間的政治地位以及保證勞資雙方的權利均衡。與此同時，功能組別的改革必須考慮到中央政府的角色和地位——在中央政府看來，功能組別與「分組點票」制度是保證立法會不至於失控的有效方式。雖然目前難以預測取消功能組別的後果，但是如果產生 1995 年立法局選舉的局面（民主派在立法局中佔據了多數席位），則顯然是中央政府難以接受的。

目前被嚴肅討論的「功能組別」改革方案主要分為兩類：一類是「兩院制」的改革建議；另一類是對於現有功能組別的改良建議。關於兩院制方案，其最早在《基本法》制訂時就已經被提出並慎重討論過。在 1986 年 4 月《香港各界人士對基本法結構等問題的意見彙集》中有人就提出了「兩院制」的建議，認為第一院由直接選舉產生，第二院可以起制衡作用，有人反對直接選舉，認為這將形成社會工作者當政的局面，設立兩院制，有利於消除這方面的恐慌。不過，在 1987 年 12 月基本法草委會秘書處公佈關於立法機關產生辦法的條文草案後，各方基本認同了一院制下的混合選舉方案，只是對於直接選舉、功能組別選舉以及選舉團選舉的比例存在爭議，兩院制的方案沒有再被提及。但是在 1989 年 8 月 29 日，新香港聯盟（新港盟）提出了「一會兩局」的方案，提出在保持一院制的前提下，立法會由「地區選舉局」與「功能選舉局」組成，認為兩個來源不同的議員衡量事情的角度會有所不同，如果兩者能在合作中保持相對的獨立性，維繫各自均衡的話，這

---

104. 王于漸（2014）。〈從功能組別與地方選區分野解構香港政制發展〉，《信報財經新聞》，4 月 9 日。

105. Gladys Li and Nigel Kat (2006). "The Legal Status of Functional Constituencies," in Christine Loh and Civic Exchange eds., *Functional Constituencies: A Unique Feature of the Hong Kong Legislative Council*. Hong Kong: Hong Kong University Press. pp. 149–150.

樣的立法機關便能有效照顧社會的整體利益了。反對「一會兩局」的
觀點認為,該方案誇大了立法機關在整個政制中的重要性,並且會導
致政黨政治的興起。[106]然而需要注意的是,在《基本法》制訂時討論的
「兩院制」方案與「一會兩局」方案,與當下的問題意識有完全不同的
語境——當時關注如何發揮功能組別的作用,及功能組別席位的多寡
與安排問題;而當下則是討論是否需要保留功能組別,以及功能組別
與立法會普選的問題。

　　在現有政治體制下,討論「兩院制」方案及「一會兩局」方案面
臨的最大問題在於,其與《基本法》的條文並不兼容。如果進行改革的
話,將會涉及《基本法》的修改,這將觸及《基本法》的穩定性和香港
的基本政制架構。為此,學者提出了「一會兩組」的設想,試圖消解改
革與《基本法》的抵觸,將「一會兩組」作為在「兩院制」和全面普
選之間的中間方案。具體而言,「一會兩組」方案的要點包括:一、保
留立法會內功能組別及直選議席各半的比例,或者按比例同步增加,
即直選議席增加多少,功能組別議席就增加多少;二、一切照着原有
的選區讓各政黨去角逐,但原有的功能組別的 30 席(現已增至 35 席)
則另行選舉;三、兩組都可享有同樣的一般法案的提案權與議事權,
如一個法律提案先由一個組提出,進行投票,則需要再轉去另一個組
進行討論與投票;四、如果一組三讀通過的提案被另一組三讀不通過
時,可用兩組合議的出席人數多數通過,若通不過,便擱置或駁回原
組重新審議;五、取消功能組別的公司、團體或法人票。[107]由此可見,
「一會兩組」是兼具保守和開放的混合方案,一方面致力於保留功能組
別,並強化現有的分組點票制度,這顯然是該方案的保守之處;另一
方面提出了廢除團體票、增設界別的方式,最終達至普選的功能組別
的目標,這是該方案的開放(甚至略顯激進)之處。

---

106. 李浩然(2012)。《香港基本法起草過程概覽》(中冊)。香港:三聯書店(香港)有限公司。
　　　628–712 頁。

107. 梁美芬等(2007)。〈「一會兩組」及普選路線〉,《信報財經新聞》,1 月 4 日。

如果該方案是保留功能組別的權宜之計的話，其顯然無法長久維持——美國參議院代表各州的利益，英國上院有着長期的「歷史合法性」且其權力一直在弱化，但是功能組別代表的是特定職業的利益（特別是在香港佔少數的工商業階層的利益），具有更加明顯的「特權」色彩。即使通過廢除團體票、增設功能組別等方式的確可以增強功能組別的民主性，卻仍無法消除這種特權色彩。更為重要的是，如果採取「兩院制」、「一會兩局」或者「一會兩組」等改革方案，也難以維持行政主導的方案，更無法保證中央政府的權力可以經由立法會在香港得以落實。並且「兩院制」及類似方案，會形成兩院（兩局、兩組）不同的合法性來源，經由普選產生的「地區院」在合法性和權威性上仍然高於功能選舉產生的「職業院」，如果後者試圖阻止前者提出的議案，仍然會擾動民意、引發憲政危機。因而「兩院制」及類似方案顯然難以實現——各方對於實行「兩院制」缺乏政治動力，並且仍將不可避免地發生各種政治糾葛。

第二類具有討論價值的方案是「一人兩票」與「一人多票」方案。事實上，在 2012 年立法會選舉時已經某種程度上實現了「一人兩票」，運用「區議會（第二）」功能界別吸納了其他組別尚未涵蓋的職業人口，增強了功能組別的民意基礎。而「一人兩票」被作為普選的終極方案，其包括以下主要內容：一、除了地區直選的一票外，每人在功能組別亦有均等票值的一票，然後選出所屬組別的功能組別議員；二、按行業性質重新組合，並以其選民數目按比例定出議席數目；（3）取消現在所有的公司票，每個選民的票值均等。[108] 因而，「一人兩票」方案的優勢是非常明顯的，其延續了 2010 年立法會改革的路向，致力於實現功能組別選舉的內部平等性和代表性。但是其面臨的最大障礙是「單純擴大選民基礎或是改變功能界別的劃分，只需要特區本地立法即可，而沒有中央的參與」，因為《基本法》附件二將對於功能組別的

108.〈2020 立會選舉葉國謙倡一人兩票〉，《大公報》，2013 年 5 月 15 日。

調整權交由了特區。【109】就這點而言，如果將「一人兩票」作為立法會普選的終極方案，就等於繞過了中央政府的決定權，直接進行立法會改革，這顯然是中央政府不能接受的。與此同時，「一人兩票」的選舉結果雖然難以預測，但是按照 1995 年立法局的選舉結果來看（事實上也是在進行一人兩票的變相普選），建制派難以在立法會中保持優勢地位，因而特區政府也難以支持「一人兩票」方案。

「一人多票」方案也是在保留功能組別的基礎上的改良方案，其要旨是由功能組別各自提名候選人，然後由全體選民在每個界別內各投一票（即地區直選一票，功能選舉 N 票，N= 功能組別的數量）。「一人多票」方案的優勢在於，既保留功能組別，又最大限度的拓展了其民主性；並且由於提名權保留在界別內部，最後產生的功能組別議員也往往是本界別人員，這樣也保證了其對該職業或組別的代表性。但是「一人多票」的問題可能在操作層面上，由於功能組別的數量非常多，選民根本無法對所有組別的候選人都有了解，並且由於該組別可能與選民並不存在直接聯繫，因而難免會出現「盲投」的情況，甚至會有大量的空白票。雖然「一人多票」在操作上存在一些問題，不過其代表了改革的方向，既保留了功能組別的精英性，又能通過普選給這種精英代表賦權 —— 不失為中央政府、特區政府以及香港各個政治派別可能接受的方案之一，但是需要進一步考慮增強「一人多票」在實施中的技術調整。

（三）地區直接選舉的制度改革

地區直選是普選制度的基礎，也是香港選舉制度發展的方向。在理論上，地區代表制（geographical representation）與職業代表制（occupational representation）並無優劣之分，地區選舉產生的代表和基於職業選舉產生的代表在合法性上也無高下之分。至於政府採取何種代

109.　陳詠華（2013）。《香港立法會普選與功能組別》，2011 年全國人大港澳基本法委員會課題研究報告。100 頁。

表體制，更多是取決於其所處的政治環境。對於地域代表制的批評指出，「地域代表和選民之間缺乏真正的共同利益（common interest），僅僅是巧合分在同一選區而已，而基於社會、經濟或者職業利益的團體則具有更加精准的代表性。」[110]因而，很難脫離具體歷史和政治語境討論地區代表制和職業代表制孰優孰劣。從根源上說，二者合法性均來源於民眾對於制度運行的主觀感受（從這點上說，香港一般把 legitimacy 譯為「認受性」有其精妙之處，側重了民眾對於政體的接受程度）。在香港立法會的普選過程中，如果多數香港市民更加傾向全部席位由地區直選產生，此時中央政府和特區政府就需要認真考慮其可行性。在 2014 年《「一國兩制」在香港特別行政區的實踐》白皮書中，也將「立法會選舉的直選因素不斷增加」作為特區各項事業取得全面進步的重要指標[111]，這說明中央政府顯然已經充分認識到直選之於香港民主化的重要意義。

在香港立法會 1998 年首次選舉中，地區直選議席佔據了 20 席（選舉委員會 10 席、功能組別 30 席）。作為特區第一屆立法會選舉，其具有特殊的意義：（1）高達 53.29% 的投票率說明香港市民不再是政治冷漠（politically apathetic），而是積極參與到政治之中；（2）此次選舉產生的新立法會替代了臨時立法會，第一屆立法會具有更好的認受性並且鼓勵了市民的參與；（3）民主派開始回歸到立法機構之中，之前其在臨時立法會中並沒有取得席位，導致了對於政府監督的弱化，因而民主派的回歸對於推動特區民主化具有深遠意義；（4）第一屆立法會選舉也標示着中央政府允許香港自治的範圍，中央政府最為關注的問題就是民主派將形成對於特區政府施政的威脅。[112]在此次選舉中，民主派「重返立法會」的策略顯然達到了預設目標，在全部的 20 個直選席位中

---

110. J. S. H. Gildenhuys (2004). *The Philosophy of Public Administration: A Holistic Approach*, Stellenbosch: Sun Press. p. 139.

111. 國務院新聞辦公室：《「一國兩制」在香港特別行政區的實踐》，2014 年 6 月。

112. Shiu-hing Lo and Wing-yat Yu (1999). "Election and Democracy in Hong Kong: The 1998 Legislative Council Election," *Contemporary Asian Studies*, 4: 1–64.

獲得 15 席，得票率亦高達 66.1%，這説明了民意對於回歸以後的「民主倒退」的不滿（事實上是在償還港英政府的「民主赤字」），這也強化了中央政府保留功能組別的決心。

在議席分佈上，共分為 5 個選區，其中港島 4 席、九龍東與九龍西各 3 席、新界西和新界東選區各 5 席。事實上早在 1997 年特區籌委會就對選區劃分問題進行了深入討論，主要是在大選區制和中選區制之間進行選擇。「有些意見主張沿用 1991 年香港立法局選舉中把香港劃分為 9 個選區的作法，即實行中選區制；另一些委員則主張實行大選區制，即把全港劃分為 4 個或 5 個選區，每個選區設 4 至 5 個議席。小組認為，選區劃分是一項複雜而細緻的工作，需要掌握大量的人口和地域資料，這一工作宜留給特別行政區去處理。因此，小組在綜合了各種意見後，提出了一個選區劃分的幅度，即全香港可劃分為 4 至 9 個選區，供特別行政區作出選擇。」【113】在 1997 年香港特區制定通過《立法會條例》時，決定將全港劃分為 5 個選區（即採取大選區制），並將調整選區的權力交由行政長官行使，這種靈活的選區調整的方式為直接選舉改革預留了制度空間。就抽象理念而言，大選區制顯然對小型政黨更加有利 —— 其使政治人才匱乏和候選精英有限的小型政黨可以集中在數目較小的選區中，不會因為選區數目太多而過於分散。

在 2000 年立法會選舉中，立法會直選議席增加至 24 席，即將選舉委員會議席減少為 6 席，空出來的 4 個席位改由直接選舉產生，這表徵了香港政治開放性的提高。正如學者所指出的，「從憲治主義和自治的理想出發，一個越開放、一般市民參與程度越高的制度，它所產生的政府的代表性越高、自治就會隨着政府代表性的提高而越發充實，開放民主的制度是自治和憲治一個非常重要的基礎。」【114】在 2000 年的

---

113. 劉兆佳、許崇德（2011）。〈關於第一屆立法會產生八法小組工作情況的報告 —— 香港特別行政區籌備委員會第九次全體會議〉，載《全國人民代表大會常務委員會香港特別行政區籌備委員會文件彙編》。北京：中國民主法制出版社。

114. 陳弘毅等編（2015）。《香港法概論》（第三版）。香港：三聯書店（香港）有限公司。154–155 頁。

立法會選舉中，經歷了回歸後的三年政治轉型、以及立法會的兩年運作經驗，無論是選民或者政黨均以更加健康的政治心態投入到此次選舉之中。最終選舉結果顯示，在地區直接選舉中民主派獲得了 16 席，建制派獲得了 8 席；不過由於功能組別選舉的存在，建制派在全部 60 個席位中仍佔據主導優勢（39 席）。學者認為，第二屆立法會選舉產生了長遠的政治後果，其決定了立法會中不同政黨的席位數量、決定了主要政治黨派之間的力量平衡以及決定了香港立法和行政之間的關係，而這種政治後果又緊接着影響了其後四年的香港民主發展——換言之，2000 至 2004 年間香港政府民主發展的步幅和方向，是由這次立法會中的席位分佈所決定的，也同時受制於立法會和行政關係到底是合作還是對立。【115】

回望回歸近 20 年以來的立法會選舉，2000 年的第二屆立法會選舉有重要的地位：此時的香港已經走出了回歸初期的困惑，政治尚未完全激進化，中央與特區的關係也大致處於平穩狀態。在這種相對平和、穩定和理性的狀態下，立法會選舉更能體現出香港的民意取向。此次選舉最為關鍵的變化就是民主黨在得票率和直選席位方面均有下降，而民建聯則在得票率和直選席位方面有所上升。這在行政長官民望不高，民主派反對聲音高漲的情況下，似乎難以理解。相關評論對此指出，所有候選人除了抹黑對方，對政敵進行人身攻擊之外，很少有人提出具體、有系統的政見，這不僅造成投票率低，而且也許就是民主黨流失 17 萬票的原因，民主政治另有「代議政治」的稱號，候選人如果忘了解決選民的切身問題，其代表性就不足。【116】這意味着，投票率和民主派支持率的下降，均代表了選民對於政黨政治的失望，認為其並沒有足夠的關切民生，而是將爭奪席位作為主要目標，缺乏明確

115. Jermain T. M. Lam (2002). "The 2000 Legislative Council Elcetions: An Assessment of Democratic Development in Hong Kong," in Hsin-chi Kuan ed., *Out of the Shadow of 1997: The 2000 Legislative Council Election in the Hong Kong Special Administrative Region*. Hong Kong: Chinese University Press. pp. 289–290.

116. 阮次山（2000）。〈政黨之敗敗在不理民生〉，《香港經濟日報》，9 月 13 日。

的競選綱領。事實上，自香港回歸以來，市民對行政長官的施政滿意度持續下降，因而在 2000 年的立法會選舉中，選民重點關注和籲求民生問題，實是民主政治的常態。但是這種常態政治很快被 2003 年的政治事件所打亂，並且隨着普選被提上政治議程，香港民主訴求也愈發意識形態化。

2004 年選舉產生的第三屆立法會，首次取消了選舉委員會的席位，使得地區直接選舉和功能組別議員分別達到 30 名。在議席調整後，選區數量仍維持不變，但是各個選區選舉產生的議員數量則有所增加：香港島 6 席，九龍東 5 席，九龍西 4 席，新界東 7 席，新界西 8 席。此次選舉的投票率達到新高（55.64%），而 2000 年立法會選舉的投票率僅有 43.57%，1998 年第一屆立法會選舉的投票率也不過是 53.29%，這說明在經過 2003 年的政治運動之後，香港市民對於政治問題的關注顯著提高。民主派在選舉前更是進行了充分的輿論引導和社會動員，宣稱要獲得立法會的半數以上席位。但是從地區直接選舉的結果來看，民主派的優勢卻並不明顯，其僅獲得 30 個直選席位中的 18 個，在功能組別選舉中獲得 7 個席位，共計獲得 25 個席位。民主黨失去了立法會第一大黨的地位，僅獲得了 9 個席位。誠如學者指出的，「直選議席的增加，不一定對民主派有利」，[117] 這顯然與民眾對於直接選舉的印象有所反差。就這個問題，民主派各政黨之間也在加強選舉事務的合作，組成了聯合名單參加選舉，但是由於比例代表制（最大餘額法）的選舉制度，並未取得理想效果，更未達到立法會的半數席位。雖然合作成為民主派的首要議題，但是他們之間的分歧從未得到根本解決。[118]

從 2004 年立法會開始，中央政府開始更加關注香港立法會的選舉工作，這也印證了 2003 年以來中央治港政策的轉變。2004 年 4 月，

---

117. 周建華（2009）。《香港政黨與選舉政治（1997–2008）》。廣州：中山大學出版社。145 頁。

118. National Democratic Institute (2004). "The Promise of Democratization in Hong Kong: The September 12, 2004 Legislative Council Elections," *NDI Hong Kong Report No. 9.*

時任行政長官董建華會見了民主派議員劉千石，被認為是代表中央政府與其會談；在 2004 年 6 月，劉千石倡議民主派應與中央政府「大和解」，「加強彼此互信和溝通」，此舉被司徒華等民主派人士斥為「背叛」，也對民主派的選情產生了一定影響。[119] 學者認為，僅從 2004 年立法會選舉的結果來看，中央政府的「統戰措施」在短期內贏得了香港的民意人心，也是得益於中央政府的強力經濟支持，支持董建華的勢力繼續在立法會內保持了多數席位。[120] 值得注意的是，中央政府雖然通過間接方式影響香港立法會的選舉，但這並不能視為違反「一國兩制」原則，畢竟中央政府無法容忍在統一國家內產生一個由「反對派」主導的地方政府，這顯然將損害中央和特區的關係，也將使香港的民主化無法得到中央政府的授權與祝福。因而從中央政府的角度，逐步擴大香港立法會直選席位，有着嚴格的政治底線和前提，即要保證建制派在立法會中始終佔據多數席位。在 2004 年立法會選舉中，一向以激進著稱的梁國雄勝選，象徵着激進派在立法會中佔據了一席之地。這意味着，中央政府不僅需要團結建制派勢力、也需要接納溫和的民主派，從而防止香港政局的激進化。學者指出，中央政府在處理與香港本地政治派別的關係時，採取了從同化（assimilation）到完全排斥（total rejection）的軟硬不一的方式，而至於採取何種方式，取決於中央政府界定誰是朋友、誰是潛在的有價值的合作者以及誰是敵人。[121]

　　2008 年的第四屆立法會選舉，在席位分佈方面與 2004 年保持一致。民主派在地區直選中獲得 19 個席位，較之於第三屆立法會選舉略有上升，但是在功能組別選舉表現不如從前，僅獲得 4 個議席，從而使民主派的總席位為 23 席，保持了關鍵少數地位（三分之一議席）。

---

119. 黃偉國（2004）。〈中共統戰軟硬兼施〉，《蘋果日報》，6 月 25 日。

120. Sonny Lo, Yu Wing Yat, Kwong Kam Kwan and Wong Wai Kwok (2005). "The 2004 Legislative Council Elections in Hong Kong: The Triumph of China's United Front Work after the July 2003 and 2004 Protests," *Chinese Law and Government*, 38(1): 3–29.

121. Wai-man Lam and Kay Chi-yan Lam (2013). "China's United Front Work in Civil Society: The Case of Hong Kong," *International Journal of China Studies*, 4(3): 301–325.

值得注意的是，這次地區直選中投票率較之第三屆立法會選舉大為降低，僅達到 45.2%。對此，學者認為是由於香港對於內地依賴性增強，使得選舉議題並無實質分歧，「由於香港去年以來經濟緩步衰退，且對中國大陸經濟依賴日增，加以中國大陸經濟實力日益壯大，今年並順利舉行奧運，展現出強國形象，所以香港居民認同中國或同意香港與中國建立更緊密經濟關係者日益增多，因此在選民立場和政黨差異日漸模糊的情況下，候選人彼此間議題攻勢難以激起選民熱情，所以整體選情顯得較為冷淡。」【122】

2008 年的立法會選舉，也標誌着香港新舊政治世代的交替——在香港回歸十年之後，老一輩的政治人物開始退出政治舞台，各政黨也陸續推出新的政治面孔。范徐麗泰、陳方安生、李柱銘、鄭經翰、李國英、陳智思、鄺志堅、單仲偕、楊孝華等宣佈不再競選連任，與此同時很多政黨都提名了一些 20 到 30 歲左右的政治新人出選，也有不少政治明星，排在政治新人的後面，用自己的影響力幫新人「上位」。【123】而最終的選舉結果顯示，有 17 位政治新人獲得勝選，幾乎佔據了立法會的三分之一席位，包括了李慧瓊、陳克勤、黃國健、梁美芬等新生政治力量。香港政治的世代交替也意味着，老一輩香港政治人物已經完成了其階段性的歷史使命——從 1980 年代香港回歸到 2008 年的立法會選舉，其中有將近 30 年的時間跨度，他們親身參與並見證了香港的回歸談判、過渡時期以及回歸後的政局變化。然而這些政治人物也往往有歷史包袱，他們陸續退出政治舞台，也預示着中央—特區關係進一步發展的歷史契機。

2012 年第五屆立法會選舉時，立法會議員人數增加至 70 人，分區直接選舉的議員和功能團體選舉的議員各為 35 名。對於新增的 5 個直選席位，分別在新界東增加兩席，香港島、九龍東和新界西各增加一席，九龍西的議席數量則保持不變。經過重新分配後，新界東和新界

---

122. 陳華升（2008）。〈香港第四屆立法會選舉結果及其影響評析〉，《國政評論》。

123. 〈立法會選舉〉，《頭條日報》，2008 年 9 月 7 日。

西兩個選區均達到 9 個議席，九龍西和九龍東也達到分別 5 個議席，而港島為 7 個議席。根據《立法會條例》第十九條的規定，每個地方選區須選出的議員人數不得少於 5 名，亦不得多於 9 名。因而如果以後立法會直選席位繼續擴張，則會在九龍和港島分配名額，新界的名額已經達到了目前法律規定的最高限度。2012 年是實行「一人兩票」的首次選舉，加之在選舉前發生的大規模「反國教運動」，使地區直選的投票率高達 53.5%，而在新設的「區議會（第二）組別」的選舉中，投票率也達到 51.95%，這說明了新的選舉制度與突發政治事件，激發了選民的投票熱情。在地區直選的 35 個議席中，民主派和建制派幾乎達到持平狀態，民主派獲得 18 個議席，而建制派獲得 17 個議席 —— 這是回歸以來，兩個政治派別在地區直選中首次議席如此接近。激進派也在此次選舉中斬獲多個議席，被認為屬於激進派的工黨、人民力量和社民連分別獲得了 4 席、3 席和 1 席的立法會席位，這說明激進勢力在立法會中的實力急劇增長，其勢頭已經超過了傳統的溫和民主派，得到中下層選民的支持。[124]

2016 年第六屆立法會選舉，在議席數量和配置上與第五屆立法會相同。在地區直選中，由於人口數量變化，各選區議席分佈稍有調整：九龍西選區增加 1 個議席，達到 6 個席位；香港島選區相應地減少一個議席，減至 6 個議席。最終選舉結果顯示，在地區直選中，建制派和民主派平分秋色，均獲得 16 席，此外 3 席被本土派取得。該次地區直選有兩個鮮明特點：一是大量新的政治面孔登上政治舞台，第五屆立法會議員中有 12 位不再尋求連任，最終有 26 位議員得以首次入選立法會；二是本土派在該次選舉中獲得極大成功，雖然游蕙禎和梁頌恆後因「宣誓風波」被法院取消立法會席位，但是本土派團體在成立的短時間內獲得驚人票數（比如熱血公民獲得 11 萬選票，青年新政獲得近 7 萬選票，香港眾志獲得 5 萬選票），佔總體選民票數的 19%。事實上，在選舉前就有觀察人士提出「曾參與雨傘運動的大專生，在 2016

---

124. 陳麗君（2015）。《香港民主制度發展研究》。香港：中華書局（香港）有限公司。109 頁。

年立法會選舉中有可能成為『首投族』（首次登記投票的選民），這支隱而未現的『首投族』，只要他們的人足夠多，就有足夠票數讓更多激進候選人成功取得議席」。[125]因而隨着「佔中一代」的成長，香港社會政治化程度將進一步加深，本土派、分離派和激進派將隨之壯大，成為未來香港政治發展的隱憂。

　　總結香港回歸以來的地區直選的發展，可以看到在中央的民主安排和節奏控制下，直選席位得到了循序漸進的增加，使得香港立法會選舉中的直接民主因素不斷上升。然而直選席位的增加，並沒有促成民主派力量的增長，而是構成了極為複雜的互動關係。這說明立法會選舉經過二十年的發展，選民的政治訴求愈發成熟與多元，不再關注單一的意識形態目標，而是將民生問題的訴求、對特區政府的評價以及對中央政府的期待等均作為影響其投票的因素。因而可以預見的是，即使在立法會實現普選後，全部席位由地區直選產生，也未必會形成民主派佔據壓倒性優勢的結果。而在實現普選之前，由於民主派佔據了三分之一以上的立法會席位，使其在政制發展等關鍵問題上具有否定性的話語權，這已經成為、並將繼續作為香港政爭的焦點。隨着本土派和激進派在立法會的興起，香港的政治光譜更為複雜，建制派和溫和民主派至少在「避免形成一個激進的立法會」問題上可以達成合作。問題的根本還在於，以地區直選議席增加為表徵的民主化進程，並未設定有效的國家認同議題，這導致本土意識、民族自決等激進民主化意識抬頭，不僅使特區政府的施政更加困難，也擠壓了溫和民主派的政治空間。因而逐步增加直選席位的過程，也應該是逐步深化國家認同的過程，否則直選所帶來的「政治紅利」將迅速被激進派所佔據，將導致中央與特區的關係愈發緊張，香港民主化進程也將誤入歧途。

---

125. 呂國民（2015）。〈前瞻香港立法會選戰〉，《天大報告》，9 月 1 日。

三、佔中運動與香港普選

　　對香港立法會選舉的發展歷程進行描述與論證之後，我們有必要從歷史的視角對典型政治運動的政治影響進行討論——儘管多數政治運動並非針對立法會普選議題，但是政治運動卻顯著改變了香港的政治生態，對立法會普選具有重要影響。本書選取「佔領中環運動」作為分析樣本，論證其對中央—特區關係的影響，並進一步討論其對立法會普選的影響。相關研究指出，「佔中運動」的結束象徵着「抗爭政治」的濫觴，「它一方面撕破了共識政治的假像，另一方面也徹底地顛覆了傳統社運的抗爭模式。」[126] 佔中運動對於中央—地方關係的影響，具體可以分為三個方面：第一，香港的政治將由「民主回歸」逐步轉變為「民主自決」，從而主動將其自身民主進程與內地進行切割，發展出本土主義的民主化論述，試圖通過民主運動尋求政治前途自決；第二，內地與香港的關係將由「陸港融合」轉變為「陸港矛盾」，這種矛盾來源於兩地居民對於中共政權、民主路徑、以及生活方式的不同態度，將伴隨着經濟機會和改革紅利的爭奪出現更加尖銳的衝突，中央政府能否在出現衝突時保持中立取決於香港的政治態勢；第三，特區的合法性將由「政績型」發展成為「合法型統治」，這意味着中央政府對於香港經濟城市的定位以及為此進行的經濟統戰措施將逐步趨於低效。

（一）由民主回歸到民主自決

　　對於香港早期的民主推動者而言，無論「民主回歸」或是「民主抗共」，其中都暗含了兩個觀點：一、他們仍然接受香港乃中國的一部分，並願意在這個框架內爭取「高度自治」；二、他們深信自己負有改變中國政治、「建設民主中國」的義務。[127] 這種態度鮮明的體現在香港對於「六四運動」的態度上——自 1989 年以來，香港對於六四運

126. 鄭煒、袁瑋熙（2015）。〈「雨傘運動」：中國邊陲的抗爭政治〉，《二十一世紀》。2 月號。

127. 白小瑜（2015）。〈香港「佔領運動」：過程、特徵及影響〉，《港澳研究》。1 期。

動的持續紀念，其中既有對於自身政治命運的擔憂，也有促進內地民主化的迫切心理甚或道德使命感。正如相關評論所指出的，「每年的六四晚會代表了香港拒絕遺忘、拒絕讓步、並堅決捍衛香港人尋求真相、充實人權和建設正義的權利，這其實是香港人很重要的政治身份認同。」[128]

因而在「佔中運動」發生後，多名學者與時事評論人傾向將其與「六四運動」相比較，指出二者在主體、策略、目標等方面均具有相似之處，「佔中與北京學運顯著的類似點是對立面都是共產黨，而香港特區政府的權力來源在北京，尤其政治決策完全聽命於中共。」[129]然而，作為「佔中運動」參加主體的青年學生，其本身對於這場 25 年前發生於北京的政治風波，根本不可能存在任何直觀的體驗，而只是基於實用主義的態度使用「六四」作為象徵性的符號。「佔中運動」的評論者津津樂道的談論其與六四運動的關係，更多是在預測這場運動是否與六四運動一樣遭到當局壓制，而顯然沒有將「佔中運動」視為再次引發中國內地民主的契機。不僅如此，在 2015 年「香港專上學生聯合會」（學聯），其「佔中運動」的主要組織者，決定不再參加由支聯會組織的六四悼念活動，其理由在於「縱使承認香港（某程度上）屬於中國，然而香港人應該專注關心爭取香港的民主，中國的民主由大陸人民自行爭取」。[130]這種將香港民主與大陸民主切割的理念，顯然與長期以來溫和民主派的「民主回歸」觀點構成了直接反差。

「民主回歸」的政治論述，事實上將全部中國的民主化作為最終目標，並且認為內地民主化可以使得在統一國家中的前提下，實現香港的民主發展與鞏固。也就是將內地的民主化視為香港民主化不可或缺的背景，「香港要回歸中國，從民族主義角度是毋庸置疑的，但是香港

---

128. 黎恩灝（2015）。〈六四與本土——反思五年前的一件小事〉，《信報》，4 月 29 日。
129. 金鐘（2014）。〈香港雨傘革命前景〉，《開放》。10 月號。
130. 莫哲煒（2015）。〈六四在香港回應本土派論述〉，《明報》，5 月 3 日。

要民主，就要看大氣候，於是中國沒有民主，香港就沒有民主。」[131]然而「民主回歸」的政治觀念，愈來愈受到本土主義的衝擊。本土主義者認為香港人既無推動中國內地民主化的責任，亦無推動中國內地民主化的能力，甚至「民主回歸」口號反而使得香港人無法專心致力於本土民主化的建設。「在過去幾年，族群民粹主義竭力以攻擊溫和泛民主派及左翼社運為目的，並試圖將香港民主運動的低迷和挫折，歸咎於兩者的大中華情結，稱其出賣香港族群的利益，這兩者受到的指責是：將本地爭取自治和民主的運動去屈從於建設民主中國的空洞和必然失敗的訴求。」[132]

更為吊詭的現象是，建制派和本土主義者幾乎同時意識到，民主的中國對於香港未必有利。劉兆佳提出，中國共產黨在保持香港的特殊性和優厚待遇上與香港有着共同的利益，「中國國內發展不平衡的狀況不是短期內可以改變的，在民選的中國政府不能不制定財富再分配和平等化的政策下，香港人能否保有自身的利益也是未知數。」[133]作為「香港城邦論」的倡導者，陳雲也提出了頗為相似的觀點，認為「急速民主化的中國，比起極權的中共，更能危害香港。由於香港未完成民主憲政及族群身份論述，一旦大陸取代急速民主而完成國族論述，香港將被佔盡道德高地，無法拒絕大陸的融合和苛索」。[134]因而，在保持大陸現狀的立場上，建制派和本土派居然達成了共識，只不過雙方的出發點卻是迥異的：建制派是基於捍衛中共政權的需要，認為在一國兩制下的「兩制」之間應該保持相對隔離，在保證國家統一和中央權力的前提下，雙方都不要試圖改變彼此政治現狀，顯然這是一個非常保守的政治方案；而本土派卻是基於本土主義的論述，將香港與大陸的

---

131. 明報編輯部（2011）。《守護者司徒華（1931–2011）》。香港：明報出版有限公司。329–331 頁。

132. 羅永生（2014）。〈香港本土意識的前世今生〉，《思想》。26 期，144–145 頁。

133. 劉兆佳、瑪雅（2014）。〈香港「佔中」行動全景觀察與深層剖析〉，《經濟導刊》。11 期。

134. 陳雲（2011）。《香港城邦論》。香港：天窗出版公司。51 頁。

民主化進行切割處理，不再寄望於內地的民主化，轉而只是關注香港本土的政治發展。

由此，「佔中運動」可以視為對「民主回歸」理念的正式告別，其在香港建制派和激進民主派的雙重打壓之下，已經趨於式微與沒落，取而代之的是更為激進的「民主自決」。在「佔中運動」發生之後，蔡子強發表了評論文章，認為民主回歸派自1980年代以來的苦口婆心、循循善誘終以失敗告終。[135]而在「佔中運動」中所充斥的本土立場的口號和動員，更是用行動表明了香港青年一代的政治立場。不過佔中運動的參加者，還是謹慎地表達了民主自決和獨立建國的區別，認為佔中運動的目標是爭取香港的民主、擺脫中國的操縱，「政體上是實踐真正的一國兩制，還是走向獨立建國，現在香港人還沒有共識，香港人可以自行選擇自身的命運。」[136]但是在中央政府看來，由民主回歸到民主自決，已經是非常危險的信號，這意味着本土主義已經由思想層面發展至具體的政治行動，成為分離運動的前奏。「就其真正、最終的意向與目標而言，佔中是一場地區要從所屬的國家脫離出來的分離行動（secession movement）。」[137]

事實上，在內地自由主義知識分子的眼中，香港的民主化其實包含更多的政治想像——他們將香港視為內地民主的試驗田，從而為內地的民主轉型積累經驗，並由此試探中共對於民主政治的容忍程度，這其實與早期的「民主回歸」具有相似的意涵。[138]但是隨着本土主義的發展，「民主回歸」在保守和激進兩種力量的壓制下，已經喪失了政治號召力。本土主義的興起使得香港民主更加集中於本地議題（這事實上是民主政治的常態），而香港民主派對於大陸威權政體的批評，也並非意在促進大陸的民主化，而是僅是作為政治表達的策略。「港人難以

---

135. 蔡子強（2014）。〈路走到這裏分手：民主回歸派的落幕〉，《明報》，9月4日。

136. 李啟迪（2013）。〈全民起義統一陣線博弈制勝智取中央〉，《學苑》。5月號。

137. 林沛理（2014）。〈香港政治困局與噩夢〉，《亞洲周刊》。28卷第41期。

138. 李燕萍（2007）。〈港澳基本法與中國憲政發展〉，《二十一世紀》（網絡版）。9月號。

直接推動大陸民主化，最多只能透過文化交流輸入思想，或支持大陸民間團體，但不能置身其中。」【139】而佔中運動則進一步將本土主義推向了民主自決的行動，並有向獨立建國、分離主義轉化的趨勢。「港獨思潮」的政治實力雖然不必過高估計，其仍限於小眾群體的政治主張，但是由於其激進性卻可以吸引媒體和公眾的關注，也可能會綁架民主派的政見，這些都將會反向刺激中央政府採取更為強硬的治港態度。

（二）由區際融合到陸港矛盾

在政治本土主義興起的同時，香港社會與內地的融合也遇到了頗多障礙。事實上，自香港回歸以來，促進香港與內地的區際融合是中央政府的一貫政策，其目標在於通過經濟手段促進政治認同。早在香港回歸之初的 1998 年，在中央政府的直接推動下成立了粵港合作聯席會議（Hong Kong / Guangdong Cooperation Joint Conference），並下設若干專責小組，負責推動香港和廣東之間在貿易、運輸、海關等全方位的合作。而 2004 年由中央政府直接實施的 CEPA（Mainland and Hong Kong Closer Economic Partnership Arrangement），重要的目標就是通過經濟一體化政策協助香港擺脫 SARS 以後的經濟低迷，進一步促進香港與內地的經貿合作。特別是隨着內地經濟的發展，中央政府開始強調特區在國家發展中的地位。2006 年中國政府首次將香港和澳門納入國家的「十一五規劃」之中，強調保持香港國際金融、貿易、航運等中心的地位。值得注意的是，與回歸初期雙方合作中強調香港向大陸的技術輸出和產業轉移不同，後期的合作更多強調由香港共享內地改革發展的紅利。「由於民主反對派（democratic opposition）的弱點，以及香港市民普遍存在的實用主義、中庸與克制，事實上很多港人歡迎與大陸增強聯繫帶來的經濟利益。」【140】

---

139. 莫哲煒（2015）。〈六四在香港回應本土派論述〉，《明報》，5 月 3 日。

140. Dexter S. Boniface and Ilan Alon (2010). "Is Hong Kong Democratizing?" *Asian Survey*, 50(4): 786–807.

　　然而，對於內地與香港關係影響最為深遠的卻是自 2003 年起實施的「自由行」政策以及自 2009 年起針對深圳居民的「一簽多行」政策。在此之前由於內地和香港的區隔政策，使得兩地居民的直接交流局限在非常有限的層面上，而自由行卻提供了陸港之間的全方位直接接觸，並進而成為撬動民意的槓杆。雖然「自由行」政策為香港零售業和服務業帶來了頗為豐厚的利潤和商機，但是由於大規模湧入的內地遊客給香港市民生活帶來的衝擊以及與之伴隨的「雙非兒童」、物價上漲、水貨客等問題，使得香港市民感到生活空間被擠壓，更引發了多起與內地遊客直接衝突的事件。以至於在 2015 年中央政府接受香港特區政府的建議，將「一簽多行」改為「一周一行」，以打擊水貨走私和控制內地赴港人數。本書無意對「自由行」政策進行全面檢討，而是強調相比政府層面的合作而言，「自由行」政策重塑了內地和香港居民對於彼此的認識——這種接觸並未如期形成融合或認同，反而滋生了大量的誤解和偏見。港人有了鮮明的「他者」形象並據此塑造本土意識，而內地居民也滋生了頗多怨懟、不滿以及後期產生的「恩主思想」。值得注意的是，這種地域偏見或刻板印象在內地不同省份之間也經常發生，但往往被更為頻繁的接觸和交流而稀釋了。不過由於橫亙在香港和內地間「一國兩制」的制度區隔和邊境管制，使得這種偏見無法通過更加頻繁的接觸得以化解；加之在社交媒體上廣泛傳播的誤導性偏激言論，使得陸港居民之間的矛盾不斷加深。

　　即使如此，上述陸港矛盾仍停留在生活方式和經濟民生層面，並未過多涉及文化或民族的內容，這使得矛盾的性質和影響趨於和緩。相關研究指出中央政府通過 CEPA 進行的經濟規劃，並未引發新疆式的民族衝突，其中很重要的原因是香港人口的多數是單一民族，超過 90% 的香港人是説粵語的漢族人，因此對於那些並未從 CEPA 中迅速獲益或者因社會資源重新配置而利益受損的港人來説，他們並未承受因種

族認同而帶來的高昂的「適應成本」（adaptation cost）。[141] 然而「佔中運動」卻可能導致這種經濟與生活方式層面的矛盾，進一步深化為族群間的矛盾 —— 這取決於香港「國族化」的速度，以及作為「他者」的內地人的形象建構。在 2014 年香港青年學生邁出了「香港國族化」的驚險一步，在《學苑》刊載的文章中對香港民族性及其衍生的自決權問題進行了系統的表述，提出「所謂本土精神，不論形式是香港獨立、城邦自治，抑或是退一步的純粹奪回單程證審批權，要旨就是港中區隔」。[142] 學者對此指出，由族群化的表述到國族化的論證，其實是非常危險的步驟，這代表着「香港民族」的概念已經由文化範疇上升到政治範疇，並將據此尋求事實上的政治獨立，「當港人所爭取的政治民主化的阻力也被認為是最終來自北京中央政府的時候，族群化過程就有可能向國族化（nationalization）過程轉變。」[143]

顯然中央政府對陸港矛盾以及由其引發的分離主義傾向，有着非常清晰的認識和警惕，也意識到以經濟融合促進政治認同的缺陷。2014 年 2 月，中央政府向特區政府通報決定取消原定該年 9 月在港舉行的亞太經合組織（APEC）財政部長會議，而改在北京舉行 —— 這被解讀是中央政府對於「佔中運動」的顧慮。從另外的一個角度來說，這也表明中央政府不再試圖通過經濟行為來促進陸港之間的政治共識，轉而可能採取更為強硬的政治措施去解決認同問題。值得注意的是，在 2015 年的中央政府的工作報告中一改以往「全面準確落實《基本法》」的說法，首次提出「嚴格依照憲法和《基本法》辦事」。按照中央政府的官方解釋，之所以將憲法首次明確作為特區運作的依據，「是希望香港社

141. Stan Hok-Wui Wong and Hiroki Takeuchi (2013). "Economic Assistance, Central–Local Relations and Ethnic Regions in China's Authoritarian Regime," *Japanese Journal of Political Science*, 14(1): 97–125.

142. 王俊杰（2014）。〈本土意識是港人抗爭的唯一出路〉，《學苑》。2 月號。

143. 張健（2015）。〈香港社會政治覺醒的動因：階級關係、參政需求、族群認同〉，《二十一世紀》。2 月號。

會了解特區與國家的關係，以及香港在憲政體制的地位」【144】。從經濟到政治，中央政府試圖通過強調憲法在特區的適用，從而在「一國兩制」的語境中解決香港市民的國家認同問題。學者對此指出，「中央提出的保持差異是在一國的前提下以最大的誠意包容與自己的不同意識形態差異、生活方式差異和制度差異，而這些差異並不能被部分港人作為拒絕認知、認同國家和民族的理由。」【145】

　　然而陸港矛盾的根源，仍可追溯至中央—特區關係，以及特區政府—市民關係的雙重錯位。一方面，中央與特區的關係並未能實現法治化的調整方式，縱使中央政府可以通過經濟規劃、區際融合等措施使得雙方經濟關係更為密切，然而卻無法彌合雙方在政治觀念上的本質差異。其中，最為關鍵的是雙方對於「一國兩制」的理解存在差異。對於中央政府而言，其在政治上強調「一國」，而在經濟制度上承認「兩制」；然而對於特區而言，香港樂意見到在經濟領域實行「一國」，因為這樣將大大拓展香港的市場腹地，卻不願意在政治領域實行「一國」，認為這會危及港人所珍視的自由和法治。【146】另一方面，特區內部也缺乏良好的民主體制，民眾的訴願無法通過現有代議制度進行表達，行政主導的制度設計也無法發揮其超脫性的領導功能。「立法會功能組別、分組點票等制度安排，令擁有近六成市民支持的泛民主派在議會內淪為少數，只是在重大議案擁有否決權，或以拉布（filibuster）企圖對政府造成壓力，卻沒有制訂議程（agenda-setting）的能力。」【147】因而，「佔中運動」這種超出體制的社會運動，揭示了在中央與特區關係上被「一國兩制」宏大話語所遮蔽的陸港矛盾，也體現了在特區政府與市民關係上的制度性弊端。然而，「佔中運動」並不能提供任何建設性的改進方案，甚至會使這兩種矛盾進一步激化，導致中央政府直接

---

144. 王大可（2015）。〈李克強解讀香港熱點引熱議〉，《人民日報海外版》，3 月 16 日。

145. 張定淮（2015）。〈香港「佔領中環」運動：理論濫用與性質定位〉，《港澳研究》。1 期。

146. 程翔。〈中央將加強對香港「一國化」〉，載「信報論壇」。http://forum.hkej.com/node/118314

147. 鄭煒、袁瑋熙（2015）。〈「雨傘運動」：中國邊陲的抗爭政治〉，《二十一世紀》。2 月號。

站在了香港民意的對立面。由於「佔中運動」影響民眾日常生活，未來若能持續獲得社會支持，則港人仍可能再度啟動「佔中運動」的抗議活動，加之中央政府愈發強硬的作風，未來雙方衝突將更為頻繁。[148]

（三）由政績認受性到合法型統治

認受性命題是香港回歸以來政治的核心話題，而「佔中運動」的訴求也是期望產生更高認受性的行政長官。事實上，「佔中運動」同時意味着香港市民對於特區政府認受性觀念的調整，逐步由「政績型認受性」發展為合法型統治。馬克斯・韋伯（Max Weber）把「認受性」（legitimacy）區分為三種基本類型：合法型的統治（rational grounds legitimacy）、傳統型的統治（traditional grounds legitimacy）和魅力型的統治（charismatic grounds legitimacy）。合法型統治建立在相信統治者的章程所規定的制度和指令權利的合法性之上；傳統型統治建立在一般的相信歷來適用的傳統的神聖性和由傳統授命實施權威的統治者的合法性之上；魅力型統治建立在非凡的獻身於一個人以及由他所默示和創立的制度的神聖性，或者英雄氣概，或者楷模樣板之上。[149]而薩繆爾・亨廷頓（Samuel P. Huntington）在上述分類的基礎上進一步提出了「政績認受性」（achievement legitimacy）的類型，即威權政體依賴執政績效獲得民眾認可，並認為「1960 年代和 1970 年代的威權政權幾乎毫無例外地被迫把政績當作合法性的主要來源之一，如果不是唯一來源的話」。[150]

在香港回歸之前，由於殖民政府長期壓抑民主制度的發展，因而政權的認受性主要依賴於良好的管治效果和快速的經濟發展，此一階段可納入典型的「政績認受性」類型。在這一階段，殖民政府以「行政

148. 林柏州（2014）。〈中共「一國兩制」與特首普選爭議：論「佔中行動」的影響〉，《戰略與評估》。5 卷第 3 期。

149. Max Weber (1978). *Economy and Society: An Outline of Interpretive Sociology* (Vol. one). Oakland, California: University of California Press. pp. 215–216.

150. Samuel P. Huntington (1993). *The Third Wave: Democratization in the Late 20th Century*. Norman, Oklahoma: University of Oklahoma Press. pp. 50–51.

吸納政治」的方式緩和了本地精英參與政治的訴求，也客觀上提高了管治效能。金耀基先生這樣描述「行政吸納政治」的政治模式，「政府把社會中精英或精英團體所代表的政治力量，吸收進行政決策機構，因而獲得某一層級的精英整合，此一過程，賦予了統治權力以合法性，從而一個鬆弛的、但整合的政治社會得以建立起來。」【151】事實上，不僅精英階層被吸納為政權的一部分，多數香港居民在該階段也對這種「半民主政體」也抱有信心：港人持「局部性民主觀點」（partial vision of democracy），與其說是他們將民主視為權利，不如說他們只是將民主作為達到務實目標的工具；若是善治（good governance）、自由和廉政得以維持，港人樂意維持半民主政體。【152】

　　然而以 1980 年代的中英談判與《香港基本法》起草為起點，中經「六四事件」與 1990 年代初期彭定康主導的政治改革，發展至香港主權回歸與 2003 年的「七一遊行」，至 2014 年的「佔中運動」，在這數十年間香港的認受性模式已經發生了變化，由政績認受性模式逐步轉型為合法型統治，此過程與香港社會的政治化是同步的。中英談判使香港人開始思考自身命運，但是由於中央政府出於高度的主權意識和政治敏感，堅持主張「所有涉及的權利和義務主體是中國和英國兩國政府，任何形式的第三方參與——所謂的『三腳凳』都是無益的」，【153】由此中方認為時任港督只能代表英國政府而不能代表香港參加談判。這種談判格局更加激發了香港社會的無力感與恐慌感，港人認為無法控制自身政治命運，而這種政治感受與其後港人對於自治範圍的高度敏感顯然有着直接關聯。在之後的《基本法》制訂過程中，雖然中央政府處於主動地位，但是香港社會並不是完全被動的承受者，而是積極參與並影響《基本法》的制訂，為香港爭取更大的自治空間。在此語境下，壓抑已久的政治參

151. 金耀基（1997）。《中國政治與文化》。香港：牛津大學出版社。27 頁。

152. Ma Ngok (2011). "Value Changes and Legitimacy Crisis in Post-industrial Hong Kong," *Asian Survey*, 51(4): 683–712.

153. 陳佐洱（2012）。《我所親歷的香港回歸談判》。香港：香港鳳凰書品。28 頁。

與熱情被釋放出來，香港市民出於對自身未來生活境況的考慮，必然高度關注並試圖影響基本法的起草。因而《基本法》的起草與制訂也是港人參與香港憲制形成的過程，或者說「《基本法》的起草過程實際上類似於中央（內地）與香港人締結社會契約的過程」。[154] 因而，港人在回歸之前對於政治前途的思考和焦慮，使得香港由經濟社會轉變為政治社會，並將自治視為維護香港利益的基本方式和底線。

然而 1989 年的「六四事件」的發生，對港人心理產生了很大的衝擊，並直接引致對中央政府的信任危機。「期間百萬港人上街遊行，這兩次史無前例且異常龐大的集體行動，幾乎在一夜之間改變了香港人的政治冷感的形象，這兩次事件也標誌着香港人政治意識的轉變。」[155] 這些心理與意識層面的變化，在港督彭定康主導的政治改革之中落實為制度變革，其中重要舉措就是強化了立法局所代表的民意力量，將「行政主導」的政治格局改為「立法主導」，並通過直選提高立法局的民意基礎。這使得香港的認受性模式由政績合法性進一步轉型為「合法型的統治」，即強調政府權力來源的正當性和授權程序。在回歸以後，中央政府往往將香港的政治困境歸因於回歸前港英政府進行的激進民主化，認為中央政府需要一直支付港英時期留下的「民主赤字」，並由此承擔民主倒退的指責。[156] 因而，在香港民主發展由港英統治末期的「超速」到回歸後的「減速」過程中，必然會引起劇烈的震蕩和不安，當前香港民主思潮所體現出的政治對立格局以及民主派激烈的不合作態度，就是這種震蕩的結果。[157]

事實上，香港回歸本應成為「去政治化」的政治契機。由於《基本法》的正式實施，以及中央政府給予的「高度自治」的政治承諾，這些

---

154. 強世功（2010）。《中國香港：政治與文化的視野》，北京：生活‧讀書‧新知三聯書店。244 頁。

155. 金耀基（1997）。《中國政治與文化》。香港：牛津大學出版社。11 頁。

156. 丘偉國（2007）。《急推：緩，2007 年 12 月。

157. 郭立偉（2015）。〈香港民主發展的模型解釋與影響分析——「雙普選」爭議的歷史與社會心理視角〉，《廣州社會主義學院學報》。1 期。

條件本應使港人的注意力從政治事務回歸至經濟與民生事項——後者更接近於成熟社會的政治常態。但是由於《基本法》設定了普選的政治目標，並且伴隨着回歸後中央與特區在權力配置中的爭議（特別是《基本法》的解釋權問題），使得香港社會進一步政治化，形成了獨特的「動員型城邦政治模式」。誠如學者所指出的，「殖民時期所壓抑的政治提問——特別是關於政治授權與政治正當性這兩方面——於 1997 年後成為市民大眾天天向特區政府提出的問題。」[158] 特別是以 2003 年為分界點，「在 1997 年後的經濟低迷和各種治理問題引發了反政府的情緒，而 SARS 的爆發使得香港經濟跌至歷史低點，而在 2003 年七一遊行的爆發則是基於政府失靈的抗爭以及失去自由的恐懼。」[159] 事實上，「七一遊行」的政治意義不僅在於象徵港人認識到「缺乏民主制度保障的自由不會長久」，更重要的是港人開始將中央政府置於直接的對立面，從而使得香港的民主化與中央政府的規劃直接對立與衝突起來。

　　在上述歷史背景下，「佔中運動」可以視為香港認受性轉型完成的標誌，即香港由經濟城市正式轉變為政治城邦，由政績合法性轉型為合法型的統治。之所以將「佔中運動」視為轉型的標誌，包括以下重要原因：第一，在此之前的香港政治抗爭與民主運動（包括「七一遊行」）雖均以爭取民主為名義，但事實上卻有着多元化的訴求，將普選與改善民生、提高管治、促進社會公平、縮小貧富差距、打擊地產霸權等社會議題聯繫起來。這使認受性的模式仍然保留濃厚的「政績認受性」色彩、具有「工具性民主」的特點，即希望通過政治改革完成經濟與社會的改良，而非將普選或民主作為終極目標。但是「佔中運動」卻將普選作為主導訴求，基本上沒摻雜其他社會議題，表明爭取建立合法性統治成為壓倒其他議題的關鍵節點。第二，較之前期的政治抗爭與社

---

158. 呂大樂（2011）。〈終於需要面對未來：香港回歸及其設計上的錯誤〉，《思想》19 期。台北：聯經出版公司。92 頁。

159. Ma Ngok (2011). "Value Changes and Legitimacy Crisis in Post-industrial Hong Kong," *Asian Survey*, 51(4): 683–712.

會運動，「佔中運動」提出了關於運動的「公民抗命」（civil disobedience）理論綱領，從而使得「佔中運動」有了相對成熟的理論基礎。在公民抗命理論下，缺失普選的政治制度成為反抗的目標，這在為香港社會運動注入新活力的同時，也隱含着衝破法治束縛的危險。[160] 第三，「佔中運動」經過了長期的籌備和精密的程序設計，特別是「商討日」的程序安排，使得「佔中運動」獲得了一定程度的形式正當性。這也體現了該場運動所追求的是以穩定的程序和制度的「合法性統治」，而非由歷史賦予的「傳統型統治」或者政治人物帶來的「魅力型統治」。「佔中多次舉辦的商討日，也是一種社會壓力，它的目的是在準備公民抗命之前，讓市民覺得參與者已經嘗試走過對話之路，用盡各種合法合理的方式表達意見使佔領行動更為合理。」[161] 第四，在「佔中運動」的過程中，青年學生逐步取得了運動領導權，替代了傳統以政黨為平台的社運模式。雖然從 2012 年的「反國教」事件起，青年一代已經登上政治舞台，但是其抗爭對象仍是與青年教學直接相關的國民教育。而「佔中運動」卻是完全的政治議題，並且青年學生已經成長為「佔中運動」的中堅力量、主導了運動的發展和方向。學者研究指出，「千禧一代（millennials）和老一代一樣致力於民主化，他們要求政治輸入以滿足需求，對政府高水平治理（quality governance）和社會平等有更高的期待，簡言之，東亞千禧一代正在成長為批判性公民（critical citizens）」。[162]

然而中央政府對於港人認受性的變化，似乎缺乏足夠清晰的認識。中央政府一直將香港定位於經濟城市，認為香港發生的政治問題是由經濟不彰所導致，並且更注重民主制度對於香港發展的工具價值。[163] 中央政府將香港民主發展視為落實一國兩制的方式和手段，並且

160. Lee Ming-sang (2014). "Occupy Central Has Damaged the Rule of Law," *China Daily (HK Edition)*.

161. 吳希雯、盧樂雯（2014）。〈太陽花學運與佔領中環——陳建民教授專訪〉，《中文大學社會學系系刊》。1 期。

162. Yun-han Chu and Bridget Welsh (2015). "Millennials and East Asia's Democratic Future," *Journal of Democracy*, 26(2): 151–164.

163. 馬嶽（2007）。〈民主化與香港的後殖民政治之路〉，《二十一世紀》。6 月號。

為民主發展設置了條件和限制，「香港的民主化只能配合和促進一國兩制下香港各方面包括政治、社會、民生各領域的發展，並且要有利於在一個國家內香港與內地的融洽相處，特別是要建構良好的中央與特區關係」[164]。應當說明的是，中央政府的上述觀點顯然並非錯誤的，甚至應視為對香港高度負責的表現，因為中央政府一直將保持香港的「繁榮與穩定」作為其政治任務。繁榮意味着香港的經濟應當持續發展、民生得到改善，而穩定則意味着香港政局應當平穩、不會出現重大政治爭議──因而當香港政治出現問題時，中央政府首先會認為這是由於香港經濟低迷所導致的。因而在「工具民主觀」和經濟問題主導的思路下，中央政府所開出的「藥方」也必然是「以經促政」的思路，「因為在它眼中，只要經濟向好，民主的訴求就會消弭。」[165]不過這種藥方顯然並未治愈香港的「民主相思病」，概因中央政府並未認識到香港市民的認受性觀念已經發生了變化，政績認受性已經無法解釋香港的政治路向。

（四）佔中對立法會普選的影響

在上述「佔中運動」導致的三種政治影響的前提下，其對香港的民主化進程、對立法會普選也將產生至關重要的影響。由於全國人大已經預設了行政長官普選和立法會普選的先後順序，因而 2015 年 6 月 18 日香港立法會否決了政改方案，使得 2017 年行政長官普選無法如期實現，立法會普選的日程也相應延遲。佔中運動作為否決政改方案的前奏，其間接影響了立法會普選的實現；更為關鍵的是，佔中運動深刻反映了香港民意和政情的變化，而這些變化將導致立法會普選在制度設計和運作方式上產生一系列變化。下文將就此問題進行預測性論證，以期對後續的立法會普選的制度建構有所裨益。

---

164. 劉兆佳（2014）。《香港的獨特民主路》。香港：三聯書店（香港）有限公司。69–70 頁。

165. 鍾耀華。《劉兆佳〈回歸後的香港政治〉所代表的中央看法及其缺失》，載「獨立媒體網」：www.inmediahk.net/node/1019357

　　雖然佔中的直接目標指向了行政長官普選中的「公民提名」和「政黨提名」，其同時也提出了對於立法會普選的直接訴求。學聯與學民思潮在 2014 年 4 月提出的政改方案，事實上包括了兩個部分：一是要求公民提名和提名委員會進行提名的「雙軌制」方案；二是要求立法會選舉辦法應以一次性立法（修訂），廢除功能組別，達致全面普選。在其更早提出的方案中，更加詳細的描述了其對於立法會普選的政治訴求：一、2016 年廢除分組點票制度，將超級區議會議席撥至地區直選；二、提倡 2020 年立法會選舉議席增至 80 席，並全面廢除功能組別議席。[166] 這些在佔中運動之前由政治激進組織提出的方案，已經將「雙普選」設定為核心議題，即要求行政長官提名機制中增加公民提名、在立法會普選中分階段廢除分組點票和功能組別制度。在佔中之前由學聯發佈的《致行政長官梁振英的公開信》中，也對人大「8‧31 報告」中關於 2016 年立法會選舉中延續功能組別和分組點票制度表示不滿，認為造成這種狀況的原因是由於行政長官提交的「政改諮詢報告」並未能充分全面地反映民意。隨着佔中運動由理念走向行動，立法會普選的訴求策略性地讓位於行政長官普選。在 2014 年 6 月舉行的「佔中公投」中，已然將立法會普選的訴求排除出公投方案，僅就行政長官普選進行表決。然而在佔中運動的過程中，立法會普選也被附帶性提出。在 2014 年 10 月，佔中運動爆發一個月後，在運動中心的旺角出現了「廢除功能組別」的標語，這也說明「雙普選」之間的關係是如此緊密的結合在一起，而佔中所代表的香港激進民主勢力更是希望通過激烈的政治動員，一併達到其設想的「真普選」目標。

　　在此背景之下，立法會普選目標與保留功能組別被尖銳地對立起來——雖然在本書上文中已經論證，立法會普選與保留功能組別可以兼容，其根本取決於香港市民的政治態度以及中央對於香港立法會的形勢判斷。換言之，隨着普選意識形態的普及，市民對於違反平等原則的功能組別愈發難以忍受（儘管功能組別在現實中發揮了一定的正面

166.　何平（2015）。《佔中反思錄》。香港：美加出版有限公司。230 頁。

作用），要求廢除功能組別的聲音持續高漲。但是中央政府在建制派無法保證取得立法會地區直選多數席位的前提下，難以同意完全廢棄功能組別，因為這將可能導致民主派在立法會中佔據多數席位，使得香港成為真正意義上的「分裂政府」。【167】因而在後佔中時代，香港的雙普選進程必然是更加尖銳的意見對立，中央政府對於民主化節奏的控制與香港愈發激進的民主思潮之間難以調和──可以預見的是，在功能組別、分組點票制度的改革方面，中央的改革方案會更加趨於保守，以防止香港民主派通過選舉獲得立法會的主導權。令人遺憾的是，這將進一步刺激香港激進勢力的滋長，導致行政長官在民意和中央決定之間左右為難，這似乎是香港民主化難以逾越的邏輯怪圈和惡性循環。

與此同時，後佔中時代香港立法會的激進勢力將進一步擴張，成為建制派、溫和民主派之外的「第三勢力」。有研究將香港民主派劃分為四類：激進理想派、溫和理想派、激進現實派以及溫和現實派，其分別是根據其政治理念是否具有激進色彩（激進 vs. 溫和）與行動傾向（理想 vs. 現實）所做的劃分。【168】雖然這種分類略顯粗疏，但是近些年來香港的政治光譜的確呈現明顯的激進傾向，愈來愈多的青年人更多是基於「民主理想」出發，既不考慮香港的政治現實，也不考慮其方案的可行性；並且青年人也逐漸對傳統以立法會為場域的政治爭拗萌生質疑和反感，更加傾向於採用街頭運動和暴力的方式去爭取「民主理想」。【169】佔中運動可以視為這種激進傾向的階段性總爆發，其後續影響會長期持續和綿延，影響香港未來的政治生態。最為明顯的影響是，愈來愈多的青年人取得了投票權，他們部分會將選票投給激進政黨的候選人──雖然短期內難以改變立法會的整體格局，建制派所受影響並不太大，但是肯定會擠壓溫和民主派的政治空間。以典型的激進政

167. Carole J. Petersen (2005). "Hong Kong's Spring of Discontent: The Rise and Fall of National Security Bill in 2003," in Hualing Fu eds., *National Security and Fundamental Freedoms: Hong Kong's Article 23 Under Scrutiny*. Hong Kong: Hong Kong University Press. pp. 59–60.

168. 盧永雄（2015）。〈民主派走入死角〉，《巴士的報》，6 月 16 日。

169. 白小瑜（2015）。〈香港「佔領運動」：過程、特徵及影響〉，《港澳研究》。1 期。

黨「人民力量」（People Power）為例，其在 2012 年的立法會地區選舉中獲得 176,250 張選票，得票率高達 9.73%，獲得立法會 3 個席位，成為民主派的第三大政黨。「這些激進民主派的候選人得到了香港青年人的支持，而這些青年人有着強烈的本土認同的意識（local identity）。」[170] 而在 2015 年的區議會選舉中，雖然人民力量並未獲得勝選，但是其多數候選人在選區內獲得了 30% 以上的選票，這也可以充分説明其在基層的政治動員能力。在 2016 年 2 月舉行的立法會新界東選區補選中，建制派、民主派和激進派均推出自己的候選人；由於此次補選的只有一個席位，因此就變成了類似於「單議席單票制」的投票方式。補選結果顯示，公民黨候選人楊岳橋獲得 37.19% 的選票，民建聯候選人周浩鼎獲得 34.75% 的選票，而激進派的本土民主前線候選人梁天琦獲得了 15.38% 的選票。[171] 雖然激進派以懸殊的票數落選，但是這次補選可以作為評估激進派民意基礎的一次測試。在 2016 年舉行的立法會選舉中，激進派政黨在地區直選中取得的高票已經將多名候選人推向立法會議席，充分顯示了激進派的政治力量。

可以預見的是，後佔中時代的立法會選舉，不可避免地會出現激進勢力的崛起。不過激進勢力並不限於激進民主派，也可能產生了激進福利派與激進本土派。三者雖然均以激進著稱，並且存在一定的交集或重合，但是他們立足的意識形態基礎卻是有差別的：激進民主派以普選作為目標，並將中央政府和特區政府視為實現普選的障礙；激進福利派以實現香港的福利化為目標，事實上是傳統意義上的「左派」，主張打破官商聯盟所壟斷的香港政經格局，提高香港普通市民的社會福利；而激進本土派則主張建立香港的本土意識和本土認同，甚至提出「香港民族」的觀點，謀求所謂的「獨立建國」。從立法會普選

170. William A. Joseph ed. (2014). *Politics in China: An Introduction*. Oxford: Oxford University Press. pp. 464–465.

171. Owen Fung (2016). "Hong Kong Localist's Vote Haul in By-Election Points to Further Splits in Radical Groups at Legco Polls," *South China Morning Post*.

的目標來看，三種激進主張可能部分被現有建制所吸納，特別是福利訴求會得到一定程度的回應和滿足。事實上，議會並不是激進勢力的主戰場，他們更加傾向於採取街頭運動的方式，以吸收更多的青年認同其激進理念。不過激進勢力顯然不會放棄競選立法會議員的機會，「比例代表制」使其有相當的機會獲得席位。激進勢力在立法會中的地位將進一步提升，佔據的席位會逐步增多。激進勢力的擴張也存在邊界性的限制，畢竟其支持群體的比例有限，短期內仍然難以超過溫和民主派的議席數量。值得警惕的是，激進勢力有着強大的輿論動員能力、議程設置能力，在諸多事項上「綁架」溫和民主派，會使立法會整體趨向激進。正如學者所指出的，從原本爭取「真民主」、解決香港社會矛盾、經濟民生問題，簡單轉變為內地與香港之間的對抗、對立，只強調兩地間的不同，不再「求同存異」。[172] 為長遠發展計，溫和民主派應該與激進勢力進行切割，只有在基本法確定的共識基礎上，才能形成體制內的「忠誠反對派」。[173]

　　與之相關的是，立法會議員「世代交替」的時機下，愈來愈多的政治新人進入立法會。2015 年 10 月 12 日，學民思潮召集人黃之鋒向高等法院提出司法覆核，要求將立法會地區直選的參選年齡由 21 歲降至 18 歲，並發表了題為《進擊議會世代更新》的公開信，指出香港立法會議員的平均年齡為 57 歲，議會的「老人政治、因循守舊」的狀況非常嚴重。[174] 雖然該案並未引發太多社會關注，事實上也難以獲得法院支持，但是此案反映出新世代迫切的參政訴求 —— 參選人（被選舉權）和投票人（選舉權）的不同條件設置，在世界各國亦屬通例，以此強調參選人有足夠成熟的心智和相應的履職能力。特別是佔中運動所培育的街頭學生運動領袖，也希望能夠通過參選立法會議員，積累更多的政

172. 鄭偉彬（2016）。〈激進本土派崛起後香港會怎樣〉，《聯合早報》，3 月 3 日。

173. Zhou Bajun (2015). "Hong Kong Politics Needs to Develop A Loyal Opposition," *China Daily (HK Edition)*.

174. 黃之鋒（2015）。〈呼籲開放年輕人參政空間〉，《開放雜誌》，10 月 24 日。

治資源。相關研究指出，2004 年、2008 年及 2012 年三屆立法會議員平均年齡分別為 54、55 及 55 歲，沒有太大變化；每屆最年輕議員的年齡則有所下降，由 2004 年的 39 歲下降至 2008 年及 2012 年的 32 歲。[175] 在 2016 年立法會選舉時，更是選出了兩名「90 後」議員（游蕙禎於 1991 年出生，羅冠聰於 1993 年出生，二人後均因違反宣誓規定被取消議員資格）。儘管這些「政治新人」暫時還不足以稀釋立法會「老人政治」的形象，但是在普選語境下，政治青年競選立法會的趨勢很快得到加強。這些政治新人不僅有傳統的建制派和民主派所培養的政治人才，更有通過街頭運動成長起來的意見領袖和激進分子，後者代表了激進勢力在立法會的延續。

佔中運動對於立法會普選的影響，除了上文已經論述的功能組別制度恐難以保留、激進勢力在立法會中進一步坐大以及政治新人將逐步獲得更多席位等，佔中運動也將影響香港政黨政治的發展。目前在佔中運動中起實際領導作用的「學聯」與「學民思潮」（合並簡稱為「雙學」）雖為學生組織，但是具有不可小視的組織動員能力。「雙學」作為激進組織，在未來香港政治中可能形成激進政黨的「孵化器」，其核心骨幹成員將在投身政治後，進一步發展香港的激進政黨，倡導與推動激進民主化和激進本土主義。特別是在佔領中環運動中形成的一批政黨，已經在 2015 年的區議會選舉和 2016 年立法會選舉中嶄露頭角，他們是接下來香港政黨政治中不可忽視的激進力量。因而，適時推動政黨立法，對於遏制和規範激進勢力是有裨益的，至少可以將激進性政黨納入監察範圍，防止其以基本法賦予的自由來破壞《基本法》據以存在的基礎。[176]

---

175. 智經研究中心（2015）。〈後佔中時代：青年是否覺醒？覺醒了又如何？〉，《經濟日報》，1 月 29 日。

176. 林來梵、黎沛文（2015）。〈防衛型民主理念下香港政黨行為的規範〉，《法學》。4 期。

四、主權意識與普選契機

無需諱言，香港普選的方式、步驟和時間，從根本上並不取決於香港市民和特區政府的設想，而是取決於中央政府的判斷。因而在研究香港立法會普選時，有必要對中央政府（中國共產黨）對於普選的態度進行研究。如前所述，香港的普選契機取決於中央對於香港國家認同的判斷。隨着香港國家認同愈發深入，將在高度自治的框架內放開香港更多的民主權利。因而這個過程涉及到三方主體：一是香港市民對於國家的政治認同（事實上僅是低限度的政治認同，並不要求其忠誠於國家的主體社會制度，僅是在政治和文化意義上對於國家表示認可和尊重）；二是香港政治的參與性和透明度不斷增加，從而在香港現有的法治基礎上，賦予法治更多的民主因素；三是中央政府對於香港市民和政治情況的判斷，從而適時確定香港民主化和普選的步驟和幅度。

（一）中央對香港普選的態度

香港普選問題不僅需要解決基礎意識形態問題，更需要將其置於中央—特區的關係之下。在此視角之下需要展開討論的問題包括以下幾個方面：一、中央政府（中國共產黨）對於普選的政治態度，以及其對香港民主和普選設定的框架，這是理解香港普選問題的基礎性知識；二、國家認同與香港普選的關係，其理論基礎在於羅斯托的「民主轉型理論」下的「國族一致性」原則，以及近年來由邁克爾·曼（Michael Mann）和蔡美兒（Amy L. Chua）對於民主的反思性批評也是理解國家認同與香港普選關係的重要思想資源，這也必然會涉及到一些關於本土主義思潮的評論；三、與之相關的問題還有中央政府對香港的政制發展規劃與國際條約義務的關係，特別是關於「普選」的國際標準的討論。這些問題均應納入中央—特區關係的框架下進行討論，本書下文將展開這些問題。

1. 中國共產黨的普選觀

普選曾是共產黨人孜孜以求的政治目標，也曾作為共產黨進行政治動員和階級鬥爭的話語武器。馬克思、恩格斯看到了，資本主義選舉制度的普遍實行無疑擴大了民主的範圍，使公民獲得了平等參與政治的機會，使資本主義民主在形式上趨向大眾化；在這過程中，廣大民眾為爭取普選而進行的鬥爭起了重要作用，更為重要的是，他們也看到了普選對於無產階級鬥爭的意義。[177]特別在國際共運史上，第二國際的領導人將普選置於非常重要的位置上，比如考茨基（Karl Johann Kautsky）認為無產階級專政需要保衛民主，沒有理由去損害民主，「如果這個政權想要消除它最可靠的基礎，要消除偉大道義權威的深刻泉源——普選制，它就簡直是自殺了。」[178]盧森堡（Rosa Luxemburg）也提出「沒有普選，沒有不受限制的出版和集會自由，沒有自由的意見交鋒，任何公共機構的生命就要逐漸滅絕，就成為沒有靈魂的生活，只有官僚仍是其中唯一的活動因素」。[179]而在中國共產黨的階級革命和民族革命過程中，也將實現普選作為重要目標，比如在 1922 年中國共產黨發佈的「時局主張」中提出建設民主政治的主張，包括採用無限制的普遍選舉制、保障人民結社集會言論出版自由權、承認婦女在法律上與男子有同等的權利等要求。[180]

在中國共產黨建立地方性政權後，普選具備了現實基礎。在 1931年通過的《中華蘇維埃共和國憲法大綱》規定：凡上述蘇維埃公民在十六歲以上皆享有蘇維埃選舉權和被選舉權，直接選派代表參加各級工農兵會議（蘇維埃）的大會，討論和決定一切國家的地方的政治事務。

177. 曹峰旗（2005）。〈馬克思恩格斯關於資本主義普選制的論述〉，《毛澤東鄧小平理論研究》。7 期。

178. 卡爾・考茨基（1963）。《無產階級專政》。北京：生活・讀書・新知三聯書店。26–27 頁。

179. 中央編譯局國際共運史研究室編（1981）。《國際共運史研究資料（盧森堡專輯）》。北京：人民出版社。201–202 頁。

180. 中央檔案館編（1989）。《中共中央文件選集（1921–1925）》。北京：中共中央黨校出版社。33–46 頁。Tony Saich and Benjamin Yang eds. (1995). *The Rise to Power of the Chinese Communist Party: Documents and Analysis*. Armonk, New York: M.E. Sharpe. pp. 28–38.

在土地革命戰爭時期，普選制度在中華蘇維埃共和國境域內建立並得到了貫徹落實，中國歷史上破天荒第一次出現了使勞動人民真正享有普遍的民主權利。[181] 但是彼時實行的普選仍有着強烈的階級取向，作為階級敵人的剝削者、反革命分子等均不得享有選舉權，具體包括：一、依賴土地、資本及私產僱傭工人、店員及僱農，榨取利潤，以及專靠剝削他人勞動為生活者；二、軍閥、官僚、紳士、鄉董；三、一切公安局、民團的服務職員及其他反革命分子；四、一切宗教的服務人；五、患神經病及吸食鴉片有癮者；六、蘇維埃政府法庭或革命團體宣佈有罪而剝奪其公權者。[182] 這意味着，「蘇維埃的選舉制度具有鮮明的階級性，選舉權和被選舉權只有工農勞苦群眾得享，剝奪地主階級及其代理人以及他們的家屬的權利；工人享有的權利又較農民更為優越，表明了工農之間的差別」。而在選舉體制上，蘇維埃實行以地域為基礎的職業代表制，在各個佔領區內按照工人、紅軍、貧民和農民分配，即按照工人佔 12.5%，農民佔 75%，紅軍佔 10%，貧民佔 2.5% 的比例配置代表名額。普選制度也激發了民眾的政治參與熱情，「從 1931 年 11 月第一次全蘇大會到 1934 年 1 月的第二次全蘇大會兩年多時間內，就進行了三次民主選舉，蘇區公民踴躍參加選舉，多數地區參加投票的選民佔選民總數的 80%，有些地區甚至達到 90% 以上。」[183]

　　在抗日戰爭時期，中國共產黨在「陝甘邊區」進行了更大規模的普選實驗。有學者研究指出，邊區的民主實踐較之於蘇維埃時期有三點區別：一、取消了第二次國內革命戰爭時期選舉制度中的階級性、階層性原則，選舉權的普遍性原則表現得非常突出；二、在候選人的提出和確定上，用競選的辦法，團結一切可以團結的政黨團體，團結一切

---

181. 李海蓮（2010）。《新民主主義革命時期中國共產黨關於普選制度的理論與實踐研究》，西北師範大學思想政治教育專業碩士論文。25 頁。

182. 〈中國工農兵會議（蘇維埃）第一次全國代表大會選舉條例〉，載韓延龍、常兆儒編（1981）。《中國新民主主義革命時期根據地法制文獻選編》。北京：中國社會科學出版社。112–116 頁。

183. 尹世洪、朱開楊編（2002）。《人民代表大會制度發展史》。南昌：江西人民出版社。65 頁。

可以團結的人；三、賦予群眾提出候選人的權利。[184]這意味着中國共產黨在抗戰時期的選舉制度，刻意淡化了選舉權的階級色彩，增強了選舉的普遍性、競爭性和民主性，更加貼近於普選的一般概念。但是兩個階段的普選制度以及其後的普選實踐，都呈現強烈的「訓政理念」，即通過政治動員和民主宣傳，使得民眾可以在中國共產黨的領導下進行節制性的民主運動，把民主運動和軍事鬥爭、經濟建設銜接起來。較之於從前，中國共產黨在延安更加直接與強烈地動員農民參加選舉，但是群眾路線（mass line）的邏輯變成了通過動員方式（mobilization method），拓寬了黨與群眾的交流渠道，實現了黨對於農民更加徹底的控制，延安式的民主並不是將農民自身意見付諸於決策的革命群眾（*sans culottes*）自治。[185]

　　根據 1944 年的《陝甘寧邊區各級參議會選舉條例》的規定，擴充了選舉權的範圍，除了有賣國行為者外均享有選舉權，並且取消了各個職業之間的比例名額，按照選民人數大致均等的分配代表名額，並為邊區少數民族預留相當比例的複數選權。但是誠如學者所指出的，彼時的普選權是「反向民主化」的過程 —— 在當時的延安，民主政治所要求的法治、公民社會、領導人問責等現代國家制度還沒能完全建立起來，普選運動卻已經全面展開了。這種在各種前提條件均不具備的情況下進行的「反向民主」之所以能成功，很重要的因素是中國共產黨領導的選舉推動、選舉條例的制訂、選舉的宣傳與展開，以及最終選舉結果的確認，都是在中共的直接指導下進行的。[186]反向民主化（democratization backwards）的概念旨在解決民主化的次序問題，即在建立現代國家制度之前先行引入普選制度，這種不完全的民主制度將導致不同的結果，可能繼續完成民主化，甚或導致民主的失敗和治理效

---

184. 鄒通祥（1997）。〈新民主主義時期的選舉制度論〉，《人大研究》。9 期。

185. Roy Bin Wong (1997). *China Transformed: Historical Change and the Limits of European Experience*. Ithaca, New York: Cornell University Press. pp. 258–259.

186. 韓偉（2013）。〈翻身：動員、反向民主與 1937 年陝甘寧邊區普選〉，《中山大學法律評論》。11 卷第 2 輯。269–289 頁。

率的低下。【187】因而在延安時期的普選制度必然面臨着反向民主化的問題，其依賴政治強力的支配和支持。而這種權力本身是不需要普選賦予正當性的，反而普選需要依賴政治強力才能得以推行。質言之，這種普選是「被規劃的民主」，普選的範圍、步驟和方式取決於當權者的政治規劃；而當普選可能影響到當權者自身利益之時，規劃也會相應地發生改變。

　　毛澤東在 1940 年的《新民主主義論》就將「民主集中制」界定為「無男女、信仰、財產、教育等差別的真正普遍平等的選舉制」，並認為只有民主集中制的政府，才能充分地發揮一切革命人民的意志，也才能最有力量地去反對革命的敵人。【188】就這個概念而言，新民主主義的民主觀建基於革命目標之上，並且偏重於制度方面（而不是權利面向）的建構。因而與將彼時的普選權視為「人權」，倒不如將其看做是一種將分散的民眾「編織」為新政權公民的制度性措施。學者對於建國後第一次普選運動的研究認為，「與政府相比，中國共產黨處於領導的強勢地位，走在運動的前台，黨發起普選運動，始終領導和掌握着運動發展的過程、節奏等；運動中，黨的領導是通過各級黨委層層貫徹的，黨委是運動的領導核心，他們負責本轄區內普選的一切事宜。」【189】也有學者將建國後第一代領導人的普選觀概括為三個特點：第一，社會主義選舉制度是真正的無差別的普遍平等的選舉；第二，強調選舉權的人民性，政治上的選舉權只給人民，不給反動派；第三，要實質民主不要形式民主，現實國情決定了政治選舉還不能實行完全的普遍、平等、直接和秘密投票的選舉制度，在條件成熟的情況下，實現完全

---

187. Richard Rose and Doh Chull Shin (2001). "Democratization Backwards: The Problem of Third-Wave Democracies," *British Journal of Political Science*, 31(2): 331–354. 該文的中文譯本可參見 Richard Rose, Doh Chull Shin，王正緒、方瑞豐譯（2007）。〈反向的民主化：第三波民主的問題〉，《開放時代》。3 期。

188. 《毛澤東選集》（1991）（第二卷）。北京：人民出版社。677 頁。

189. 吳繼平（2007）。《新中國第一次普選運動研究 —— 以北京市為個案》，中共中央黨校中共黨史專業博士論文。167 頁。

的普遍、平等、直接和秘密投票的選舉制度，這是一個長期的漸進的過程。【190】

值得注意的是，在 1949 年建國後，普選概念被逐步淡化。在《共同綱領》中規定了「中華人民共和國的國家政權屬於人民，人民行使國家政權的機關為各級人民代表大會和各級人民政府，各級人民代表大會由人民用普選方法產生之」。在 1953 年頒行的「選舉法」也沿用了普選的概念。特別是在選舉法草案的説明中，鄧小平特意對普選的概念進行了解釋和闡發，提出「我們國家的選民，將佔全國人口很高的比例，所以我們的選舉是名符其實的普選；無疑的，在這樣普選的基礎上產生的各級人民代表大會，是具有最廣泛的人民代表性的」。【191】然而在「五四憲法」迄今的四部憲法文本中，並未使用普選概念，而是使用了更加中性的「選舉（權）」概念。但這並不意味着對於普選概念的選擇性遺忘，在對憲法初稿的討論意見中就有人主張在序言中增加「普選制」這三個字；在其後的憲法審議過程中，田家英提出在憲法第二條的國體條款中增加「經過普遍、平等的選舉產生」。【192】目前資料並未能直接反映出，為何在歷部憲法中並未保留普選概念，並且自此之後「普選或普遍選舉」長期從中國的法律規範和政治語言中被隱去了。在目前中國生效的法律中，規定「普選」的只有《香港基本法》、《澳門基本法》以及對於兩部法律的解釋。而在中國共產黨的官方語言中，普選的概念也幾乎被棄用，除了用來表述香港或澳門政制發展問題以及國際問題時，很少被使用。

雖然目前並無權威資料對這一歷程進行直接解釋，但是基於建國後的政局和思潮，以下方面或許是不可忽視的原因。第一，由於選舉法賦予了廣泛主體以選舉權，因而就普選的狹義概念而言，中國已然

---

190. 唐娟（2004）。〈論建國後中共第一代領導集體普選理念的嬗變〉，《貴陽市委黨校學報》。3 期。

191. 鄧小平。《關於〈中華人民共和國全國人民代表大會及地方各級人民代表大會選舉法〉草案的説明》，1953 年 2 月 11 日在中央人民政府委員會第二十二次會議上。

192. 韓大元（2014）。《1954 年憲法制定過程》。北京：法律出版社。124、222 頁。

在一定程度上實現了「普遍選舉」(general election)，甚至未決犯和未附加剝奪政治權利的已決犯也享有選舉權，但是直選的等級僅停留在縣鄉兩級，因而是直接成分不足的普遍選舉【193】。第二，「第二國際」對於普選權非常推崇，但這卻受到列寧主義者的激烈批判，認為其放棄了暴力革命的道路，並且認為普選制是非常虛偽的制度，「根據他們的制度，參議院必然首先是而且主要是貴族階級和資產階級的機關，因為定居資格和二級選舉制最先排擠的恰恰是無產階級。」【194】因而承襲了列寧主義對於普選制的批判，新中國也逐步棄用了已經被「污名化」的普選概念，轉而追求由先鋒隊政黨領導下的「實質代表制」。第三，伴隨着社會主義制度在中國大陸的確立與鞏固，普選理論逐步被人民民主專政的概念所吸收。值得注意的是毛澤東在 1949 年的《論人民民主專政》中對於人民民主的解釋，也沒有再使用普選制的概念。【195】即使是在「五四憲法」中確立了民主集中制，但是學者認為其並沒有普選制，「因為普選制根本不是五四憲法中所有國家機關的組織原則，而且五四憲法規定的選舉也是按照信仰和財產進行區別待遇的選舉而非普選。」【196】概而言之，建國之後執政黨的理念和制度的變化，導致普選的概念被逐步邊緣化。但是基本法的制定和特區的設立卻重新激活了普選概念，使得普選再次成為重要的政治關切。

2. 中央對香港普選的態度

　　然而普選問題並非從中英談判時就成為焦點話題，誠如本書前述，當時兩國所關注的更多是過渡期香港政改的範圍、立法與行政的關係以及《基本法》的解釋權等問題。在《中英聯合聲明》正文中

---

193. Xiaoqin Guo (2012). *State and Society in China's Democratic Transition: Confucianism, Leninism, and Economic Development.* London & New York: Routledge. pp. 203–204.

194. 中央編譯局編譯（1987）。《列寧全集》（第十卷）。北京：人民出版社。198 頁。

195. 《毛澤東選集》（2003）（第四卷）。北京：人民出版社。1475 頁。

196. 塗四益。〈蘇聯斯大林憲法之蘇維埃制度和中國五四憲法之人民代表大會制度〉，載傅華伶、朱國斌編（2012）。《憲法權利與憲政：當代中國憲法問題研究》。香港：香港大學出版社。94 頁。

也僅是規定「行政長官在當地通過選舉或協商產生，由中央人民政府任命」，在《基本法》附件一「中國對香港的基本方針政策的具體說明」中規定「香港特別行政區立法機關由選舉產生」。至少就字面含義而言，在《聯合聲明》中並未提及普選（universal suffrage 或 general election），因而中央政府和香港建制派人士都認為普選制度來源於《基本法》，是中央政府通過《基本法》確立了普選作為香港政治發展的目標【197】，甚至也有英方政治人物持類似的觀點。【198】但也有香港民主派人士認為，如果將《基本法》視為普選的來源，則易於產生中央政府向香港「恩賜民主」的認知，並且認為《聯合聲明》中的「選舉（election）」是泛指，已經包括「普選」（universal suffrage）的特指含義，英國法律中大多是用 election 來表述國內普選事宜。【199】顯然這種理解是偏頗的，因為選舉是普選的上位概念，因而無法否認香港普選的規範基礎來源於《基本法》，是《基本法》（而非《聯合聲明》）將普選設定為香港政制發展的最終目標。如果《聯合聲明》中的「選舉」指的僅是狹義上的普選，那麼便無法解釋將其與「協商」方式並列作為行政長官的產生方式，也無法解釋在《基本法》制訂過程中的相當長的時間內，並未使用普選概念。

具體而言，就《香港基本法》起草的過程來看，在 1986 年 4 月通過的「基本法結構（草案）」中並未涉及普選的規定；而後至 1987 年 12 月基本法起草委員會草擬的「各專題小組擬定的各章條文草稿彙編」中也僅有針對行政長官「選舉或協商」產生方式的爭論，尚未涉及普選目標；甚至在 1988 年 4 月公開發佈的「基本法（草案）徵求意見稿」中，雖然規定了行政長官產生辦法可以根據特區實際情況和循序漸進的原則予以變更，並擬定了變更的程序，但是仍未提及普選目標。值

---

197. 張曉明（2015）。〈以制度自信推進有香港特色的普選〉，《文匯報》。5 月 4 日；譚惠珠（2015）。〈基本法是最適合香港、最有效的法律〉，《人民日報》，6 月 12 日。

198. 廖建明（2014）。〈前港督衞奕信剖析佔中之爭〉，《亞洲周刊》，11 月 2 日。

199. 沈舟（2013）。〈「恩賜民主」的權力邏輯〉，《蘋果日報》，12 月 3 日。

得注意的是，在 1988 年 6 至 9 月間基本法草委會政制專題小組在香港進行了兩次諮詢活動，並在內地召開了四次座談會，聽取對於「基本法（草案）徵求意見稿」的意見。其中，在 1988 年 9 月 15 日在香港的諮詢會上，草委會委員就以下問題形成了初步共識：第一，對行政長官與立法機關產生方案的分歧進行協調，九七年後的政制應朝民主的方向發展，發展民主應當是循序漸進的；第二，11 月專題小組會討論行政長官的產生、立法機關的產生時，應討論這兩個產生的起點是怎樣、怎樣循序漸進、達到終點的目標是什麼等問題；第三，委託兩位負責人準備一個工作文件供專題小組討論用。在接下來的 1988 年 11 月 19 至 22 日，政制專題小組在廣州召開了第十六次小組會，查良鏞委員向小組提交了工作文件。參會的 18 名委員進行了為期三天的討論，採取舉手表決制的方式，修改條文的決定均以超過小組出席人數的半數即十人或十人以上贊同才算通過。也正是在這次會議上，首次將行政長官和立法會的普選目標寫入基本法草案，文字表示已經與後來通過的文本並無太大差異。[200] 上述時間節點，也可以通過 2004 年時任全國人大基本法委員會副主任李飛的講話得到印證，他講到在 1988 年 4 月公佈基本法徵求意見稿之後，香港社會提出的政制方案不下五十個，因為在徵求意見稿匯總並列的多種政制方案中未能協調成為一個主流方案，因而被迫將原定於 1988 年 9 月的第一次諮詢延期一個月——而在這段延期的時間中，香港草委達成三項共識：第一，希望各個政制方案能夠得到協調；第二，特區未來政制發展的速度，應當循序漸進；第三，特區未來的政制發展，應當最終實現普選的目標。[201]

　　就上述的《基本法》的制訂歷程及其事後總結來看，從 1985 年 4 月成立基本法起草委員會至 1990 年 2 月正式形成基本法草案，歷時近

---

200. 以上內容可分別參見全國人大常委會基本法委員會辦公室編（2011）。《中華人民共和國香港特別行政區基本法起草委員會文件彙編》。北京：中國民主法制出版社。27–28、165–177、226–232、274–275 頁。

201. 李飛（2011）。〈以史為鑒，以法為據〉，載全國人大常委會基本法委員會辦公室編《中央有關部門發言人及負責人關於基本法問題的談話和演講》。北京：中國民主法制出版社。31 頁。

五年的起草制訂過程中，普選概念是在中後期才達成共識並寫入《基本法》之中的。在此過程中，基本法諮詢委員會也作出了頗多貢獻，比如在其提出的諮詢報告中建議在行政長官選舉條款中「循序漸進」後加上「向全民普選過渡」，在立法會選舉條款中增加「最終達至全部議員由普選產生的目標」。[202]因而就普選寫入《基本法》的歷程而言，在經過長時間的討論與爭議後，由基本法起草委員會與諮詢委員會直接促成了將普選設定為香港政制發展的目標——這種關於政制發展的關鍵性表述，無疑需要中央政府的政治授權，這也反映了中央政府在《基本法》制訂時是支持普選的，否則其不可能寫入《基本法》。

事實上，在《基本法》制訂過程中，中央政府對普選也保持謹慎的態度。鄧小平在 1987 年 4 月會見基本法草委時的講話，也可以印證當時中央政府的領導並未最終決定要在香港實行普選。鄧小平說：「對香港來說，普選就一定有利？我不相信。比如說，我過去也談過，將來香港當然是香港人來管理事務，這些人用普遍投票的方式來選舉行嗎？我們說，這些管理香港事務的人應該是愛祖國、愛香港的香港人，普選就一定能選出這樣的人來嗎？最近香港總督衞奕信講過，要循序漸進，我看這個看法比較實際。即使搞普選，也要有一個逐步的過渡，要一步一步來。」[203]通過這段講話可以看到，當時中央決策層對於香港普選的態度仍是猶疑未決，並且已然為普選設定了兩個基本限制：其一是普選的結果要符合「愛國愛港者治港」的要求，其二是實現普選要遵循「循序漸進」的原則。後來這兩項關於香港普選的政治精神，被具體化為「三個原則與一個目標」，即根據香港的實際情況、循序漸進和均衡參與的原則以及最終實現普選的目標。[204]而至於「最終實

---

202. 基本法諮詢委員會秘書處編印（1989）。《中華人民共和國香港特別行政區基本法（草案）參考資料》。25、31 頁。

203. 《鄧小平文選》（1993）（第三卷）。北京：人民出版社。220 頁。

204. 李飛（2011）。〈循序漸進推進民主是港人的高度共識〉，載全國人大常委會基本法委員會辦公室編《中央有關部門發言人及負責人關於基本法問題的談話和演講》。北京：中國民主法制出版社。73 頁。

現」的表述也應該與「五十年不變」的政治安排聯繫在一起，這意味着香港普選從時間安排上，應該在「五十年」期間的中後期予以實施才符合循序漸進的要求；如果在前期就推動普選改革，那麼便不符合「最終」的含義、也逾越了循序漸進的尺度。

需要注意的是，在上述普選安排之下，中央政府對於香港政制發展的態度也有策略性調整。在香港回歸至 2003 年之間，中央政府對於香港政制發展基本上持綏靖態度，形象表述為「井水不犯河水，河水不犯井水」的互不干涉政策。[205]這種消極不干預的政策，一方面使得「港人治港」的原則得到了最大程度的維護，同時也產生了一系列消極的後果，包括回歸後香港「新政權建設」遲遲未能展開，行政主導被逐步侵蝕，香港政治局勢也愈發極端化與民粹化。學者將中央政府的猶疑不決以至於被動的原因概括為四點：一、一些中央官員認為特區的管治雖遇到困難，但還沒有達到不能管治的地步，只要因應情況的變化而採取若干應對措施，困難應可紓解；二、基於盡量避免干預香港事務的原則，考慮到新政權的建設要水到渠成，中央積極甚至公開參與必不可少，中國因而猶疑不決；（3）新政權建設工程浩大，難度甚高，容易引發巨大的政治衝突，除非萬不得已，不適宜貿然從之；（4）如果真的認真地開展新政權建設計劃，究竟會引發出哪些不可預知的負面後果，中央拿捏不準，因此無法痛下決心。[206]綏靖政策所帶來問題在 2003 年集中爆發，「七一遊行」成為香港民主化的分水嶺，「中央政府明白了對於香港政治改革的步幅、範圍和內容發出聲音的重要性，也擔心特區政府會屈從於民眾壓力，以更快的速度和更大的幅度在更大範圍上推行政治改革。」[207]

205. 齊鵬飛（2007）。〈江澤民與香港回歸〉，《當代中國史研究》。3 期。

206. 劉兆佳（2012）。《回歸十五年以來香港特區管治及新政權建設》。香港：商務印書館（香港）有限公司。37 頁。

207. Sonny Lo (2015). *Hong Kong's Indigenous Democracy: Origins, Evolution and Contentions.* London: Palgrave Macmillan. pp. 15–16.

隨着香港政制改革進入深水期，中央政府對於香港普選的態度更加慎重，形成了關於香港政改更為完整的論述——這套論述更加保守與穩進，旨在確保香港政制改革既不會影響香港的穩定與發展，也不會產生對於內地政治的輻射效應，同時確保基本法規定的中央權力可以在香港得到有效實施。有學者提出從姬鵬飛先生關於《基本法（草案）》的說明，到香港特區政制發展大討論，再到全國人大常委會有關決定及白皮書，先後表述了九條香港政制發展基本原則：一是「實際情況」；二是「循序漸進」；三是「一國兩制」；四是「均衡參與」；五是「行政主導」；六是「一國是前提」；七是「愛國者治港」；八是「高度自治是授權自治」；九是法治——這些原則又可以分為兩個層次，第一個層次是關於中央與特區關係方面的，第二個層次是關於香港政制發展的。[208]

事實上，不僅需要從文本的角度（《基本法》及其解釋、全國人大常委會的決定以及白皮書）來歸納中央治港的原則，更加需要從中央與特區的憲制結構與互動實踐的角度，來理解中央政府關於香港政治發展的界限與原則。本書認為，中央政府的治港原則可以歸納為以下方面——儘管這些原則並非平行，彼此之間也存在張力。第一，內地與特區的政治區隔原則，即在兩地經濟高度融合的前提下，通過邊境管治和信息篩查，使得內地的社會主義制度不受香港的影響，特別是香港的政治改革不至於對內地產生示範效應，使得內地也產生類似訴求。正如學者所指出的，「除了擔心西方勢力的滲透，中國政府同樣擔心香港民主會產生『溢出效應』（spillover effects），並且激發中國其他地區對於民主的需求。」[209] 第二，國家安全原則，即香港的政治改革不會影響國家的安全和利益，特別是不能產生分離主義的傾向。學者的研究也指出，「自 2008 年以來不斷惡化的人權狀況，以及治港政策的收緊（tightened），激發了港人的反中情緒，而這種情緒在 2012 年立法會

---

208. 李曉惠（2014）。〈論香港特別行政區普選的基本原則及其實踐意義〉，《政治學研究》。6 期。

209. Ngok Ma (2011), "Hong Kong's Democrats Divide," *Journal of Democracy*, 22(1): 54–67.

選舉中達到頂峰。」【210】這種基於區隔原則產生的對中國政治體制的誤解，使得香港分離主義和極端本土主義情緒不斷發酵，而由此引發的衝擊「駐港部隊」軍營與組建「港獨團體」等激進行動，使得中央政府將香港政改與國家安全聯繫在一起。第三，愛國者治港原則，這在回歸之前就已經確定，是對於「港人治港」原則的具體化。鄧小平在接見香港工商界訪京團時就談到「港人治港有個界線和標準，就是必須由以愛國者為主體的港人來治理香港。未來香港特區政府的主要成分是愛國者，當然也要容納別的人，還可以聘請外國人當顧問。什麼叫愛國者？愛國者的標準是，尊重自己民族，誠心誠意擁護祖國恢復行使對香港的主權，不損害香港的繁榮和穩定」。【211】第四，政治寬容原則是與「愛國者治港」並行的，包括鄧小平的上述講話也強調不能排斥其他類別人士參與政治。特別是在普選的語境下，應當平衡愛國者治港原則與政治寬容原則的適用，這也顯示了香港已然分裂的公眾話語（popular discourse），有人認為應當遵循愛國愛港者治港的原則，而也有一些人希望經由香港繼續提高國際化而將中央政府的影響縮減到最小層面。【212】這也說明了有必要將愛國者治港原則與政治寬容原則結合在一起，偏重強調任何一方將難免導致政治的分裂和極端主義的產生。第五，中央政府的「末端控制」原則，即關於香港政制改革與《基本法》解釋等重大事宜，需要由中央政府在權力末端進行控制與把關，香港政治發展的方向和速度也由中央政府作出安排，從而保證香港政改沿着正確與安全的軌道前進。「末端控制」是相對於「前端控制」而言的，按照《基本法》中的規定，前端控制主要是由香港特區政府來進行，但是一旦涉及到中央政府權力或者關係到香港政局穩定與發展，這時就需由中央政府出面解決。鄧小平也曾強調，「保持中央的某些權力，對香港

210. Ngok Ma (2015). "The Rise of 'Anti-China' Sentiments in Hong Kong and the 2012 Legislative Council Elections," *The China Review*, 15(1): 39–66.

211. 《鄧小平文選》（1993）（第三卷）。北京：人民出版社。61頁。

212. David Y. H. Wu and Chee Beng Tan eds. (2001). *Changing Chinese Foodways in Asia*. Hong Kong: Chinese University Press. pp. 67–67.

有利無害，大家可以冷靜地想想，香港有時候會不會出現非北京出頭就不能解決的問題呢，過去香港遇到問題總還有個英國出頭嘛，總有一些事情沒有中央出頭你們是難以解決的。」[213]因而，中央政府的「在場和出場」都是必要的，這是統一主權國家的應有之義，但是出場的時機與條件需要受到限制（本質上是中央政府的自我限制，而非外力限制），末端控制原則就可以用來詮釋中央政府對於香港重要政治事項的審查和把關功能。第六，國家認同原則，即強調香港的民主化需要與國家認同同步開展，中央政府授權香港民主化的「開放範圍」取決於其對於香港國家認同程度的評估。如果中央政府持續認為香港「人心尚未回歸」的話，那麼就很難進一步授權香港進行民主改革。有學者不無諷刺地指出，部分港人傾向於區分「對於國家的認同」和「關於國家的認同」，前者是指他們希望持有哪個國家（英國）的護照，而後者是指他們實際上歸屬的國家（中國）。[214]這意味着，國家認同尚未充分形成，也不具備民主轉型的「國民一致性」背景，此時中央政府關於香港政制改革的授權必然傾向保守。第七，與經濟發展相適應原則，這是晚近才提出的原則，其要求只能在香港經濟發展不會受到負面影響的前提下，才適宜進行政制改革。中央政府領導人也曾經強調，「只有經濟不斷發展，民生才能不斷改善，社會才能保持穩定，適合香港實際情況的民主制度也才能順利發展。」[215]當然在理論層面上，經濟發展和民主程度的關係較為複雜，經驗性地觀察認為，民主發展和經濟水平呈正比，特別是在世界民主排名前列的國家，二者呈現線性的正相關關係；不過，也不乏經濟水平高但民主程度低的個案（典型的如新加坡和中東產油國家）。[216]

213. 《鄧小平文選》（1993）（第三卷）。北京：人民出版社。221 頁。

214. Geof Alred and Michael Byram eds. (2006). *Education for Intercultural Citizenship: Concepts and Comparisons.* Bristol, UK: Multilingual Matters. pp. 23–25.

215. 胡錦濤（2007）。〈在慶祝香港回歸祖國十周年大會暨香港特別行政區第三屆政府就職典禮上的講話〉，《人民日報》，7 月 2 日。

216. 黃國棟、余創豪（2010）。〈民主與經濟之間的關係〉，《時代論壇》，3 月 10 日。

3.　國家認同與香港普選

香港立法會普選需要滿足一定的前提和條件。正如有學者指出，採用什麼辦法產生香港特別行政區立法會，其實受香港市民對政治民主發展的期盼、《基本法》的規定和香港社會政治民主發展進程三方面因素的制約。[217] 也有學者研究認為，香港目前還未建立起與普選相適應的制度基礎、心理基礎和社會基礎。香港目前僅存的民主鞏固的條件就是，制度化的經濟性社會以及其所附帶的高度市場自主性和多元化的所有制形式，而其他四個條件均在遭受削弱或破壞：一、公民社會的發展，即香港市民接受了民主原則，有具體的民主訴求，但是多數市民仍未成為政治積極參與者，政黨政治的發展也遭遇制度障礙；二、政治社會的發展，即香港尚未實現普選，政治問責也尚未制度化；三、法治傳統的維護，即香港具有完整的普通法制度，以及獨立的司法機關，但是在一些具體案件中法治原則受到挑戰，全國人大解釋《基本法》也與香港法治傳統之間存在張力；四、高效官僚體系的建立，即在官僚體系和民選官員之間存在矛盾。[218] 這意味着，對於「香港是否已經做好迎接普選的準備」這個問題，人們的認識並不統一。

誠如上文所析，國家認同是香港普選的重要條件——在前普選時代，中央尚可通過特首人選、管治聯盟以及中央政府的駐港機構實現對於香港局勢的掌控，但是普選將使得這些傳統的人事安排和政治協調的效率大大降低。此時香港若沒有進行深度的國族化（國家認同），普選將導致香港政治的進一步分裂，也會加劇其與中央政府的矛盾。但是遺憾的是，國家認同在香港並未得到很好的實現，尤其是中央權力在香港並未得到充分落實。有學者指出，1997 年後的香港事實上處於「不完全回歸狀態」，主要體現在下述四個方面：一、中央在港的管治權威始終未能確立，對於未來香港的管治局面和權力結構的新的共

217.　李太蓮（2008）。〈香港特別行政區立法會產生辦法的政治成本與效益分析〉，《清華法學》。6 期。

218.　Jermain T. M. Lam (2001). "Consolidation of Democracy in Hong Kong under Chinese Sovereignty," *Asian Affairs*, 28(1): 19–35.

識迄今尚未形成；二、回歸以來，代表中央政府的聲音始終沒有在香港的社會輿論中佔有一席之地，在香港當地的社會政治話語和政治議程設置中北京基本上不掌握主動權；三、香港本地的政治經濟精英階層尚未完全建立對於北京作為主權者的政治忠誠和歸屬感；四、香港社會運動的不斷激進化和港獨勢力的泛起，香港的社會運動從早期的小規模、單一議題發展為目前的大規模、總體性、全面同北京中央政府對抗的新社會運動。[219]

　　從另外一個層面上，普選也有利於培養香港市民對國家的政治認同——「雙普選」促使香港市民更多參與選舉，以及與選舉相關的日常政治、經濟和社會活動中，關注香港政治、經濟、社會發展現狀和未來走向，從而進一步提高香港市民的身份認同，同時也進一步明晰港人的國家認同觀念。[220]就世界各地的經驗性觀察而言，全國性普選和民主化一般可以強化國家認同，概因基於選舉合法性的政府更能獲得公民的認可，同時民主化帶來的政治參與也可以增強公民對於國家權力的認同感。比如在南非，在 1994 年普選之後，曼德拉先生與其他後種族隔離時期（post-apartheid）的政治領袖都致力於建構新的非種族的國家認同，這種新的國家認同以國際人權原則作為其政治合法性的基礎，特別是 1996 年憲法與此前的憲法不同之處在於，其將多數權利授予了所有南非公民。[221]不過，也不乏因為民主化和普選而激化族群或階級矛盾，甚至導致國家分離主義盛行的先例。學者區分了兩代分離主義（separationism）的類型：第一代是因「去殖民化」（decolonization），主要是在二戰後的 1950 至 1960 年代，因殖民體系解體導致新的國家在亞洲、非洲、歐洲和中東建立起來，但是前殖民地的居民卻無權參與新國家的建設，並且無權掌握新政權的權力和經濟，因而激發他們

---

219. 閻小駿（2015）。〈治亂之間——香港政治的困局與未來〉，《戰略與管理》（內部版）。5 期。

220. 陳紹方、李厚強（2010）。〈「雙普選」對香港政治和社會的影響〉，《甘肅理論學刊》。7 期。

221. Audie Klotz (2013). *Migration and National Identity in South Africa, 1860–2010*, Cambridge, UK: Cambridge University Press. pp. 171–172.

投身分離主義運動，這種情況在英國殖民地較為常見；第二代是因民主化導致的分離主義，這主要發生在 1980 至 1990 年代，由於冷戰結束、蘇聯解體以及隨之而來的民主化浪潮，分離主義不僅被認為是現代（modern）、合法（legitimate）、理性的（rational），而且是現實可行的（realistic）。[222] 因而，以普選為表徵的民主化改革與國家認同的關係是非常複雜的，二者並非是直接的正相關。

近年來西方思想界對於民主化的批判，也正是基於正視單邊（不與國家認同相同步的）或激進的民主化帶來的負面問題。比如蔡美兒（Amy L. Chua）指出，在非西方世界中，市場和民主的全球擴張是集體仇恨和種族暴亂的一個首要的、使之惡化的原因。在世界上存在着主導市場的少數族群的許多社會裏，市場和民主並非相得益彰。由於市場和民主在這樣的社會裏施惠於不同的族群，對於自由市場民主的追求造成了極不穩定、易於起火的狀態。市場將巨大的財富集中到「外來的」少數族群手中，在時常處於貧困的多數族群中挑起嫉妒和仇恨。從絕對意義上說，少數族群的生活可能會得到改善，也可能得不到改善，這也是許多全球化討論所集中的爭議所在，但任何意義上的改善都敵不過他們的持續貧困和他們所仇視的少數族群非凡的經濟成功。民主在此情況下的引進，並不會將一個國民社區中的選民轉化為思想開放的夥伴公民（co-citizen）。相反，對於選票的角逐助長了蠱惑人心的政客，他們將遭人嫉恨的少數族群當作替罪羊，煽動種族主義運動，提出要讓「國家的真正主人」重新獲得國家財富和民族身份。[223] 邁克爾・曼（Michael Mann）也指出蓄意謀殺性清洗是現代現象，因而它是民主的陰暗面。民主總是攜帶這種可能，即多數人可能對少數人實行暴政或欺壓行為，而這種可能性在某些類型的多民族環境下會帶來更

---

222. Metta Spencer (1998). *Separatism: Democracy and Disintegration*. Lanham, Maryland: Rowman & Littlefield. pp. 48–50.

223. 蔡愛眉，劉懷昭譯（2005）。《起火的世界——輸入利自由市場民主釀成種族仇恨和全球動蕩》。北京：中國大百科全書出版社。11 頁。

加不祥的後果。蓄意謀殺性的種族清洗是民主時代的一大危險,因為在多種族狀態下,民主理想開始使得 *demos* 與佔支配地位的 *ethnos* 交織在一起,產生了民族(nation)和國家(state)這樣的有機觀念,它們鼓勵對少數民族施行清洗行為。【224】

顯然蔡美兒和邁克爾•曼的理論,並不意在否定民主的價值,只是論證實現民主的條件。民主化應該有大致均衡的財富分配的社會基礎,以及相對統一的國家認同;如果缺乏這樣的基礎,民主化就可能導致財富的重新分配(革命)、對於少數族群權利的排斥和侵奪。不過這些對於民主條件的討論,仍是關於主權國家的整體民主化,尚未觸及區域性民主化問題。香港普選問題歸根結底是主權國家內的地方政府的選舉問題,是在國家整體尚未進入民主化之前,率先在地方實行普選改革。這種政治實踐是前所未有的,既是對中國政府和特區政府政治智慧的考驗,也是對威權國家內部區域性民主化限度的試驗。學者對此進一步指出,特區民主選舉的限度問題,本質上是「一國兩制」下的地方性選舉,需要受到「一國兩制」的限制、中央授權的限制以及行政主導的限制。【225】因而,除了對於主權國家民主化的一般限制之外,特區普選作為地方政府的民主化政治改革,勢必需要滿足更為苛刻的政治條件。這種限制可以概括為兩類:一類是中央政府對於特區普選與民主化設定的限制,這主要是出於保證香港絕大多數公民對於國家的忠誠,保證香港的民主改革不會影響內地及全國的政治安定,保證中央權力可以依照基本法在香港得以實現;另一類是特區政治體制對於民主改革設定的限制,這主要是保證特區政府得以維持高效的管治效能,保證基本法確定的行政主導的體制不會產生異化,保證愛國者佔據特區管治團隊的主體並進一步獲得中央政府的政治信任與授權。

---

224. 邁克爾•曼,嚴春松譯(2015)。《民主的陰暗面:解釋種族清洗》。北京:中央編譯出版社。2-6 頁。

225. 駱偉建(2012)。〈論澳門民主選舉的限度〉,發表於「一國兩制與澳門特區的善治之路學術研討會」。3 月 20 日。

其中連結兩類限制的就是「國家認同」，這要求香港市民應當認同中央政府的地位與歷史合法性，並自覺將自身視作文化—民族—政治意義上的中國的共同體成員；中央政府也應該基於香港的政治認同情況，在「一國兩制」的憲制結構下給予香港充分的民主化授權。

　　然而令人遺憾的是，香港回歸以來在國家認同方面的成效乏善可陳，甚至較之於回歸之前有下滑趨勢，內地成為香港形成本地認同的「他者」（others）。正如學者所指出的，香港政府似乎並沒有充分意識到國家認同感的重要性，一方面文化體式（repertoire）已經在緩慢發展，但在另外一個方面上，政府卻選擇將潛在的內地移民作為「重要的他者」（significant others），這進一步導致雙方之間的間隙加深。【226】不僅是香港特區政府，中央政府也通過嚴格的邊境管治、區別性的國民待遇，使得內地與香港雙方居民的差異感愈來愈強烈，這也阻滯了香港居民國家認同感的形成。最為典型的是，根據《外資企業法實施細則》的規定，港澳台的公司與個人在大陸設立的企業，參照外資企業進行管理。這種區別對待以及對於身份差異的刻意強化，使無論是港人或是內地居民，都傾向認為對方是在政治、法律甚至文化上的「異己」。在香港與中央政府的合力之下，多數港人表現出了「混合型認同」（mixed identity），即同時將自身視為香港人與中國人：香港居民與內地居民在經濟觀念上的差距不大，但是在政治價值（political values）方面的差異依然顯著；香港對於文化和歷史的認同更加強烈，不過政治身份（political identification）依然脆弱。【227】其中，雙方政治觀點的差異，最為明顯的體現為對「一國兩制」的不同解讀——中央政府強調政治上的「一國」，同時注重保持經濟和生活方式上的「兩制」；而多數香港市民則傾向在經濟上保持「一國」，卻在政治上堅持「兩制」，尤其是

226. Elaine Chan (2000). "Defining Fellow Compatriots as 'Others'- National Identity in Hong Kong," *Government and Opposition*, 35(4): 499–519.

227. Eric K. W. Ma and Anthony Y. H. Fung (2007). "Negotiating Local and National Identifications: Hong Kong Identity Surveys 1996–2006," *Asian Journal of Communication*, 17(2): 172–185.

保持法治、新聞自由和司法獨立的傳統。【228】這種對於「一國兩制」的不同理解，其根源在於迥異的國家——社會觀：中央政府往往強調「一國」之下國家與社會的互信和合作，國家和社會之間沒有清晰的界線，以維護國家利益為目標，而「權力集中」是保障國家利益的基礎；而香港市民則強調「兩制」之下國家與社會的分野，社會扮演着監督和約束國家權力運行的角色。【229】因而，「一國兩制」理念支配着國家認同的形成，而塑造「一國兩制」觀念的則是更為深層的政治文化和意識形態。

在 2003 年期間，香港市民對中央政府的公共滿意度（public satisfaction）降至低谷，這顯然與該年發生的大規模示威有關。【230】在此之後，中央政府通過調整對港政策，試圖扭轉香港市民淡薄的國家認同以及對於中央權威的抗爭：一方面，設立了專門的「中央港澳工作協調小組」，加強對於港澳工作的領導力量，在規格上大大提升其重要性；【231】另一方面採取了經濟和政治手段並用的方式，積極促成香港市民對於中央政府的認同。在經濟方面，不斷增強內地與香港之間的經濟互動和依賴，將港澳納入國家整體經濟發展規劃之中，制定名目繁雜的國家層面和地區層面的合作計劃，使得香港與內地之間呈現出前所未有的經濟融合和商貿往來。【232】但是問題在於，政治疏離似乎很難通過經濟融合得以緩解，「政冷經熱」（cold politics and hot economics）已經並繼續將成為內地和香港之間關係的新常態——兩地經貿熱絡並沒

---

228. 有必要指出的是，在中國政府關於「一國兩制」的官方表達中，「一國」在適用於港澳和台灣問題時，有着不同的內涵：在港澳問題上「一國」確定無疑指向中華人民共和國；但是在台灣問題上，「一國」指一個中國，既非大陸的中華人民共和國，也非台灣的「中華民國」。具體請參見王英津（2004）．〈20 年來的「一國兩制」研究：回顧與展望〉，《行政》。17 卷，總第 64 期。

229. 鄭煒、袁瑋熙（2015）．〈「雨傘運動」：中港邊陲的抗爭政治〉，《二十一世紀》。2 月號。

230. Timothy Ka-ying Wong and Shirley Po-san Wan (2007). "The China Factor in the Hong Kong Public's Changing Perceptions of 'One Country, Two Systems'," *Asian Perspective*, 31(2): 127–153.

231. 張仕賢、陳築君（2008）．〈從「一國兩制」看中共的港澳政策〉，《台北海洋技術學院學報》。第 1 卷第 2 期。

232. Kui-Wai Li et al (2011). "Economic Integration of Mainland China and the Hong Kong SAR: An Analysis of Growth Attributes," *The Chinese Economy*, 44(4): 92–114.

有帶來人心的靠攏，反而滋生了更多的偏見和歧視；中央政府對香港
的經濟讓利與不斷釋放的善意，反而強化了港人的反對決心；與經濟
融合相伴生的是不斷激化的區際矛盾，香港市民對於中央政府信任度
的下降，以及內地流傳的各種「香港沉淪」的預言。有學者指出，2011
年因香港大學百年校慶引發的「八一八事件」，可以視為中央與香港
關係的轉折點，反映出 1997 年香港回歸之後，在這塊土地上（香港）
生長的某些人仍然秉持對中國「疏離」、「懷疑」及「敵對」的態度，
並試圖將這些情緒以社會傳播和學校教育的方式傳播給香港的青年一
代。[233] 而從根源上而言，香港與內地之間的「政冷經熱」折射出兩地
在經濟和民主方面共同的病症以及他們面臨的道路選擇：或是保持現
有的威權體制和保守的政治系統，從而避免經濟因政治改革而帶來的
波動；或是選擇進行民主改革，以期破除封閉保守的官商共治體系[234]
—— 中央政府傾向前者，而香港市民則選擇了後者。在經過 2005 年之
後的保衛天星碼頭和皇后碼頭運動、「反高鐵運動」等事件後，開啟了
「後物質主義運動」（post-materialistic movement）的新階段，香港再不是人
們普遍認為的「純粹經濟城市」（purely economic city）。[235]

　　從另外一個角度，普選與民主化也可以有效提高國家認同感、促
進政治穩定、並進而為經濟發展提供政治基礎。學者對此指出，香港
民主制度的建立，已經逐漸成為香港人在脫離殖民統治、回歸祖國之
後重塑集體身份和政治認同的一個寄託或曰一種方式。[236] 換言之，如
果滿足以下兩個條件，普選後的民主香港可以實現與中央政府的良性
互動：一是在香港內部，通過普選產生的行政長官和立法會具有較高

233. 閻小駿（2015）。〈治亂之間 —— 香港政治的困局與未來〉，《戰略與管理》（內部版）。5 期。

234. Jermain Lama and Ka Ho Mokb (1997). "Economic Prosperity or Democracy: Dilemma of Development in Hong Kong and China," *Journal of Contemporary China*, 6(16): 461–485.

235. Ngok Ma (2015). "The Rise of 'Anti-China' Sentiments in Hong Kong and the 2012 Legislative Council Elections," *The China Review*, 15(1): 39–66.

236. 楊毅龍、劉俊、殷存毅（2013）。〈香港的民主政治話語：問題導向與認同重塑〉，載《當代港澳研究》（第 8 輯）。廣州：中山大學出版社。106–112 頁。

的政治認受性，從而增強橫向權力的正當化；二是在中央與香港關係上，後普選時代的香港市民應當樹立對於國家的政治認同，中央政府應與特區政府、立法機關和管治團體建立合作關係，從而實現縱向權力的理性化和法治化。這兩個條件互為前提，應當同步推進，如果偏頗一方則會造成「一國兩制」的內涵被減損或稀釋，即可能導致「一國」原則無法得以貫徹或者導致「兩制」的界限被消解（香港內地化）。香港普選作為地方性民主化舉措，需要置於中央—地方關係的維度下，全面評估普選對香港政局以及中央與特區關係帶來的影響，平衡民主化和國家認同的關係。

從中央政府的角度，其之所以對於香港普選有政治顧慮，正是考慮到香港市民國家認同意識薄弱、政治極端主義和分離主義甚囂塵上，在這種情況下的民主化有難以控制的政治風險。有學者將香港民主化稱為「鳥籠裏的民主化」或者「被控制的民主化」（管理された民主化），即中央政府對香港的民主化的步驟和方式進行了規控[237]——從正面理解，地方政府的民主化必須是「帶着鐐銬跳舞」，其民主化的時機、速度和方式，不僅基於該地居民的主觀意願，也必須受制於中央政府的規劃和控制，所謂的「鐐銬」和「鳥籠」指代中央政府的意志和決斷。對此也有學者進行了頗為直白的論證：中國政府作為香港的主權者，不會容忍香港成為一個獨立國家，也不會容忍香港成為一個獨立的政治實體（independent political entity）；與此同時，中國政府也不會容忍香港由那些不被認為是愛國者（patriots）的人進行管治，或者説這些人並不被接受與信任由他們組成特區政府或者佔據立法會的多數議席。[238]

---

237. 谷垣真理子（2009）。〈管理された民主化管理された民主化：普通選導入をめぐる香港の事例〉、《東洋文化研究所紀要》第 155 冊。69–101 頁。

238. Albert H. Y. Chen (2007). "The Basic Law and The Development of The Political System in Hong Kong," *Asia Pacific Law Review*, 15(1): 19–40.

值得注意的是，近年來香港出現了「香港民族論」的論述，這無疑是一個危險的信號。一方面，經過回歸後的漫長等待，部分香港市民（特別是青年人）已經喪失了等待中央授權的耐心，或者對於中央政府提出的普選方案甚不滿意，由此激發了政治極端主義的興起；另一方面，在缺乏國家認同下的本土主義發展，使得本土主義易於突破現有的憲制框架，轉而進入民族獨立話語和民族自決的論述，這也將反過來刺激中央政府採取更為保守的普選方案。在 2015 年的香港行政長官施政報告中，就點名批評了香港大學學生會《學苑》雜誌，指出《學苑》編印一本名為《香港民族論》的書，主張香港「尋找一條自立自決的出路」，對此行政長官提出應該予以警惕，並且要求與學運領袖有密切關係的政界人士勸阻。[239]這意味着香港普選的政治背景將進一步複雜化，中央政府的普選安排不僅要面臨民粹主義與激進主義的雙重壓力，而且還需要應對可能發生的「香港民族論」及其必然導致的分離主義的衝擊。誠如學者所指出的，民族問題同資本主義自由市場相結合，產生了控制市場的少數民族；民族問題同普選民主相結合，則產生了「多數人的暴政」。[240]在香港這片後殖民地的資本城市之中，如果民族論述成為具有影響力的社會思潮，其將導致嚴重的政治和經濟問題，也將使「一國兩制」失去存在的基礎和必要性。因而強調國家認同，並非否認普選的現實必要性，而是為普選設定前提條件、並為普選爭取更大的自主空間。

（二）推動普選的政治時機

普選的時機選擇，體現了中央決斷與香港政治的互動和糾葛。在《基本法》附件一和附件二中規定：2007 年以後各任行政長官的產生辦法如需修改，須經立法會全體議員三分之二多數通過，行政長官同意，並報全國人大常委會批准；2007 年以後立法會的產生辦法如需修

---

239. 梁振英（2015）。《二零一五年施政報告：重法治掌機遇作抉擇》。

240. 賀欣（2004）。〈自由市場和普選民主中的民族仇恨〉，《讀書》。10 期。

改，須經立法會全體議員三分之二多數通過，行政長官同意，並報全國人大常委會備案。這兩條明確了 2007 年作為特殊時間節點，使得部分港人誤以為 2007 年就是推行普選的契機。但是如果結合《基本法》第五條規定的「五十年不變」、第四十五條和第六十八條規定的「最終達至普選產生的目標」，就可以初步判定 2007 年顯然並非《基本法》制定者預設的普選啟動時間。學者對此指出，「在五十年內，可以劃分為早、中、晚三期，最終實現的普選應當是處於晚期階段，不可能處於早、中期階段；2007 年和 2012 年都屬香港一國兩制的早期階段，不可能實現普選。」【241】從《基本法》起草者的原意來看，遲至 1989 年 1 月 14 日基本法起草委員會通過的基本法草案中，尚未明確 2007 年的時間節點；其後該草案在香港進行第二次全面諮詢工作，而在諮詢期間，北京發生的政治風波，使得諮詢工作遭受延滯和波折，這或許是確定 2007 時間節點的政治背景。在諮詢工作結束後，1989 年 12 月 13 至 16 日，基本法起草委員會政治體制專題小組舉行了第十七次會議，在該次會議上才明確提出對於附件一和附件二「在 2007 年以後如需修改」的表述。尤為重要的是，會議紀要對於確定該時間節點的原因做了明確說明：「香港特別行政區成立後政治體制至少要穩定十年，委員們認為 1997 年政權轉移是巨大的變化，必須有一段時間保持政制的穩定」。【242】因而無論運用體系解釋或是原意解釋的方法，《基本法》附件所確定的 2007 年的時間節點，不宜解釋為啟動普選的時間，而僅是預留的政治穩定期。

顯然香港部分市民和政治派別，並未認識到（或是不願意正確理解）2007 年時間節點的真實含義，而是希望在 2007 年舉行首次行政長官普選，並在 2008 年開始立法會普選，這被稱之為「零七零八雙普選」。2003 年發生的「七一遊行」，除了將反對矛頭指向了「二十三條

---

241. 宋小莊：〈中央從未違背普選承諾〉，《紫荊雜誌》。2013 年 10 月號。

242. 全國人大常委會基本法委員會辦公室編（2011）。《中華人民共和國香港特別行政區基本法起草委員會文件彙編》。北京：中國民主法制出版社。341–342 頁。

立法」，還提出了「還政於民」的口號——自此以後，普選成為香港民主運動的核心話題。值得反思的是，既然中央政府最初就無意在 2007 年實行普選，那麼就應該及早將意圖公佈或顯露出來，以免造成民意洶洶的局面，也使香港的建制派陷入政治被動——包括民建聯、自由黨在內的建制派，都曾明確將「零七零八雙普選」列入其黨綱。為了回應民意壓力，彼時香港特區政府也曾積極投入「零七零八雙普選」的諮詢工作，在 2004 年 1 月成立了由政務司司長領導，包括律政司司長和政制事務局局長組成的「政制發展專責小組」，負責普選的研究、諮詢以及與中央政府的溝通工作。在政制發展專責小組發表的首份報告中，傾向認為應將 2007 年作為推動普選的始點，「2007 年以後並不是指日期，而是指回歸十年後的各任行政長官，包括在 2007 年所產生的第三任行政長官（這也包括第四屆及其後各屆的立法會）。」[243] 對於特區政府和民間的迫切普選訴求，全國人大在 2004 年 4 月對基本法附件一與附件二進行了解釋，在該項解釋中除了明確「2007 年以後」與「如需修改」的含義之外，最重要的是將選舉辦法的修改程序做了嚴格解釋，從而形成了關於普選的「五步曲」：一、是否需要進行修改，特首應向全國人大常委會提出報告；二、由全國人大決定根據《基本法》以及根據香港的實際情況和循序漸進的原則確定是否可以修改；三、特區政府向立法會提出修改產生辦法的議案，並經由全體立法會議員三分之二多數通過；四、行政長官同意經立法會通過的議案；五、行政長官將有關法案報全國人大常委會，由全國人大常委會批准（行政長官產生辦法的修改）或備案（立法會產生辦法的修改）。誠如學者所坦言的，由「三步曲」變成「五步曲」的意義是突顯中央在香港政改問題上的主導地位[244]——更為重要的是，「五步曲」模式將中央的控制權前移，避免了在末端上的「批准或備案」既定事實，從而將香港政制改革的主導權由特區收回到中央政府手中，這顯示了中央政府治港策略的

---

243. 政制發展專責小組（2004）。《第一號報告：基本法中有關政制發展的法律程序問題》。
244. 劉兆佳（2014）。《香港的獨特民主路》。香港：商務印書館（香港）有限公司。200 頁。

變化。然而主導權的轉移，並不意味着議程設定權（agenda setting）也隨之變化，普選已然成為中央與特區關係的焦點問題，此時中央政府的強力控制，雖然可以降低香港政治發展的風險，卻無法改變香港的公共議題，並使中央政府置身於政改的漩渦之中。

按照「五步曲」確定的步驟，依據「政制發展專責小組」的調研結果，行政長官在 2004 年 4 月向全國人大常委會提交了《關於香港特別行政區 2007 年行政長官和 2008 年立法會產生辦法是否需要修改的報告》。在該份報告中，行政長官認為 2007 年行政長官和 2008 年立法會的產生辦法應予以修改，使香港的政制得以向前發展，同時重申了中央政府的決定權和實質任命權、循序漸進原則、按照香港實際情況原則、均衡參與原則等。全國人大常委會對此作出決定，認為「實現《香港基本法》第四十五條規定的行政長官由一個有廣泛代表性的提名委員會按民主程序提名後普選產生和《香港基本法》第六十八條規定的立法會全部議員由普選產生的條件還不具備」，從而否決了關於零七零八雙普選的提議，但授權特區可以對特首和立法會產生辦法進行適當調整。根據此項決定，政制發展小組提出了對於選舉辦法的修改建議，並在 2005 年底向立法會提交，其內容要點包括：一、建議 2007 年行政長官選舉委員會的委員數目由 800 人增至 1,600 人；二、在行政長官選舉委員會的第四界別，納入全數區議員；三、提名行政長官候選人的門坎維持為選舉委員會整體委員人數的八分之一；四、維持目前行政長官不屬任何政黨的規定；五、在只有一名行政長官候選人獲有效提名的情況下，仍繼續進行選舉程序；六、建議立法會議席數目由 60 席增至 70 席；七、分區直接選舉議席數目由 30 席增至 35 席；八、功能界別議席數目由 30 席增至 35 席；九、維持現行非中國籍和在外國有居留權的人士可佔不多於 12 席的規定。[245] 顯然這些建議較之於最初的普選設想，顯得過於保守，因而「這些建議遭到民主派立法會議員反對，

---

245. 政制發展專責小組（2005）。《第五號報告：二零零七年行政長官及二零零八年立法會產生辦法建議方案》。立法會 CB(2)119/05-06(01) 號文件。

他們擔憂這種零碎的改革會成為政府將來不作任何行動的藉口，最終會令基本法預示的全體普選的發展減慢」。[246] 在 2005 年 12 月的立法會就政改方案的表決時，以 34 票支持、24 票發對、1 票棄權的結果，未能達到三分之二的多數從而使政改受挫。

　　政治發展的理想情結與浪漫色彩，在香港政壇中表露無疑——多數民主派具有堅定的民主化目標，卻缺少政治妥協的智慧；具有參與政治的經歷和經驗，卻不具備擔當政治發展的責任感；希望提出並實現解決方法，卻沒有循序推進的耐心和毅力。更為重要的是，民主派人士往往忽視了最為重要的一點，他們是在一個素來強調中央集權的威權國家中，推動地方性政府首長和地方議會的民主化選舉改革，因而需要充分考慮和顧及中央政府的感受。誠如學者指出的，民主派在面臨 2004 年立法會選舉時，仍堅持宣稱不會放棄「零七零八雙普選」，但是他們從來不解釋通過何種方式才能改變中央政府的決定；雖然 2004 年的七一遊行參加者數量龐大，但是民主派卻在 2004 年立法會選舉中並未取得滿意結果（less-than-satisfactory result）。[247] 這種複雜的局勢，反映出香港民意與政治的隱然分裂，也為其後的政爭埋下了伏筆——香港民主派和中央政府之間存在嚴重的互不信任（mutual distrust），這使得中央政府有着強烈的動力（incentive）去介入香港的選舉之中，以防止民主派取得對立法會或政府的控制權。[248]

　　在「零七零八雙普選」目標落空之後，香港社會又投入到「二零一二雙普選」的政治運動之中，即要求在 2012 年實現一人一票選舉行政長官以及立法會全部議席由普選產生。顯然「二零一二雙普選」可以視作「零七零八雙普選」的周期性延續，除了規模更加龐大的政治動員

246. 楊艾文、高禮文（2011）。《選舉香港特區行政長官》。香港：香港大學出版社。39–40 頁。

247. Joseph Y. S. Cheng ed. (2007). *The Hong Kong Special Administrative Region in Its First Decade*, Hong Kong: City University of HK Press. pp. 64–65.

248. Johannes Chan. "Hong Kong's Constitutional Journey, 1997–2011," in Albert H. Y. Chen ed. (2014), *Constitutionalism in Asia in the Early Twenty-First Century*. Cambridge, UK: Cambridge University Press. pp. 191–192.

外，議題和策略均基本延續了之前的範式。這種範式具有以下特點：一、通過自下而上的社會動員形成政治壓力，從而希望促成中央政府與特區政府的態度軟化——這符合「抗爭政治」（contentious politics）的典型特徵，即兼具抗爭、集體行動和政治性的特點；[249]二、在所引用的思想資源上，訴諸自由主義的民主理論與國際人權公約，但是較少關注《基本法》制定者的原意，也往往缺乏對中央政府決定及其背後的政治邏輯的體悟；三、在抗爭策略方面，一般通過本港「親民主」的報刊進行輿論動員，佔據政治道德和意識形態的制高點，並且善於利用國際地緣優勢對中央政府與特區政府施壓；四、在動員對象上，雖然動員的參與者構成非常複雜，但是年輕化趨勢非常明顯，研究指出貧富差距增大、青年人缺乏向上流動機會（social mobility）以及對社會累積的不滿，是影響青年政治參與的重要因素[250]——而這種以青年為主體的社會運動已經並將繼續取代原有以政黨為中心的社運模式，這也使得運動的可控性大為降低。

2007 年 7 月，特區政府就普選問題發佈了《政治發展綠皮書》，就香港政制發展的背景、原則、雙普選的模式進行了詳盡的闡述。尤為關鍵的是，在綠皮書中就普選的時間表進行了討論，包括在 2012 年一步到位實現雙普選，或者在 2012 年先經過過渡安排、爭取於 2016 年實現立法會普選、2017 年實現行政長官普選，以及在 2017 年後達至普選。[251]根據在其後公佈的《「政制發展綠皮書」公眾諮詢報告》顯示，多數香港民眾對於普選時機表現出了期待並節制的態度，「有不同的民意調查顯示，過半數的受訪市民認為應該在 2012 年普選行政長官及立法會；但與此同時，若 2012 年不能實行普選，有約六成受訪市民接受在 2017 年普選行政長官，及過半數受訪市民接受在 2016 年或以後普

---

249. 查爾斯・蒂利、西德尼・塔羅，李義中譯（2011）。《抗爭政治》。南京：鳳凰出版集團、譯林出版社。9 頁。

250. Joseph Y. S. Cheng (2014). *New Trends of Political Participation in Hong Kong*. Hong Kong: City University of Hong Kong Press. pp. 5–6.

251. 中華人民共和國香港特別行政區政府（2007 年 7 月）。《政制發展綠皮書》。43–45 頁。

選立法會」。這也説明，多數港人延續了對於普選的務實態度和工具理性──學者指出早在 1980 年的調查也顯示，多數香港人雖然支持快速民主化，但是他們同樣能夠接受由精英和公務員的管治，並且他們懷有家長式價值觀（paternalistic）；港人持「局部性民主觀點」（partial vision of democracy），與其説他們將民主視為權利，不如説他們只是將民主作為達到務實目標的工具。[252] 即便如此，民主的工具價值伴隨着香港社會的政治化，會逐步演變為對於民主自身價值的強調。學者將這個過程稱之為「香港政治社會的形成」，並歸納其原因包括：一、社會經濟的持續現代化，伴生而來的是新的、更複雜、更大規模的發展問題，例如社會經濟權利的多元化和社會經濟關係的複雜化；二、香港民眾政治覺醒，他們知道幸福的生活得依賴政府的服務，他們接受了權利意識，學會了向政府提出要求；三、政權逐漸開放，使之不得不面對日益複雜的社會和進一步現代化的問題，再加上期望升級的群眾、吸納社會精英的策略到達極限、九七主權移交的衝擊等因素，終於決定引進有限的代議政制，結果使尚未被吸納的精英有更多機會扮演積極角色，也創造了群眾參與政治的正規渠道；四、中國政府基於戰略上的考慮，原則上贊同殖民政權的開放方向，並且把代議政制的基本原則（選舉）採納於《基本法》之中，無疑鞏固了群眾政治的制度基礎。[253] 因此，在回歸之後的歷次民主和爭取普選的運動，既是香港社會逐步政治化的過程，也是完成普選的民意動員過程──這個過程也是香港本土主義、民粹主義甚至分離主義興起的過程，香港的政治光譜變得更為複雜和多元。

2007 年 12 月，全國人大常委會通過了「關於香港特別行政區 2012 年行政長官和立法會產生辦法及有關普選問題的決定」，確定 2012 年行政長官和立法會不由普選產生，並重申了實現普選的「五步曲」。更

---

252. Ma Ngok (2011). "Value Changes and Legitimacy Crisis in Post-industrial Hong Kong," *Asian Survey*, 51(4): 683–712.

253. 關信基（1997）。〈香港政治社會的形成〉，《二十一世紀》。6 月號。

為關鍵的是，該決定首次明確設定了普選的時間表，即 2017 年行政長官的選舉可以由普選產生；在行政長官由普選產生以後，立法會的選舉可以實行全部議員由普選產生的辦法。因而在香港民意壓力和中央政治規劃的角力之下，2017 年成為中央政府認可的「普選元年」，並且設定了行政長官和立法會普選的先後次序 —— 中央政府認為 2017 年屬於「五十年不變」的中期，並且已經積累了足夠的選舉經驗，可以進行普選；而之所以確定行政長官和立法會普選的先後次序，則是本着先易後難的原則（行政長官普選有相對共識，而立法會普選的分歧較大）和維護行政主導體制。[254] 即使如此，該決定仍為普選設定了「制動裝置」，以防止中央政府在普選後失去了對香港的管治權，「全國人大常委會的決定開啟了 2017 年普選行政長官與 2020 年普選立法會的可能性，但是也關閉了泛民主派可能當選（stand）的可能性，提名委員會將使得只有愛國的候選人（patriotic candidates）才有可能當選。」[255] 而著名民主學家拉里・戴蒙德（Larry Diamond）在其新著中也指出「除非香港的政治勢力可以找到彌合差異的方式，並且就民主轉型（democratic transition）達成妥協性的計劃和時間表，否則民主派的弱勢狀況將持續很長時間，甚至遠在 2017 年或者 2020 年之後，其原因由三個：第一，全國人大也僅是授權（mandate）分別在 2017 年與 2020 年進行行政長官和立法會的普選，但並不意味着一定要進行普選；第二，普選當然是民主、自由與平等選舉的重要組成部分，但並非唯一要素，民主選舉還需要對競爭的候選人和黨派進行公開與自由的表決；第三，更為重要的是，普選必須在共識下進行，並且根據基本法的規定的提名委員

---

254. 喬曉陽（2007）。《關於〈全國人民代表大會常務委員會關於香港特別行政區 2012 年行政長官和立法會產生辦法及有關普選問題的決定（草案）〉的說明》，在第十屆全國人民代表大會常務委員會第三十一次會議上。

255. Carol A. G. Jones (2015). *Lost in China? Law, Culture and Identity in Post–1997 Hong Kong.* Cambridge: Cambridge University Press. pp. 189–190.

會制度，因此除非有更新的共識達成，否則香港民主轉型的周期將更漫長」。【256】

在上述背景之下，「五區總辭、全民公決」成為在第二波普選運動的重要事件。香港社會民主連線在 2009 年提出了「五區總辭，全民公決」的政治倡議，其事實上是通過該政治行動向中央政府施壓，因而有着濃重的「政治儀式」的色彩──「若香港市民透過全民公決，表示人大常委會的決定不符合香港人民的意願，香港人以選票，主動爭取憲法及基本法所賦予的權利，這不只是香港民主運動的重大突破，也將會是中國民主運動的里程碑。」【257】具體而言，「五區總辭」的基本操作方式是：一、在每一區有一位立法會議員辭職，然後透過補選造成一個全港有法律效力的全民投票；二、在進行全港補選時，全部民主派的候選人均提出一個或一組政治議題（普選），以此作為單一選舉議題，要求市民就此議題而並非個別民主派的候選人投票；三、民主派再確定如何界定「五區投票」的結果，為整個議題投票定成敗，從而把整個五區補選轉為一個「變相公投」或「事實公投」。【258】然而在全國人大已然確定普選時間表的前提下，「五區總辭，全民公決」的實際作用就非常有限了，其既不能改變既定的時間表，也不能為普選開創更加新穎的選舉模式，僅是重申實現普選的政治決心而已。

「五區總辭，全民公決」不僅在香港建制派和民主派之間引發了爭議，也無法在民主派內部取得共識。比如司徒華就對「五區總辭」表示反對，認為這是「形左實右的逃跑主義」、意在搶佔道德高地；【259】建制派人士更是批評「五區總辭」是利用立法會選舉規則的漏洞，浪費特區政府的選舉經費。市民對於「五區總辭」的支持率也乏善可陳，根據新世紀論壇進行的民意調查顯示，只有 25.6% 受訪者表示支持「五

256. Larry Diamond (2016). *In Search of Democracy*. London & New York: Routledge. pp. 341–342.

257. 社會民主連線（2009）。《五區總辭全民公決 2012 年雙普選政治說帖》（修正版）。9 月。

258. 何俊仁（2010）。《謙卑的奮鬥》。香港：香港大學出版社。109 頁。

259. 明報編輯部（2011）。《守護者司徒華》。香港：明報出版社。200–201 頁。

區總辭」，有 43.6% 受訪者表示口號是「太過激進，不可以接受」。【260】
特區政府也指出，所謂的「公投」不符合《基本法》的規定，沒有法律基礎，也沒有法律效力，特區政府不會承認。【261】中央政府對「全民公決」、「變相公投」、「全民起義」等概念更是非常警惕，加深了中央政府對於香港局勢的擔憂。《文匯報》的評論文章指出，所謂「五區公投運動」不僅違法違憲，而且是公然挑戰中央對本港政制發展的憲制權力，衝擊「一國兩制」制度的底線。【262】

「五區總辭，全民公決」事件也反映出香港民主派長期以來的政治運動的策略，即善於利用現有制度空間，進行充分的民意動員、政治宣傳與街頭政治，但是抗爭結果往往「欲速則不達」。這種策略的固有弊端在於，政治運動往往缺乏堅實的法治基礎，僅是通過製造和引入新概念（比如全民公投、公民抗命等），從而試圖以「正當性」（legitimacy）取代合法性（legality）。更為關鍵的是，民主派所發起的政治運動，往往忽視香港的「憲制結構」，以挑戰中央權威的方式開展，將中央政府置於對立面，如此即使可以取得短期的民意支持，但還是缺乏可持續性。在這層意義上，在 2012 年政改中民主黨與中央政府的對話，確實改變了民主派的傳統政治策略，為民主派與中央政府由對抗走向對話提供了契機和範例，也顯示了民主派內部在政治理念與行動策略上的分裂。

根據民主黨事後披露的信息顯示，在 2010 年 2 月 17 日，梁愛詩在金鐘港麗酒店以中央代表身份與民主黨何俊仁接觸，並表示「中央有興趣與民主黨對話探討政改問題」。【263】隨後在 4 月 11 日，梁愛詩傳達中

---

260. 新世紀論壇（2010）。《市民對五區總辭意見調查》。2 月 10 日。

261. 〈曾蔭權正式回應「公投」違憲逆民意港府不承認〉，《人民日報》（海外版），2010 年 1 月 28 日。

262. 〈中央嚴正警告「公投」違法違憲〉，《文匯報》，2010 年 1 月 20 日。

263. 值得注意的是，在民主黨的事後陳述中，指稱對話是由中央政府主動提出並安排。然而作為該次對話「傳話人」的梁愛詩，卻反駁這說法，指出民主黨早在 2009 年 12 月 22 日，雙方經友好安排午宴，民主黨的何俊仁及張文光在宴會上表示希望與中央對話討論政改談判。具體請參見〈梁愛詩：民主黨主動要求與中央溝通〉，《文匯報》，2010 年 7 月 10 日。

央願與民主黨正式對話的訊息：一、中央知悉民主黨沒有參與五區補選，認同民主黨的理性路線；二、中央官員將發表談話，重申普選的立場；三、在適當時間，中央會委派中聯辦官員直接與民主黨接觸，聽取民主黨的政改意見。[264]誠如學者所指出的，中央政府之所以選擇與民主黨進行對話，並在其後接受了民主黨提出的政改方案，「一是為了儘早在香港逐步實現政制改革，二更是防止民意向右傾斜。」[265]對於民主黨而言，經過回歸後的十餘年的政治經歷，也顯然認識到有必要重新調整政治策略，特別是在現實政治框架下重新定位自身與中央政府的關係。民主黨的策略是重新定義跟中央的關係，由「拒共抗中」，到承認中央政府的憲制權威和地位，但條件是要取得北京的認同和善意回應；因為民主黨向中間陣地移去，雖然會損失部分較極端激進的票源，但有了北京的認同和響應，他們就可以向中間的選民招手，「塞翁失馬，安知非福」。[266]學者評論指出，在拒絕參加 2009 年 12 月的公投運動（referendum movement）後，香港的温和民主派（moderate democrats）開始選擇對話與協商的政治策略，由此温和民主派開始與親北京和親政府的建制派、特區政府以及更為重要的中聯辦舉行了一系列會晤；不僅是温和民主派希望與建制派進行交流，建制派也希望與温和民主派開始對話，因為激進民主派顯然不會支持政府提出的政改方案，此時温和民主派成為重要的爭取對象。[267]

　　通過民主黨與中央政府的對話，中央政府與香港温和民主派的妥協成為可能。民主黨的改良方案（「一人兩票」模式）也獲得中央政府和特區政府接受，即在 2012 年立法會選舉時，立法會總議席由 60 席增至 70 席，新增的 10 席中有 5 席為直選議席，5 席為區議會功能組別議

264. 何俊仁（2010）。《民主黨政改六人工作小組與特區政府及中央政府對話會談報告》。7 月 7 日。

265. 吳幼珉（2010）。〈北京為何接納香港民主黨的改良方案？〉，《聯合早報》，6 月 24 日。

266. 劉夢熊（2010）。〈指點江山：民主黨轉型的複雜性〉，《文匯報》，7 月 20 日。

267. Bennis Wai Yip So and Yuang-kuang Kao (2014). *The Changing Policy-Making Process in Greater China: Case Research from Mainland China, Taiwan and Hong Kong.* London & New York: Routledge. pp. 159–160.

席，其中區議會這 5 個議席由所有以前沒有功能組別選舉權的市民投票從區議員候選人中選出 —— 如此一來，在立法會選舉中，全體香港市民每人都有兩票，一票投選直選議員，一票投選功能組別議員，稱為「一人兩票」。2010 年 6 月 25 日，香港立法會經過三天辯論，完成表決整套 2012 年政改方案，行政長官和立法會產生辦法，均以 46 票贊成（超過三分之二）多數票通過。民主黨的 8 名議員均投票贊成，這在分組點票機制下，對於地區組別表決通過有着至關重要的意義。因而 2012 年政改的意義不僅限於民主進步，還創設了一種在地方民主改革中，地方性政黨與中央政府協作互動的新模式。更為重要的是，二者對話合作的基礎是，他們都認識到遏制激進與極端勢力、逐步右傾的政治派別、以及漸趨民粹的政治傾向是他們共同需要應對的問題。

因而，回歸後香港的政治光譜經歷了分化和重新組合，已然由「建制派（親北京派）vs. 民主派（反對派）」的二分法，逐步演化至「建制派—溫和民主派—極端派」的三分法。[268]溫和民主派在拋卻歷史包袱和意識形態對立之後，顯然可以成為新政權的建設性力量 —— 但是建制派和溫和民主派之間的同盟關係異常脆弱與多變，僅可能在個別政治議題上可以通過臨時妥協達成共識，卻無法形成充分的政治默契。因而，除了在關鍵議題上的政治協調，更重要的是將溫和民主派吸納進入體制之內，使其成為制衡香港政治激進化的重要力量 —— 此時建制派與民主派的界限便會趨於模糊，現時已有昔日被指為「泛民主派」的人士，在中央政府任命下成為主要官員，這體現了中央政府一直以來強調的立場，就是即使以往屬「泛民主派」，也可通過具體行動，獲得中央政府的信任，成為「建制派」一員，或者起碼成為「忠誠的反對派」。[269]歸根結底，不同的政治派別應當依賴其施政綱領獲得選民的認可，而不是依據與中央政府的關係界定不同的政治標籤。

---

268. Wai-man Lam. Percy Luen-tim Lui and Wilson Wong (2012), *Contemporary Hong Kong Government and Politics (Second Edition)*. Hong Kong: Hong Kong University Press. pp. 143–144.

269. 張志剛（2015）。〈行政立法關係骨子裏仍是「建制」和「泛民」之爭〉，《明報》，7 月 15 日。

在 2012 年政改方案驚險通過後，香港各類政治派別迅速投入到對於 2017 年行政長官普選方案和 2016 年立法會普選方案的討論之中。從 2013 年初至 2015 年 6 月立法會否決政改方案，在長達兩年半的時間中，行政長官普選方案成為香港政治爭拗的核心，這可以視為自 2007 年以來香港普選運動的第三波。（見圖 2.1）與前兩波普選運動（零七零八雙普選運動、二零一二雙普選運動）相比，第三波普選運動具有以下特點。第一，與前兩次運動試圖通過政治動員的方式，倒逼中央政府授權不同，由於普選時間表已然確定，因而此次運動的目標是影響具體普選方案，即希望在行政長官普選時增設公民提名與政黨提名的方式，在立法會普選時廢除功能組別和分組點票制度。比如由學民思潮與學聯提出的「學界政改方案」就包括了公民提名、廢除功能組別等內容，「真普聯」提出了公民提名、政黨提名與提名委員會提名的「三軌制」方案，「十八學者方案」則是建議在提名階段前增設「公民推薦」的程序。第二，街頭運動成為政治動員的主要方式，並且以「佔領中環」為標誌，將街頭政治發揮到極致，從而使得政改爭執由議會轉移至街頭。後期佔中與「反佔中」人士的街頭衝突，更是將香港政治分裂以最為直白的方式表現出來。誠如學者所描述的，佔中派在 6 月底舉行「民間公投」，獲得近 80 萬人簽名支持，聲勢大振，隨後更是集合近千人實地「預演佔中」，運動如箭在弦上，一觸即發；建制派於 7 月初成立「保普選反佔中大聯盟」，展開「反佔中」簽名運動，至 8 月獲得 150 萬人簽名，對立局勢開始形成。【270】第三，相比前兩次普選運動，由於此次具有現實可能性，因而各種政治派別在提出普選方案時，表現出了矛盾的心態：一方面期望藉由普選鞏固自身力量，另一方面又擔憂最終通過的方案會危及現存的政治態勢。就這點而言，立法會否決政改方案反而成為各方能夠接受的結果。第四，與 2012 年政改相比，由於普選問題已然觸及到了中央政府和香港民主派的核心利益，因而再次對話與合作的契機已然不復存在。事實上在此過程中，國務院港

---

270. 陳方正（2015）。〈香港往何處去？——一個香港中國人看「佔中」〉，《二十一世紀》。2 月號。

澳辦、中聯辦多次與民主派進行磋商。包括 2014 年 4 月特區政府首輪政改諮詢期間，立法會安排議員訪問上海，並與時任國務院港澳辦主任王光亞、時任全國人大常委會副秘書長兼香港基本法委員會主任李飛及時任香港中聯辦主任張曉明會面；2014 年 8 月特區政府分批邀請反對派「飯盒會」議員與張曉明交流；2014 年 8 月 21 日，王光亞、李飛等南下深圳出席多場政改座談會，其間單獨與反對派議員交流；在特首普選方案表決前夕，全體立法會議員再次獲邀到深圳，與負責政改的中央官員會面。但是與 2012 年政改不同的是，溫和民主派擔心，一旦行政長官普選方案獲得通過，便再無可能取得管治權；同時激進民主派以反對「密室政治」為名，形成對溫和派的強大壓力，使其難以與中央政府再次進行實質性對話。

在立法會否決政改方案之後，特區政府認為需要將精力由政治領域重新回到發展民生與經濟方面，並為此與中央政府進行積極溝通，促成香港經濟納入國家戰略之中。[271]但是，政改方案否決顯然並不是香港「去政治化」的開端，而是再次政治化的前奏——民主派迅速提出「重啟政改五步曲」的要求，要求按照原有步驟啟動下一輪政改諮詢；亦有港區人大代表擬向常委會建議，容許港府向立法會提交修改《基本法》附件一的議案時，加入 2022 年及以後的特首選舉辦法，可按香港實際情況及循序漸進原則，重新啟動「政改五步曲」的條文。[272]雖然對於重啟政改的時間缺乏一致認識，但是綜合目前各方表態，以下關於普選時間的幾點信息是可以確認的：一、特區政府沒有再次啟動政改的明確時間表；二、中央政府也傾向認為，香港不應該馬上啟動政改：香港經歷兩年多的討論、爭議甚至騷亂，付出巨大的社會成本之後，已提出合乎《基本法》和香港實際的最好方案，卻被反對派否決，顯然短期內找不到任何重啟政改的理由；[273]三、即使重啟政改，人大

271. 凌德（2015）。〈梁振英政改被否後首次進京〉，《環球時報》，7 月 14 日。

272. 〈2022 後重啟五部曲田北辰人大倡寫明〉，《明報》，2015 年 2 月 27 日。

273. 閔哲（2015）。〈香港輿論：反對派無法推卸歷史責任〉，《人民日報海外版》，6 月 23 日。

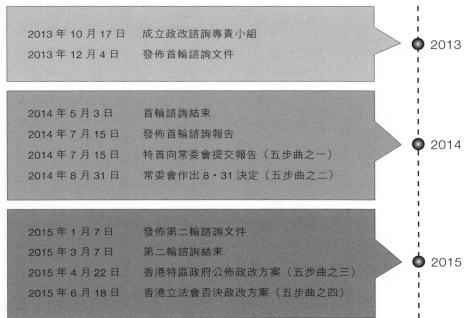

圖2.1：2013至2015年香港政制改革時間軸

2013 年 10 月 17 日　　成立政改諮詢專責小組

2013 年 12 月 4 日　　發佈首輪諮詢文件

2013

2014 年 5 月 3 日　　首輪諮詢結束

2014 年 7 月 15 日　　發佈首輪諮詢報告

2014 年 7 月 15 日　　特首向常委會提交報告（五步曲之一）

2014 年 8 月 31 日　　常委會作出 8・31 決定（五步曲之二）

2014

2015 年 1 月 7 日　　發佈第二輪諮詢文件

2015 年 3 月 7 日　　第二輪諮詢結束

2015 年 4 月 22 日　　香港特區政府公佈政改方案（五步曲之三）

2015 年 6 月 18 日　　香港立法會否決政改方案（五步曲之四）

2015

的 8・31 決定將繼續有效：需要注意的是，「8・31 決定」的全名為《全國人民代表大會常務委員會關於香港特別行政區行政長官普選問題和 2016 年立法會產生辦法的決定》，其並未在「行政長官普選問題」前加上任何年份或者屆數限制，這意味着其具有反覆適用的效力。誠如中央官方媒體所指出的，全國人大常委會「8・31 決定」在下一次政改時仍然有效，其中的底線，中央絕不可能退讓。【274】

　　相關評論也指出，目前香港政改面臨的可能性有四種：「第一是在下屆重新啟動政改，但對 8・31 決議根本不會改動；第二是行政長官根據《基本法》解散立法會，再重新啟動政改；第三是不再推動政改，2047 年以後再說；第四則是若香港由此出現社會的不穩定，可根據《基

274. 王平（2015）。〈香港「後政改」之路怎麼走？〉，《人民日報海外版》，6 月 30 日。

本法》把內地法律引入香港，但在此之前，可減少對香港經濟的某些倚賴，以減低對內地的衝擊。」【275】就現階段中央政府的態度與香港政治局勢而言，後三種可能性的發生概率極低，因而較為樂觀的預測是將在林鄭月娥執政期間再次啟動政改，即對 2022 年特區行政長官普選問題重新啟動修改《基本法》附件一的程序。鑑於全國人大常委會決定已經預設了行政長官普選與立法會普選的先後次序，因而在 2022 年行政長官實現普選後，最早在 2024 年進行立法會普選。

275.　雷鼎鳴（2015）。〈假如政改不能通過〉，《晴報》，4 月 24 日。

第三章

立法會普選制度的經驗借鑒[1]

❀❀❀❀❀❀❀❀❀❀❀❀❀❀❀❀❀❀

　　香港立法會普選不僅需要歷史向度的縱向比較研究（即考察回歸前的立法局和回歸後立法會選舉制度的發展），也需要有國際視野的橫向比較研究。然而囿於學科限制和政治考慮，相關研究並沒有深入地展開——學者或認為「一國兩制」與特別行政區制度僅是中國的特色制度，在世界其他國家或地區難以尋找同類；或者認為相關比較研究的成果難以成為香港的借鑒，因香港不僅作為具有高度自治權的特別行政區，也是具有國際影響力的金融都市及社會主義國家中實行異質政治制度的地方政府。不過，如果將香港納入世界政治發展脈絡之中，就可以發現雖然「一國兩制」是中國政治領袖的創作，「一國兩制」下的特別行政區制度是中國特有的憲制結構，但這並不意味着在其他國家或地區不存在類似的制度。遺憾的是，目前對於國際經驗的比較研究並非充分，只是個別學者關注到其中的學術和實踐價值，進行初步的比較分析。[2]

　　從經濟特徵而言，香港作為國際金融中心，也是經濟發達的現代化都市區（metropolitan district），與英國的倫敦、美國的紐約、法國的巴黎、日本的東京、瑞士的蘇黎世等有某些相似點——這些城市均是世界級的金融市場和投資交易中心，具有支配和影響世界經濟的能力，

---

1. 本章部分內容以〈國際視野下的香港立法會普選之道〉為題發表於《「一國兩制」研究》（2017）第 4 期。

2. 屠凱（2014）。〈單一制國家特別行政區研究：以蘇格蘭、加泰羅尼亞和香港為例〉，《環球法律評論》。5 期；屠凱（2012）。〈論西方多民族國家的憲制安排：英國、加拿大和西班牙〉，載許章潤主編，《歷史法學》（第 5 卷）。北京：法律出版社。185–213 頁；屠凱（2015）。〈西方單一制多民族國家的未來——進入 21 世紀的英國和西班牙〉，《清華法學》。4 期。

並且建立了與其經濟地位相匹配的政治和選舉制度。就政治特徵而言，香港與加拿大的魁北克、美國的波多黎各、英國的北愛爾蘭、西班牙的加泰隆尼亞乃至法國的瓜德羅普有相似之處——這些地區雖然有不同的歷史背景、政治現狀與權力結構，但是它們共同作為統一國家內與主流政治制度、文化環境與生活方式存在較大差異的「異質地區」（heterogeneous region）。在這些異質地區內，中央政府不僅對其實行特殊的管治方式，而且由於異質性導致的國家認同感薄弱，容易產生分離主義傾向。[3] 因而這些都市和地區的普選經驗，對於研究香港立法會普選具有借鑒意義，並為「一國兩制」增加新的內涵。

值得說明的是，本書並沒有從單一制或聯邦制的角度來選擇比較對象，而是代之以「經濟性都市」和「政治異質地區」的標準去衡量，其原因不僅在於現代國家結構發展的趨同性（即單一制國家內的地方分權與聯邦制國家內的中央集權是並行存在的兩種趨勢），也是因為如果將國家結構的變量納入比較研究之中，就限制了比較研究和經驗借鑒的視野，使比較研究陷入中央——地方關係的複雜討論之中，遮蔽了各個地方的真實經驗。基於此，本書基於香港的特點（一方面香港作為經濟性都市，另一方面香港作為中央集權國家內的異質性地區），選擇兩類地方議會作為對比研究的對象：一類是紐約市（New York City）、大倫敦區（Greater London）、新加坡這類作為國際金融中心的城市議會的選舉制度，另一類是英國的北愛爾蘭地區、加拿大的魁北克省以及西班牙的加泰隆尼亞自治區這類統一國家內政治異質且實行高度自治的地方選舉制度。

---

3. Emily Etzel (2015). "The Current Quebec Separatist Debate and Its Influence on the First Nations of Quebec," Carnegie Mellon University Dietrich College Honors Thesis.

一、地方議會普選基本理論

構成議會選舉制度的三個要素是選區規模、選票結構和席位換算方式。這三個要素的不同組合方式，可以產生諸多類型的選舉制度。一般可歸類為「單一選區制」、「半比例代表制」和「比例代表制」三種。在這三種基本類型下，又因有不同的設計（如選區劃分、選票設計、選民登記等）再細分成許多不同的模式。[4] 選舉制度並沒有固定的優劣標準，各個國家和地區均是根據當地情況選擇適宜的選舉制度，政體形式、中央與地方關係、階層結構與政黨政治等因素均會影響選舉制度的選擇。政治決策者在討論採用何種議會選舉制度時，一般會考慮該選舉制度能否建立相對穩定的政府（避免議會頻繁倒閣）、能否獲得主要政治力量的支持、能否反映該地的民意。比如學者在對日本選舉制度進行觀察時，提出了兩個假設命題：一、中選區制是選舉制度面上的中位選擇（median voter），即中選區制度對於大黨和小黨都是可以接受的；二、如果某權力集團經由既有的選舉制度取得優勢（dominant）地位，則在其他條件不變的情況下，此一制度是該集團最喜好的制度。[5] 這意味着選舉制度的確立，事實上是各種政治力量角力與妥協的結果，而並非具有統一的模式。

對於民主後發國家而言，議會政治不僅意味着簡單的選舉改革，而是關涉政治現代化問題。以日本帝國為例，其採用議會體制政府（parliamentary form of government）的主要動機是顯得現代化並獲得國際尊重，僅有小部分原因是想提升大眾民主（mass democracy）——儘管在 1896 年日本進行了全國性的選舉。作為東亞選舉和議會政治的局外人，日本並未原樣移植歐洲的憲政政府，而是設計了一種混合式的日本獨有體制。與之類似，大部分東亞國家將各種西方的議會體制與本土因素（indigenous elements）混合起來。如果一個國家沒有議會，那麼

---

4. 李憲榮（2008）。〈愛爾蘭「單一選票讓渡」的選舉制度〉，《台灣國際研究季刊》。4 卷第 4 期。

5. 林繼文（1997）。〈制度選擇如何可能：論日本之選舉制度改革〉，《台灣政治學刊》。2 期。

顯然它肯定不是一個民主國家。但是這句話反過來也是不對的,即所有設有議會的國家並非都是民主國家。事實上,在建立議會制度的國家中,既有競爭性選舉的國家,也有非競爭性的一黨國家。[6]

在選舉民主制的國家中,選舉制度的設計必然涉及到三個基礎問題:誰應該被代表?代表怎樣產生?代表應該如何作為?[7]第一個問題事實上涉及到選舉權的範圍,即哪些人並不享有選舉代表的權利,對於該問題的不同答案構成了普選和「限制選權」的區別——普選的概念也是因此而產生的。第二個問題是關於選舉制度的設計,即採取多數代表制、比例代表制或是二者的混合,對此不同國家採取了迥異的制度選擇。而第三個問題則是關於代表的責任性問題,即如何保證被選舉出的代表對選民負責,這是選舉制度的末端問題。關於選舉制度的比較研究往往從這三個方面出發,就選舉權的範圍、選舉制度和代表監督制度進行對比。當然對於地方議會普選而言,影響其選擇普選制度的因素更加複雜,對此還需要研究地方選制與中央選制的關係問題。

在美國建國之初的制憲過程中,對地方選制和中央選制的關係進行過討論,即聯邦參議員和眾議員選舉的時間、地點和方法是由聯邦議會最終決定,還是由各邦自行決定。聯邦黨人直截了當的指出,如果把選舉全國政府的管理權,交給各邦政府獨享,聯邦的存在,就會聽憑各邦發落;對此問題不偏不倚的看法,定然會走向一種堅定的信念:兩級政府,應該各自依靠自我,實現自己的長存。[8]此觀點意在強調以下幾點:一、在統一國家內必然存在多種層級的選舉制度,而各級選舉制度之間存在或強或弱的聯繫;二、中央政府應當控制自身的

---

6. Lam Peng Er (2013). "Parliaments in East Asia: Between Democracy and 'Asian' Characteristics?," in Yongnian Zheng, Liang Fook Lye and Hofmeister Wilhelm eds., *Politics in Asia: Parliaments in Asia: Institution Building and Political Development*. London & New York: Routledge. pp. 13–14.

7. 張鳳陽(2006)。《政治哲學關鍵詞》。南京:江蘇人民出版社。154–155 頁。

8. 亞歷山大•漢密爾頓(Alexander Hamilton)、詹姆斯•麥迪遜(James Madison)、約翰•杰伊(John Jay),尹宣譯(2010)。《聯邦論》。南京:譯林出版社。409–410 頁。

選舉議程，以免形成地方決定中央的局面；三、應該賦予地方選舉以適當自主權，從而形成多層級的選舉結構。

相對於國家層面的普選而言，地方普選似乎更加容易建構與推行。首先，相對於全國性的複雜族群和文化構成，地方居民的同質化程度更高，這是順利推行選舉的必要政治基礎。其次，相對於國家範圍內的地域利益分歧，地方範圍內的選民利益更加統一，雖然難免也會涉及到內部利益的衝突和平衡，但是調和的成本顯然更低。再次，相對於全國性的劃分選區與組織投票等程序性事項而言，地方性的選舉制度更加簡單易行，因此投票率往往更高一些。不過，上述判斷有時並不能得到實證支持，以投票率而論，學者對於美國地方性選舉的觀察發現，其投票率一直處於降低趨勢，並且投票率並不高於中央層面。比如在美國加利福尼亞州的市長選舉中僅有 44% 的註冊選民參加投票，佔全部適齡選民的 28%；市議會選舉的投票率略高一些，有 48% 的註冊選民投票，佔全部適齡選民的 32%——加州本地選舉的投票率與全國層面選舉（national elections）形成了鮮明對比，在總統選舉中 68% 的註冊選民參加投票。[9]英國地方選舉的投票率也持續低迷，較之於全國選舉更是遜色，根據《衛報》（Guardian）在 2012 年的報道，英國自 1918 年至 2010 年的全國性大選的投票率平均值為 73.3%，最低點則是 1918 年的 57.2%；然而地方選舉的投票率一直在 42.3% 以下，其中最低點出現在 1998 年（28.8%）。[10]

此外與常識不盡相同的是，地方選舉也不只集中於地方議題，全國性議題同樣是地方選舉的焦點，這在小國表現得更為明顯。比如學者在對韓國地方選舉進行觀察時指出，「雖然地方政府的選舉，理應將焦點着重於與地方公共事務相關的政策議題辯論之上，但與過往韓國

---

9. Zoltan L. Hajnal and Paul G. Lewis (2003). "Municipal Institutions and Voter Turnout in Local Elections," *Urban Affairs Review*, 38(5): 645–668.

10. Simon Rogers and John Burn-Murdoch (2012). "UK Election Historic Turnouts since 1918," *Guardian*.

地方選舉不同，此次韓國地方選舉仍舊圍繞着全國層次的社會議題來展開。」[11]造成上述情況的原因有多方面，其中最為重要的應當是中央政府的集權化趨勢，使重要議題都收歸中央政府，因而選民的關注焦點自然也向全國議題轉移。另外一個很重要的原因是，由於信息通暢和人口遷徙，全國性議題和地方性議題的界限漸趨模糊，全國性議題很快本地化，成為地方居民所關注的焦點。

此外，關於地方性普選的研究不僅應關注該地的政治實踐，而且應將其置於主權國家的範圍之內，關注地區普選與國家普選之間的制度關聯，並關注主權國家如何通過選舉制度實現對於地方議會的控制。誠如學者所指出的，選舉對地方治理來說具有雙重意義：普選一方面反映地方自治的需求，另一方面也反映國家政治理念。兩者的能否實現與既有的政治文化傳統與社會經濟條件之間存在緊密的相關性。無論是單一制國家、聯邦制國家還是特別形式的屬地，地方的選舉資格與範圍最終由中央政府設定。不過，在條件成熟的情況下，中央政府可以授權地方自行決定選舉資格。同時需要對目標地區的社會一般狀況與精英的結構兩方面進行分析，然後考慮限制條件可能產生的後果。[12]

二、經濟性都市的議會普選

從主權國家的層面來看，經濟發展和民主政治的關係頗為複雜——一方面，就因果關係而言，難以推論出經濟發展導致民主制度、或是民主制度帶來經濟騰飛的必然聯繫；另一方面，就現實例證而言，可以找到二者的經驗性聯繫，比如多數經濟發達國家已經實現了以競爭

---

11. 董思齊（2014）。〈韓國第六屆地方選舉的觀察與其對台灣政治的啟示〉，《台灣思想坦克》。8月號。

12. 程潔（2009）。〈地區普選的憲制基礎研究——以香港普選問題為出發點〉，《清華法治論衡》（第11輯）。北京：清華大學出版社。188–210頁。

性選舉為表徵的民主制度，不過也很容易找到相反的例證。[13] 僅就經濟性都市而言，通常意義上的國際金融中心城市大部分已經實現了普選。根據卡塔爾金融中心管理局（The Qatar Financial Centre Authority）所發佈的「國際金融中心指數」（Global Financial Centres Index），位列前十位分別是紐約、倫敦、香港、新加坡、東京、蘇黎世、首爾、舊金山、芝加哥和波士頓，[14] 其中除香港和新加坡具有較為明顯威權色彩外，其餘均有較為民主化的普選制度。當然，經濟性都市的選舉制度缺乏「自組織性」，往往依附於其所屬的主權國家的頂層設計。比如，首爾（Seoul）的選舉制度就取決於韓國的整體政治體制，雖然名義上韓國自 1948 年就有了國會普選，並由普選產生的國會選舉總統，但是遲至 1987 年的「六月民主運動」後才真正實現了總統和國會的直接選舉，並通過修改憲法確認了選舉體制的改革。而對於作為地方政府的首爾，其地方議會和市長直到 1995 年才開始由民選產生。[15] 由此可見，地方選舉制度與國家選舉制度的發展變遷密不可分，往往是在實現國家層面的民主化改革後，地方層面的普選才有存在的政治空間。本書選取紐約與倫敦作為比較研究的對象，因二者均為與香港齊名的國際金融中心，也是該國的經濟中心或政治中心，有久遠的普選歷史；此外，雖然新加坡並非典型意義上的經濟型都市，而是主權國家，鑒於新加坡與香港在政治經濟體制以及歷史文化方面的相似性，本書將其一併作為比較研究的對象。

（一）紐約市議會普選制度

紐約市議會（New York City Council）是紐約市的代議機構，負責監察（monitors）市政機構的運作和績效，確定土地用途以及批准城市

---

13. 郭承天、吳煥偉（1997）。〈民主與經濟發展：結合質與量的研究方法〉，《問題與研究》，第 36 卷第 9 期。

14. The Qatar Financial Centre Authority (2015). *The Global Financial Centres Index*.

15. Robert Bedeski (2002). *The Transformation of South Korea: Reform and Reconstitution in the Sixth Republic Under Roh Tae Woo, 1987–1992*. London & New York: Routledge. pp. 40–42.

預算，並且掌握紐約市的立法權。紐約市市長並非由市議會選舉產生的，二者只是作為管理城市的平等夥伴機構（equal partner）。具體而言，紐約市議會的職責包括以下幾點：一、預算為其核心職能，通過預算來確定優先項目，分配資源並且為政府確定施政綱領（policy agenda）；二、根據 1990 年的修訂紐約市憲章（charter），議會獲得了審查土地使用事宜、批准區劃變更、住房和城市更新計劃、社會發展計劃以及市屬財產的處置的權力；三、通過聽證會的形式，議會可以對市政機關進行常態性監察，以確定其工作進展和預算是否合理使用；四、作為立法機關，市議會制定和通過市政管理的法律，已經制定了一系列具有里程碑意義的法律，包括在公共場所限制吸煙、競選資金、反種族隔離、固體廢棄物回收利用以及限制武器的法律，而大部分的立法是由市議會下屬的委員會完成的，並且在委員會上由市政機關和公眾進行討論。

紐約市議會的權力來自於紐約州憲法（New York State Constitution）、紐約州地方政府法、市政地方自治法以及紐約市憲章。市議會由 51 名議員組成，由 51 個市議會選區（council district）產生。這 51 個選區實際上就是將紐約的 5 個行政區按照一人一票的原則，依據相應的人口比重平均劃分而來。紐約市議會的選舉採取「票多者當選制」（First Past the Post）。在紐約，民主黨和共和黨仍然是最主要的兩個黨，因而紐約的政黨體系仍然是兩黨制。兩黨制適合採用單議席單票制；當然同時，單議席單票制也對兩黨制有塑造作用。民主黨在紐約市議會中佔據絕對優勢地位（在 51 名議員中，民主黨人士 48 名，而共和黨僅有 3 個議席）。

值得注意的是，政黨體制對於議席數量有着直接的影響。紐約市議會曾經在 1936 至 1947 年間採用比例代表制，得到共和黨的擁護——共和黨作為紐約市議會的少數黨，可以利用比例代表制得到更多席位。有學者測算了在 1931 年的紐約市議會選舉中，如果採用單議席制度（Single Member Districts），民主黨可以憑藉 65% 的選票獲得 64 個席位（佔議席總數的 98.5%），而共和黨在 25.9% 的選票下僅能獲得 1 個

席位（佔議席總數的 1.5%）；但是如果採用比例代表制，在選票不變的前提下，民主黨和共和黨則可以分別獲得 42 個和 17 個席位，之前無法獲得議席的社會黨（Socialists）也可以獲得 6 個席位。[16] 學者對此指出，「政治的背後總有人們看不到的動機，紐約的共和黨人推動了這種新制度，作為少數黨，他們認為可以利用比例代表制來增加他們在市議會中的席位。」[17] 但是顯而易見的是，這種制度不僅使共和黨人受益，也使得社會黨（社會主義者）獲得了相當的席位。「引入比例代表制意味着允許左翼勢力在政府中有相應代表，因為他們可以在獲得少數選票的情況下取得議會席位，在 1937 至 1949 年的紐約市議會中，左翼政黨通過比例代表制獲得了顯著的成功」。[18] 因而在二戰後隨着對於社會主義力量的恐懼和控制，紐約市議會廢除了比例代表制。

　　觀察紐約市議會的另外一個重要視角，就是市議會和市長的關係，或者説是立法和行政的關係。事實上，國家層面的選舉往往需要同時關注橫向和縱向兩個層面，即在橫向上處理立法、行政和司法的權力配置，在縱向上注意中央政府和地方政府的分權。前者旨在協調處理不同權力分支之間的關係，後者旨在實現中央與地方的合理分權。然而在都市選舉的層面上，由於其轄區有限，行政層級較少，因此選舉制度重點關注橫向的權力配置，重在處理都市行政機關和議會之間的關係。學者指出不同的都市採取了差異性的橫向權力配置。比如紐約的市長和市議會分別由選民普選產生，倫敦市議會由普選產生並負責組織市政府，巴黎的市議會由普選產生、但是市長卻由中央政

<hr>

16. Michele Rosa-Clot (2007). "This Stalin Frankenstein System: Adoption and Abrogation of Proportional Representation in New York City, 1936–1947," *RSA Journal*, 17/18: 201–240.

17. 威廉・龐德斯通（William Poundstone），劉國偉譯（2011）。《選舉中的謀略與博弈 —— 為什麼選舉不是公平的》。北京：中央編譯出版社。190 頁。

18. Gerald Meyer (1996). "Proportional Representation: The Urgency of Real Reform," *Against the Current*. pp. 14–18.

府委派。[19] 對於美國而言，都市的橫向權力關係一般就表現為市議會和市長的關係，或者稱之為「都市政府的結構形式」（Forms of Municipal Government），其典型形態有兩種：其一是「市長—議會」模式（Mayor-Council Government），其二是「議會—市長」模式（Council-Manager Government）。在前一種模式下，市長和議會分別由普選產生，形成類似於美國聯邦政府的政治格局，這時出於提高行政效率的考慮，往往是由市長佔據主導地位；在後一種模式下，市長由議會選舉產生，議會在立法、預算、決策等方面發揮重要作用，市長是執行議會命令的機構而已。除了這兩種典型的都市政府形式外，還有委員會制度、市鎮會議（Town Meeting）、代表性市政會議（Representative Town Meeting）等形式。不過顯而易見的是，「市長—議會」模式與「議會—市長」模式仍是大都市的主流結構形式，其他政府形式在中小城市中適用得更為廣泛一些。相關統計指出，在美國排名前三十的大型都市中，採用「市長—議會」模式的佔據主流地位（21 個）、而採用「議會—市長」則並不多（僅為 9 個）。[20]

「市長—議會」模式顯然更加符合現代都市的行政效率的要求。現代都市的行政事務愈發繁瑣，政府承擔了大部分的市政服務職能，因此需要高效和強力的執行機關。囿於議會本身的合議體制，多數情況下難以承擔高效的決策任務。在「市長—議會」模式下，議會主要承擔立法和監督職能，而決策和執行的權力則交由行政機關完成。在 1995 年紐約市的相關案例中，議會未經過全民公決（referendum）而通過立法授權自身有權向「獨立警察調查和審計委員會」任命若干職員，被紐約最高法院裁定為侵犯了（usurped）行政權，即該項立法事實上行使了本該由市長行使的權力；與之類似，紐約市議會在 1993 年通過

---

19. 劉子昱、廖達琪（2011）。〈大都民主治理的跨國比較〉，第四屆城市學研究學術研討會論文。高雄市立空中大學。

20. Christine Kelleher Palus eds. (2016). *The CQ Press Guide to Urban Politics and Policy in the United States*. Washington DC: CQ Press. p. 128.

立法批准了公司經營通勤車的申請，也被法院認定為損害了市長的權威。[21] 因而在強勢的市長權力面前，紐約市議會的職能就被局限在以預算功能為核心的監督制衡方面，並且確定城市發展的長遠規劃，與市長的行政權形成了較為清晰的分界。

從內部結構上看，市議會的首領是議長（Council Speaker），議長由議員互選產生，其權力也主要是程序性的事項，比如召集市議會的會議、確定議事日程、由議長辦公室提交需要討論的法案等。現任議長梅利莎·馬克·維維里蒂托（Melissa Mark-Viverito），出生於波多黎各的西班牙裔的民主黨女性議員，於 2014 年 1 月全票當選議長。市議會中除了議長還有兩個重要人物，即兩個主要政黨在議會的領袖，分別稱為多數黨領袖（Majority Leader）和少數黨領袖（Minority Leader），他們的職能主要是監督該黨的議員在重要表決時，應該使議員決定符合本黨利益。在本屆議會中，議長梅利莎·馬克·維維里蒂托也是多數黨（民主黨）的領袖。在紐約市議會下設了多個委員會和小組委員會（Subcommittee）。目前有 36 個委員會和 6 個小組委員會，比如民權委員會、公務員和勞動委員會、經濟發展委員會、教育委員會、藥品濫用小組委員會、公共住房小組委員會等。此外，在議會中還公開存在一系列「核心小組」（caucus），以代表和維護少數群體在議會中的利益，比如目前已經成立的非裔拉丁裔亞裔核心小組、猶太人核心小組、同性戀雙性戀與跨性別群體核心小組、婦女核心小組。

紐約市議會每屆任期四年，上一次選舉在 2013 年 9 月舉行，紐約全市分為五個大選區，其中曼哈頓區 10 個選區，布魯克林區 16 個選區，皇后區 14 個選區，布朗克斯區 8 個選區，史坦頓島 3 個選區，每個選區按照票數多寡選舉一名議員，共選出 51 名議員。在 2013 年選舉中僅有 3 名共和黨候選人當選，除了皇后區選出了 1 名共和黨人，其

---

21. Elizabeth Fine and James Caras (2013). "Twenty-Five Years of the Council-Mayor Governance of New York City: A History of the Council's Powers, the Separation of Powers, and Issues for Future Resolution," *New York Law School Review*, 58: 119–136.

餘兩名共和黨人皆出自史坦頓島。值得注意的是，紐約市所有選舉產生的公職均實行任期制（term limits）。根據 1993 年通過紐約市民全民公決修改的紐約市憲章，對於所有的選舉產生的公職人員最多任職兩屆（每屆四年），包括市長、鎮長（borough presidents）以及 51 名市議員，超過 59% 的市民支持了該項公決；在 1996 年又進行了一次全民公決，表決是否將任期延展至三屆，結果有 54% 的市民反對該項提議，從而使得任期限制仍為兩屆；在 2008 年時任紐約市長邁克爾•布隆伯格（Michael Bloomberg）簽署法令，將 2009 年以後的議員任期延展至三屆，時任議長克裏斯廷•奎恩（Christine Quinn）和 28 名議員投票支持了該項法案。[22]

紐約市議員實行直接且普遍的選舉制度，所有議員均由分區直接選舉產生，並且對於選民資格僅有必要的幾項限制：一、須為美國公民（包括出生於波多黎各、關島及美屬處女島者）；二、在選舉前在現住址至少住滿 30 天（如果參軍或在學校註冊上學，不會因此而失去居住身份）；三、在初選、普選或其他選舉日期前，需要年滿 18 歲；四、非在監禁的或假釋期間的重罪犯；五、非被法院裁決為無行為能力者；六、沒有在紐約市之外的地方有選舉權。

而若想獲得候選人資格，則有更加嚴苛的限制：一、需要提交詳細的競選經費的報告，競選經費是指本人或者本人授意的任何人為選舉而支出的經費，競選經費不能超過法律規定的限額；二、需要獲得政黨提名或者自己申請成為候選人。具體而言，除了選舉經費的客觀限制外，主要是獲得政黨提名或者作為獨立候選人參選。政黨提名需要經過政黨的初選。現在紐約市有資格提名候選人的政黨有民主黨、共和黨、保守黨、勞動家庭黨、獨立黨、婦女平等黨和改革黨。這七個黨也是有資格在紐約市選舉中進行初選的政黨。如果要被這些政黨提名，首先在選民登記的時候，需要選擇其中一個政黨作為自己的黨

---

22. Citizens Union Capstone Team (2015). *The Effect of Term Limits on the New York City Council*, Nov. 5, p. 6.

籍。有了黨籍之後便擁有參與該政黨初選的資格，可以行使黨內初選的選舉權。如果想成為黨內初選的候選人，還需要向該黨提出申請。如果沒有選擇黨籍，也可以成為獨立候選人。獨立候選人可以自行向「紐約市選舉委員會」提起申請，但是需要滿足一定的條件，例如徵集到一定區域內一定數量的有選民資格的人聯合提名。

　　在選舉時，選民可以現場投票，也可以缺席投票。以下幾種情況，可以缺席投票：一、因外出不在紐約市不能在選舉日當天抵達投票處的登記選民；二、由於一項輕罪正在候審或者被囚禁，可以使用缺席投票，但如果是重罪，則會失去投票資格；三、如果患病、殘疾、住院或長期住在醫護中心，可以使用缺席投票。缺席投票有兩種投票方法：其一，在選舉日之前，親自到所轄屬的選舉委員會區辦事處投票；其二，郵寄投票。[23]

　　最後需要說明的是，在美國聯邦制的國家結構形式下，不僅各州有較大的自治權，各個城市也有較大的自治權，並且各州對於其下屬都市的控制權遠大於聯邦政府。就法律層面而言，聯邦政府對各都市沒有憲法責任（constitutional obligation），當都市政府遇到重要的財政危機或公共危機時，聯邦政府所採取的行動僅是基於政治考慮（political calculations）而不是法律義務。以紐約市為例，其與聯邦政府的關係大致經歷了幾個階段：在 1930 年代之前，紐約市與聯邦政府的關係是非常微弱的（minimal）；隨着聯邦層面的財政危機，二者的關係趨於密切，並且在 1970 年代左右達到頂點；在 1980 年代之後，二者的關係又開始逐步減弱，直至今日也尚未恢復到 1970 年代的水準。聯邦和都市之間關係的發展，主要集中在都市更新、模範城市（model cities）以及社區發展補助津貼方面，這些均是聯邦政府對於都市發展進行的財政援助（financial assistance）。從羅斯福新政開始，並且在整個 1960 至 1970 年代不斷加速，與其他大都市和地方政府一樣，紐約市繞過州政府與

---

23. 紐約市選舉局（2015）。《選民登記與投票指南》。2015 年 11 月 24 日修訂，來源於 http://vote.nyc.ny.us/downloads/pdf/forms/boe/voterreg/registrationandvotingchinese.pdf

聯邦政府建立了密切的聯繫，聯邦政府在多個政策領域給紐約市巨額投資，僅在 1970 至 1978 年聯邦政府的投資就上升了七倍。[24] 這説明在美國的聯邦制之下的都市政府有較大的自治權，無論在選舉制度還是政策層面，聯邦政府對於都市並無直接管治權。但是這並不意味着二者關係的疏離，聯邦政府主要通過財政手段將都市發展納入國家規劃之中，這種方式是激勵性的、非強制性的，因而會在不同時段發生較大變化。

（二）倫敦議會的普選制度

英格蘭分為三級行政層級，第一級是郡（county），第二級是自治鎮（district level），第三級是民政區（parish level）——而本書所論及的大倫敦區（Greater London）是英國特殊的郡一級的行政區劃。大倫敦區成立於 1956 年，其下轄倫敦市（City of London）與 32 個倫敦自治市（London Boroughs），共 33 個次級行政區。大倫敦區也是歐洲議會選區（European Parliament Constituency）之一，設有 9 個歐洲議會議員（MEPs）席次。

大倫敦區的政府體制經歷了複雜的變遷，其核心在於權力的收緊與下放。早在 1889 年就成立了倫敦郡議會（The London County Council, LCC），其擁有在倫敦自治市（London Boroughs）內進行教育與城市規劃的權力，彼時的倫敦郡包括了 28 個自治市和倫敦市（City of London）。隨着倫敦市的擴張，在 1965 年成立了大倫敦區議會（The Greater London Council, GLC），職能包括消防、應急管理、垃圾處理、防洪以及環境保護等。大倫敦區議會在 1986 年被撤銷，在 1986 至 2000 年間，大倫敦區議會的權力被分割為不同的主體行使，包括中央政府、倫敦自治市、倫敦市以及新設立的倫敦地區管理機構（London-Wide Bodies）。在 1998 年大倫敦區舉行公投，決定是否需要成立大倫敦管理委員會（Greater London Authority），直接選舉產生市長和倫敦議會（London

24. Bruce F. Berg (2007). *New York City Politics: Governing Gotham.* New Brunswick, New Jersey: Rutgers University Press. pp. 88–119.

Assembly），結果有 35% 的倫敦居民參加了公投，其中有 72% 的投票支持該提議，於是第一屆大倫敦管理委員會在 2000 年 5 月成立並運行至今。[25]

　　因此從 1889 到 2000 年的一百多年的歷史中，倫敦地區的政府體制經歷了頻繁改革：一方面需要整合倫敦地區各個都市群落的功能，從而建立統一完善的公共服務，因而需要成立集合性的超級政府；另一方面，這種囊括了多個都市和多項市政職能的超級政府，在都市和中央政府之間增設了管理層，又不符合減少管理層級的精簡要求，並且難以滿足地方化的需求。在 1986 年廢除大倫敦區議會（GLC）的重要理由就是，其被認為是浪費和無效的（wasteful and unnecessary），因而應當將其大部分職能交給各自治市和地區行使，那些有必要在整個地區提供的服務，也應該由各自治市和地區組成的聯合委員會（joint boards）來管理。[26] 所以，大倫敦區的政府體制總是在「分分合合」之間徘徊，目前的政府結構可以視為妥協的中間狀態：取消了大倫敦區的議會機構，但是設置了大倫敦區的管理機構，不過這個管理機構具有「兼職性」，即由倫敦市的市長和議會兼理大倫敦區的管理，並且市長和議會是由直選產生的。

　　目前，倫敦議會（London Assembly）作為大倫敦管理委員會的一部分，有權監督市長的日常行政，並且在三分之二以上議員同意的情況下，有權修改市長提出的預算案和法律案。倫敦議會由 25 名議員組成，選舉採用比例代表制下的附帶席位制（Additional Member System, AMS）——這是一種稍顯複雜的選舉制度，是「單一選區兩票制」的變種。每個選民均有兩張選票，在全部 25 個席位中，11 個席位由全體倫敦選民通過投票給政黨名單（party list）選舉產生，14 個席位分選區選

---

25. London Elects, *The Greater London Authority, the Mayor of London, and the London Assembly*, avilable at: londonelects.org.uk/download/file/fid/228

26. Brendan O. Leary (1987). "Why Was the GLC Abolished," *International Journal of Urban and Regional Research*, 11(2): 193–217.

舉產生（14 個選區，每個選區選舉一名議員）。其中在前一種不分區的政黨選舉的情況下，採用比例代表制，選票列明的是政黨名稱和獨立候選人的名字，政黨名單至少需要獲得 5% 以上的得票才可能獲得席位；在後一種的地區直選中，採用簡單多數制（First Past the Post），選票列明候選人的名字，以票多者當選。目前在倫敦市議會中佔據主要席位的有六個政黨，包括綠黨、工黨、自由民主黨、保守黨、英國獨立黨，以及英國國家黨，其中工黨和保守黨佔據了多數席位。

倫敦市議會將自身視作倫敦的監察人（watchdog），其主要職責集中於以下方面：一、監督市長及其顧問，確保市長履責；二、審查市長履職的開支，如經三分之二多數議員同意，可以修正市長提出的預算；三、市長需就立法建議諮詢市議員意見，並回應市議員提出的建議；如經三分之二多數議員同意，可以拒絕市長的立法建議；四、所有市議會會議公開進行，便於公眾了解市長履職情況；五、市議員可成立跨黨派委員會，調查倫敦面對的長期問題。根據不同的政策領域，倫敦市議會已經建立了各種委員會（committee / panel / working group），現有的 14 個委員會分別為：審計小組、預算和績效委員會、聽證委員會、權力下放工作小組、經濟委員會、教育小組、環境委員會、大倫敦管理委員會（GLA）、監察委員會、健康委員會、住房委員會、規劃委員會、警察和刑事委員會、復興委員會，以及交通委員會。上述委員會也大致能夠反映出倫敦議會的職責範圍，但是限於議會自身的性質，其並不以決策為主，而是重點在於監督政府的決策。特別是以預算和立法為切入點，控制政府在決策和執行階段的投入和產出，從而有效的履行監察職能。以現任經濟委員會為例，其有 7 名委員組成（設正副主席各一名），負責審查市長在經濟發展、財富創造、社會發展、文化體育和旅遊方面的工作，包括市長作為倫敦企業小組主席的職責。[27]

---

27. Greater London Authority (2015). *The London Assembly Annual Report 2014–15*. pp. 29–31.

　　要獲得倫敦市議會的選民資格，則需要是在選舉日前年滿 18 周歲的英國公民（British citizen）或者歐盟成員國公民或者其他滿足條件的英聯邦公民（qualifying Commonwealth citizen），並且需要滿足以下條件：一、已經註冊為大倫敦行政區的選民，支持在線註冊，註冊時需要提供社會保險號、生日、住址等個人信息；事實上年滿 16 歲即可以註冊，但是直到 18 歲才能行使選舉權；二、在倫敦合法居住，居住在海外的英國公民無權參加投票。當候選人確定之後，所有註冊的選民將受到候選人信息手冊，其載明了候選人及其所代表的政黨。投票包括了三種方式，個人親自前往投票站投票、郵寄投票，以及代理投票，但是不支持在線投票。當選民在投票站進行投票時，工作人員會核對選民的身份信息，以確定確為註冊的選民，並在確定之後發給選票。從 2000 年進行首次選舉以來，投票率一直不高，從未超過 50%，具體而言，2000 年的投票率為 34%，2004 年的投票率為 37%，2008 年的投票率為 45%，2012 年的投票率為 38%，2016 年的投票率為 45.6%。

　　參選倫敦議會地方選區的議員，需以書面同意提名人的提名。如果參選人是代表政黨參加競選，需獲得政黨的書面授權書，同意其在選票上印製政黨的名稱或描述。參選人需繳納 1,000 英鎊的選舉按金，如候選人在選舉中所獲得的票數超過有效選票 5%，則退還這筆選舉按金。參選倫敦市議會單一選區（政黨名單選舉制）的議員，還需要履行以下程序：一、獲得提名：註冊的政黨可以提交一張最多包括 25 名參選人的參選名單；二、同意提名：政黨名單上的所有參選人需書面同意該政黨對他們的提名；三、印製黨徽申請書：各政黨需書面申請在選票上印製其黨徽；四、選舉按金：參選的政黨需繳交 5,000 英鎊的選舉按金（不論在該黨提名的名單上參選人數量），如該政黨在選舉中所獲得的票數超過有效選票 2.5%，則選舉按金獲發還。競選經費包括了廣告費用、宣傳材料費用、交通費、會議費、員工開支、住宿費，以及管理費，並且英國法律規定了競選費的上限：地區選舉的候選人競選經費不得超過 35,000 英鎊，而不分區的政黨候選人競選經費上限為 330,000 英鎊，並且選舉經費的來源和支出都應該是公開的。

倫敦市議會和市長的選舉均由獨立的機構組織，以保證投票的公正性和獨立性。倫敦選舉局（London Elects）負責組織這兩項選舉，包括了設計和印製選票、點算選票，以及進行投票的公共宣傳。倫敦選舉局作為大倫敦管理委員會的一部分，其在政治上和運作上均是獨立的，直接受到大倫敦選舉監察官員（returning officer）的領導，擁有獨立的預算。選舉監察官員全程監督選票的整理和清點，並且負責最後宣佈選舉結果，但是地區選舉的結果則是由該地區的監察官員宣佈。

英國雖然作為傳統意義上的單一制國家，但是其持續推動的地方分權改革，使地方政府獲得了較大程度的自治權。特別是倫敦作為英國的首都，歷來受到英國中央政府的直接控制，不過近年來倫敦也在「去中央化」的方向上持續發展。在 2011 年英國通過了《地方主義法》（*Localism Act 2011*），力推地方分權。該法專章規定了對於倫敦的授權，取消了在 1999 年通過的《大倫敦管理委員會法案》（*Greater London Authority Act 1999*）中設定的一般限制，賦予其在土地、住房、經濟發展規劃、基礎設施建設等方面廣泛的自治權力。[28]尤為關鍵的是，在機構改革方面，中央政府撤銷了「倫敦發展署」（London Development Agency），將該署及「房屋與社區署」（Homes and Communities Agency）的職能交由倫敦市市長行使。[29]這意味着，英國中央政府不再保留對於首都管理的特權，而將其下放給大倫敦區自行管理。

在中央政府推動權力下放的同時，大倫敦區也在推動向其治下的都市的權力下放。倫敦議會中成立了專門的權力下放委員會，負責推動權力下放事宜。權力下放的主要動機是面臨繁重的人口壓力以及人口所帶來的住房問題、就業問題和公共管理難題，由此大倫敦管委會和倫敦議會通過財政分權與下放公共服務的方式，使各城市擁有更多的自主權、同時也承擔更多的責任。在此過程中，倫敦議會發揮了重要的監督作用：一、要求市長制定規劃，以增強市政府決策的透明

---

28. See Localism Act 2011.

29. 林正德（2013）。《英國地方行政區域調整及區域合作經驗與現況考察報告》。10頁。

度；二、否決了市長關於進一步下放商業利率的修正案；三、修改了首都的預算；四、拒絕了市長關於警察和犯罪問題的計劃等。[30]因此，倫敦議會在權力下放過程中扮演了「制動閥」的角色，保證了權力下放的節奏和效果，防止將過多權力交由各個城市獨立行使，保持了在大倫敦管委員層面的適度權力集中。

儘管如此，英國所推行的權力下放改革並未改變其單一制本質，中央政府仍掌握權力收緊或下放的自主權，特別是地方政府的權限和運行規則應由中央政府通過立法定之。在選舉制度上，英國也是在實現全國層面的普選之後，再推行地方層面的普選，倫敦的市長和議會的選舉遲至 2000 年才進行了直接選舉。有學者概括英國中央政府對於地方政府的法律控制手段，包括濟貧法委員會模式（設立專門的中央機構管理地方特定事務）、地方政府委員會模式（設立專司地方事務的中央部門）、全面與直接的控制模式（中央政府部門為地方政府部門設定目標），將地方知識、事務與財政進行「去地方化」。[31]因而，單一制和聯邦制的區別並不在於地方自治權的範圍，而是在於權力來源的不同：在單一制下的中央政府儘管可以推動大尺度的地方分權，但是改革與否與授權範圍的主動權掌握在中央政府手中。換言之，中央政府可以根據政治和經濟形勢決定分權或集權的程度，而地方政府在此過程中往往是被動承受的客體，缺乏討價還價的地位和能力。

（三）新加坡國會普選制度

新加坡在 1819 至 1959 年間是英國殖民地，二戰期間曾被日本佔領。1959 年新加坡成立自治邦，並於 1963 年加入馬來西亞成為一個州。1965 年 8 月，新加坡脫離馬來西亞獨立建國。在獨立後，新加坡

30. The Devolution Working Group of London Assembly, *A New Agreement for London*, September 2015, pp. 1–10.

31. 樊玉成（2010）。〈英國地方政府制度的法律演變 —— 一種制度史的描述〉,《中山大學法律評論》第 8 卷，第 2 輯。119–150 頁。

在人民行動黨（People's Action Party）的領導下勵精圖治，加之利用歐美國家轉移勞動密集型產業的機會，經濟獲得迅速發展，成為亞洲四小龍之一。根據德國著名統計公司 Statistics 公佈的數據，在 2015 年世界各國的人均 GDP 的排名，新加坡排名第七，人均 GDP 達到 53,604 美元（香港居於第 17 位，人均 GDP 為 42,437 美元，是亞洲僅次於卡塔爾、新加坡的富裕地區）。【32】由於新加坡的國土面積非常有限，因而其政府層級僅有兩層，除中央政府外，還有聯繫中央政府和民眾的半政府組織「人民協會」，因而學者將其稱之為「一個半層級」的國家縱向結構。【33】

在政府體制上，根據《新加坡憲法》的規定，新加坡政府由行政、立法、司法機關構成。總統作為國家元首，由國民全體普選產生，其有權任命總理、解散國會；內閣由總理領導，總理一般為議會多數黨的領袖，內閣成員一般也是國會議員。新加坡國會由普選產生，但是設計了頗為複雜的選舉體制，以保證執政黨的優勢地位。僅從文本上看，新加坡實行的似乎是「半總統制」（semi-presidentialis，雙首長制），由總統和總理分享國家統治權，但是事實上新加坡更加傾向於威斯敏斯特式（Westminster System）的議會內閣制。雖然總統在 1993 年之後由選民直接選舉產生、並具有一定的實權，不過絕大多數的行政權力還是掌握在內閣手中。

新加坡的立法權由總統和國會共同掌握，法案經國會通過之後需要總統簽署才正式生效。除此之外，憲法所賦予總統的其他權力還包括：（1）決定政府能否動用國家財政儲備金；（2）政府重要公職人事案之同意權行使；（3）特定法案落實情況的行政監督；（4）發動對政府貪瀆行為的調查等。【34】新加坡國會的權力主要體現在制定法律、

---

32. Statistics (2015). "Projected GDP Per Capita Ranking (2015–2020)," *Statistics Times*, 5 Jun.

33. 周少來（2015）。〈國家治理的新加坡經驗〉，《大眾日報》，3 月 25 日。

34. 石忠山（2012）。〈從權力分立觀點論新加坡憲政體制的發展與挑戰〉，《台灣國際研究季刊》。第 8 卷第 4 期，冬季號。

控制國家預算以及對於執政黨和政府的行為進行監督。從其內部結構來看，新加坡國會的組織體系包括了以下要點：（1）議長：議長主持國會會議、執行國會議事規則（Standing Orders of Parliament），以保證有序實施國會事務；（2）政府：總統任命總理和其他內閣成員，由總理領導內閣，內閣成員同時也是國會議員；（3）國會領袖（Leader of the House）：國會領袖負責議會內的政府事務和立法工作；（4）黨鞭（Party Whip）：黨鞭負責執政黨內的良好溝通，促進執政黨的議會機制運行良好；（5）議員：議員作為連接人民和政府之間的橋梁，保證人民的聲音可以被國會所了解；（6）議會秘書處：秘書處協助議會發揮其功能，包括程序性和實踐性的事項、組織性的事項以及委員會的運作。

　　新加坡在其獨立前就進行了國會議員的普遍直接選舉（general election），1959 年的首次選舉採用了單一選區代表制（single-member constituencies）的方式，選舉產生了 51 名議員，其中人民行動黨（PAP）獲得了 43 個席位，並由此開啟了長期執政的歷程。在該次選舉中，新加坡人民聯盟（SPA）獲得了 4 個席位，成為議會第二大黨；馬來民族統一機構（UMNO）取得了 3 個席位，還有一個獨立候選人獲得席位。新加坡獨立後的首次選舉在 1968 年舉行，人民行動黨獲得了全部 58 個席位，並且獲得了高達 84.4% 的選票，這也是其首次達到了一黨執政的局面。其後雖然人民行動黨的得票率並不穩定（2001 年達到歷史最低得票率 60.14%），但是受益於人民行動黨直接設計的選舉體制，其一直保持對於議會的絕對控制權，掌握了 95% 左右的議席，反對黨無法對其構成實質挑戰。（見表 3.1）

表3.1：新加坡國會選舉中人民行動黨的得票率及席次（1968–2015）

年份	人民行動黨得票率	人民行動黨取得席次	選舉席次	比例
1968	86.7%	58	58	100.0%
1972	70.4%	65	65	100.0%
1976	74.1%	69	69	100.0%
1980	77.7%	75	75	100.0%
1984	64.8%	77	79	97.5%
1988	63.2%	80	81	98.8%
1991	61.0%	77	81	95.1%
1997	65.0%	81	83	97.6%
2001	75.3%	82	84	97.6%
2006	66.6%	82	84	97.6%
2011	60.14%	81	87	93.1%
2015	69.89%	83	89	93.3%

　　值得注意的是，新加坡國會議員數量並不是固定的，而是隨着人口數量逐漸遞增，目前保持了 102 人的規模。全部議員並非均由選舉產生，而是分為三種方式。一、選舉產生的議員（elected members），即由普選產生的議員。二、委任議員（appointed members），包括非選區議員（non-constituency members, NCMPs）和官委議員（nominated members, NMPs）兩種。非選區議員是指通過委任選舉中獲得最多選票的反對黨候選人的方式產生的議員，這是新加坡獨創的議員產生方式，以保證在議會中反對黨的代表性（representation）。該制度自 1984 年開始實施，在新加坡憲法中規定最多可以有 9 名非選區議員，不過在實踐中一般僅有 3 名，現任的三名非選區議員來自工黨和新加坡人民黨。官委議員是指由總統委任的議員，這些議員不隸屬任何黨派，一般是來自藝術、文化、科技、商業、工業、社會、社區服務或者是勞工運動的傑出人

士，官委議員由議員專門委員會提名、總統任命，最多可以任命 9 名，任期為兩年半。【35】

　　在地區普選中，新加坡採取「單一選區多票制」，既有一般的選區，也有「集體代表選區」（group representation constituencies）。在一般選區中，選舉制度按照普通的「先過先得」（First past the post）的方式確定勝選的候選人。較為特殊的是在「集體代表選區」中，3 至 6 個候選人組成小組，其中至少要有一名屬於少數族群（馬來人、印度人或其他少數族群）。在「集體代表選區」選舉中，選民對候選人小組而不是對個人投票，獲得最高票數的小組候選人全部當選為議員，不計算其中每個候選人的得票情況。集選區議員所佔議席總數不得多於國會選舉產生議席的四分之三。【36】雖然「集體代表選區」制度在表面上保證了國會的族群代表性，使得少數族群在國會中有相應的代表性，但是也受到廣泛的批評：一、遏制了反對黨獲得席位，在集體代表選區的候選人中人民行動黨佔據了主要地位，其候選人比例要遠高於單一選區，比如在 2000 年集體代表選區中人民行動黨候選人比例高達 77.94%，而單一選區中人民行動黨候選人比例為 65.89%；二、降低了人民行動黨的選舉失利風險，由於確定集體代表選區的主動權掌握在總統手中，其利用該項特權保證人民行動黨獲得盡可能多的議席；三、違反了一人一票的選舉原則，對於選舉的公平性構成威脅；四、造成了搭便車（free-rider）的困境，弱勢的候選人利用集體代表選區制度，在缺乏足夠選民支持的情況下獲得國會議席；五、不僅無助於族群的均衡參與，反而固化了族群性投票（ethnic voting）。【37】

　　新加坡不僅實行普選制度，並且採用強制投票制度，符合條件的公民必須參加投票。滿足以下條件就可以註冊成為選民：作為新

---

35. Dierdre Grace Morgan (2013). *The Singapore Constitution: A Brief Introduction*. Dallas, TX: SMU Political Initiative. pp. 19–20.

36. 李憲榮（2012）。〈新加坡國會選舉制度〉，《台灣國際研究季刊》。第 8 卷第 4 期。

37. Maruah (2013). *Defending the Legitimacy of Singapore Elections*, MARUAH Position Paper on the GRC System. pp. 11–17.

加坡國民，年滿 21 歲，並且以新加坡作為常住地。完成投票需要七個步驟：首先，選民註冊：必須在特定選區註冊，才能在該選區進行投票；第二，獲得投票通知卡：在通知卡上將告知具體的投票站；第三，了解候選人：通過報紙、網站以及參加競選的方式，了解所處選區的候選人情況；四、赴投票站進行投票：需要持身份證或者新加坡護照參加投票；五、獲取選票：簽署聲明，獲得選票；六、填寫選票：採用無記名投票的方式，不需要在選票上填寫任何身份信息；七、投遞選票：將選票投入投票箱。而要成為議員候選人，即競選新加坡國會議員，需滿足以下資格：一、新加坡公民；二、提名日已年滿 21 歲；三、在本屆選民登記冊中列有他的姓名；四、在提名進行選舉之日系新加坡居民；五、會説（有足夠熟練程度的説話能力）、會讀（除非由於失明或其他身體原因而喪失能力）、會寫（至少下列語言之一，英語、馬來語、中國官話和泰米爾語）；六、並未根據《憲法》第二十九條的各項規定被剝奪議會議員的資格者。

在新加坡，「人民協會」（The People's Association）可以視為政府的基層組織，其以「在政府和社區之間搭建橋梁，實現同一國民，同一新加坡」為目標，側重基層的社區服務。人民協會具有半官方的性質，其本質在於通過政府的力量，實現新加坡的社會整合，「通過法令和設立人民協會與基層組織，最大限度的把民眾組織起來，進而成為政府貫徹政策的管道，在多管齊下的政治治理過程中，隨着經濟與社會的變化，政府快速有效使政治局面受到掌控，並朝着一黨獨大的方向發展。」【38】也有學者將新加坡的人民協會視為「國家法團主義」的體現 ——「認為雖然在新加坡各種基層組織種類繁多，但是很多社區組織都納入在人民行動黨成立的人民協會的管理範圍內，人民協會作為基層組織在國家的代表，本身不具有獨立性，而是國家體制的一部分，基層組織所搭建的各類活動平台成為人民行動黨向民眾推介國家意圖的重要平台，並且政府的高級官員、國會議員擔任基層組織顧問，使

---

38. 蔡裕林（2015）。《李光耀時代 VS 後李光耀時代》，新加坡：玲子傳媒。39–40 頁。

國家行政體系沉降到社區層面。」【39】因此在新加坡的地方層級之中，人民行動黨領導下的人民協會等基層組織，事實上發揮了基層政府的功能，將民眾編進人民行動黨的領導網絡之下，實現對國家的整合。

　　概觀新加坡的國會選舉制度，有着較為濃厚的威權色彩，這不僅體現在人民行動黨長期執政、一黨獨大等方面，也表現在選舉制度的設計上（包括強制投票制度、委任議員、集體代表選區等）與一般的選舉原則相去甚遠。正如學者所指出的，「人民行動黨長期執政下建立了濃厚的父權色彩，但是為維持統治權力，需要響應人民期盼國會中有反對力量，因此人民行動黨頗為用心設計選舉制度，相繼修改憲法與相關的選舉制度，想促成反對黨處於競爭劣勢，甚至人民行動黨可以主導選舉結果。」【40】但是值得注意的是，並不存在普通的選舉模式，一項選舉制度必須要與該地的實際情況相契合，能夠充分反映與吸納民意，有效制衡與監督政府施政。就實施效果而言，新加坡的國會選舉制度達到了上述目標，只是由於人民行動黨控制了選舉制度，使得新加坡的反對黨無法獲得與其選民支持度相匹配的席位，從而使得新加坡的政治缺乏對抗性色彩。在基層治理上，新加坡的人民協會制度也有較強的威權底色，其在提供公共服務的同時，也實現了基層的統合與治理。根據「自由之家」（Freedom House）的最新報告，新加坡仍屬於「部分自由」（partly free）的國家，【41】這意味着新加坡未來的國會選舉制度的改革也應該致力於提高選舉的競爭性、代表性、平等性和自由度，重點在於建立一套能夠更加準確反映民意的議席分配制度、控制與減少委任議員的數量、取消強制投票制度。

---

39. 王新松（2015）。〈國家法團主義：新加坡基層組織與社區治理的理論啟示〉，《清華大學學報（哲學社會科學版）》。2 期。

40. 郭秋慶（2012）。〈論人民行動黨與新加坡的一黨優勢之發展〉，《台灣國際研究季刊》。第 8 卷第 4 期。

41. Freedom House (2015). *Freedom in The World 2016*. p. 23.

三、異質性地區的議會普選

接下來側重討論異質性地區的普選制度，以及中央政府通過何種措施防止異質地區的地方普選異化為分離運動 —— 此處所稱的異質性（heterogeneity）地區是指在統一國家內，在文化、政治、意識形態、族群構成等方面，與該國主流的制度有較大差異的地區，而中央政府往往又在該地區實行差異性的管治模式。學者指出無論對於先進的福利國家、發展中國家、甚至是處於衝突狀態的國家而言，異質性均是對於民主發展的挑戰 —— 一方面，異質性可能動搖成熟的民主國家；另一方面，異質性也往往會成為新興民主國家鞏固（consolidate）的障礙。[42] 如果異質性地區先於國家整體實現普選，政治風險也會隨之提升，普選後的異質性地區的地方政府與議會具有更高民主正當性，如果此時本土主義甚或分離主義成為異質地區的主流思潮，則會造成異質性地區和中央政府的對峙局面。即便是本土主義或分離主義不能取得主流地位，但是其往往採取街頭運動的方式，對地區管治構成嚴重影響，也將為該地區與中央政府之間的衝突埋下伏筆。

具體到香港問題而言，有學者提出了次級主權的概念（sub-sovereignty），認為在香港的「外部關係」和「外交關係」之間存在着廣闊的灰色地帶。中國政府將香港和澳門定性為「特別行政區」，採取「一國兩制」的原則，但是港澳與內地一般城市之間的區別又很難說清楚。因而該學者認為非主權性國家但佔據主權的中間狀態（middle ground）的政治共同體，可以分為四類狀態：超級主權（supra-sovereignty）、次級主權（sub-sovereignty）、準主權（quasi-sovereignty）以及單邊主權（unilateral-sovereignty）。其中，次級主權指的是某些通常由主權國家行使的權力，比如發行郵票、作為國際足協的成員、與外國政府談判等。雖然從傳統的角度而言，這類國際化的主體並非主權國家，但是無論如何其在

---

42. Wolfgang Merkela and Brigitte Weiffen (2012). "Does Heterogeneity Hinder Democracy?," *Comparative Sociology*, 11: 387–421.

內部和外部事務中享有一定程度的自治權。香港並非次級主權的唯一例證，次級主權包括了兩種類型：一是委任型次級主權實體（delegative sub-sovereign entities），比如香港或者奧蘭群島（Aland Islands），它們是由中央政府建立的；二是聯邦型次級主權實體（federal sub-sovereign entities），通常是自願加入某個主權國家的，桑給巴爾（Zanzibar）就是這類例子。[43]無論是委任型或是聯邦型的次級主權單位，其內部往往實行與主權國家相異的制度，並且擁有較高的自治權，這些與「一國兩制」憲制結構下的香港具有較大相似性，因而通過觀察典型異質性地區的普選經驗，可以為香港普選提供經驗借鑒。

在本書的導論部分，已經對地方政府普選的憲政意義進行闡釋：其不僅會對地方政府的橫向權力關係產生影響，也會影響地方政府所嵌入的縱向國家結構。後者主要體現在兩個層面，一是地方普選可能會影響中央的選舉結果；二是個別異質地區的地方性普選容易引發分裂、獨立等分離勢力的膨脹問題。本節的主要目的在於比較這些異質地區的議會選舉制度，考察其在憲制方面的特點，探討這些地方的普選會對國家產生哪些政治影響。所選擇的對比樣本有三個，分別為英國的北愛爾蘭地區、加拿大的魁北克省以及西班牙的加泰隆尼亞自治區——這三個地區均是作為統一國家內的異質地區，香港可向它們的議會普選經驗借鑒。

（一）北愛獨立運動與地區普選

有學者將當代西方國家的分離主義思潮和運動劃分為兩種類型，一類是與歷史上的征服和多民族國家統一的歷史記憶相聯繫的民族分離主義，以西班牙的巴斯克分離主義活動和法國的科西嘉獨立運動為代表；另一類是與殖民主義歷史記憶相關聯的民族分離主義，以英國

---

43. Simon Shen (2013). "Hong Kong's Sub-Sovereign Status and Its External Relations," in Per Sevastik ed., *Aspects of Sovereignty Sino-Swedish Reflections*. Netherlands: Brill. pp. 101–119.

的北愛爾蘭問題和加拿大魁北克省的獨立運動為代表。【44】事實上，這兩種類型具有相對性，特別是「殖民」概念本身就具有模糊性，並且多數族裔和少數族裔的界分也並非一成不變的。以此來觀察北愛爾蘭問題（Northern Ireland Question），既包含其早期的殖民問題，也涉及宗教問題和少數族裔保護問題，最終指向建立相應的憲制框架，妥善安排各方的利益，從而搭建起長期和平穩定的制度框架。

1. 北愛爾蘭問題及其憲制解決

北愛爾蘭（Northern Ireland）是組成大不列顛及北愛爾蘭聯合王國（United Kingdom）的政治實體之一。在 1155 年，教皇艾德里安四世（Hadrianus IV）授權英格蘭國王亨利二世（Henry II）入侵愛爾蘭，並在 1171 年佔領愛爾蘭。不過，後來入侵的諾曼人逐步被愛爾蘭本地文化所同化，一直信奉天主教，並沒有受到歐陸和英格蘭宗教革命的影響。在英格蘭推行宗教改革、新教取代天主教成為國教後，亨利八世（Henry VIII）也急欲在愛爾蘭推行新教，沒收教會財產，這激起了愛爾蘭人的反抗。「英人脫離羅馬天主教，改奉新教；而愛爾蘭人卻堅守天主教信仰；英人歧視天主教徒，遂使形同水火的殖民關係更為不兼容。」【45】此後宗教問題一直成為英格蘭和愛爾蘭衝突的主要原因，特別是在 1603 年斯圖亞特王朝開始大規模向愛爾蘭移民所引發的土地爭端和宗教矛盾更為激烈。【46】為了防止愛爾蘭效仿美國獨立，1801 年愛爾蘭議會通過了與英國合併的法律，愛爾蘭王國和不列顛王國合併成立「大不列顛及愛爾蘭聯合王國」。在新組建的議會中，雖然愛爾蘭人獲得了議席，卻排斥天主教徒擔任議員，這使心存怨懟的愛爾蘭人無法建立

---

44. 宋全成（2013）。〈族群分裂與宗教衝突：當代西方國家的民族分離主義〉，《當代世界社會主義問題》。1 期。

45. 王芝芝。〈北愛爾蘭問題的歷史背景〉，《暨南國際大學電子雜誌》。1 期。

46. 劉金源（1996）。〈北愛爾蘭問題的歷史由來〉，《世界歷史》。2 期。

對新國家的政治認同。比如在 1828 年天主教徒奧康納（O'Connell）當選了郡議員，但是由於其宗教信仰而無法獲得該席位。[47]

　　更為激烈的對抗出現在 1845 至 1852 年間的「愛爾蘭大饑荒」（The Great Famine），這場持續達七年之久的饑荒使得愛爾蘭人口銳減四分之一，造成一百餘萬人喪生、二百餘萬人背井離鄉──而造成饑荒的原因除了是作為愛爾蘭人主食的馬鈴薯失收之外，還有英國政府的救助措施乏力，甚至阻止外來援助──「大饑荒讓英國和愛爾蘭徹底走向決裂，以致近百年來民族積怨仍舊無法消解，最終愛爾蘭民族堅決走向獨立國家，如今北愛爾蘭政治問題仍舊難以破解。」[48]此後愛爾蘭獨立運動迅猛發展，並且根據對「統獨問題」的態度形成了對立的「民族主義」（Nationalists）和「聯合主義」（Unionists）在議會中相互對抗的政黨格局。

　　在 1919 至 1921 年間英國和愛爾蘭爆發了戰爭（Irish War of Independence），其直接原因是英國政府拒絕承認由愛爾蘭籍英國國會議員建立的第一屆愛爾蘭國會的合法性，而該國會曾在 1916 年單方面宣佈愛爾蘭獨立，並組建「愛爾蘭共和軍」，以遊擊戰的方式對英國官員和軍隊進行襲擊。[49]雙方的戰爭在 1921 年以簽署《英愛條約》（Anglo-Irish Treaty）作結。該條約以「南北分治」的方式回應了愛爾蘭的獨立訴求，即把愛爾蘭島分割為南北兩部分，南部成立了愛爾蘭自由邦，享有自治和自決權，但是北部仍受到英國宗主權的管轄。針對《英愛條約》的效力問題，愛爾蘭民族主義者將愛爾蘭分治視為非法，認為此舉是英國專制地將愛爾蘭島違背大多數人民意願而分裂開來，而聯合主義者則主張強化英國的宗主權。具體而言，雙方出現分歧的原因如

---

47. Russell Deacon and Alan Sandry (2007). *Devolution in the United Kingdom*. Edinburgh, Scotland: Edinburgh University Press. pp. 151–152.

48. 曹瑞臣（2012）。〈馬鈴薯饑荒災難對愛爾蘭的影響──作物改變歷史的一個範例〉，《中南大學學報（社會科學版）》。第 18 卷第 6 期。

49. Thomas Hennessey (1997). *A History of Northern Ireland, 1920–1996*. London: Macmillan Press Ltd. pp. 7–8.

下：一、條約並未如多數共和黨人所願,將新成立國家稱作「共和國」(republic),而僅將其稱作地位相當於英國其他自治領,如加拿大和新西蘭等之「自由邦」(Free State);二、條約規定愛爾蘭自由邦僅包括全島 32 郡中的 26 郡,而新教徒作為該郡人口多數的其他的 6 郡,則以北愛爾蘭名義留在英國;三、部分港口因戰略考慮,而繼續供給英國皇家海軍使用。[50]

由於上述分歧,《英愛條約》在 1922 由愛爾蘭議會表決時,僅以 64 比 57 票的微小優勢獲得通過。由於反對者拒絕承認投票結果,因而導致 1922 至 1923 年支持條約派(Collins)和反對條約派(de Valer)之間的「愛爾蘭內戰」(Irish Civil War)。戰爭最後以反對條約的「共和軍」的失敗而結束。這場戰爭對愛爾蘭政局有深遠的影響,目前愛爾蘭最大的兩個政黨——「統一黨」(Fine Gael)和共和黨(Fianna Fail)便是起源於內戰的敵對雙方。1922 年 9 月 9 日,內戰後成立的新議會在倫斯特大廈皇家都柏林協會召開。議會制訂出憲法,通過了憲法中有關確定愛爾蘭自由邦與英王關係的條款及帝國防禦問題的條款。憲法規定愛爾蘭為英王領導下的大英帝國成員,享有自治權;但英國保留對愛爾蘭陸海軍、港口和外交事務的控制權。在 1927 年英國承認放棄了對南部愛爾蘭的統治權,將「大不列顛及愛爾蘭聯合王國」改為「大不列顛及北愛爾蘭聯合王國」,南部愛爾蘭地位相當於加拿大、澳大利亞,即仍作為英聯邦成員。學者對此指出,自從愛爾蘭復活節起義以來,它爭取獨立最後是和英國達成《英愛條約》以及《愛爾蘭自由邦憲法》兩項文件,這種成果反映出愛爾蘭長期努力調解它與英國利益的事實,無疑也是一種民族自決的表現。[51]

不過共和黨人顯然並不滿足於「自由邦」的憲法定位。在這種意識的支配下,愛爾蘭自由邦在 1937 年宣佈獨立,並通過了新的《愛爾

---

50. 石忠山(2008)。〈當代愛爾蘭憲政體制〉,《了解當代愛爾蘭民主政治學術研討會論文集》。

51. 郭秋慶(2008)。〈愛爾蘭面對英國強鄰的生存與發展之道〉,《台灣國際研究季刊》。第 4 卷第 4 期。

蘭憲法》。根據 1937 年憲法規定，英國國王仍然作為愛爾蘭的國家象徵，並且宣稱對北愛爾蘭也享有主權。新憲法通過後的愛爾蘭雖不再是英國之自治領，但仍留在英聯邦內。1948 年在國際社會的壓力下，英國議會通過了《愛爾蘭共和國法案》（*The Republic of Ireland Act*），承認了南部愛爾蘭的獨立狀態，不過仍保持對北愛爾蘭的統治，這成為其後的「北愛爾蘭問題」的淵藪。

　　在南部愛爾蘭實現獨立後，北愛爾蘭中主張脫離英國的天主教徒與主張留在英國的新教徒關係持續緊張，雙方發生了周期性大規模的暴力衝突，這被稱為「北愛爾蘭問題」（The Troubles）。誠如學者所指出的，北愛爾蘭政治危機的真正問題，其實來自本身不夠均衡的社會結構。掌政的新教族群獨佔政權，包攬政治利益，不願意平等對待貧苦的天主教徒族群，甚至以暴力保障自己的權益。[52] 因此「北愛問題」並非單純的宗教問題，也是頗為複雜的經濟和政治問題，北愛爾蘭的天主教徒最初只是希望政府能讓他們同享應有的社會福利和受教育的權利，但是顯然英國政府對此並沒有進行政策調整，於是「民族主義」思潮很快佔了上風。從 1967 年開始，以天主教知識界及中產階級為主體成立了「北愛民權協會」（NICRA），發起一系列的「不服從」運動和聲勢浩大的集會遊行，並且受到新教徒的武裝反制。[53] 終於在 1968 年醞釀出族群間大規模的流血暴亂，英政府派兵北愛爾蘭維持治安，卻引發愛爾蘭共和軍進一步的仇視，不斷攻擊英駐軍，英人遂陷入北愛爾蘭的內戰漩渦中。1982 年英國因無法控制局勢，遂宣佈中止北愛爾蘭的自治，改由中央派官員統治，從此英國再也得不到北愛爾蘭天主教徒的信任。

　　經過多年的武裝衝突，並沒有形成穩定的政治格局，反而使得恐怖活動升級，暴力成為「北愛爾蘭問題」最為醒目的標誌。為此，1990 年多方勢力開始秘密對話，和平進程就此展開。在大多數民眾嚮

---

52. 王芝芝。〈北愛爾蘭問題的歷史背景〉，《暨南國際大學電子雜誌》。1 期。
53. 閔勉（2010）。〈英國與北愛爾蘭的死結 ——「血腥星期日」〉，《文史參考》。13 期。

往和平的前提之下，以及 1993 年以色列與巴勒斯坦解放組織簽訂的和平協議鼓勵之下，英國首相梅傑與愛爾蘭總理雷諾茲在 12 月 15 日發表「唐寧街宣言」（Downing Street Declaration）展現解決衝突的決心。在愛爾蘭共和軍與北愛新教徒遊擊組織相繼宣佈全面停火後，英國與新芬黨便展開和平談判。美國也派使前參議院多數黨領袖喬治‧米切爾（George Mitchell）擔任和平特使，參與多黨談判的協調工作。歷經兩年的談判，在 1995 年 2 月 22 日發佈了貝爾法斯特框架文件（Framework Documents），為日後的多黨談判提供基礎。1998 年 4 月 10 日正式簽訂了《貝爾法斯特協議》（Belfast Agreement / Good Friday Agreement），多黨共治與權力分享的新政治架構得以確立。[54]

　　根據《貝爾法斯特協議》的規定，各方主要達成以下共識：一、該協定將於 1998 年 5 月 22 日在北愛爾蘭和愛爾蘭共和國交付公投；二、除非兩地都有過半民眾選擇南北統一，否則北愛仍將是英國一部分，愛爾蘭選民也將被要求修憲，以放棄對整個愛爾蘭島的領土主張，新憲法言明唯有在南北兩地過半民眾同意下才會謀求統一；三、今後將依「比例代表制」，每五年改選 108 席的北愛議會，權限將包括農業、財政、衛生與經濟發展事務；四、將組成 12 人內閣，唯有追求民主、非暴力者才能入閣，安全機制將確保北愛的新教徒及天主教徒均有機會入閣；五、新成立的南北愛爾蘭部長會議將就關係到共同利益的事務進行諮詢並採取行動；六、英國與愛爾蘭政府會議將取代 1985 年成立的愛爾蘭島南北跨界機構；七、有關各方承諾最遲從 1998 年 6 月起，設法運用一切影響力讓北愛兩派武裝團體在兩年內繳械，英國承諾要努力讓北愛非軍事化進展到正常的承平時期程度，並將解除一切緊急權力。此外，將設立三個立場超然的委員會，分別解除雙方武

---

54. 張靜芸（2009）。〈北愛爾蘭衝突解決：衝突轉化途徑分析〉，東吳大學政治學系研究生論文發表會。10 月 29 日。

裝、釋放政治犯以及北愛警政事務改革的問題，以解決天主教徒抱怨
警方偏袒新教徒的紛爭。【55】

　　《貝爾法斯特協議》在 1998 年 5 月 22 日在北愛爾蘭及愛爾蘭共
和國舉行公民投票，獲得了高度的支持。北愛爾蘭地區人民的支持率
為 71.4%，愛爾蘭共和國的支持率更高達 94%。之所以能成功達成該協
議，除了美國強力的介入斡旋外，其關鍵的因素在於協議的內容基本
上契合各方的利益與要求。英國仍對北愛享有統治主權，滿足了英國
的基本利益；再者，協議規定未來任何北愛地位的安排，只要是出於
北愛多數人民的自由意志，不論是選擇繼續接受英國統治或是與愛爾
蘭合並，各方均應承認其合法性；最後，愛爾蘭必須修改憲法，放棄
對北愛擁有主權的主張。

　　1999 年 11 月 29 日，北愛爾蘭議會選舉產生權力共享（由新教徒和
天主教徒聯合組成）的北愛地方政府執行機構，正式吸納新芬黨進入
北愛地方政府。11 月 30 日，英國議會上下兩院相繼通過了北愛事務大
臣曼德爾森提交的地方管理權力法案。12 月 1 日，英國女王伊麗莎白
二世批准該法案，完成了向北愛地方政府移交管理權力的所有法律程
序。12 月 2 日，北愛歷史上第一個由原來對立的新教徒和天主教徒聯
合組成的地方政府開始運作，標誌着英國政府對北愛長達 27 年的直接
統治正式結束。與此同時，愛爾蘭議會並對憲法進行了修改，決定正
式放棄對北愛爾蘭長達幾十年的領土要求。

　　學者概括出北愛爾蘭政府建構的憲法原則，包括大聯合政府（grand
coalition）、相互否決（mutual veto）或稱同步多數（concurrent majority）、
比例原則（proportionality）以及高度自主（segmental autonomy）等。具體
而言，上述原則在制度上的安排如下。一、大聯合政府的精神表現在
行政首長有兩人，由議會的最大黨擔任首席部長（First Minister），而副
首席部長（Deputy First Minister）必須由相對族群的最大黨出任，兩人
共同主導行政委員會（Executive Committee，即內閣）；部長則根據各黨

---

55. 鍾文博（2003）。〈北愛爾蘭分離運動因素之研究〉，《政治學學報》。創刊號。

在議會的實力來分配,因此這是跨黨派或跨族群的政府。二、相互否決或同步多數原則的表現是透過「同步同意」(parallel consent,也就是出席議會投票者的過半數,加上兩個族群所屬議員的都要過半數)或是「加權多數」(weighted majority,也就是出席議會投票者的 60%,加上兩個族群所屬議員的都要有 40%)。三、比例原則首先運用在立法議會(Legislative Assembly)108 位議員的選舉,也就是以單一讓渡式的比例代表制(proportional representation, single transferable vote)的方式,由 18 個六人選區選舉產生。議會內部的委員會正副主席以及成員,也必須根據政黨比例分配。四、高度自治體現為:首先,北愛與英國建立某種「聯邦式的地方分權」(federal devolution)的雙層(two-tier)政府關係,讓北愛政府有相當的行政以及立法權,包括財政、經濟、農業、教育以及社會福利政策,而英國國會保留司法以及警察權,同時英國首相繼續任命北愛事務大臣。其次,北愛與愛爾蘭建立邦聯關係,也就是透過論壇式的「北南部長理事會」(North-South Ministerial Council),雙方就攸關全島性的事務定期磋商。最後,愛爾蘭與英國成立「東西理事會」(East-West Council),除了英、愛的代表外,北愛、蘇格蘭、威爾士、曼島(Isle Man)以及海峽群島(Channel Islands)都要派人與會。[56]

在上述憲制原則和制度的指引下,北愛問題得到較為妥帖的解決。2002 年,北愛地方議會因故導致自治政府停止運作,而英國則將北愛地方政府的自治權收回中央政府。到 2007 年 3 月 26 日,新教政黨民主統一黨與天主教政黨新芬黨領袖達成協議,決定從 5 月 8 日開始建立地方自治聯合政府,分享政權。同年 5 月 8 日,北愛爾蘭民主統一黨領袖佩斯利和新芬黨領導人麥吉尼斯在北愛首府貝爾法斯特同時宣誓就任北愛新政府第一部長和第二部長,這標誌北愛爾蘭正式恢復分權自治政府。11 月 11 日,北愛爾蘭最大的新教徒准軍事組織「阿爾斯特防務協會」,並宣佈從當天午夜起,其軍事分支「阿爾斯特自由戰士」將放下武器。北愛爾蘭的新教統一派武裝組織「北愛志願軍」也於當年

---

56. 施正鋒(2008)。〈北愛爾蘭的和平〉,《台灣國際研究季刊》。第 4 卷第 4 期。

5月初宣佈放棄武力，改為民間機構。在 2016 年 3 月英國舉行「脱歐公投」之後，北愛爾蘭的新芬黨認為這將對包括北愛爾蘭在內的英國經濟產生巨大影響，於是提出北愛需要進行「獨立公投」，但是並未能付諸實施。

2.　北愛爾蘭議會的普選制度

目前在北愛爾蘭存在四種選舉制度，分別為地方議會（Local Councils）的選舉、北愛爾蘭議會（Northern Ireland Assembly）的選舉、英國下議院的選舉以及歐盟議會的議會。愛爾蘭的地方議會是指分佈於愛爾蘭的各個自治市、城市或者區域的選舉，是北愛爾蘭下屬的地方政府的議會。目前北愛爾蘭有 11 個地方議會。北愛爾蘭議會是北愛爾蘭的立法機關，其有權行使除了英國議會保留的其他權力，並選舉與任命北愛爾蘭行政院（Northern Ireland Executive）。英國下議院選舉同時在其下屬的成員舉行，在全部的 650 個席位中，議席分配分別為英格蘭 533 席、威爾士 40 席、蘇格蘭 59 席以及北愛爾蘭 18 席。歐盟議會選舉按照成員國的人數進行分配，在 2014 年的選舉中英國有 73 個席位，其中 3 個席位是由北愛爾蘭選舉產生的。

事實上在 1920 至 1973 年間，北愛爾蘭曾存在上議院與下議院的兩院制結構：上議院被稱為「北愛爾蘭參議院」（Senate of Northern Ireland），由 26 名議員組成，其在愛爾蘭的政治結構中權力非常弱勢；下議院（House of Commons of Northern Ireland）作為具有實權的機構，由 52 名議員構成，擁有立法和任命等權力。這兩個機構在 1973 年根據《北愛爾蘭憲法法案》（*Northern Ireland Constitution Act 1973*）被廢除，並根據《北愛爾蘭議會法案》（*Northern Ireland Assembly Act 1973*），創設了現行的愛爾蘭一院制結構。本書重點關注與研究北愛爾蘭議會的選舉制度；一方面因為北愛爾蘭議會作為連接其地方議會與英國下議院選舉的中間層，具有重要的憲制意義，另一方面就本書的研究主題而言，作為統一國家內異質地區的北愛爾蘭議會選舉的發展歷程與制度設計，對於香港具有借鑒意義。

北愛爾蘭議會由 108 名議員（Members of the Legislative Assembly, MLAs）組成，分別由 18 個選區選舉產生（其中在貝爾法斯特市設置四個選區），每個選區選出六名愛爾蘭議會議員以及一名英國議會的議員。因而，就選區劃分而言，北愛爾蘭議會和英國議會的選區是重合的。北愛爾蘭議員任期一般為四年，但是也發生過推遲選舉的情況：1998 年 7 月進行了首次選舉，2003 年 12 月進行了第二次選舉（本來預定是 2003 年 5 月，因故推遲），2007 年 3 月進行了第三次選舉，2011 年 5 月進行了第四次選舉，2016 年 5 月進行了第五次選舉，2017 年 2 月提前進行了第六次選舉。之所以發生在 2016 年和 2017 年接連進行選舉，是因為在 2016 年的議會選舉中，民主統一黨與新芬黨議席均未獲得過半議席，因而組成執政聯盟，但是在 2017 年新芬黨領袖（時任副首席部長）宣佈辭職，導致執政聯盟分裂，被迫重新進行選舉。

北愛爾蘭議會選舉採用比例代表制中的「單一可轉讓投票制」（PR-STV）的形式，這種形式也被用於北愛爾蘭地方議會、歐洲議會以及愛爾蘭共和國的選舉之中，只有英國議會選舉採用的是「簡單多數制」（first-past-the-post）。單一可轉讓投票制也是一種相對多數決（plurality）而不是絕對多數決（majority）的選制，但在複數選區下多了二種因素使它讓人覺得複雜：一是依選區的席位決定最低當選票數，席位愈多最低當選票數愈低；另一因素是剩餘票的轉移（讓渡），也就是最低當選票數之外的選票轉移給第二優先的候選人。[57]在實際操作過程中，每個選民僅投出一票，但填寫選票時需要對候選人進行優先排序，可以要求將選票轉移給另一位候選人，以避免選票被浪費。單一可轉讓投票制往往因其過於複雜而受到批評，使選民難以掌握制度要領，事實上其複雜之處僅在於計票，並不在選民投票時，選民僅對名單中的候選人按照優先順序標明即可。[58]

---

57. 李憲榮（2008）。〈愛爾蘭「單一選票讓渡」的選舉制度〉,《台灣國際研究季刊》。第 4 卷第 4 期。

58. Richard Cracknel (2011). "Northern Ireland Assembly Elections: 2011," *House of Commons Research Paper 11/42*.

　　參加北愛爾蘭議會的選舉需要先進行選民登記，在北愛爾蘭存在兩種選民登記，一種稱為「完整登記」（full register），其主要用於選舉投票，但是同樣可以被用於預防和偵查犯罪、確定貸款或者信用卡的申請等；另一種稱為「修訂登記」（edited register），一般僅可用於商業行為。在完成選民註冊後可以獲得「選舉身份證」，該證件在北愛爾蘭作為通用的身份證明，可以用於國內旅行或者銀行開戶。進行選民登記需要滿足以下三個條件：一、英國公民、愛爾蘭公民或者歐盟成員國的公民；二、年滿 17 歲即可進行登記，但是只能在 18 歲之後才能進行投票；三、在申請註冊之前需要至少在北愛爾蘭居留三個月以上。選民可以選擇投票站投票、郵寄投票或者委託投票的方式，如果在現場投票的話，需要出示帶照片的身份證件才能領取選票；如果採用郵寄或者委託方式投票，則需要說明合理的理由。整個選舉過程由主任選舉官員（The Chief Electoral Officer）領導，其獨立於政府之外，在北愛爾蘭選舉辦公室的協助下組織選舉和點算選票。

　　北愛爾蘭議會的主要職責主要包括兩個方面：一方面承擔立法功能，承接了英國議會下放的立法權，有權制定與北愛爾蘭人民日常生活密切相關的事項；另一方面承擔監督政府的職能，在議會選舉結束後議會將任命北愛爾蘭行政院，包括了首席部長、副首席部長、各個部門的負責人等。部長也在其職權範圍內獨立作出決策，需要受到議會的監督。北愛爾蘭議會的議員代表其選區選民的利益，當其在從事立法或者監督工作時，議員必須從其在選區的利益考慮問題，並推動政府關注選區的利益。所有的議員在其選區設置辦公室，用來接待選民和聯繫選民。當然，議員並非僅僅是傾聽者，他們必須拿出切實的建議或者方案，以服務於選民，這通常被稱之為「選區療法」（constituency surgery）。北愛爾蘭議會通常在周五不安排議員工作，讓他們在這天服務選區，他們也會利用其他時間去聯繫選民，以爭取在下次選舉中獲得連任。

　　議長是北愛爾蘭議會的主持人（Presiding Officer）。議長最為顯著的作用是在議會會議時擔任主持人，此外議長還需要擔任「事務委員會」

（Business Committee）和「大會委員會」（Assembly Commission）的主席。事務委員會的職責是決定哪些事項需要在議會會議上進行討論，而大會委員會則旨在確保議會的後勤、人員和服務。在完成議會選舉後，議員們的第一項工作就是選舉議長。議長的關鍵作用是「政治中立」（politically neutral）。他不僅不參加辯論和投票，也需要在任何時候都要保持公正。因而議員們一般會選舉出「民族主義黨派」和「聯合主義黨派」均接受的人選出任議長。北愛爾蘭議會也設立了眾多委員會，負責處理各項專業性的事務，委員會主要分為三類：第一類是部門性的委員會，負責定向監督特定的政府部門，比如教育委員會、環境委員會等；第二類是常設委員會，負責處理議會的內部事務，比如程序委員會、審計委員會等；第三類是特設委員會（Ad hoc committees），負責臨時處理特定的事務，比如特設地方郵政服務委員會等。

與此同時，大部分的議員也代表了其所屬政黨的利益，他們有義務按照政黨的規則行事，儘管有時候政黨利益和選區利益之間存在衝突。黨鞭（chief whip）的存在正是確保議員代表政黨的利益。目前北愛爾蘭的主要政黨包括民主統一黨（Democratic Unionist Party）、新芬黨（Sinn Fein）、阿爾斯特統一黨（Ulster Unionist Party）、社會民主與勞動黨（Social Democraitc & Labor Party）、聯盟黨（Alliance Party）、傳統統一之聲黨（Traditional Unionist Voice）、綠黨（Green Party）等。上述政黨按照其是否支持愛爾蘭統一，可以寬泛劃分為兩個黨派——「聯合黨派」和「民族主義黨派」。民主統一黨和新芬黨分別是兩派的代表，民主統一黨希望北愛爾蘭能夠在聯合王國之內，而新芬黨則主張建立一個統一的愛爾蘭國家。[59] 如上文所述，北愛爾蘭已經通過建立包容性的聯合政府，使得兩個黨派可以通過選舉實現制度性平衡。在 1998 年之後，「統一黨派」佔據了優勢地位，在各類選舉中保持了穩定的半數支持率，但是「民族主義黨派」的力量仍非常可觀。

---

59. Joanna Madias and Gary L. Branham (2015). "Northern Ireland Conflict: Remaining Issues with the Peace Process," SPEA Undergaduate Honors Thesis. p. 7.

以最近的 2017 年愛爾蘭議會選舉為例，其作為議會設立以來的第六次選舉。該次選舉共計 228 個候選人競選議會的 90 個席位。在該次選舉中有 81 萬選民參加了投票，投票率高達 64.78%，較之於 2016 選舉的投票率提高了 9.8%，達到歷次選舉中投票率的最高值。選舉結果顯示，民主統一黨獲得 28.1% 的支持率，並且由此獲得了 28 個席位，保持了議會第一大黨的地位；新芬黨獲得了 27.9% 的支持率，獲得了 27 個席位，仍然是議會的第二大黨，也是最具影響力的「民族主義黨派」；社會民主與勞動黨獲得 11.9% 的支持率，獲得了 12 個席位，成為議會第三大政黨。因而按照 1998 年協議確定的規則，首席部長和第一副部長將分別由民主統一黨、新芬黨提名，二者共同分享北愛爾蘭政府的管理責任，旨在保持兩個黨派之間的政治平衡，從而建立具有包容性的聯合政府。

最後需要討論的是，在英國議會權力下放的背景下，英國議會對於北愛爾蘭普選和政治的控制和影響。英國推動的權力下放，不僅意味着將英國議會的權力下放到諸如倫敦議會等都市議會，更重要的是將原屬英國議會的職能下放到蘇格蘭議會、北愛爾蘭議會，以及威爾士國民議會。當然，下放的權力本質上屬於「非主權性權力」，比如教育權、衛生權等偏重於公共服務的權力，英國議會保留了國防與外交權力（defence and foreign policy）。為了保證權力下放的審慎，英國議會也在下放特定權力時設立獨立機構，評估哪些權力應當下放、哪些權力應當保留，並以立法確定之。誠如學者所指出，「權力下放維護了英國議會的主權和立法最高性（legislative supremacy）」，[60] 儘管地方議會被賦予了司法或者警察等權力，但是與單一制的國家結構形式並無根本衝突。因而北愛爾蘭議會的普選也有相對明確的限度，其須接受英國議會立法的統一規制，普選後政府的組成也需要受到之前訂定的條約的約束，這不僅使得權力下放不至於導致分離的傾向，也保持了北愛爾蘭數十年的和平局面。更為重要的是，在愛爾蘭內部建立了一套聯合

---

60. Alexander Horne eds. (2013). *Parliament and the Law*, London: Bloomsbury Publishing. pp. 197–198.

與制衡的機制，無論是「聯合黨派」或是「民族主義黨派」都無法取得絕對的優勢，而是需要按照憲制框架給予雙方以政治空間。這種平衡的局面也使得北愛爾蘭議會普選能夠在停戰後迅速得以實現並順利維持，緩和了長期存在的宗教、族群和意識形態的矛盾。

（二）魁北克獨立運動與議會普選 [61]

魁北克省的主權獨立運動是 20 世紀在世界範圍內具有影響力的政治現象，其不僅涉及到族群問題和國際政治，更重要的是提出了一個無法迴避的問題：在民族國家已然成型的當下，對於統一國家內的異質地區，追求主權獨立是其唯一的政治出路嗎？誠如學者所指出的，「主權觀念通常與民族國家（nation-state）緊密聯繫在一起，主權作為國家的屬性，特別是民族國家觀念被文化、宗教、語言、甚至是宗教信仰等因素所強化，但是在多邊者雙邊的政治實體（states）存在於同一個國家時，主權觀念就變得非常具有爭議，加拿大就是一個例證。」[62]

1. 「魁獨運動」及其憲法制約

從政治和社會視角來看，魁北克主權獨立運動有着深刻的歷史淵源。早在 1608 年法國人尚普蘭（Samuel de Champlain）發現並命名魁北克後不久，英國人隨後進入該區域，並引發了兩國殖民者在語言和宗教方面的早期衝突。1627 年法國成立新法蘭西（New France）公司，被法國國王授予在當地的貿易壟斷權和負責移民事務。1663 年路易十四取消了新法蘭西公司的特許狀，將新法蘭西變為皇家直轄殖民地，在當地建立與法國相仿的行省制度。[63] 在 1756 至 1763 年的「七年戰爭」中，

---

61. 本小節部分內容曾公開發表，具體請參見胡錦光、王理萬（2016）。〈憲法在特別行政區適用問題研究〉，載《香港基本法澳門基本法論叢》（第三輯）。北京：中國民主法制出版社。3-40 頁。《憲法在特別行政區適用問題研究》一文是作者與業師胡錦光教授合著，本書所涉部分由作者獨立執筆，特此說明。

62. Reg Whitaker (1999). "Sovereignties Old and New: Canada, Quebec, and Aboriginal Peoples," *Studies in Political Economy*, 58: 69-96.

63. 余建華（2000）。〈論加拿大魁北克問題的歷史演進〉，《史林》。1 期。

英法兩國作為對立的軍事同盟領袖，為爭奪海上霸權和殖民地而進行了曠日持久的戰爭。在 1759 年的「亞伯拉罕之戰」（Battle of Abraham）中英國攻克了魁北克市，取得了對於魁北克的軍事控制權。[64]根據戰後締結的《巴黎和約》（*The Treaty of Paris*），法國被迫放棄了印度、加拿大、密西西比河西岸。這標誌着法國失去了新大陸的控制權。

英國在佔領魁北克後並沒有成功推行政治與文化方面的同化策略，「在魁北克從法國人手中落到英國的主權之下以後，羅馬天主教與法語教育，當地的法律制度，這些魁北克人的文化支柱，仍繼續保留下來」[65]。由此魁北克地區形成了自成體系的殖民來源、語言文化和政治法律體系。在統一國家內的異質群體必然會受到各種制度與文化的限制，而這種來自主流文化和執政當局的限制措施勢必會激發少數群體的反抗，也會強化少數群體對於自身文化特殊性的認同。因此，在長達數百年的時間中，魁北克主權獨立運動成為加拿大面臨的最嚴重憲制危機。

為了安撫法裔群體的政治憂慮，並防止魁北克與正在推行獨立運動的美國相結合，英國政府逐步承認了魁北克特殊的政治地位。1774年英國議會通過了《魁北克法案》（*Quebec Act*），規定魁北克可以同時使用法國民法與英國刑法，保留莊園制度，允許天主教會傳教和徵收什一稅，英語、法語同是官方語言，並擴大了魁北克的疆界。[66]此法案緩解了法裔群體的反抗意識，但是法裔群體與英裔群體的矛盾依然存在，由此英國議會在 1791 年制定《憲法法案》（*Constitution Act*）從地域上以渥太華河為界，將魁北克與其他英裔殖民地區分開來，即將魁北克分為「上加拿大」（Upper Canada，現安大略省的前身）和「下加拿大」（Lower Canada，現魁北克省的前身），前者以英裔居民為主、採用英國

64. 許文廷（2007）。《美國 • 加拿大：自由的燈火照耀四方》，台北：旗林文化出版公司。224 頁。

65. 黃鴻釗、吳必康（1996）。《加拿大簡史》，台北：書林出版公司。序言 2–3 頁。

66. 王長斌（2010）。〈聯邦制的神話：加拿大魁北克案例研究〉，《「一國兩制」研究》。第 3 期，1 月。

普通法傳統，後者以法裔居民為主、採用法國的民法傳統。誠如學者所指出的，該法案雖然看似公允，但是由於英國處於宗主國的管治地位，形成一種「看似分家、實則從屬的政治關係」，「法語區表面上看似有自己的議會政府，實際上卻不具有政治實權。」【67】

　　隨着議會政治的發展，法裔群體在「下加拿大」逐步佔據了議會的多數席位，並試圖增加在政府中的權力，這與英國總督權力發生了衝突，成為爆發加拿大 1837 年起義（Rebellions of 1837）的重要原因。【68】在叛亂被鎮壓後，英國派出總督和特使達勒姆勛爵（Lord Durham）考察叛亂原因，並於 1839 年發表了《英屬北美事務報告》（Report on the Affairs of British North America），其中建議合併上下加拿大並建立向當地議會負責的責任制政府。【69】英國政府採納了該報告的建議，在 1840 年通過了《聯合法案》（Act of Union），將上下加拿大合併為一個政府，着手建立對民選議會負責、而不是簡單服從於總督命令的政府體系。

　　1867 年英國議會通過了《不列顛北美法案》（British North America Act），正式創設了加拿大自治領（The Dominion of Canada），因此該法案又被稱為 1867 年加拿大憲法。根據該法案，加拿大自治領的領土不僅包括了原屬「上下加拿大」的範圍，還包括了新斯科舍（Nova Scotia）和新不倫瑞克（New Brunswick）。在這個長達 11 章 147 條的法案之中，以英國為摹本建立了加拿大的政府機構，確定了自治領內的權力劃分等重要內容，尤為重要的是，法案確定了法裔群體的地位（比如第 133 條確定了英語和法語共同作為官方語言）。不過，誠如學者所指出的，英裔與法裔群體對法案的理解存在較大偏差：該法案條文的模糊性使

---

67. 辛翠玲（2005）。〈從民族主義到認同平行外交：魁北克經驗〉，《政治科學論叢》。第 24 期，
　　6 月。

68. 具體請參見霍金淵（2006）。〈加拿大歷史上的 1837 年起義的原因〉，《中國加拿大研究會第 12
　　屆年會論文集》，11 月。

69. 王曾才（1976）。《西洋近世史》，台北：正中書局。678–679 頁。

得英裔和法裔分別作出不同的解釋，即前者強調聯邦精神而後者則強調自治權利，結果導致雙方的分歧進一步加劇。【70】

　　憲法在多民族國家統合中扮演了雙重角色：一方面，憲法可以成為族群融合、消弭矛盾的基礎規範，即通過憲制安排鞏固國家統一，妥帖處理國內的族群矛盾；另一方面，憲法也可能成為少數族裔訴諸民族自治甚至是民族分離的依據，特別是由憲法中的人民主權原則派生出的「自決權理論」更是成為分離主義的理論武器。「自決主張曾經體現為從反殖民統治到反現行體制的各種各樣的群眾運動，顯示出很強的解構能量，在主觀或客觀上都對既定的國家秩序構成了嚴峻的挑戰甚至潛在的威脅。」【71】

　　在 1869 年由於政府購買西北地區土地所引發的紅河起義（Red River Rebellion），更是集中體現了原住民和殖民者、法裔居民和英裔居民之間的矛盾。【72】「英、法裔兩大民族之間的矛盾因為這事件而變得更加惡化，兩大民族之間更加沒有信任感，長期存在的民族紛爭也因此而變得愈來愈尖銳。法裔加拿大人變得更加敏感，他們更注重於保護自己的語言、文化以及宗教信仰，避免被英裔加拿大人同化。」【73】尤其是在第一次世界大戰期間，魁北克的法裔居民反對徵兵制，認為加拿大不應該犧牲自身利益協同英國加入歐洲戰爭，並且法裔居民在軍隊中的特殊性沒有得到充分重視，由此爆發了 1918 年抵抗徵兵制的騷亂。【74】這也說明了在族群認同高於國家認同的情況下，對外戰爭不僅不會激發同仇敵愾的國內團結，反而會造成國內政局的動盪。

　　「儘管憑藉在第一次世界大戰中表現出的勢力，加拿大在國聯中獲得了同許多主權國家同等的席位，但是從理論上說，它仍然是隸屬於

70. 于福堅（2009）。〈加拿大是如何化解魁北克問題危機的〉，《中國民族報》，11 月 13 日。

71. 季衛東（2003）。〈自決權與憲政理論〉，《二十一世紀》。2 月號。

72. 施正鋒（2004）。〈加拿大 Métis 原住民族的自治區——歷史回顧及政治過程的觀察〉，《2014 年加拿大社會、政經與文化學術研討會論文集》。1 月號。

73. 戴維才（2007）。《淺析加拿大民族矛盾的歷史發展》，河北師範大學碩士論文。

74. 楊令俠（1997）。〈加拿大魁北克省分離運動的歷史淵源〉，《歷史研究》。第 2 期。

英帝國的一塊殖民地，英國議會通過的法令適用於整個帝國，倫敦政府有權否決自治領政府的行政措施。」【75】在各自治領的獨立運動的壓力下，1931 年英國議會通過了《威斯敏斯特法案》（*Statute of Westminster*，又譯為「西敏寺法」），正式確認英國和加拿大、新西蘭、澳大利亞、南非組成英聯邦，釐定了宗主國和自治領的法律適用範圍，各自治領具有獨立的「治外法權」，而宗主國法律只有經過自治領議會的請求或同意才能適用 —— 從此以後，維繫大英帝國的紐帶僅在於對王室的忠誠，廢除了在憲法上的不平等地位。

對現在魁北克主權獨立運動產生直接影響的是 20 世紀 60 年代的「寂靜革命」（Quiet Revolution）。其緣起於 1960 年讓・勒薩熱（Jean Lesage）領導的魁北克自由黨取得該省的執政地位，由此推行的削弱天主教影響的教育世俗化改革、旨在強化法裔族群經濟影響力的國有化改革以及確立法語在魁北克省內的地位等。這些改革措施強化了法裔魁北克人的民族和政治認同，「改革的初衷本是振興法裔民族經濟，提高法語語言和文化的影響力，而且包括勒薩熱本人在內的自由黨都屬於聯邦派，但由於過於強調魁北克的重要性和特殊地位，致使魁北克民族主義力量滋長的勢頭過猛」【76】。而這種民族分離主義傾向，在 1967 年法國總統戴高樂訪問魁北克時被全面激發出來。戴高樂在蒙特利爾的群眾集會上忽然高呼「自由的魁北克萬歲」—— 由於「自由」兩字無異於主張魁北克獨立，他的話在事實上對魁北克獨立運動起到了推波助瀾的作用。【77】1968 年魁北克人黨成立，該黨具有鮮明的分離主義主張，公開宣稱通過民主漸進手段爭取魁北克獨立；與之針鋒相對的是，同年具有強烈聯邦主義傾向的特魯多（Trudeau）就任加拿大總理，其強烈反對魁北克脫離聯邦獨立，並且在 1970 年因極端魁北克獨立組

---

75. 張友倫主編（1994）。《加拿大通史簡編》，天津：南開大學出版社。209–210 頁。

76. 董仲瑜（2004）。〈淺議加拿大魁北克的「平靜革命」〉，《天津師範大學學報（社會科學版）》。第 4 期。

77. 劉作奎（2006）。〈戴高樂一句話加拿大起動蕩〉，《環球時報》。5 月 11 日。

織綁架行為引發的「十月危機」中採取了強硬的立場。但是現在有學者批評指出，特魯多總理的強硬政策「剛性有餘，柔性不足，遂使得原本存在種族隔閡的聯邦與地方關係惡變出分離主義」[78]。在 1976 年魁北克人黨在魁北克省的選舉中獲得了議會的多數席位，提出了「主權—聯繫」（Sovereignty-Association）方案，也就是使魁北克成為一個與加拿大保持密切聯繫的獨立國家。[79]這個方案遭到來自聯邦政府的強烈反對，在 1980 年舉行的以「魁北克是否與加拿大成為主權的結合」為主題的魁北克省公民投票中，反對者佔據總投票數的 59.56%，這被視為魁北克獨立運動的重大挫折。

　　除了反對魁北克獨立運動的強硬立場，特魯多總理也希望能夠從法理上強化國家主權。為此，其先後與除魁北克外的其他各省達成了《維多利亞憲章》、憲法修改《白皮書》等修憲建議，但是遭到了魁北克省的強烈反對而擱置。[80]局勢迫使特魯多採取了更為強硬的手段，「聯邦政府與九個省政府於 1981 年 11 月 5 日在原則上就收回並修改憲法達成協議，這次會上魁北克省投了反對票，經加拿大最高法院裁決，魁北克不享有否決權，其反對無效」[81]。1982 年 4 月，英國女王簽署了《加拿大憲法草案》，同意加拿大獲得制定和修改憲法的權力，該法案也取代了 1867 年《不列顛北美法案》成為加拿大的新憲法。這部憲法雖然經過最高法院的確認，但是不容否認的是，由於未取得魁北克同意的程序瑕疵，也是其後續不斷面臨憲政危機的根本原因。[82]為了彌補憲法的程序瑕疵，加拿大聯邦政府也曾積極爭取與魁北克達成政

---

78. 王建波（2011）。〈加拿大魁北克分離主義興起之新探〉，《學術論壇》。第 4 期。

79. 王曾才（2001）。《加拿大通史》，台北：五南出版公司。103 頁。

80. 黃鴻釗、吳必康（1996）。《加拿大簡史》，台北：書林出版公司。81–82 頁。

81. 劉藝工（2005）。〈試論 1982 年加拿大憲法〉，載何勤華主編，《20 世紀西方憲政的發展及其變革》，北京：法律出版社。139–149 頁。

82. 加拿大最高法院認定：在法律上加拿大聯邦政府確實可以單方面向英國議會提出修憲要求；但是，憲法慣例是聯邦需得到各省「實質上的」同意——所謂各省「實質性的」同意並不是説各省「一致」同意。具體請參見屠凱（2012）。〈論西方多民族國家的憲制安排——英國、加拿大和西班牙〉，載許章潤主編《歷史法學》（第五卷），北京：法律出版社。185–213 頁。

治上的妥協，在 1982 年通過憲法修正案「米奇湖協議」（The Meech Lake Constitutional Accord），承認魁北克為特殊社會（Distinct Society）的地位、各種族平等、並肯定多元文化對加拿大的貢獻等，試圖換取魁北克對於憲法的承認。不過令人詫異的是，在 1992 年魁北克省對「米奇湖協議」進行的公民投票中，卻否決了該協議——贊成的僅佔 43.32%，反對的佔 56.68%。結合 1980 年公民投票的結果，可以看到魁北克人在面臨「統獨問題」時的矛盾心態：既不願意立即脫離聯邦而獨立，卻又對政治現狀不甚滿意。

為了規範通過公民投票的方式決定重大憲法問題，特別採取全國性公投的方式遏制魁北克通過地方性公民投票實現獨立的危險，加拿大聯邦政府在 1991 年通過了《公投法案》（Referendum Act），規定聯邦政府為公共利益，可以用公投的方式獲取選民對憲法問題的意見，交付選民或指定的省進行票決。[83]不僅如此，2000 年加拿大還針對公民投票制定了《清晰法案》（The Clarity Act），對「獨立公投」設定了極為嚴苛的條件：（1）一個省要進行「獨立公投」，首先在文字上必須清晰表明獨立意圖，不能用含糊的文字來降低人民對獨立後果的認識；（2）在計票上不能簡單多數通過，必須絕對多數才有效；（3）表述是否清晰，贊成票是否佔絕對多數，只有聯邦議會有權決定；（4）即使這兩個條件（表述清晰並獲得絕對多數通過）都具備，還必須舉行聯邦政府和所有省份都參加的談判，有三分之二的省份同意才能獨立。[84]

在司法方面，聯邦最高法院也採取了積極立場，通過解釋憲法來限制獨立運動。1995 年魁北克再次舉行「獨立公投」，結果贊成人數佔 49.42%，反對人數佔 50.55%，反對獨立的聯邦主義者以微弱多數獲勝，使加拿大暫時避免了分裂。這種日趨緊迫的分裂局勢促使總理克雷蒂安（Chretien）採取司法路線，要求聯邦最高法院提供對以下問題裁定諮詢意見（advisory opinion）：（1）依據加拿大憲法，魁北克國民議會、

---

83. 郭秋慶（2005）。〈論加拿大公民投票制度與運作〉，《台灣國際研究季刊》。第 1 卷第 1 期，春季號。
84. 〈各國立法打擊分裂：於法理堵分裂，於現實護統一〉，《環球時報》，2005 年 03 月 14 日。

立法機關或政府，能否片面地實行魁北克之脫離加拿大？（2）依據國
際法，魁北克國民議會、立法機關或政府，是否有權片面地實行魁北
克之脫離加拿大？就這部分，國際法是否有自決權之規定，魁北克國
民議會、立法機關或政府是否有權片面地實行魁北克之脫離加拿大？
（3）就魁北克國民議會、立法機關或政府片面地實行魁北克之脫離加拿
大，所涉及國內法與國際法之權利衝突，是否能成為加拿大之先例？
對此，加拿大聯邦最高法院於 1998 年發佈了「魁北克脫離聯邦諮詢意
見裁定」（Reference re Secession of Quebec）對上述問題進行了解釋：（1）
省脫離聯邦事實上構成對於憲法中領土的改變，屬於修憲行為；而憲
法修改的民主性原則要求各省均有討論憲法的責任，而不僅僅是謀求
脫離聯邦的省，因此各省沒有片面地脫離聯邦的權利；即使形成脫離
成功的事實並獲得國際社會承認，這種承認也僅是事實方面的、而不
包括合法性判斷；（2）承認民族自決權，但是其僅限於極端情形下才
能主張對外自決權，包括受殖民統治、受外國統治、受外國佔領三種
情況，但是魁北克不符合上述要件；（3）基於上述兩項答覆，聯邦內
的一省並無片面脫離權，因此無所謂國際法與國內法的權利衝突。【85】

2. 魁北克省的普選制度

　　加拿大是英聯邦的一份子，因此在政治制度上與英國類似。國會
議員選舉實行「單一選區相對多數決」選舉制度，眾議院的多數黨享有
組閣權，總理掌握國家實權。在選舉制度上，加拿大全國劃分成 10 個
省（Province）與 3 個特區（Territory），魁北克省作為其中一個選區擁有
75 個席位。【86】魁北克省政權由省督、立法機構、行政機構和司法機構四
個部分組成：省督（Lieutenant Governor）為英皇派駐到全加各省的代表，
只有象徵性的權力與責任，起着「名譽元首」的作用，在某些情況下
僅有發言權而無決定權；立法機構為魁北克省議會（National Assembly of

---

85. 陳盛（2005）。〈魁北克獨立問題之諮詢意見〉，《問題與研究》。第 44 卷第 5 期，9/10 月。

86. 林岱緯（2005）。〈加拿大國會選舉制初探〉〉，《台灣國際研究季刊》。第 1 卷第 1 期，春季號。

Quebec），其按照英國模式（British model）組建，具有立法權和監督權；行政機構為省長領導下的內閣，擁有行政管理和提交法案的權力；司法權由法院掌握，法官由行政機關任命，在聯邦法院和省法院之間具有相對清晰的司法管轄權邊界。[87]魁北克具有較大的自治權，即便作為聯邦政府指派的官員，也只能根據省政府意志行事，其言行不能違背省政府意願。

嚴格而言，魁北克議會是由兩部分構成的，一則是魁北克省議會，另外是省督，二者共同構成魁北克的議會（Parliament of Québec），省督代表了英國女王在各省的象徵權力。本書所討論的魁北克議會，是僅就其魁北克省議會的組織、功能和選舉制度而言的。從歷史角度來看，早在 1791 年就建立了魁北克議會，由議會和總督共同執掌「下加拿大」（Lower Canada）的權力，但是彼時的議會僅是形式上的民主化，議會的權力非常有限。在 1838 年因為加拿大發生的武裝反抗，憲法被終止，政治制度方面也變成非民選的議會。《1841 年聯合法案》（*1841 Act of Union*）重新建立了議會機構，但是此時法語在議會中仍是明確受到排斥的。直至 1867 年《英屬北美法案》（*British North America Act*）設立了魁北克自己的議會，確立了兩院制的結構，其在轄區內擁有獨立的立法和主權，這種框架一直延續到 1960 年代。隨着議會功能的增加，特別是審查預算任務的繁重，魁北克議會要求對系統進行改造。因而在 1960 至 1985 年間，魁北克議會進行了一系列改革，將兩院制改為了一院制，並且正式更名為 National Assembly，省督在立法機關中的地位下降。在 1990 年代中期，議會改革的重點被定位在政治和倫理問題，增強了議會的透明性和參與度。[88]

當下的魁北克省議會由 125 名議員組成，由各選區通過「簡單多數制」（First Past the Post System）的形式選舉產生。選區是按照人口來劃分

---

87. The Chief Electoral Officer of Quebec (2013). *Voting in Quebec: Quebec's Political System and Electoral System.* pp. 8–9.

88. Magali Paquin (2012). "The Quebec National Assembly," *Canadian Parliamentary Review*, Jun 22.

的，每個選區的人口差不多是 4 萬人，並由當地合法選民通過無記名方式投票選出 1 名議員。候選人既可以隸屬於特定政黨，也可以作為獨立候選人。在議會選舉中獲得最多席位的政黨來組織政府，其黨魁也相應成為魁北克的省長；其他黨派的人則成為反對黨，議會第二大黨的黨魁則成為反對黨的領袖。省長擁有人事任免權及重大政策決定權，由他任命各部部長，在法律允許的範圍內制定和推行其方針政策，必要時省長可以解散議會，重新大選。各部門部長直接對省長負責，掌管各部門的具體政策推廣。值得一提的是，魁北克省在加拿大聯邦中有高度特殊性，它擁有在海外各邦交國及地區的駐外辦公室，並區別於聯邦的移民途徑，獨立招收魁北克省的海外移民。

成為魁北克議會選民的條件包括以下方面：（1）需為加拿大公民；（2）至少在魁北克居住 6 個月；（3）年滿 18 歲。選民必須加入選民名單才能進行投票，選民名單由選舉辦公室永久保存。在選舉期間為了幫助與鼓勵選民投票，選舉辦公室會向居民分發選民登記通知、選舉手冊以及「提醒卡」等，以此通知符合資格的選民及時進行登記並參與投票。候選人可以獨立參選，但是一般都依附於政黨、並依賴政黨的動員能力參加競選。選舉經費和政黨支出受到選舉辦公室的控制，並且根據選舉法的規定，公司和商業團體不得向政黨捐助資金，只有以個人名義才能進行最多每年 100 加元的捐助。

魁北克議會的職責包括三個方面，立法、政府績效監察（perform oversight）以及代表選民利益。就立法權而言，議員在立法過程中的作用實際上是在不斷減弱，政黨紀律（party discipline）與行政控制（executive's control）削弱了議員在立法中的作用。特別是對於那些沒有任何職務的「後座議員」（backbenchers）影響尤為嚴重，他們處於內閣的陰影之中，只能投票支持議案。雖然反對黨的議員可以發揮的作用稍大一些，但是由於他們在議會中佔少數，效果也乏善可陳。就監察權而言，反對黨在其中發揮的功能更大一些，但是這往往又會變成政黨利益的爭執。自 1980 年代以來的調查也顯示，議員們把代表選民作為他們的首要工作，而立法和監察則排在後面，最後才是隸屬於特定

政黨的身份。[89] 由此可見，魁北克在「議會內閣制」的政治結構下，議會作為民意機關具有很高的地位和權威，但是也受到作為行政機關對內閣的反向支配，並且受到政黨政治的深刻影響。

魁北克議會建立了多個委員會，處理大量的議會事務，並以此提高議會的工作效率。每個委員會事實上是議員的工作小組（work group），處理議會職責範圍內的特定事項，比如機構委員會（Committee on Institutions）重點關注司法和公共安全問題。魁北克議會的議事規則規定設置 11 個常設委員會，這些委員會幫助議員充分履行其作為立法者和監督者的責任。現有的常設委員會包括了公共管理委員會、農業漁業能源和自然資源委員會、文化教育委員會等。其中，「議會事務委員會」（Committee on the National Assembly）是比較特殊的委員會，其成員事實上是議會中的領導層，包括了議長、反對派領袖、黨鞭等。在臨時處理特定事項的時候，議會也可以設置特設委員會（select Committees），並且可以在常設委員會下設小組委員會（subcommittees）。

2014 年的魁北克議會選舉是其第 41 屆普選（general election），在此次選舉中，魁北克自由黨（The Quebec Liberal Party）取得勝選，在 125 個席位中獲得了 70 個席位；而上一屆的執政黨魁北克人黨則取得了 30 個席位，成為議會第二大黨。魁北克兩大政黨的政見是頗為對立的，魁北克自由黨秉持聯邦主義，希望在擴大魁北克自治權的前提下，將魁北克保留在加拿大境內，並且在經濟政策上具有自由主義色彩，其選票基礎是非法語魁北克選民；而魁北克人黨政治主張則相反，其支持魁北克獨立，並且在經濟政策上偏向左翼。然而，兩黨僅是在魁北克省具有支配性的影響力，在加拿大議會中具有一席之地的魁北克政黨是「魁北克集團」（又稱為魁人政團），其在第 41 屆加拿大下議院（2011至 2015 年）中佔據了 4 個席位，而在第 42 屆議會（2015–）中更是取得了 10 個席位，成為在加拿大國會中唯一以特定省份為主體的政黨。但

---

89. Magali Paquin (2012). "The Quebec National Assembly," *Canadian Parliamentary Review*, Jun 22.

是魁北克集團僅是聯邦層面的政黨，在魁北克省議會中並沒有席位，不過與魁北克人黨存在人員上的交叉。

概覽魁北克的政治發展歷程，其在經歷了長期的主權獨立運動後，開始以法治方式回應和吸納獨立訴求，並通過競爭性的普選和政黨格局，實現了政治力量間的動態平衡。首先，加拿大賦予魁北克以廣泛的自治權，通過選舉權和信仰自由保證了各族群的平等法律地位，為制度化解決獨立運動提供了基礎。其次，通過在魁北克建立選舉和代議制度，保證了各種政治訴求可以吸納進入議會之中，通過競選保持了聯邦派和獨立派之間的力量均衡。再次，通過司法手段對獨立運動作出了限制，以司法精英主義和法律理性制衡獨立運動中的民粹主義。最後，普選並未加劇獨立傾向，反而使得選民經過多次投票變得更加理性，對極端分離勢力構成有效制衡。因而魁北克的主權獨立運動和普選政治，反映了在多民族的國家中如何處理異質地區的獨立訴求問題──應對之道和解決方式顯然不宜徑直使用強力，而是應當採用憲政民主的方式，將多元族群訴求轉化為憲法中的各類權利，並通過中央和異質地區之間的合理分權，保障統一國家內的異質地區的自治權。

（三）加泰隆尼亞自治與選舉

在西方國家普遍存在民族分離勢力，其中混合了歷史問題、宗教問題、民族問題等因素。誠如學者所指出的，世界七大工業國裏面只有美國沒有民族問題，英國、德國、法國、意大利、加拿大和日本均存在形式各樣的民族分離問題，這充分顯示出民族問題在全球的普遍性，即便是最發達的國家也不例外。[90]雖然香港所面臨的問題顯然並不是民族問題──即便是香港的激進勢力試圖將其描述成民族問題，並試圖通過「民族自決」解決[91]──但是香港作為統一國家內的「政治異

---

90. 韓立群（2014）。〈四條主線看西方分離運動〉，《東方早報》，6月25日。

91. 梁繼平（2014）。〈香港民族命運自決〉，《學苑》。2月號。

質地區」，與西方國家中的民族分離問題存在相似之處。因而，本書所選擇的對比對象主要考慮其代表性，而非認同香港的政治經濟問題可以視為所謂的「民族問題」。以下將對加泰隆尼亞的獨立問題及選舉制度進行介紹，以期與北愛爾蘭問題、魁北克問題互相映照，並對香港普選的制度設計有所借鑒。

1. 加泰隆尼亞問題的歷史語境

1978 年《西班牙憲法》第 2 條確定「國家統一和自治權利」原則：西班牙民族的團結、全體西班牙人共有的統一祖國，以及承認並保障組成西班牙的各民族和各地區的自治權和團結，構成本憲法的基礎。在此條款之下，加泰隆尼亞（Catalonia）作為西班牙的 17 個自治區之一，其下轄四個省，分別為巴塞羅那省、萊裏達省、赫羅納省和塔拉戈納省。加泰隆尼亞的獨立運動淵源久遠，誠如學者所描述的，「今日加泰隆尼亞的平靜掩蓋了其在歷史上的暴力和血腥，其希望變成獨立國家的努力反覆失敗，導致了數個世紀的戰爭和鎮壓，最終累積為 1714 年巴塞羅那長達十個星期的圍城，並且被剝奪了民族的權力、以及 1939 年後弗朗哥（Franco）試圖取消加泰隆尼亞人的身份認同。」【92】因而本節首先把加泰隆尼亞問題放置進入歷史的語境，簡述加泰隆尼亞獨立問題的歷史淵源，然後將討論其選舉制度對於獨立運動的影響。

加泰隆尼亞的歷史可以追溯到 1283 年的公國時代，「阿拉貢王國下的加泰隆尼亞小公國，有了類似憲法的治理規則，它的政府叫 *Generalitat*，名稱後來變得極重要，成為它主權尊嚴的象徵。」【93】然而需要指出的是，此時現代國家與主權觀念尚未誕生，中世紀的政治實體是由宗教和世俗王權交叉統治的地方政權，數以百計的公國在歐洲彼此共存，「從西歐沿海的諸多王國，到位於波羅的海和亞得里亞海之間的眾多城邦，從呂貝克到威尼斯，14 世紀的歐洲大約有 1,000 個政體，

---

92. Michael Eaude, Catalonia (2008). *A Cultural History*. Oxford, UK: Oxford University Press. p. xiv.
93. 林達（2014）。〈加泰羅尼亞為何要獨立〉，《東方早報》，8 月 31 日。

200 年後西歐仍然大約有 500 個獨立的政治單元。」【94】因而，此時由貴族所統治的加泰隆尼亞雖然有着獨特的語言、文化和身份認同，但是其並不具有現代意義上的民族意識，其政治地位也隨着歐洲王室之間聯姻等因素，不停地發生變化。「自 1516 年起，同樣由於王室聯姻，加泰隆尼亞—阿拉貢和卡斯蒂利亞始有同一個國王，這意味着加泰隆尼亞—阿拉貢開始被並入了卡斯蒂利亞；但應該指出的是，加泰隆尼亞—阿拉貢仍保持相當程度的自治，擁有自己的一套行政體系、法律、財政、貨幣和經濟」【95】。因而在中世紀的漫長時間中，雖然加泰隆尼亞無法保證自身獨立的政治歸屬，但事實上具有相當大的自治空間。學者指出這一階段的加泰隆尼亞具有一些現代國家（modern statehood）的特徵，比如通用的語言，較為發達的政治、法律和經濟體系，以及獨立的貨幣、稅收體制和獨特的文化特徵，這些作為自治政府（self-government）的殘留痕跡，一直到 18 世紀還存在。【96】

在 1640 至 1659 年期間，加泰隆尼亞爆發被稱之為「收割者戰爭」的獨立戰爭，以反抗西班牙的政治壓迫與經濟壓榨，並於 1641 年在法國的幫助下成立了獨立的加泰隆尼亞共和國 —— 這是加泰隆尼亞歷史上僅有的獨立建國階段。共和國維持了十年的時間，在 1652 年被西班牙重新佔領。1659 年西班牙和法國簽訂了《比利牛斯條約》（*Treaty of the Pyrenees*），西班牙將邊境原屬加泰隆尼亞的兩郡割讓給法國，該條約也被視為法國開始強盛而西班牙開始衰落的標誌。【97】而加泰隆尼亞失去了自治則始於 1714 年，由於西班牙發生了「王位繼承戰」（War of the Spanish Succession），加泰隆尼亞趁機反抗西班牙的統治，但是很快以失敗告終；由此西班牙加緊了對於加泰隆尼亞的控制，取消了加泰隆尼

---

94. 尼爾・弗格森（Niall Ferguson），曾賢明、唐穎華譯（2012）。《文明》。北京：中信出版社。18 頁。

95. 徐利奧・里奧斯，欒昀譯（2014）。〈西班牙加泰羅尼亞問題〉，《世界民族》。2 期。

96. Christopher K. (2013), "Connolly Independence in Europe: Secession, Sovereignty and the European Union," *Duke Journal of Comparative & International Law*, 21(1): 55–56.

97. 王曾才（1976）。《西洋近世史》。台北：正中書局。121 頁。

亞原有的法律，將專制主義和集權主義強加給加泰隆尼亞，禁止公開講加泰隆尼亞語，並且課以重稅。【98】這些「歷史欠帳」均成為其後獨立運動的根源。比如至今加泰隆尼亞的國慶日就定在「王位繼承戰」中的戰敗日（淪陷日），這顯示出了歷史記憶對於現實政治的影響和塑造。事實上，18 世紀也是歐洲城邦國家開始衰落，民族國家開始形成的世紀。處於大國地緣政治之中的加泰隆尼亞，在此過程中所塑造的民族記憶，成為以後開展獨立運動的思想動力。

從 19 世紀中葉開始，加泰隆尼亞開始大規模的工業化，其工業化和現代化的起步早於西班牙其他地區，並且由於工業化打破了城鄉之間、山地和平原之間的分界，所以進一步強化了加泰隆尼亞的認同。【99】第一次世界大戰後，加泰隆尼亞迎來了恢復自治的契機，其向西班牙政府遞交了「自治條例草案」，但是並未被西班牙政府接受；在 1931 年加泰隆尼亞與西班牙的談判後，把加泰隆尼亞最後更名為「加泰隆尼亞自治政府」，制定了自治草案並且獲得了居民的公投支持。【100】在 1931 年西班牙憲法中也規定，國家法律可以認可各省和各地區方言的權利（第四條），以及西班牙共和國在現有領土不變更的基礎上，以聯合各省的自治市和已具有自治政府的各區組成（第八條）。不過這種自治狀態僅維持了很短的而時間，在佛朗哥政權時期（1935 至 1975 年），再次對加泰隆尼亞進行了嚴苛的統治，殺害或流放了一批加泰隆尼亞的政治領袖，取消了其自治權，全面禁止其文化和語言，也就是試圖抹除一切體現加泰隆尼亞民族特殊性的記憶。誠如學者所指出的，佛朗哥的高壓政治無形中起到逆反效果，在 1975 年 11 月 20 日佛朗哥去世，「高壓政治」突然消失後，隨着民主轉型的到來，這種「加泰隆尼

---

98. John Hargreaves (2000). *Freedom for Catalonia: Catalan Nationalism, Spanish Identity and the Barcelona Olympic Games*. Cambridge, UK: Cambridge University Press. pp. 18–19.

99. Michael Keating (1996). *Nations against the State: The New Politics of Nationalism in Quebec, Catalonia and Scotland*. London: Macmillan Press Ltd. p. 117.

100. 徐利奧‧里奧斯，樂昀譯（2014）。〈西班牙加泰羅尼亞問題〉，《世界民族》。2 期。

亞人屬性」便一發不可收拾。【101】威權國家的民主轉型過程，最容易發生異質地區的分離——在原來的高壓統治下積累的矛盾，在民主化過程中都被暴露出來，而民主化所賦予的地方自主權也容易異化為自決權或者分離權。

1978 年西班牙制定了新憲法，肯定了西班牙各民族的自治權，確定了各自治區有將本地方言確定為官方語言的權利。學者指出，新憲法的通過事實上減少了加泰隆尼亞可能的選項，並且減少了加泰隆尼亞政局中的競爭者（意味着排除了獨立的可能性），同時制定新的自治條例要求加泰隆尼亞的政治精英們繼續團結起來，以爭取將談判的籌碼最大化，因此他們希望在自治條例提交西班牙議會審議前就能做到盡量完備。【102】在《加泰隆尼亞自治條例》提交西班牙議會表決之前，就進行了全面公決，以此確保西班牙議會不能對自治條例進行實質改動。1979 年西班牙議會通過了該條例，加泰隆尼亞正式成為西班牙的自治區。雖然 1979 年成立的自治區，重新恢復加泰隆尼亞的自治地位，保障其保有獨立語言和文化的權利，與西班牙政府分享在教育、衛生和司法上的管理權，建立了自治區的警察部隊，但是歷史上長期的對立情緒、現實中的強勢經濟地位（加泰隆尼亞產值佔西班牙總體的 20%，工業佔西班牙的四分之一）、對於本地政權的政治認同以及曾經作為獨立國家的歷史記憶，都促使其不斷提出更高的自治要求，甚至發展為獨立運動。

這種「沒有國家的民族」（nations without states）的獨立運動的興起需要兩個條件，一是在已經存在的民族國家的地域出現了「次國家的民族主義」（sub-state nationalism），第二是「另類精英」（alternative elite）已經做好挑戰國家、建構民族主義的意識形態以及領導民族獨立運動的

---

101. 陶短房（2015）。〈加泰羅尼亞：合久必分？〉，《鳳凰周刊》。34 期。

102. Scott L. Greer (2007). *Nationalism and Self-Government: The Politics of Autonomy in Scotland and Catalonia*. New York: State University of New York Press. p. 111.

準備。【103】顯然，在加泰隆尼亞這兩個條件均已齊備，即無論是普通民眾還是政治精英均已經做好了謀求獨立的準備。2006 年加泰隆尼亞準備修改其自治條例，將其中的「民族」（nationality）改為「國家」（nation），這顯然已經邁出了危險的一步 —— 這項修改在公投時居然獲得 73.9% 的支持率，這表明無論是精英或是民眾均對獨立充滿期待。這項修改被提交到西班牙的憲法法院進行司法審查，經過長達四年的審理過程，憲法法院在 2010 年 6 月宣佈該項修改違憲，宣佈條例中關於 nation 的表述不具有法律效力（no legal validity），並且重申了西班牙憲法中關於「西班牙民族統一、不可分割」的規定。【104】學者指出，這項判決事實上意味着西班牙中央機關根據西班牙憲法所規定的程序是可以改變包括《加泰隆尼亞自治條例》在內的加泰隆尼亞法律的，甚至最終取消加泰隆尼亞的自治地位。【105】

對於憲法法院的這項判決，加泰隆尼亞進行了激烈的反抗。2010 年 7 月 10 日加泰隆尼亞爆發了大規模的遊行，口號是「我們是個國家」（We Are a Nation），以及 2012 年 9 月 11 日遊行口號是「歐洲新興國家 —— 加泰隆尼亞」（Catalonia, a New European State），這些都表明了加泰隆尼亞民眾抵制裁決的決心。【106】2014 年 11 月，加泰隆尼亞舉行了「自決公投」—— 這次公投由於違反西班牙憲法確定的原則，並且在該年 9 月「西班牙憲法法院裁定，加泰隆尼亞計劃的獨立公投違憲，任何地區的獨立都必須由全體西班牙公民共同決定」【107】，因而只是一場象徵性的「諮詢性公投」。該次「公投」包括兩個議題：第一，你是否希

103. Monteserrat Guibernau (2000). "Nationalism and Intellectuals in Nations without States: the Catalan Case," *Political Studies*, 48: 989–1005.

104. Gaspar Pericay (2010). "The Spanish Constitutional Court Shortens the Current Catalan Statute of Autonomy," *Catalan News Agency*.

105. 屠凱（2014）。〈單一制國家特別行政區研究：以蘇格蘭、加泰羅尼亞和香港為例〉，《環球法律評論》。5 期。

106. 加泰隆尼亞議會。《宣佈加泰羅尼亞國家主權及決定權》，2013 年 1 月 23 日。

107. 〈西班牙加泰羅尼亞將 11 月獨立公投〉，《文匯報》，2014 年 9 月 28 日。

望加泰隆尼亞成為一個國家？（Do you want Catalonia to become a State?）；第二，如是的話，你是否希望這個國家獨立？（Do you want this State to be independent?）。這次公投有 41.6% 的加泰隆尼亞選民參加了投票，結果顯示超過 80% 的民眾支持上述兩項議題，而僅支持第一項議題的也佔了 10%，投票反對的僅佔不足 5%。

2015 年 9 月的加泰隆尼亞議會選舉中，「獨立派」（Pro-independence parties）政黨聯盟取得了議會的多數席位，即在 135 個議席中取得了 72 個議席，這成為推動獨立運動的現實契機。2015 年 11 月，加泰隆尼亞議會以 72 票對 63 票通過一項決議（這恰好是獨統兩派在議會中的席位分佈），並推出了一個為期 18 個月的「獨立路線圖」，尋求 2017 年脫離西班牙獨立。該路線圖設想了四個獨立步驟：第一，全民表決式的選舉（Plebiscitary election）：通過該項程序確定加泰隆尼亞居民的選擇，候選人必須明確表示如果投票支持他，就意味着支持加泰隆尼亞獨立（Independence of Catalonia）；第二，進一步推動：經由市民的直接參與，用十個月左右起草一部憲法，並交付全民公投，以及確定新的國家的框架（包括稅收機構、社會安全、過渡性法律、外交關係、戰略性基礎設施的轉型、社會與衛生服務、能源供應等）；第三，機構性關係：與西班牙進行談判，包括分配資產和債務、確定兩國之間的關係，以及獲得其他國際主體的認可與接受；第四，最後，加泰隆尼亞憲法獲得通過，全面通過獨立宣言（Proclamation of Independence），在新的憲法框架下選舉新議會，開始與西班牙和歐盟進行新一輪談判。[108]

加泰隆尼亞的獨立舉動並未得到西班牙和國際社會的祝福。西班牙首相表示此舉是違憲行為，並將提交憲法法院進行裁決。聯合國秘書長潘基文在接受採訪時也指出，「一個地方想要行使民族自決權時，需要聯合國承認它是非自治領土，但加泰羅尼亞不屬於這一範疇。」[109]

---

108. Road map to Catalan Independence signed by CDC, ERC, ANC, AMI, and Òmnium Cultural, aviable at: www.newscatalonia.com/2015/03/road-map-to-catalan-independence-signed.html

109. 〈聯合國：西班牙加泰羅尼亞自治區無權自決獨立〉，《京華時報》，2015 年 11 月 2 日。

2017 年 10 月，加泰隆尼亞舉行「獨立公投」，有 43% 的選民參加投票，並獲得高達 90% 的支持率，西班牙政府派警察封鎖投票站、進行彈壓，造成少量選民受傷。10 月 27 日，加泰隆尼亞議會以 70 票支持、10 票反對、2 票棄權通過表決，宣佈從西班牙獨立。西班牙政府隨即發表公告，宣佈接管加泰隆尼亞自治區，解除加泰隆尼亞政府高級官員職務，並以叛亂罪、煽動罪等起訴包括前加泰隆尼亞主席普伊格德蒙特（Carles Puigdemont）在內的多名政府高官。歐美多國紛紛表態，稱不會承認加泰隆尼亞獨立。

從根本上而言，加泰隆尼亞所追求的民族自決、「獨立公投」等並不具有國內法和國際法的依據，西班牙憲法並未賦予自治區以獨立權，而《聯合國憲章》也僅是承認非自治領土（Non-Self-Governing Territories）的獨立。學者指出，在 2000 年之後的 16 個進行「公投」的國家或地區中，竟有一半的國家或地區的公投是沒有法律基礎的，而具有「公投憲法法律依據」是作為國際法上合法性（Legality）的核心內容，也是正當性（Legitimacy）和規範性（Normative）方面的重要標準。[110] 這說明相對於二戰結束後進行的、旨在實現原殖民地獨立的公投而言，2000 年之後的公投更多缺乏法律基礎，其多數是統一國家內的異質地區進行的「獨立公投」，往往違背其國內法和國際法，因此也難以得到認可。

2. 加泰隆尼亞議會普選制度

加泰隆尼亞議會的歷史可以追溯到 11 世紀的「休戰與和平」議會和巴斯羅那的「伯爵法院」（Court of Counts）。[111] 而當下的加泰隆尼亞議會（Parliament of Catalonia）是在 1979 年加泰隆尼亞自治區宣告成立的，並在次年就進行了首次議會選舉。加泰隆尼亞實行「一院制」，議會在

---

110. 左安磊（2014）。〈獨立公投、國家主權與國際法 —— 理論基礎及全球實踐視角下獨立公投的國際法檢視〉，《時代法學》。5 期。

111. Aula Parlament (2005). *The Parliament of Catalonia*, Parliament De Catalunya. p. 1.

政府系統（Generalitat）中擁有至高無上的權力（supreme power），其他政府機關都是由其產生的。在加泰隆尼亞的議會中的政黨分佈與西班牙有所不同，其有一個較為恆定的議會多數派，除了左翼政黨和右翼政黨的區分外，各政黨也把與西班牙的關係作為很重要的政治光譜。加泰隆尼亞議會行使自治區的立法權，由 135 名議員組成，由四個選區選舉產生，每屆通常任期為四年，最近一次的選舉是在 2015 年舉行。選區的劃分按照省進行劃分（包括巴塞羅那省、萊裏達省、赫羅納省和塔拉戈納省），其中巴塞羅那的 50,000 個居民選舉一名議員，並且最多不能超過 85 個席位；其餘三個省最少 6 個席位，另外每 40,000 個居民再增加一個席位。這種議席分配制度有利於人口較少的省份，而不利於巴塞羅那這樣的人口大省。在 2003 年的選舉中萊里達省大約是 11,430 個選民選出一個席位，而在巴塞羅那省需要 28,357 張選票才能選出一名議員。

　　加泰隆尼亞議會的主要職責包括四個方面：一、選舉產生加泰隆尼亞的總統（president）；二、通過立法完成主管事項；三、通過加泰隆尼亞自治區的預算；四、控制加泰隆尼亞的政府、自治機構、上市公司（public companies）以及其他向議會負責機構。作為議會制的地方政府，議會在加泰隆尼亞政治中發揮核心作用，代表選民掌握立法、人事與監督權，對特別行政區的重要事務擁有決定權。事實上，加泰隆尼亞議會在推動獨立運動中也發揮了核心作用，歷次重要的公投和決議都是由議會作出的。當然，議會的政治傾向根本上決定於民眾的選擇，而直接動因就是議會中的政黨格局。加泰隆尼亞政黨制度的最主要特點是，沒有任何一個政黨可以取得絕對多數的地位，而是由三個主要的民族主義政黨（nationalist parties）承擔了執政黨的角色。自 1978 年以來，兩個溫和的民族主義政黨加泰隆尼亞民主同盟（CDC）與加泰隆尼亞民主聯盟（UDC）合並為「聯盟政黨」（CiU）。該聯盟在 1980 年以來的歷次選舉中佔據了議會的多數席位。在 2003 年的議會選舉中，加泰隆尼亞社會黨（PSC），其作為西班牙工人社會黨（PSOE）在加泰隆尼亞的競爭對手，獲得了最多的選票（而不是最多的席位）。事實

上，在 1992 至 2012 年的 20 年選舉歷程中，左右兩派呈現了明顯的此消彼長的態勢，以 CiU 與 PSC 兩大政黨為例，在 1992 年兩黨的席位基本持平，但是到 1999 年是 PSC 佔據了主導地位，其後 PSC 的席位持續下滑，到 2012 年時 CiU 在議會中佔據了支配地位。

2015 年的議會選舉，是加泰隆尼亞最近的一次選舉。根據加泰隆尼亞主要的「親獨立派」（pro-independence parties）與支持自治的社會組織代表達成的協議，2015 年的議會選舉將是「事實上的獨立公投」（de facto independence referendum）。2015 年的選舉投票率高達 74.95%，超過 4,130,196 個選民參加了投票，比 2012 的選舉高出了七個百分點。所有年滿 18 歲的成年公民都有資格投票，海外公民也有資格參加投票，但是居住在加泰隆尼亞的外國人沒有資格投票。但是由於行政問題（bureaucratic problems），在 2015 年的選舉中僅有 7.5% 的海外公民（約 200000 個）最終成功投票。最終的選舉結果顯示，激進的獨立政黨「同見黨」（Together for Yes）成為選舉的最大贏家，獲得了將近 40% 的支持率，佔據了議會的 62 個席位（未超過半數）。同樣作為「親獨立派」的人民團結候選人（CUP）獲得了 10 個席位，因而「親獨立派」在議會中佔據了 72 個席位，獲得了支配性力量。此外，支持公投的政黨「加泰隆尼亞，我們能行」（Catalonia Yes We Can）獲得了 11 個席位。因而 2015 和 2017 年的「獨立公投」在這種政黨結構下，就勢在必行了。

綜上所述，加泰隆尼亞議會在政治和獨立中發揮了關鍵作用，其在政黨政治的支配下，依據是否支持獨立形成了界限鮮明的「統獨兩派」。事實上，政黨席位分佈反映了民意的變化，從 2006 年加泰隆尼亞支持獨立的民眾愈來愈多，這既有歷史上的政治和文化因素，也有經濟因素。[112] 在推動獨立運動的策略方面，加泰隆尼亞議會擅長運用修改自治條例與進行「獨立公投」的方式，不斷擴大自治空間並逐步走

---

112. Jordi Munoz and Marc Guinjoan (2013). "Accounting for Internal Variation in Nationalist Mobilization: Unofficial Referendums for Independence in Catalonia (2009–11)," *Nations and Nationalism*, 19(1): 48–49.

向獨立。因而自治區的憲制框架，並沒有消弭獨立訴求，反而是為其獨立運動提供了制度基礎。誠如學者所指出的，「多民族國家內激進的少數民族運動往往不滿足於國家框架下的自治安排，認為自治安排不能使民族共同體在國際社會打上自己公共文化的印記，不能躋身於國家民族的行列，不能享受國際社會平等成員的地位，故把尋求獨立、獲得國際社會的承認作為自己最終的政治抱負。」[113] 而西班牙政府在反制加泰隆尼亞獨立方面，主要運用司法審查的方式，通過對憲法原則的解釋，認定其獨立行動違憲。在運用憲法審查方式無效的前提下，西班牙政府採取了強硬措施，直接取消加泰隆尼亞的自治權，以分裂國家的罪名起訴獨立運動的領袖，這為以後更加複雜的局勢埋下了隱患。就未來的發展趨勢來看，加泰隆尼亞的獨立運動短期內無法得到遏制，這是由於民族認同的穩定性所致。在民意傾向分離的情況下，很難在短期內重塑國家認同，因而「統獨」之間的鬥爭將曠日持久。

四、地方議會普選的經驗借鑒

在對經濟性都市和政治異質地區的普選制度進行描述之後，本節擬對地方性議會的普選進行總結，並提出若干可供香港立法會普選借鑒的經驗。不過，在本書寫作過程中，筆者一直自我提醒——切勿忘記香港立法會普選問題的特殊性，其作為在一個社會主義國家內實行高度自治的資本主義地方的議會普選，既與世界上其他類似地區的議會普選具有相通之處，也有其自身獨特的屬性，必不能忘記比較對象之間的「可比較性」（comparability）和「問題語境」。誠如學者所指出的，「需要特別注意的是，幾乎所有的比較研究均默認地建立在選擇對象的可比較性的假定之上，比如説假定這些比較對象在一定程度上存在有意義的（meaningful）的特定維度；在這個背景之下，需要認真對待

---

113. 王建娥（2014）。〈歐洲一體化進程中的國家、地區關係以及地區民族主義的嬗變〉，《西北師大學報（社會科學版）》。1 期。

的問題是：在哪些方面及在何種程度上，給定的對象之間是真正具有可比性的，哪些是進行有意義比較研究必須設定的條件，我們怎樣防止對屬於不同背景下的（different contexts）的對象進行比較，以及哪些是可選擇性的比較對象。」[114]

本書認為上述比較對象與香港具有可比較性：一、本書所舉例證（除新加坡外）均是地方議會的普選，這較之於主權國家的中央議會的普選，更加能夠貼近香港的實際情況；二、本書在對於地方議會普選經驗進行提煉之時，並未忽視其與中央政府的關係，並且着重總結了中央政府對於地方普選的政治控制，這使本書可以從更基礎和廣闊的角度觀察地方議會的普選問題；三、本書選擇從經濟和政治兩個角度，分別選取具有代表性的經濟性都市和政治異質地區的普選，前者意在總結如何在普選的同時保持經濟發展和繁榮，後者重點在於避免異質性地區的普選導致分離主義的興起；四、在比較研究的過程中可以發現，香港與比較對象之間在政治結構、經濟性質、殖民歷史、混合文化、民意趨向等方面，存在諸多相似之處，這使得比較研究具有更為直接的實證意義；五、對於一些重大的差異性問題，特別是在討論政治異質地區的民族問題時，本書一直在提醒其與香港的差異之處，不得簡單等同視之。

（一）如何在經濟型都市舉行普選

通過本書對於紐約市、大倫敦區以及新加坡的都市議會選舉制度的描述和分析，可以概括出一些在經濟型的都市進行普選的經驗和教訓。不過首先需要明確的是，通過對比研究可以發現這些都市本身就與香港有諸多相似之處，比如市長或行政機關主導的政府體制、多元

---

114. Reza Azarian (2011). "Potentials and Limitations of Comparative Method in Social Science," *International Journal of Humanities and Social Science*, 1(4): 113–125.

的選舉制度、較高的自治權等。當然,這些都市雖然與香港同為國際性金融中心,且採用相對扁平化的內部治理結構,但是香港的本質特點仍在於「一國兩制」,在制度背景方面仍與這些都市存在差異。因此,本節所歸納的經驗側重於制度操作層面,避免背景差異導致欠缺可比較性。

第一,建立行政佔主導地位的政府體制,有利於現代都市的治理和運行。大型都市的政制結構往往採用「市長—議會」的模式,以市長為領導的行政機關在決策和執行中佔據強勢地位,以便有效地提供現代都市所需要的公共服務。但是這並不意味着都市議會無所作為,恰恰相反,正是由於存在強勢的行政機關,才需要建立與之相當的議會立法來監督職能。特別是預算制度是議會監督政府的最佳手段:通過議會對都市預算的詳盡審查、辯論與聽證,使公共開支可以得其所用;通過地區選舉產生代表之間的競爭妥協,使得預算在都市各區域之間均衡使用。議會的監督制衡不僅可以使政府決策更加科學和透明,並且促進民眾參與到公共政策的制訂過程,增強了政府決策的正當性基礎。因而建立強勢的行政機關與增強議會的監督職能是並行不悖的,需要注意的就是議會監督應當按照程序進行,不能過多涉入或者代替政府決策。

第二,議會內設委員會是提高議會效率和監督針對性的重要措施,即議會中設立委員會(committee)、小組委員會(subcommittee)和小組(panel)等,對特定政府部門和決策事項進行對應的監督。特別是針對與都市發展密切相關的土地、規劃、房屋、交通、環境以及少數族群利益等問題,成立由部分議員組成的委員會,有利於議會對於這些重要事項的常態性監督。一般情況下,這些委員會與政府的特定部門建立直接聯繫,政府部門在決策過程中就會主動徵求委員會的意見,這種事前與過程中的溝通避免了政府決策被議會否決的風險,也在客觀上提高了議會對於決策的發言權。此外,現代都市的議會也需要建立強大的幕僚機構,輔助議會和議員進行監督和立法,提高議會的能力和質量,平衡了議會和政府之間在政策研究和預算審查等專業

性活動方面的力量均衡。[115]因此，無論是委員會制度或是幕僚制度，都是現代都市議會的重要特徵和經驗。基於精細化的專業分工，它們都為提高議會的效率和權威提供了制度基礎。

第三，經濟性都市在原有議會制度的基礎上，也需要建立一套直接民主機制。特別是在作出重大的決策時採用「公投」的方式，可以為議會決策提供更為充分的民意基礎。議會制度作為代議制民主的重要方式，本質上是間接民主，即市民通過選舉議員來監督政府、進行立法，以及完成重大事項的決策。直接民主和間接民主具有互補性，特別是當下廣泛使用的公眾參與制度、聽證制度、意見徵集制度，這些制度可以為議會的日常決策提供指引。[116]雖然最終的決策未必完全遵照民意，但是如果做出與主流民意相悖的決策，需要慎重說明理由。目前，作為直接民主的「決策性公投」也被用於一些重大決策中，由選民直接進行票決。在上文的比較研究中也提及一些個案，比如在決定設立大倫敦管委會、延長議會任期等事項上採用全體市民公投的方式，使得決策具有難以撼動的正當性（雖然未必是最合理的選擇）。當然，也有都市政府在必要的情況下採用「諮詢性公投」（consultative referendum），用於解決重大問題的爭論，公投結果僅是供政府的決策參考，不具有直接的法律效力。[117]在經濟型都市中，由於交通和信息都極為便利，具有開展「決策性公投」的良好基礎。惟需要注意的是，公投的議題一般應限於重大民生議題、行政管理性議題，而不宜是具有「撕裂性」的政治議題——這種「政治性公投」應受中央政府的嚴格控制，否則容易造成中央政府和都市之間的政治對立。

---

115. John N. Lattimer (1985). "The Changing Role of Legislative Staff in the American State Legislature," *State & Local Government Review*, 17(3): 245.

116. Kazuyuki Takahashi (1990). "Contemporary Democracy in a Parliamentary System," *Law and Contemporary Problems*, 53(1): 105–122.

117. Theo Schiller eds. (2011). *Local Direct Democracy in Europe*. Berlin: Springer Science & Business Media. pp. 88–90.

　　第四，普選是都市選舉中廣泛採用的方式，一般只對年齡與居留期限有形式性的要求，取消財產權和納稅額度的限制。但是通常的情況是，候選人的資格限制比選民資格限制更為嚴苛，即選舉權和被選舉權並非完全對等的，後者往往對於參選人的年齡、政治背景、選舉經費等作出特殊要求。由於都市面積的有限性，地區性直選是普選的主要方式，將都市劃分若干選區，分別投票產生議員。然而，地區直選並不排斥其他並行的途徑（比如在新加坡就有委任的議員），意在保證議會的代表性。為了方便選民參加選舉，都市選舉應該盡量採取多元化的投票方式，為都市中的職業人群（上班族）投票提供便利，一般設置了現場投票、郵寄投票、委託投票等多元方式。不過隨着信息技術的普及，電子投票也將是未來發展的必然趨勢，此舉可以提高投票率，節省選舉成本，比如在布魯塞爾的歐盟議會投票中已經率先試用了電子投票的方式。

　　第五，不同選舉制度對議席分配有着很大影響，應盡量確立能夠與得票率相匹配的選舉制度，吸納不同的政治聲音進入議會。一般情況下，單議席的地區直選是最為簡便易行的制度，但是該制度往往造成議會缺乏足夠的代表性。而採用比例代表制，則可以使議會更具多元性和代表性，不過也給極端政黨進入議會提供了制度契機——紐約市議會歷史上關於單議席制度和比例代表制的爭論，就是一個很好的例證。需要言明的是，並不存在完全公正和完美的選舉制度。有些都市嘗試混合使用兩種以上的選舉制度，比如倫敦市議會採用單議席制和政黨名單制的混合、新加坡採用地區直選和委任制的混合，均意在保持議會具有充分的民意代表性。然而在任何制度下，對於選舉制度的批評甚或挑戰都是難以避免的，最終的衡量標準是——應該使議會在充分體現多數人利益的同時，也能保障少數群體和反對黨派發出聲音與獲得議席的機會，如果完全扼殺反對派參政的機會，將會把政治爭議由議會引向街頭，造成社會的對立和分化，這顯然不利於現代都市的治理和發展。

　　第六，政黨政治是都市議會選舉必不可少的因素，在都市中存在多個代表不同階層、地域、職業、信仰的政黨是現代政治的常態。都市選舉應當正視政黨的力量，充分利用政黨在培養政治人才、組織議會選舉、提供政策議案等方面的作用，平衡不同政黨之間的利益格局。在都市中存在兩個左右的主流政黨，也是非常正常的現象，但是應當防止優勢政黨利用執政機會建立壟斷性的選舉規則，從而排斥或削減了其他政黨競爭議席的公平機會。因而，在選舉規則的制訂和修改方面，都市議會往往需要受到中央政府的法律規制，在特別情況下也要接受司法審查，以保證選舉規則的開放性和公平性。而主流政黨也需要意識到，保證競爭的公平性不僅是議會政治的基本規則，也是增強議會決策正當性的必要條件。如果少數群體無法通過議會發出聲音，即使決策被通過與執行，其社會接受度也將大打折扣。在選舉的運作方面，都市議會往往建立獨立的選舉機構，負責從選區劃分、選民登記、組織投票、點算選票等一系列事務，以此保證選舉的公正和權威。

　　第七，都市政府傾向於扁平化的管理，盡量減少中間行政層級，這樣不僅可以減少行政成本，也有利於建立統一標準的市政服務和城市規劃，對此都市議會可以推行內部權力下放工作。對於地域面積較大的都市群落，一方面確有必要建立統一的管理機構，另一方面也可以嘗試將部分職能下放給各區域。大倫敦區在這方面已經進行了有益的嘗試，其設立了統馭多個城市的管委會和議會，也將一些管理職能下放到各個自治市。在確立各個層級的權力邊界時，有必要確定哪些屬於自治事項、哪些屬於統一管理事項——比較可行的方案是，由都市的統一管理機構確定規則和標準，而將具體執行和實施的責任下放到各個自治市，給予各自治市以獨立的財政權力。此外，也需要建立完善的基層社區服務組織，新加坡在這方面的經驗雖然頗具威權色彩，但是不失為一個不錯的借鑒。基層的社區服務組織可以在政府和

民眾之間建立直接聯繫，從而在議會選舉之外，開闢吸納基層民意的多元途徑。【118】

　　第八，儘管中央政府對於都市普選的控制強度不一，但是都市選舉顯然要遵循全國性的制度安排。中央政府對都市選舉的控制重點顯然並不是人事安排，也不是對於特定政黨的公開支持，而是重在保障選舉的公正性和權威性。以紐約的經驗而論，聯邦政府雖然對其缺乏法律上的控制權，但是中央政府可以利用財政支持的方式，事實上影響與支配了地方議會的傾向。而在大倫敦區的議會改革中，其作為英國首都一向受到中央政府直接和強力的支配，縱然在權力下放的語境中，這種支配力被有意的稀釋和減弱，但是中央政府仍具有完全的主動權和自主權。因而，都市的議會選舉難以具有完全的獨立性和自主性，其必要受制於中央政府統一規則的限制，也受到各種財政的、行政的、政治的約束。在政治實踐中，真正意義上的自治並不存在，而是在中央和都市之間通過法律和政策的方式，不斷調節地方議會自主權和中央政府的影響力之間的關係，從而實現二者動態的和彈性的平衡。【119】

　　概而言之，上述經驗對於香港立法會普選有直接借鑒意義。香港的立法會普選與行政主導並不存在衝突，立法會普選也不意味要建立「立法主導的制度」，行政權的強勢地位對於保證都市發展具有不可替代的作用。不過，普選後的立法會需要建立更為專業和精細的監督體制，通過審查和控制政府預算，使政府決策更加體現和回應民意。在此過程中，委員會制度將發揮重要作用。目前香港立法會已經有各種委員會和小組委員會，要進一步發揮委員會的作用，提高立法會幕僚機構的研究和輔助能力。與此同時，在實現立法會普選的同時，應繼

---

118. NSW Parliamentaty Research Service (2014). "Funding Opportunities for Community Groups," *Issues Backgrounder*, No. 7.

119. Douglas Sutherland (2006). "Robert Price and Isabelle Joumard, Fiscal Rules for Sub-Central Governments: Design and Impact" *OECD Network on Fiscal Relations Across Levels of Government*. pp. 47–48.

續發展香港的直接民主制度，使代議民主和市民直接參與結合起來。
在發展直接民主方面，可以考慮試行法定的「公投制度」，在面臨重
大的決策或選擇時，可以考慮通過「公投」提供民意支持。在實現路
徑上，可以考慮先行試驗較為軟性的「諮詢性公投」，平衡政府決策和
民意取向之間的關係。普選制度的發展並不意味着地區直接選舉的唯
一正確性，而是應結合地方的實際情況，建立以地區直選為基礎的多
元化選舉方式，提高選民投票的便利性和積極性。在選舉制度方面，
各個都市也採取了形式多樣的選舉制度，雖然目前香港的比例代表制
受到頗多批評，但是很難有一種完美的選舉制度滿足所有人的需求與
願望，因而對於比例代表制的改革也必須是慎重的。政黨政治對於都
市選舉的重要性已經被反覆驗證，目前香港已經建立了較為完善的政
黨體系，但是政黨的規範和管理卻並不完善，這是香港立法會普選必
須解決的前提問題。在基層治理方面，應進一步增強香港區議會的
職能，普選後的立法會也應該注重發揮基層組織的作用，將政策的觸
角延伸至基層，建立起政府和市民之間的直接聯繫。最後，地方議會
的選舉無法迴避中央政府的管治和影響，自治權的界限也是動態調整
的。香港立法會的普選也需要受到中央政府的規劃和管控，中央政府
應該逐步發展對於香港立法會普選的軟性影響機制，綜合運用財政和
行政等方式，使香港立法會普選與國家戰略發展契合起來。

（二）如何在異質政治地區舉行普選

通過對於北愛爾蘭、魁北克和加泰隆尼亞的獨立運動和議會普選
制度的分析，可以得到經驗和教訓。需要說明的是，這些地方均是經
濟較為發達的地區，獨立運動所爭取的並不是純粹的經濟利益，更多
的是政治權力（甚至是主權訴求）。誠如學者所指出的，「所謂民族政
治權利，一是民族集體對自身政治的自治權，一是民族代表對國家政
治的參與權；多民族國家如果不解決這個問題，不管在經濟、社會或
文化政策上給予少數民族怎樣的優惠與照顧，都不會使少數民族完全

滿意。」【120】因而下文所述，更多是從政治和法律的視角，去總結政治異質性地區議會普選對於香港的經驗借鑒。需要再次明確指出的是，北愛爾蘭、魁北克與加泰隆尼亞的歷史地位和現實制度與香港有很大區別。香港在民族、語言、文化等諸方面均與內地一致，並沒有像北愛爾蘭、魁北克與加泰隆尼亞般的分離主義的民族基礎；同時香港的「行政主導」體制與上述地區的「議會制」也有很大區別。

　　香港與北愛爾蘭、魁北克與加泰隆尼亞具有以下幾方面的相似之處 —— 這些相似性是據以進行比較研究和經驗借鑒的基礎。一、作為統一國家內部的「異質」地區：比如魁北克的大陸法系傳統與加拿大的英美法傳統呈現出了異質色彩，北愛爾蘭與加泰隆尼亞的民族構成具有特殊性，而港澳地區在法律制度、經濟基礎、政治結構等方面也呈現出了區別於內地的強烈異質性。二、複合性的國家結構體系：中央政府對這些地區都採取了大尺度的分權模式，即使在傳統意義上的單一制國家（包括中國和英國），對由於歷史和現實原因形成的政治異質地區都賦予了極為優渥的權限。三、呈現出不同程度的分離主義傾向：由於這些地區較為複雜的歷史，形成了多元政治認同，所以呈現出程度不同的分離主義傾向。其中較為嚴重的有魁北克和加泰隆尼亞，其中央政府也通過各種措施防止分裂和壓制獨立勢力，這對遏制目前香港愈演愈烈的「港獨」傾向也具有借鑒意義。四、中央政府的間接治理：在上述地區，中央政府對其進行的治理往往具有間接性、全域性、政治性的特徵，致力於實現自治和統一之間的平衡，其中憲法是中央政府對異質地區進行間接治理的政治基礎和重要手段。具體而言，在異質性地區進行普選的經驗可以簡單概括為以下方面。

　　第一，多個國家的經驗表明，以普選為表徵的民主化可能成為國家分裂的契機，因民主化往往與放鬆管治、權力下放、意識形態多元化、中央權力弱化為特徵，這為多民族（族群）國家中的分離主義提供了機會。特別是對於政治異質性地區而言，一直潛藏着分離主義的基

---

120. 朱倫（1996）。〈淺議當代資本主義多民族國家的民族政治建設〉，《世界民族》。2 期。

因，只是在威權體制下分離主義被壓抑起來，而民主化的來臨往往成為分離主義興起的動力和起點。【121】不過，問題的吊詭之處在於，民主化也可能成為解決異質地區分離的有效工具，即一方面賦予異質地區居民參與國家管理的權力，另一方面賦予他們管理本地政府的權力。在上文例證中，北愛爾蘭問題和魁北克問題的解決很大程度上依賴「民主福利」：在中央議會中賦予異質地區以相應的代表權，使其利益和訴求可以為中央政府和其他地區所知悉；與此同時，異質地區實行的普遍選舉與民主制度，使其內部不同傾向的政治勢力可以平等競爭，將分離主義納入到體制之中，使各種政治意見得以充分表達，這事實上遏制了分離主義的極端化趨勢。因而普選並不一定會導致分離主義，關鍵在於制度設計和中央政府的駕馭能力。在實現香港立法會普選時，也沒有必要患上「民主恐懼症」，更無須將民主和普選污名化，而是需要正視民主之於國家統一的基礎性作用。

第二，從表面上看，賦予異質地區以自治權會導致其愈發貪得無厭，不斷索取更大的自治空間，直至提出主權獨立的訴求。但是上文例證也表明，權力下放和區域自治並不是導致分離主義興起的根本原因，其真正的原因是歷史和現實導致的國家認同流失。即使在權力下放的語境下，中央政府仍然可以對異質地區保持相當的政治控制力，關鍵在於中央政府需要保留關鍵性的權力（比如國防、外交、司法覆核、統一的法律適用等）。【122】因而，對於異質性地區，絕不能陷入「分權 vs. 集權」的二元思維怪圈，而是應有更加開放的思維方式。無論是單一制國家或是聯邦制國家，權力下放都是現代國家發展的趨勢，異質地區應有更廣泛的自治權。重點問題是如何在權力下放的同時，保持中央政府的影響力和支配力。就此而言，加泰隆尼亞顯然是反面例

---

121. Metta Spencer (1998). *Separatism: Democracy and Disintegration.* Lanham, Maryland: Rowman & Littlefield. pp. 50–51.

122. Elizabeth Linda Yuliani (2004). "Decentralization, Deconcentration and Devolution: What Do They Mean?" *Interlaken Workshop on Decentralization.* pp. 27–30.

證，其在權力下放的同時未能保持中央政府的支配能力，從而使得分離主義佔據上風，中央政府則處於被動狀態。因而，香港民主化過程中的亂象，並不是由高度自治所導致的，而是由於中央權力在香港未能充分落實，且民主化和國家認同未能同步推進。

第三，在中央政府的保留性權力中，司法審查有着極為重要的地位。魁北克和加泰隆尼亞應對分離主義的經驗也表明，中央司法機關對於地方獨立所作出的違憲判決，從法理上抽空了地方獨立訴求的正當性和合憲性，並且判定了地方政制改革的憲法邊界。[123]司法審查較之於政治決定、行政命令，更加注重說理性和司法技藝，並且由於司法機關所獨有的消極性和中立性，使得其判決更容易得到異質地區民眾的接受。雖然中國並未建立司法審查制度，違憲審查的權力由全國人大常委會所掌握，但是這並不排除全國人大建立准司法的程序，對《香港基本法》的條文進行合憲性解釋、對香港立法會制定的法例進行合憲性審查。特別是在《基本法》將終審權授予香港特區的前提下，由全國人大常委會對香港問題進行終極性的憲法審查，成為應對香港普選中出現的政治問題的理想途徑。

第四，在政治異質地區的普選中必然會出現政黨政治，這是普選中必須正視的問題。在北愛爾蘭、魁北克和加泰隆尼亞均出現了兩種對立的政治黨派——支持統一的黨派和支持獨立的黨派，兩個派別之間存在着鮮明的差異與激烈的政爭。因而統獨問題最後化約為議會普選中的席位競爭：如果「統派」在議會中佔據了多數席位，異質地區與中央政府的關係往往趨於緩和；但是如果「獨派」佔據了議會支配地位，則往往推動形式各樣的分離運動。基於現代民主政治的特點，兩個黨派往往會出現輪流坐莊、此消彼長的關係，這表明了選民意志的周期性波動。除非出現重大的政治事件，兩派之間的實力不至於過於懸殊。在香港同樣存在「建制派」與「民主派」之間的分野，兩派對中央政府的態度有着較為明顯的區別。因而從比較研究的視野觀察，這

---

123. 季衛東（2003）。〈自決權與憲政理論〉，《二十一世紀》。2月號。

是異質地區的常態，不必過分擔憂。事實也證明，建制派與民主派之間在香港的實力大致均衡，在得票率和議席分佈上也有明顯的規律。因而「建制派」與「民主派」的長期共存和互相競爭，將是伴隨着「一國兩制」在香港實現的常態結果。短期內的議席得失和民意波動，很難影響到這種政治格局。中央政府也需要適應與兩派之間的相處，特別是應與「民主派」建立直接性和常態性的對話，化解不必要的誤會，降低「互相試探底線」的政治成本。

第五，在化解中央政府和異質地區以及異質地區內部不同政治派別之間的衝突時，組建聯合政府應成為備選方案。北愛爾蘭的經驗表明，在不同族群之間建立具有憲制平衡意義的聯合政府，可以成為政治吸納的重要方式。[124] 在異質區域內必然存在對抗中央政府的「反對派」，對其一方面應該通過憲法遏制分離圖謀，另一方面可以通過憲制安排，以制度化的方式容納反對派訴求，形成由中央政府主導的跨黨派或跨族群的自治政府。在香港的普選過程中，組建聯合政府或者「執政同盟」是中央與特區政府需要慎重考慮的選項。此舉不僅可以團結建制派人士，也可以將溫和民主派人士吸收進入行政會議或者擔任委任型職務。在香港激進政治勢力不斷膨脹的背景下，聯合溫和民主派更具緊迫性，防止溫和民主派被激進派所挾持，從而使溫和理性的聲音佔據主流。「執政同盟」的優勢還在於，通過在行政決策中吸收民主派人士，可以一定程度上實現「代表性官僚制」，使得政府決策更具代表性和科學性。[125]

第六，選舉形式對地方普選具有重要影響，不同的選舉形式可以一定程度上決定席位分配。比如北愛爾蘭實行的比例代表制下的「單一可轉讓投票制」，事實上導致了兩黨主導、多黨並存的局面；魁北克實

---

124. Terrence E. Cook (2002). *Nested Political Coalitions: Nation, Regime, Program, Cabinet.* Santa Barbara, California: Greenwood Publishing Group. pp. 65–66.

125. Julie Dolan and David H. Rosenbloom，胡輝華譯（2008）。〈代表性官僚制〉,《公共行政評論》。3 期。

行的「簡單多數制」，使議席較為集中。由於在政治異質地區存在「統獨」兩大派別對立的局面，選舉形式對於議席的影響被部分抵消，最後化約成「兩派制」之前的對壘（派別內部又細分為不同政黨）。因而選舉形式更多取決於歷史慣性和路徑依賴，各個不同選舉形式各存優劣，很難有盡善盡美的選舉形式。從根本上說，如果該類選舉形式能夠大致反映民意，並且有利於政府施政，就可以成為優良的選舉形式。香港在回歸以來實行的比例代表制，也滿足了上述兩個標準，加速了香港的政黨發育，因而比例代表制的選舉形式可以在普選時繼續沿用。

　　第七，當下的分離主義往往經由民主的形式進行表達，其中訴諸於「獨立公投」幾乎成為其必經手段。在北愛爾蘭、魁北克和加泰隆尼亞，都發生過類似的公投事件。在香港也出現過「五區總辭，變相公投」事件，「佔中運動」中也有激進勢力組織了「佔中公投」。因而限制「公投」成為中央政府管治政治異質地區的重要任務。但我們應該清楚地區分兩種不同意義的「公投」：一種是決策性公投（輔助議會和政府作出重大公共政策）；另一種是政治性公投（決定異質地區的政治走向）。前者可以進行一定範圍的推廣，特別是發展相對溫和的「諮詢性公投」；但是後者必須做出嚴格限制，影響地區政治發展的重要決斷只能由中央政府依照憲法作出。比如加拿大通過立法對公投進行了非常苛刻的限制，要求在公投時清晰表達獨立訴求，並且「公投」的法律效果須由聯邦政府確定。英國的經驗也表明，「公投」並非單方行為即可完成。《貝爾法斯特協議》是同時交付北愛爾蘭和愛爾蘭共和國全體國民公投，「除非兩地都有過半民眾選擇南北統一，否則北愛仍將是英國一部分」。加泰隆尼亞進行的「公投」也數次被西班牙憲法法院明確否決，指出其違反了憲法的基本原則。這些經驗為解決香港出現的政治性公投問題提供了有益的借鑒。

　　第八，由於統一國家中的政治異質地區通常會有分離主義傾向，應當在推進普選的同時，不斷強化國家認同，消弭國家分裂的危險。通過適用憲法可以強化國家認同，利用憲制安排鞏固國家統一，妥善

處理各種地域、族群和政治矛盾。鼓勵民眾建立對憲法的尊崇,可以在憲法預設的軌道內解決國內政治問題。[126]香港出現的本土主義和分離主義思潮,正是由於部分市民不具備基本的國家認同。在國民教育受挫的同時,可以通過憲法在特別行政區的實施,達到不斷強化國家認同的目標,為儘早實現普選創造條件。

綜合以上經驗,政治異質地區的普選有相當大的政治風險,但是這種風險並非不可控。一旦實現了異質地區的良性普選體制,也就為建立良性的中央與異質地區的關係奠定了基礎。在此過程中,應當在賦予異質地區以高度自治權的同時,保留與加強中央必要的權力。對於香港而言,支持其實現高度自治與落實中央權力並行不悖;或者說只有中央權力在特區順利實現,才能保證香港的高度自治。因而應當通過全國人大的違憲審查權,即通過對香港立法和政治問題進行審查、對《基本法》進行合憲性解釋等方式,使憲法能夠在香港落實。同時需要冷靜看待香港的不同政治派別的政爭,認識到這將是普選前後的政治常態。在政府組織和議會選舉方面,可以通過建立執政聯盟的方式,吸納溫和民主派進入政府;沿用比例代表制的形式,在立法會中充分反映香港民意。對於香港出現的極端政治事件,需要採用法治的方式予以化解,包括對於公投的規制、對於極端性政黨的限制、對於暴力政治的依法處置等。在實現普選的過程中,最為關鍵的是不斷強化香港居民的國家認同,使國家認同和民主化能夠同步進行,才能避免分離主義和極端勢力的滋長。通過憲法在特別行政區的實施,可以逐步確立憲法的權威和適用性,保證普選最終得以實現。

---

126. Cristina M. Rodriguez (2010). "Non-citizen Voting and the Extraconstitutional Construction of the Polity," *International Journal of Constitutional Law*, 8(1): 30–49.

第四章

影響立法會普選的制度因素

❧ ❧ ❧ ❧ ❧ ❧ ❧ ❧ ❧ ❧ ❧ ❧ ❧ ❧ ❧ ❧

　　香港立法會普選並不處於「政治真空」之中，而是涉及錯綜複雜的制度因素。釐清這些制度因素與立法會普選的關係，才能準確把握立法會普選的「變量」和方向。本章重點討論與立法會普選相關的重要制度，將香港立法會普選放置到中央—特區關係的視角之下，討論普選對於中央與特區關係的影響。除了「一國兩制」的宏觀制度背景，香港的政黨政治、比例代表制和區議會選舉也將影響立法會普選的實現。以上，將在本章一併論之。

一、「一國兩制」與香港民主

(一)「一國兩制」下的國家結構

　　關於中國的中央—地方關係的研究主要有三種主要路徑，分別是文化視角、結構視角與程序視角。文化視角強調歷史傳承（historical continuity）和群體意志（collective beliefs）對國家統一和國家建構的重要意義；結構視角旨在尋找中央—地方衝突的根源，特別是中央政府和地方政府之間的權力配置；程序視角認為由於缺乏適當的溝通渠道，才導致中央—地方衝突，並關注中央—地方通過處罰、談判與協商的方式解決衝突。[1] 上述路徑對於中央政府與特區關係的研究具有借鑒意

---

1. Jae Ho Chung (1995). "Studies of Central-Provincial Relations in the People's Republic of China: A Mid-Term Appraisal," *The China Quarterly*, 142: 487–508.

義，比如本土主義在香港的興起就可以從文化因素和群體意志的角度進行解釋；而中央政府與特區司法機關在《香港基本法》解釋權問題上的衝突，則可以從程序視角得到解釋。[2] 然而從根源上，一國兩制和《基本法》所塑造的中央與特區之間的權力配置結構，應視為滋長文化隔閡與形成程序矛盾的根源。因而，對於中央與特區憲制關係的全面梳理，既可以為檢視「佔中運動」對於中央──特區關係的影響提供必要基礎，亦可從更廣的視角上論證特區民主化的界限問題。

1. 單一制理論及其局限

單一制國家結構是指國家作為單一整體（single unit），中央政府具有最高權威，而任何地方政府（sub-national governments）享有的權力均來自中央政府的授予。儘管單一制國家可以通過法律將權力下放給地方政府，但是中央仍然居於最高地位，因它可以廢除權力下放或者削減地方權力。[3] 單一制國家結構形式也是中國政府的一貫立場與主張。在與特區的關係中，中國政府主要在以下場景中維護中央的權威和利益。一、在《基本法》制訂過程中，針對香港學者和社團提出的「剩餘權力」（residual powers）問題，基本法諮詢委員會的討論意見認為，由於中國是單一制國家，因而特區政府的權力來源於中央的授予，未交託給特區的權力自然保留在中央政府。[4] 甚至在基本法草案的討論過程中，有機構建議在《基本法》第一條明確規定中國的單一制國家結構形式。[5] 二、在《香港基本法》解釋與政治改革過程中，單一制國家理論也被用來論證政改決定權歸屬中央政府。比如，時任全國人大法工委

---

2. Heng Loong Cheong (1999). "Hong Kong SAR: Autonomy within Integration?" *UCLA Journal of International Law and Foreign Affairs*, 4: 181–184.

3. Hao Bin (2012). "Distribution of Powers between Central Governments and Sub-national Governments," *Conference Paper of UN Committee of Experts on Public Administration*. pp. 5–9.

4. 中華人民共和國香港特別行政區基本法諮詢委員會中央與特別行政區關係專責小組剩餘權力工作組（1987）。《剩餘權力最終報告》。2–3 頁。

5. 李浩然主編（2012）。《香港基本法起草過程概覽》（上冊）。香港：三聯書店（香港）有限公司。26–27 頁。

副主任李飛在 2004 年對「基本法中特首與立法會產生辦法」的解釋説明中，指出「我國是單一制國家，不是聯邦制，地方無權自行決定或改變其政治體制」。[6] 三、在對特首任命權的討論中，通過單一制國家結構理論來強調中央政府擁有對特首的實質任命權。香港政府事實上也延續了這個觀點，在 2007 年特區政府發佈的《政制發展綠皮書》中，強調「中央人民政府的任命是實質性而非形式性的，可以任命，也可以不任命；這項安排是體現國家是一個單一制國家，香港特別行政區是國家不可分離並獲授權實行高度自治而直轄於中央人民政府的一個地方行政區域這樣的憲制地位」。[7] 四、在對特首的「愛國愛港」的政治標準界定中，中央政府也援引單一制理論，提出「世界上單一制國家中沒有一個中央政府會任命一個與自己對抗的人、要推翻自己的人擔任地方首長」。[8] 由此可見，單一制國家結構理論具有很大的延伸性，其隨着香港的政治局勢而變化，在《基本法》制訂和解釋以及在特首的選任和標準等領域均被援用，成為維護中央政府權威的重要理論基點。

　　然而值得注意的是，無論在中國憲法或是《香港基本法》中，甚至是全國人大與國務院制定的法律法規中，均未出現關於單一制的規定。目前關於單一制的憲法解釋，一般來自對於憲法序言中「統一的多民族國家」條款[9]與憲法總綱中「民主集中制」條款[10]的解釋。當中強調中央政府作為授權者的主導地位，地方政府的權力來源於中央政府的授權與委託。更為重要的是，中國改革開放以來進行的經濟與政治改革，正是以「權力下放」作為重要的改革方式，以激發地方創造性與積極性，形成了目前中國「事實聯邦制」（facto federalism）的格局。

---

6. 李飛（2004）。《關於全國人民代表大會常務委員會關於中華人民共和國香港特別行政區基本法附件一第七條和附件二第三條的解釋（草案）的説明》，在第十屆全國人民代表大會常務委員會第八次會議上。4 月 2 日。

7. 香港特別行政區政府（2007）。《政治發展綠皮書》。8 頁。

8. 〈喬曉陽就香港政改和普選問題發表談話〉，《文匯報》，2013 年 3 月 28 日。

9. 王禹（2013）。〈中國國家結構形式在港澳基本法裏的體現〉，《「一國兩制」研究》。2 期。

10. 鄭毅（2015）。〈建國以來中央與地方關係在憲法文本中的演變〉，《中國行政管理》。4 期。.

按照學者的歸納，事實聯邦制主要體現為中央與省級政府在分權關係上的相對制度化的模式。在科層化的政治體制中，政府行為被分為省級層面和中央層面，並在各自層面內享有特定事項的最終決定權。而政府間分權制度化則達到這種程度——中央政府單方面將其意志強加給各省，或者改變各級政府間的分權，即使是可能的，也變得愈來愈困難。而且各省對中央的經濟負首要責任，並在其轄區內對政治也要負上一定程度的責任。[11] 然而需要指出的是，即便是中國分權範圍和程度已經深化，但難以據此認定單一制的國家結構發生了變化。因為除了政府層面的權力分配外，中國共產黨的一元化領導事實上決定了權力最終必然成為高度集中的局面。現有研究也表明，與權力下放的經濟改革相伴而生的是執政黨更為嚴格的政治控制和任命制度。[12]

但是在一國兩制的憲制結構下，中央政府和中國共產黨所面臨的分權情勢，與其在內地的執政經驗存在較大差異。首先，在內地的中央與地方（包括治理方式稍有差異的少數民族自治區）的關係中，中央政府居於完全的主導地位。「何時下放何種權力」取決於中央政府的現實需要與策略選擇，地方政府居於被動地位，一般缺乏議價能力。[13] 而在中央與特區的關係中，由於《基本法》確定了中央與特區的權力邊界，並在「高度自治」的政治原則下，給予特區以真正意義上的自治權力。誠如學者所指出的，中央與特區關係的「特殊」之處在於，其構成的前提是體現在兩個聯合聲明及兩部基本法的「一國兩制」原則，而不是新中國成立以後其憲法中所確立的「在中央的統一領導下，充分發揮地方的主動性、積極性的原則」。[14] 因此，《基本法》不僅是作為創

11. Yong-nian Zheng (2009). "Power to Dominate, Not to Change: How China's Central-Local Relations Constrain Its Reform," *East Asian Institute Working Paper*, 153: 1–2.

12. Maria Edin (2003). "State Capacity and Local Agent Control in China: CCP Cadre Management from a Township Perspective," *The China Quarterly*, 173: 35–52.

13. 王理萬（2014）。〈中央與地方財政分權的合憲性檢視〉，《上海政法學院學報》。1 期。

14. 甘超英（2010）。〈契約精神下的基本法及中央與港澳的關係〉，《「一國兩制」研究》。總第 6 期。

制特區的「小憲法」，也是中國首部詳細確立中央地方權力邊界的「分權法」。

其次，雖然中央政府在調控中央—地方關係上累積了頗多政治與法律經驗，包括政治任命、法規清理、行政指令與司法審查等方式。[15]但是這些經驗很難用於對特區關係的調適之中，因《基本法》所確定的中央對特區的調控方式非常明確，包括行政長官和高級官員的任命權、《基本法》解釋權與修改權、「二十三條立法」，以及特區立法的備案權與發回權等方式。然而香港回歸以來的實踐表明，中央政府在行使對《基本法》的解釋權時，均遭遇了頗多質疑和反對，並且修改《基本法》正文的難度與影響更難以控制。這見於「二十三條立法」進程被一再延滯，特區立法的備案制度也形同虛設。對中央政府而言，牢牢把握對行政長官人選和任命的控制，不僅是其熟悉的慣常手段，而且也是其目前管治香港所剩不多的有效方式之一。

最後，雖然《基本法》建立了中央與特區之間較為明確的分權（這較之於內地的原則性與抽象化的分權體系已經是很大的進步），但是二者均缺乏制度化的中央—地方權力糾紛解決方式。雖然單一制國家結構理論為解決分權糾紛提供了基礎性方案，即強調地方政府對於中央權威的服從，特別關注特區行政長官對於中央政府的效忠。但是在中央與特區發生權限衝突時，單一制國家結構理論並無法提供精緻論證和利益平衡；特別是對於灰色地帶的權力。在缺乏制度性的協調制度下，其歸屬往往取決於中央政府的耐心和包容以及特區政府的議價能力，因而缺乏基本的穩定性和可預見性。

通過以上分析，可以初步看到單一制國家結構理論事實上並未消除中央與特區分權的問題，而中央政府長期以來積累的政治與法律經驗，也很難用以處理中央與特區的關係。反而由於單一制國家結構試圖在權力分配的初始階段一次性解決中央與特區分權，導致未能建立成熟的、制度化的中央與特區權力糾紛解決機制。甚至有學者指出，

---

15. 王理萬（2015）。〈行政訴訟與中央地方關係法治化〉，《法制與社會發展》。1 期。

中國目前的中央—地方分權具有特殊性，「與世界上單一制與聯邦制呈現出的趨同趨勢不一樣，它們是在中央與地方之間有明確分權的基礎上的趨向，而我們是中央與地方之間缺乏基本分權的混沌」。[16] 究其根源，國家結構理論更多關注靜態的文本，而缺乏對實踐中權力運行狀態的動態分析。「前蘇聯明明是一個高度中央集權的國家，卻根據其憲法條款而歸類為聯邦制國家；英國明明是一個高度地方自治的國家，卻因為主權在議會理論而把英國歸類為中央集權制的單一制國家。」[17] 從實踐的角度而言，「一國兩制」與《基本法》實施以來的中國縱向權力結構已經發生了較大改變，使中央權力無法在特區收放自如。而作為執政黨的中國共產黨也無法在港澳進行公開活動，原有調適中央—地方關係的經驗與機制也趨於低效，此時如果仍固守單一制國家結構理論，不僅是制度和思維上的惰性，而且會產生削足適履的結果，導致中央與特區關係無法建立良性互動格局。

　　因而，對於一國兩制下的國家縱向權力分配，應當嘗試新的理論探討——新理論的目標是客觀描述中國現有的中央—地方分權模式，契合中國憲法和法律中關於權力配置的規範，具有一定的制度開放性和包容力，並能夠導向建立制度化的中央與地方糾紛解決模式。同時，新的模式應當在主權和分權之間保持必要的平衡，保持中央政府居於主導但並非獨斷的地位，使得憲法中的「統一多民族國家」與現實中的多元分權模式能夠兼容。就中央與特區的關係而言，「如果我們認可在制憲權（constituent power）與憲定權（constituted power）、正當性（legitimacy）與合法性（legality）之間的區分的話，《基本法》作為實現中國國家主權的方式，其自然擁有香港與中國政治關係的維度。」[18] 在

---

16. 上官丕亮（2009）。〈走出國家結構形式的理論誤區〉，《「一國兩制」研究》。總第 2 期。

17. 楊光斌（2007）。〈國家結構理論的解釋力與適用性問題〉，《教學與研究》。7 期。

18. Guoming Li (2011). "The Constitutional Relationship between China and Hong Kong: A Study of the Status of Hong Kong in China's System of Government under the Principle of One Country, Two Systems," Doctoral Thesis of the London School of Economics and Political Science. pp. 264–265.

基本法中規定中央政府向特區授權時，事實上附加了多種限制，包括了三種情況：（1）明確規定某些權力由中央行使，對特區來說，就不享有這方面的權力，比如國防、外交事項；（2）規定某種權力中央可以行使，特區也可以行使，但中央具有最後的決定權，比如基本法的解釋權；（3）基本法還規定特區在行使某些權力時必須通過一定的法律程序，比如規定特區行政長官作出決策要徵求行政會議意見。[19]事實上，這些前置性的程序性限制，較之於單一制國家結構理論下的粗放型分權理論，更加有利於中央—地方關係的法治化。

2.　中央—特區關係的新理論

目前提出的關於中央與特區關係新理論主要有三類，分別從不同的角度試圖重新界定中國國家結構，彌合原有單一制國家結構在理論和實踐上的不足。第一類是將「一國兩制」作為一種新的國家結構形式，認為在港澳回歸以後，已經出現統一的中華人民共和國內兩種不同制度長期和平共存的事實。[20]在一國兩制的結構下，構成了兩制「平等但不對等」的狀態——平等意味着在一國的前提下，內地的社會主義制度和港澳的資本主義制度並無高低之分，二者均統轄於統一的中央政府之下；不對等意味着在兩制中，內地以中國共產黨領導為主要特點的社會主義制度居於主導地位。誠如學者所指出的，「兩制在意識形態上的平等與權力屬性上的不平等構成了中國憲法上特別的權力雙軌制。」[21]然而一國兩制的國家結構與聯邦制仍存在根本差別，聯邦制下的中央政府權力來源於各州的讓渡，並且由各州保留剩餘權力；[22]

19.　程潔（2007）。〈《中央管治權與特區高度自治——以基本法規定的授權關係為框架〉，《法學》。第 8 期。

20.　梁平、徐小欽（1999）。〈「一國兩制」與聯邦制的國家結構形式比較研究〉，《西南民族學院學報・哲學社會科學版》。第 20 卷增刊，8 月。

21.　程潔（2006）。〈論雙軌政治下的香港司法權——憲政維度下的再思考〉，《中國法學》。第 5 期。王泰銓（1996）。〈中共一國兩制——從香港法律地位之觀點分析〉，《台大法學論叢》。第 25 卷第 2 期，1 月。

22.　殷嘯虎（2010）。〈論特別行政區制度與我國國家結構形式的關係〉，《毛澤東鄧小平理論研究》。6 期。

相反，在一國兩制下，港澳特區的權力則由中央政府授予，而非來自於原殖民宗主國的「私相授受」。學者指出，港澳的回歸儀式事實上包括兩個不同憲政意義的步驟：「一個是政權交接儀式，一個是特區政府成立儀式」，殖民政府將其「管治」香港和澳門的權力交還國家，國家在接收香港和澳門以後，再根據《基本法》，把高度自治的權力賦予特別行政區，這就構成特別行政區運作的憲制基礎。[23]因而在港澳基本法中，也反覆出現「授權」的概念，這表明特區的權力並非固有的，而是來源於中央政府的授予，並且預留了進一步向特區授權的制度空間（《香港基本法》與《澳門基本法》第二十一條）。

第二種新理論是根據目前中國國家結構兼具單一制和聯邦制的特點，提出了「一國多制」的複合制理論（composite state system）。該理論認為，《基本法》實質上是組織法（organic law），其先組建了特區的政制，在其治權範圍內也保證了市民的自由和權利，分配不同主體間的權力並處理其相互關係。與此同時，基本法創制（constitutionalize）了所有規範和準則，以治理該體系的運作。但是，這種有關自治的權力體系和運作模式不應被歸為單一制（unitary system）或是聯邦制（federation），而是應以一種新的模式理解之──這種新模式可以成為「複合制」。對於特區而言，複合制可以連接起「兩制」，並且在原則與實踐中涵蓋單一制與聯邦制。複合制是單一制和聯邦制的混合體制，就其政治和社會效果而言，可以是「一國兩制」甚至未來的「一國多制」。[24]事實上，在《中國憲法》規定的地方制度中就蘊含了「一國多制」的格局，既包括了常規的省制，也根據特殊情況確定了直轄市、自治區、特別行政區──有學者將這種由常規到例外的有等差的權力格局稱之為「憲政的差序格局」，意味着統一國家內部由不同地方區域組

---

23. 王禹（2011）。〈論國家對特別行政區授權的意義、依據、形式及其體系〉，《「一國兩制」研究》。總第9期。

24. Guobin Zhu (2012). "The Composite State of China under 'One Country, Multiple Systems': Theoretical Construction and Methodological Considerations," *International Journal of Constitutional Law*, 10(1): 272–297.

成的國家結構。【25】在複合制理論之下，可以不受限於單一制或聯邦制的成例，為調適中央政府與特區關係創造更為靈活的方式和手段。

第三種新理論是根據《基本法》的締結過程，提出了中央與特區之間的契約理論。首先特區設立事實上基於「憲法委託」，《中國憲法》第三十一條：「國家在必要時得設立特別行政區，在特別行政區內實行的制度按照具體情況由全國人民代表大會以法律規定」。這意味着憲法將設立特別行政區的條件（必要時）及立法內容（按照具體情況實行的制度）委託由立法者判斷與決定。【26】在此憲法委託之下，由中央政府代表大陸人民與港澳居民訂定政治契約的過程，也就是《基本法》的立法過程，從而形成了中央政府與港澳之間的契約關係。誠如學者所指出的，「作為特別立法的兩個基本法，在制定之初便應存在着中央與港澳人民兩類政治主體，在港澳人民同意的基礎上，由中央為制定主體，為港澳人民各制定了一部全國均須遵守的全國性特別法律。」【27】《基本法》所確定的契約基本內容就是主權維持和高度自治下的「兩制共存」，這不僅包括港澳的資本主義制度長期不變，也包括了大陸的社會主義制度不受改變，其中任何一端的改變將破壞政治契約的基本內容。參與《基本法》制定的蕭蔚雲教授也指出，「內地不要用行政命令改變香港的資本主義制度、政策和生活方式，香港也不要希望改變內地的社會主義制度。」【28】

綜上簡言之，在一國兩制下的憲制結構中，單一制國家結構理論成為中央政府長期以來堅持並據此主張對港澳政制改革問題（而非香港政制的日常運作問題）決定權的依據。【29】但事實上，單一制國家結構理

25. 田雷（2012）。〈「差序格局」、反定型化與未完全理論化合意 —— 中國憲政模式的一種敍述綱要〉，《中外法學》。5 期。

26. 王泰銓（1996）。〈中共一國兩制 —— 從香港法律地位之觀點分析〉，《台大法學論叢》。25 卷第 2 期。

27. 甘超英（2010）。〈契約精神下的基本法及中央與港澳的關係〉，《「一國兩制」研究》。總第 6 期。

28. 蕭蔚雲（2005）。〈關於香港特別行政區基本法的幾個問題〉，《法學雜誌》。2 期。

29. 陳弘毅（2010）。《一國兩制下香港的法治探索》。香港：中華書局（香港）有限公司。189–190 頁。

論造成中央與地方權力糾紛缺乏制度化的方式解決，這既是內地以政治方式處理中央與地方關係的經驗延續，也是由於理論匱乏所導致的後果。有學者將港澳的憲制模式概括為「法律上的高度獨立，政治上的有限自治」，即特區在立法、司法還是財政上都享有高度自治，只是在少數情況下受制於全國人大常委會對《基本法》的解釋，然而在政治事務上，特區受制於《基本法》對選舉過程的規制，且特別行政區「主要官員」的任免也需要中央政府的批准，因而僅享有有限程度的自治。[30]這種法律與政治錯位的局面，很大程度上也是由於中央政府重政治控制、輕法律調節的結果。因而，更新國家結構的理論可以破除單一制框架的限制，從而為建立平衡主權統一與高度自治原則、綜合運用政治與法律手段、分權明確並具有制度化糾紛解決機制的新的國家結構形式鋪陳基礎。

（二）中央與特區的憲制互動

在一國兩制的國家結構下，兩者保持了特殊的互動狀態：就一國而言，特區政府只是直屬於中央政府的地方政府而已，需要接受中央政府的領導和安排；但是就兩制而言，社會主義和資本主義並無直接的位階關係，兩者在意識形態上居於對等地位。因而中央與特區的政治互動，就是在一國的框架下兩制之間的互動，這種互動顯然並不限於經濟和文化層面，而是深入到政治層面——至少就憲法和《基本法》而言，建立民主制度是內地和香港共同的制度目標。對於香港民主化而言，需要同時受到國家認同的制約，（中央政府所認可的）香港國族化的程度決定了其民主化的授權範圍。

1. 內地與特區的互相影響

回歸以來的內地與香港之間的交流日益頻繁，雖然在政治方面限於「一國兩制」的憲制結構以及意識形態方面的抵觸，雙方都盡量隱藏

---

30. 張千帆（2007）。〈論國家統一與地方自治〉，《華東政法大學學報》。4 期。

政治鋒芒，但是這種影響卻非常隱蔽而深遠。一方面，香港已經成為策動中國民主化的主要基地——雖然台灣的民主化也對中國大陸有示範效應，但是由於兩岸的敵對狀態，其影響力顯然沒有香港如此直接和深入。香港每年「六四」由支聯會舉辦的燭光守夜活動，仍是世界上最大的對於 1989 年民主運動的紀念，其將持續注入到中國的政治話語之中。另外，香港已經成為大陸民主或反政府的人士與組織的避風港，香港的公民社會組織和專業團體也公開爭取內地的自由和人權，並支持非政府部門（non-government sector）在內地的發展。[31]事實上，除去香港民主運動對於大陸的直接影響，香港回歸以來持續爭取普選的運動，已經對內地知識分子和普通民眾產生深刻影響——學者將其形象表述為「劇場效應」，這意味着「內地人民縱使不能立即轉身在本地實踐（民主運動），但觀看港人的操練，也足以在思想和行動兩個層面同時影響內地社會」。[32]

　　另一方面，內地對於香港的影響也顯著加深，以至於出現了「香港內地化」或「香港大陸化」的趨勢。學者把內地政治對香港的影響概括為三個方面：一、香港完整地複製了大陸的金權聯盟的社會政治結構；二、通過每年多達數萬的內地移民，以及這些內地移民主導的同鄉會等形形色色民間組織，在香港基層社會形成強大的動員能力；三、香港已淪為中國權貴資本進軍國際市場的橋頭堡，淪為國際資本跟中國權貴資本交媾的大本營。[33]然而，上述的觀點顯然放大了陸港交流的負面效果。比如在回歸前香港的「官商共治」的結構就已經形成，而非移植了大陸改革開放後形成的金權聯盟。在回歸後中央政府和特區政府強化與精英階層的合作，這使官商關係在民主化和普選的政治背景下變得愈發不可容忍。而至於持續湧入的內地新移民，特別是單

31. Peter T. Y. Cheung (2011). "Who's Influencing Whom? Exploring the Influence of Hong Kong on Politics and Governance in China," *Asian Survey*, 51(4): 713–738.

32. 張健（2015）。〈香港社會政治覺醒的動因：階級關係、參政需求、族群認同〉，《二十一世紀》。2 月號。

33. 笑蜀（2014）。〈拒絕大陸化，才有中國化〉，《思想》。台北：聯經出版公司。233–240 頁。

程證的審批權仍屬於內地政府的單方面行為，這確實在一定程度上改變了香港的政治結構——2013年《人民日報》海外版曾專門刊文，認為來自內地的新移民已經超過香港人口數量的40%，「新香港人」是建設發展香港不可或缺的重要元素，是確保香港長期穩定繁榮的堅實力量，是香港未來的希望。[34]

當然，中央與特區之間的政治互動，並不限於雙方之間的政治影響，更加重要的是在香港政制發展的問題上所體現的國家認同與民主化的張力。[35]中央政府與香港建制派傾向認為，一國是兩制的前提，香港在未形成充分的國家認同之前，激進的民主化措施將會導致香港與中央政府漸行漸遠。因而香港的民主化應當是漸進的，並且同時建構於穩定的國家認同意識和國家安全觀念之上。對此，《人民日報》曾提出國家認同作為普選實現的必要條件，「有部分政治勢力期望以對抗中央的方式來誤導香港社會對民主的追求，如果香港社會無法在國家認同問題上達到高度一致，2017年的特首普選就有可能流產，香港的民主發展將會受挫。」[36]與之相反，香港民主派人士卻認為，在中國未實現整體民主化之前，強調國家認同就等同於向中國共產黨及其領導的威權政府的屈服，而一國兩制的憲制構造也為香港實現民主提供了基礎，應該防止在一國名義下侵蝕香港的特有制度、價值和生活方式。比如，民主派強調不應該將中共與中國等同，更不應把對於中共意識形態的抵制視為「去中國化」，香港的國家認同是基於民族和文化層面的，並捍衛香港的本土價值。[37]

因而，國家認同和民主化是構成中央政府和特區政治互動的基本範疇，也是聯接本書分析框架中所提出的橫向關係（中央—地方關係）和縱向關係（政府—民眾關係）的基礎概念。從寬泛意義上而言，

---

34. 馬建波（2013）。〈「新香港人」是建設香港的重要力量〉，《人民日報海外版》，10月22日。

35. 王理萬（2015）。〈國族化與民主化在香港問題的上展開〉，《「一國兩制」研究》。1期。

36. 寒竹（2014）。〈激進反對派成香港民主發展大路障〉，《人民日報》，9月5日。

37. 雨文（2012）。〈香港，去中國化還是去大陸化？〉，《陽光時務周刊》。27期。

國家認同和民主化並非矛盾的範疇，而是呈現相互促進的關係。一方面，國家認同是民主化的前提條件，國家認同建構是構成統一和穩定國家的必要過程，在此基礎上才能有國家治理的現代化。正如學者所強調的，「國家認同的衝突不僅讓公共政策的理性討論不可能出現，也因人民缺乏同胞的感情，而使得社會無法形成團結一致的公共輿論；在此割裂的社會下，任何一組的政治領袖，均無法獲得全部人民的信任，民主的實踐反而加強了社會的對立。」[38] 另一方面，民主化可以促進國家認同的實現，有利於建立穩定的國家認同。一般認為，國家認同包括分別基於族裔身份、歷史傳統和社會制度的族群認同、文化認同與制度認同，「而在一個實行自由主義原則的民主制度裏，則必然以第三個層面為其國家認同的主要憑藉。」[39] 民主化意味着國家權力最終來源於公民的授權，因而民主國家更容易獲得公民的認同，從而以民主制度為紐帶將統一國家內不同族群、地域和階層的個體重新整合為政治共同體，形成比傳統國家內基於血緣或文化等基礎更為穩固的認同結構。

2.　國族化與民主化的雙向互動

然而，國家認同與民主化的關係在具體個案中卻呈現出了更加複雜的關係。在缺乏國家認同的「分裂國家」中，以選舉為制度表徵的民主化並無足夠的公信力，進而導致國家動盪分裂；[40] 而在缺乏民主化的專制或威權國家中，單純強調國家認同，則很容易喪失對於更加民主自由政體的追求。特別是將國家認同與民主化問題放置到中央—地方關係的語境下，圍繞地方民主化問題產生了更為多元的政治效應，因地方的民主進程往往受制於中央政府的規劃，並且可能產生對於其他地區的示範效用。就香港的民主化問題而言，其亦應置於中央—地方

---

38. 楊泰順（2005）。〈憲政困局與國家認同 —— 形似獨立的兩個糾結議題〉，《台灣民主季刊》。第 2 卷第 3 期。

39. 江宜樺（1997）。〈自由民主體制下的國家認同〉，《台灣社會研究季刊》。25 期。

40. 楊光斌（2014）。〈幾個流行的民主化理論命題的證偽〉，《北京日報》，3 月 17 日。

關係之中，充分考慮中央政府對於香港人的國家認同程度的評估，以及為香港民主化設定的步驟和界限。根據學者所提出的民主化的評價指標，主要分為自由度和政治參與兩個方面。「一條是將焦點放在競爭上，另一條則放在參與上：增加參與（或包含性）意指公民享有政治權利與自由的比例增加；增加自由化意味着增加政治上反對勢力的可能性，以及爭取政治權力的競爭性。」[41]而無論是參與或是自由化，均不單是香港的內部變革，也會影響中央和特區的關係。

首先，「一國兩制」的憲制構造下，由於特區擁有一系列特權（比如獨立的法律體系、終審權、發行獨立貨幣、不需要向中央政府繳納稅收、免服兵役、入境管制等），使兩制之前形成頗為森嚴的制度區隔，這事實上成為國家認同的障礙。「一國兩制」本質是一種複合型的民主共和制，而「兩制」的和平共處、長期並存是以承認和保護「兩制」的差異為前提條件的。[42]誠如上文所述，在現代社會中「制度認同」是國家認同的基礎，但是「一國兩制」的主旨卻是以尊重並維持差異為目標的，因而造成了特區居民缺乏對於國家產生制度信賴的機會。

其次，地區性的民主化進程受到國家整體民主程度的制約，如果單邊推行激進的民主化改革，則會對中央—地方關係產生根本觸動。在本書導論部分提出的分析框架中，特區—民眾的關係與中央—特區的關係互相影響。如果地方率先實現民主化，而中央政府卻無法制約地方政府的話，則可能導致合法性倒置的局面。從中央政府的角度而言，其顯然希望在保持中央—特區關係穩定的前提下，才能改善特區政府與其民眾之間的授權方式。以特首的任命權為例，雖然中央政府一直強調其對行政長官的實質任命權，這意味着即使是經普選產生的行政長官人選，中央政府也可以拒絕任命——然而，如果一旦發生拒

---

41. George Sorensen，李酉潭、陳志瑋譯（2003）。《最新民主與民主化》。新北：韋伯文化出版公司。17–19 頁。

42. 楊鵬程（2012）。〈「一國兩制」與中國的現代國家構建 —— 以香港、澳門為例〉，《黃河科技大學學報》。第 14 卷第 3 期。

絕任命的情況，則會出現中央政府與香港民意發生直接對抗和衝突，從而可能釀成嚴重的憲政危機。因而中央政府一直試圖在普選的「前端程序」中進行適當的篩選，從而避免拒絕任命的事件發生，這正是出於考慮民主化對於中央—地方關係的影響，避免地方民主化演變為對抗中央政府的契機。

再次，香港民主對於內地示範作用也是中央政府的擔憂之處，即擔心香港的民主運動會產生溢出效應，發展成為內地民主運動的資本和動力，甚或與中國的邊疆民族危機結合起來，形成對於政權的威脅或衝擊。誠如學者所指出的，「香港民主派政黨的興起及壯大，令中央不得不憂慮香港的民主力量會威脅到中國內地的管治，並最終將從政治層面導致中國內地的不穩定。」[43] 這種擔憂集中體現於內地對於有關香港民主運動報道的言論審查上，根據香港大學「中國傳媒計劃」的研究，在佔中運動發生後內地僅有 28 個媒體進行了報道，除了對於佔中運動的批評外，其餘多數集中在佔中運動對經濟影響方面的報道。[44] 這種嚴格控制的宣傳口徑，顯示了中央政府擔心香港的民主運動被內地民眾所效仿，尤其是香港民主中所運用的理論（如公民抗命、全民公決等）更可能為內地頻發的群體性事件提供理論支持。此外，香港的抗爭運動也可視為是中國當下邊疆危機的一部分，中央政府擔心其與台灣、西藏、新疆等邊疆分裂活動結合，從而形成民族運動與民主運動的合流，對統一多民族的威權國家形成雙重衝擊。在上述兩種因素之下，香港民主化的外部效應被迅速放大，使得中央政府對此異常謹慎和保守。這正如學者所論及的，「北京政府在香港的最高關切是保證香港無法建立一種模式，或者先例，通過鼓舞民主變革的訴求顛覆中共在中國其他地區的權威。」[45]

---

43. 嚴飛（2011）。〈香港大陸化，還是大陸民主化〉，《二十一世紀》。12 月號。

44. David Bandurski, "*How China Frames the News on Occupy*," available at: http://cmp.hku.hk/2014/10/08/36344/

45. Qitong CAO (2014). "Q. and A. Larry Diamond on Political Change in Hong Kong," *The New York Times*.

第四，從長遠看來，地方性民主制度的發展和鞏固離不開中央政府的支持。如果沒有中央政府的政治許可，地方民主化就缺乏足夠堅實的正當性基礎，也將在面臨民主路向選擇時缺乏足夠權威的分歧裁決平台。正如學者所指出的，強有力的中央政府是維護地方民主不可或缺的前提，「在沒有強有力的中央政權來保證民主的正常運作的情況下，民主很難依靠自己的力量來表達和保護人民的利益。」[46]顯而易見的是，地方民主化獲得中央許可的前提是不會造成對中央權威的挑戰或損害，無法期待中央政府利益受損時仍一如既往地支持地方民主發展。因而地方政府應該具有足夠的政治成熟，使中央政府相信民主化後的地方政府仍能受控於中央政府，而非滋生更加強烈的獨立傾向。對於香港民主化而言，應該拋棄「以自治求民主」的保守思路，「香港的進一步民主化，必然是全中國政治文明演化的一部分，以自治求民主，以保持和中國其他部分的距離而發展民主，在長期是行不通的。」[47]

最後，中央政府也應及早放棄「香港人心未回歸」的論調，重新審視內地與香港主流民意，推動兩地的民主發展，從而為制度性國家認同建立基礎。誠如學者所指出的，「如果人們對一國根本缺乏信心，一國保證及管治下的兩制即使如何多番闡釋相互依存及和平相處的重要性，也難以令人感到安心。」[48]這意味着，香港的國家認同應從文化認同、族群認同逐步發展至「制度認同」——這並不意味着應由「一國兩制」變成「一國一制」，而是在不同的社會制度下形成對於民主觀念的同構性認知，在促進香港國族化的同時，也應推進大陸的民主化，形成制度互動的良性趨勢。長期以來，香港已經形成獨特的「自由愛國主義」（liberal patriotism），即對於祖國的熱愛建立在自由民主的價值之上，國家的行為並非都能獲得無條件的支持，而是需要接受自由民主價值

46. 鄭永年、王旭（2001）。〈論中央地方關係中的集權和民主問題〉，《戰略與管理》。第 3 期。

47. 項飆（2014）。〈反思香港：大眾運動中的民主訴求與政黨政治〉，《文化縱橫》。12 月號。

48. 丁偉（1992）。〈「一國兩制」理論的探討〉，《中國行政評論》。第 1 卷第 4 期，9 月號。

的檢視。【49】然而，在很大程度上，自由愛國主義遮蔽了《基本法》文本所設定的港人的憲制義務，而單方面強調反抗的原因是「命令者缺乏民主正當性」，卻忽視了諸如國家安全立法、國民教育等在任何國家都是基本的準則。吊詭之處還在於，也正是由於中央政府缺乏民主正當性的自我定位，因而在關鍵問題上表現出「心虛膽怯」，而放縱了香港的離心傾向。因而中央政府需要首先調整其對於民主政治的態度，使得內地的民主化與香港國家認同建構結合起來，才能真正實現民主化和國家認同的雙向良性互動。

　　綜合以上對於中國與特區憲政關係的論述，港澳特區的設置已經深刻改變了中國的國家結構，而中央政府對於中央—地方關係的治理技藝顯然還停留在「單一制國家」的粗糙層面上，並試圖將這些經驗簡單移用來處理與特區的關係，從而造成了中央與特區的矛盾頻發。在中央與特區的憲制連接中，行政長官是最為關鍵的連接點，他具有使中央政府與特區相互溝通的政治功能，並形成了以建制派為主體的管治同盟。伴隨中央治港政策的收緊，其加強了「第二管治隊伍」的力量。這些結構與制度性問題，其根源在於特區所面臨的建構國家認同與促進民主化的雙重任務，二者之間的張力使得中央政府對於特區政改問題表現出了保守傾向，並由此形成了與香港主流民意的矛盾。概而言之，從中央與特區關係的結構、制度和理念的層面上，應該將香港民主發展問題放置到中央—地方關係的維度下，從中央—地方關係的視角審視特區政府—民眾的關係，才能形成對於香港民主運動的全面認知。

---

49. Elaine Chan and Joseph Chan (2014). "Liberal Patriotism in Hong Kong," *Journal of Contemporary China*, 23(89): 952–970.

二、政黨政治的發展與瓶頸

香港政黨形成與政黨政治的發展的過程，與香港選舉和民主化的過程是同步的 —— 選舉和民主化意味着權力的分享與公開，從而激發具有相同政治見解和政治利益的人士聚合在一起，通過選舉等方式參與政治權力的競逐。在實現普選時，政黨政治作為非常重要的制度變量。換言之，政黨政治是否成熟決定了普選的質量。

（一）香港政黨的形成與分化

有學者將香港政黨的歷史追溯至 1950 年代，認為 1949 年英人貝納祺（Brook A. Bernacchi）創立的「革新會」為香港最早的政黨，該會以批評港英政府著稱，後至 1954 年公民協會宣告成立 —— 兩者均有成員參與市政局選舉，但只能視為政黨的雛形。[50] 香港真正意義上的政黨形成，始於 1980 年代，彼時香港回歸已然提上議事日程，日益分殊的政治和社會導致政黨發育成型。學者將香港政黨的發展劃分為「三個催生期」：第一個政黨催生期是 20 世紀 80 年代中至 90 年代中，當時香港回歸大局已經確定，加上代議政治開始興起，政壇遂風起雲湧，政黨紛立，目前香港具有影響力的政黨大多成立於該時期；第二個政黨催生期是 2006 至 2008 年，因為香港社會經歷了 2005 年政改方案爭拗，政制發展再次成為主要政治議題引起社會關注，加上 2007 年全國人大常委會批准公佈香港普選路線圖及時間表，組黨一時成為政治潮流；第三個催生期是始於 2011 年下半年，香港五項重要選舉（區議會、行政長官選舉委員會、行政長官、立法會和港區全國人大代表）接踵而至，這導致紛紛湧現一些新的政黨和政團，香港的政治形勢變得更加複雜。[51]

---

50. 周子峰（2012）。《圖解香港史（1949 至 2012 年）》。香港：中華書局（香港）有限公司。114 頁。

51. 莊金鋒（2012）。〈香港政黨發展開始步入第三個催生期〉，《「一國兩制」研究》。2 期。

　　因而就香港政黨發展的宏觀歷史而言，每一個階段均得益於政權開放的激勵——無論是 1980 年代港英政府的政制改革以及其後的中英談判，還是 2007 年前後的政改爭執，以及 2011 年至今圍繞普選的政治運動——這些政治契機促進了政黨的形成與分化。具體而言，香港民主化和政黨發展始於 1980 年代，此時港英政府逐步放開立法局選舉，從而使得制度化的權力參與成為可能。相關研究指出，1985 年 9 月香港立法局改選，以選舉團與功能團體的形式進行選舉，雖然這次改選的投票人士（2,500 人參與投票）和選舉比例（56 位議員中選舉產生 24 位）都非常有限，但卻使香港的代議政制向前邁進了一大步，同時使匯點、民協、太平山學會、觀察社等政治團體應運而生。[52]究其根源而言，1980 年代至 1990 年代香港政黨的快速發展，源於中英談判與過渡時期的香港政治環境：一方面，香港回歸使得港英政府意在推行激進的民主化策略，使得政治參與驟然放開，政治團體也紛紛成立；另一方面，香港回歸使得港人開始面臨政治命運的抉擇，並由此逐步擺脫政治冷漠的心態，開始關注回歸後的香港自治權問題。誠如學者所指出的，「香港首個政黨在 1980 年代始創，這得益於向代議制政府的快速轉變；香港在基層、地區和立法局層面上均引入選舉，促使政治參與更加組織化（organized forms）；而香港政權由英國向中國的回歸，同樣也激發了港人關於政治問題的深入思考以及更大規模參與政治的決心。」[53]目前活躍於香港政壇的有影響力的政黨，多數在 1990 年代才得以成立：1990 年「香港民主同盟」成立，1993 年 10 月該黨與「匯點」合並，組成民主黨；立法局內非官守議員為對抗泛民主派，以免議會被控制，成立了「啟聯資源中心」，1993 年 2 月改名自由黨；1992 年產生了民主建港聯盟（民建聯），由此構成香港政壇三大政黨基礎。[54]

52. 馬進保、朱孔武（2007）。〈「一國兩制」下的香港政黨制度〉，《廣州社會主義學院學報》。3 期。

53. Christine Loh (2003). *Building Democracy: Creating Good Government for Hong Kong*. Hong Kong: Hong Kong University Press. pp. 63–64.

54. 曾平輝（2008）。〈香港政黨特點、功能探析〉，《學術論壇》。12 期。

在 2007 年前後，圍繞普選問題激發了新一輪的政黨設立、分化與組合。如 2006 年成立的香港公民黨，其前身就是成立於 2003 年的「四十五條關注組」；2006 年成立的「社會民主連線」則以推動香港民主、維護基層利益為宗旨，並隨着香港政爭的升級而逐步民粹化和激進化；2007 年成立的公共專業聯盟則是在 2007 年行政長官選舉時成立的，具有濃厚的專業色彩和智庫特徵。這些新興的民主派政黨與政治團體，不僅關注香港的民主與普選進程，同時也呈現出特定的「階層屬性」——它們或是傾向於維護工商業階層的利益，爭取保持香港社會的政經結構；或是趨向於草根階層的利益，要求打破已然固化的政商聯盟。當然，更多的政黨開始向中產階級靠攏。成立於 2005 年的全民黨自建黨以來就號稱「不同於代表基層的民建聯、代表大商家的自由黨，而是以中產階層為主體」。除了全民黨，其他老牌政黨也紛紛吸納中產階級，如 2003 年自由黨宣佈「新定位及黨員招募行動」，招募了不少年輕專業人士；作為立法會第一大黨的「民建聯」更是在 2008 年成立了工商事務委員會和專業事務委員會，以吸納更多中產人士。[55]

直到 2012 年前後，香港政黨政治迎來了第三個發展時期，「大背景便是 2010 年 6 月政改方案在立法會獲得通過後，香港行政長官及立法會產生辦法有新變化所致。」[56] 各個政治團體也積極投入到 2011 年的區議會選舉和 2012 年的立法會選舉中，2017 年的行政長官普選更是成為政黨發展的核心動力。2010 年 10 月，香港新民主同盟宣告成立，其成員主要是民主黨中的激進分子，因反對民主黨不參加「五區公投」而退出並組建新黨。2011 年工黨成立，其代表了民主派中的左翼力量，旨在維護基層和工人的利益。2013 年真普選聯盟成立，其由 12 個香港泛民主派政黨及團體聯合組成，以儘快實現雙普選為政治目標。而在建制派政黨方面，在 2012 年香港經濟民生聯盟成立，其囊括了一批建制派議員，以「工商帶動經濟、專業改善民生」為口號，致力於推

---

55. 李小雨（2012）。〈試析中產階級對香港政黨政治的影響〉，《中共濟南市委黨校學報》。3 期。

56. 海泰（2011）。〈香港出現組黨潮〉，《紫荊雜誌》。2 月號。

動經濟發展和民生改善；2011 年成立的新民黨則彙集了一批前政府高官，重點面向中產階層和專業界人士。這表明香港政黨光譜的進一步分化，由政治議題向經濟議題、從工商階層利益到中產與草根階層利益、從親中央政府的建制派到具有對抗性的民主派，在香港已經具備了多元的政黨體系。不過究其根源而言，香港的政黨體系處於扭曲的狀態——以與中央政府的關係來區別廣義上的政治派別，這顯然是不合時宜的。在理想狀態下，統一國家內的地方性政黨均應對於國家憲法與中央政府有基本的政治忠誠和信任，如果以對於中央政府的態度來區分政治派別，並隱含將中央政府設定為民主的反對者，這顯然對於民主發展和政黨政治的完善並非益事。

此外，民主派政黨的激進化也是不可忽視的趨勢。學者對此指出，不論是 80 年代的「高山大會」、90 年代的「重返議會」運動，還是 2003 年的「反二十三條立法」，乃至近年的「倒梁」，香港的「泛民」勢力一直在一個激進、失敗、更激進的向下型螺旋演變，而「佔中」是香港「泛民」政治運動三十年來的一個最高的「高潮」。[57] 也有學者進一步研究認為，「香港日益惡化的生活環境、逐步增大的貧富差距是滋生社會不滿的可見原因，也是導致激進政治興起的重要因素，而特區政府也被認為應該在政治哲學（political philosophy）與執政表現兩方面對此負責。」[58] 近年來激進政治有了新的表現，即在街頭運動、議會拉布、輿論動員之外，逐步演化為直接對抗中央政府、甚至成立了以實現「香港獨立」、「完全自治」為目標的分離主義政治團體。[59] 這種政治轉向意味着中央與特區關係的進一步複雜化：一、香港激進政治團體的政治訴求由「民主敘事」演化為「民族敘事」，主張香港市民作為區別於內地的獨立族群，並依據民族自決理論主張「獨立建國」，這使

---

57. 李後（2015）。〈「泛民」未來演變的三個趨勢〉，《大公報》，1 月 2 日。

58. Joseph Yu-shek Cheng (2014). "The Emergence of Radical Politics in Hong Kong: Causes and Impact," *The China Review*, 14(1): 199–232.

59. 齊正之（2015）。〈陳雲密謀書展播獨〉，《文匯報》。4 月 13 日。

得「港獨」由意識層面的主張升級為政治行動；二、雖然沒有必要高估「港獨組織」的政治實力，但是顯然其具有較強的輿論導向，特別是本土主義者很容易滑向「港獨」的極端傾向；三、「港獨組織」與中國內地的邊疆分離主義以及國外勢力可能存在的勾連，促使中央政府將香港問題納入國家安全的考慮範疇。事實上早在 2002 年就有媒體提出應專門制定國家安全立法，防止香港的獨立主義者與台獨分子的呼應合作，[60] 而近期也有學者運用「防衛型民主」（Wehrhafte Demokratie）理論，論證在香港限制危害國家安全的政治結社的必要性和可行性。[61]

值得注意的是，關於香港獨立問題的政治交鋒並非新興問題，而是伴隨着香港問題的始終。香港曾經是英國治下典型的「非自治領土」（non-self-governing territory）。根據聯合國大會第 1541(XV) 號決議的第四項原則，非自治領土是指在地理上獨立、並且在民族或文化上與統治者相異的區域。決議據此賦予了在非自治領土名單內的地區以自決權（right of self-determination），這意味着英國應當（necessitating）按照聯合國憲章第七章的要求賦予香港以自治權以及漸進的發展其自由政治體制（free political institutions）。顯然英國政府對這項國際義務非常清楚，在 1982 年時任英國外交大臣弗朗西斯・皮姆（Francis Pym）即指出，保證自治權是英國外交政策的基礎部分。但是在 1971 年中華人民共和國政府剛剛恢復了在聯合國的席位後，就要求將香港和澳門從非自治領土名單中刪除出去。中國駐聯合國大使黃華對此指出，香港和澳門問題的解決完全是在中國的主權範圍內，而完全不是普通的殖民地範疇。[62]

綜合以上關於香港政黨發展過程的描述，可以看到經過自 1980 年代迄今的三十餘年的政治變遷，香港已經形成了由眾多政黨（政團）所構成的政黨體系，並且依據政治立場形成了寬泛意義上的建制派、民

60. Carol Jones (2014). "Lost in China? Mainlandisation and Resistance in Post–1997 Hong Kong," *Taiwan in Comparative Perspective*, 5: 21–46.

61. 林來梵、黎沛文（2015）．〈防衛型民主理念下香港政黨行為的規範〉，載《法學》4 期。

62. Phil C. W Chan (2006). "Hong Kong's Political Autonomy and Its Continuing Struggle for Universal Suffrage," *Singapore Journal of Legal Studies*. pp. 285–311.

主派、激進本土派等政黨光譜。正如學者所指出的，香港政黨的組成
和分類也受到兩大因素影響，一個是階層利益的取向，另一個是中港
關係的處理。這兩個因素交錯成幾個不同類型的政黨，就階層利益取
向而言，會有偏重工商界等既得利益的政黨，也會有偏重中上階層或
中下階層的政黨；但是不同的階層取向的政黨，本身也會各自因中港
關係的不同處理而朝多元化方向發展。[63]

（二）沒有執政黨的政黨政治

　　不過需要指出的，政黨體系的形成並不意味着已經有成熟的政黨
政治實踐。「香港立法機關的式微（dwarfing）是與政黨政治發展的倒
退（retrogression）相同步的，雖然在 1991 至 1997 年間政黨取得了更為
重要的地位，但是在 1997 年之後政黨發展被一系列香港政體（polity）
因素所阻斷，政黨在香港總體人口中所佔比例微不足道，並且在政治
動員中擁有非常有限的資源。」[64]歸根究底，造成香港政黨政治表面繁
榮、實則衰微的根源在於，香港政黨不可能成為一般民主制度下的執
政黨。《基本法》雖對政黨政治未置一詞，但是其確立了行政主導的體
制。根據香港《行政長官選舉條例》，行政長官不得具有政黨背景，這
使得政黨不能推舉候選人角逐特首。由此立法會成為香港政黨施展政
治影響的主要場域，但是由於功能組別的存在，客觀上使得議員更加
依賴其所在行業的支持。雖然自回歸以來在立法會中具有政黨背景的
議員比例一直在提高，但是議員在政策形成過程中發揮的建設性作用
有限，或者説其只能延滯或否決政府議案、而無力主導議案的形成。
正如民主黨所指出的，「政黨主要的角色仍只是監察和制衡政府施政，
透過立法會投票修訂或否決政府建議的草案或否決政府建議的財政預
算或撥款要求，而未能發揮執政的功能；很多時，政黨倡議的政策，

63. 黃碧雲（1990）。〈政黨政治淺介及對信徒之挑戰〉，《思》，雙月刊，7 期。

64. Ngok Ma (2007). *Political Development in Hong Kong: State, Political Society, and Civil Society*. Hong Kong: Hong Kong University Press. p. 135.

如取消區議會委任制、行政長官可以是政黨成員、公平競爭法等，亦只能作為意見給政府考慮，但卻沒機會成為政府政策。」【65】

之所以形成這種「沒有執政黨的政黨政治」【66】的格局，根本原因在於中央政府不希望香港出現具有政治支配地位的執政黨。這應當納入「一國兩制」的憲制結構中進行理解：一、就抽象角度而言，中國共產黨作為中國的執政黨，當然也應該是香港的執政黨，即便中國共產黨不在香港特區公開活動，但是其顯然不希望在中央集權的國家內出現地域性的執政黨，正如學者所說的，「對於北京而言，一個有着民眾支持與扎根社會基層（deep roots in society）的執政黨將是難以控制的，並且可能培育出利用民眾支持來對抗中央政府的民粹領袖（populist leaders）」；【67】二、「兩制」地區選舉的最高行政長官，不單單要對選民負責，還要對「一國」的中央負責，而這個中央卻是在「兩制」地區並無政黨登記的中國共產黨，這在理論上頗為費解，卻正體現了「一國兩制」的獨特性；【68】三、行政長官不僅需要對香港市民負責，同時也需要對中央政府負責，如果產生了香港的執政黨，屆時行政長官需要向其隸屬的執政黨負責，此時行政長官的「三重負責制」不僅在實踐中頗為困難，也會削弱中央政府對於香港的領導力；四、雖然兩制之間有着嚴格的制度區隔，但是其仍存在相互之間的制度競爭和模仿，如果允許香港存在執政黨，那麼也意味着地區性的執政黨是可以存在的，此時將對內地的社會主義制度和黨的高度統一領導體制產生衝擊。

因此，香港的政黨政治是不完備的，受到「一國兩制」憲制結構的客觀限制，無法形成西方民主制度中的政黨政治。學者對此指出，香港政黨政治的發展在民主政治作為方向的前提下是存在一定空間的，

65. 香港民主黨。《民主黨對未來政黨發展的一些意見》，立法會 CB(2)956/04-05(04) 號文。

66. 劉兆佳（2012）。〈沒有執政黨的香港政黨政治〉，《港澳研究》。

67. Ngok Ma (2007). *Political Development in Hong Kong: State, Political Society, and Civil Society*, Hong Kong: Hong Kong University Press. pp. 141–142.

68. 李浩然（2015）。《以法達義》。香港：三聯書店（香港）有限公司。59 頁。

但這種空間又受到香港作為中國這樣一個高度集權的單一制國家內實行高度自治的特殊地區地位的限制；從這樣一個角度觀察，用「鳥籠政治」來形容香港政黨政治發展的空間和限度不失為一種形象的比喻。【69】也有學者以「半政黨政治」描述香港當下的政黨制度，即雖然存在政黨政治，但是作用範圍有限，「香港的政黨政治不能演變成西方國家式的執政黨，香港未來的執政黨仍然是政府黨（government party）的模式，無論花費多少資源、獲得多少民眾支持以及在立法會中佔據多少議席，香港的政黨最多只能是反對黨（opposition party）。」【70】事實上在《基本法》制訂過程中，有人便提出了香港「半政黨政治」的問題，「第四十五條及附件一應提供機會讓半政黨政治存在，若政黨政治不可能存在的話，半政黨政治便需要，以提供機會給一些政治家去組織一個共同政綱，以角逐立法會議席，這對代議政制有好處；加上香港既有一個獨立的制度，又享有高度自治，那麼香港就沒有理由不可有半政黨政治。」【71】而香港回歸以來的政治實踐也表明，「半政黨政治」是對於香港政黨現狀的真實描摹。政黨以立法會為主要活動場域，施展對於政府的監督功能，其中建制派政黨扮演了「政府黨」的角色，而民主派政黨則在一定程度上充當了「反對黨」的位置，這種制衡結構對於香港政治利大於弊。

　　儘管如此，香港這種「沒有執政黨的政黨政治」或者說「半政黨政治」的格局仍不甚成熟，表現為政黨的非法治化、碎片化以及市民對於政黨的普遍失望。非法治化是指香港並無專門的「政黨法」，所有政黨均是根據《公司條例》（第三十二章）註冊為公司，或根據《社團條例》（第一百五十一章）註冊為社團，因而政黨的設立、運作、信息披露（尤其是資金來源）均缺乏直接的法律依據。長期以來，香港就有制

---

69. 張定淮（2010）。〈香港政治發展的邏輯〉，《南風窗》。4 期。

70. Ming K. Chan and David J. Clark (1991). *The Hong Kong Basic Law: Blueprint for "Stability and Prosperity" Under Chinese Sovereignty?* Hong Kong: Hong Kong University Press. pp. 231–232.

71. 李浩然（2015）。《行政長官產生辦法考 —— 基本法第四十五條起草過程概覽》。香港：三聯書店（香港）有限公司。185 頁。

訂政黨法的動議，政制事務局和立法會進行過慎重討論。[72]對於基本法制定者而言，未明確在基本法中寫明政黨的地位，並非出於疏漏或遺忘，而是在深思熟慮後所做的模糊化處理。[73]在香港政制架構不發生改變的前提下，制定政黨法的必要性和迫切性並不充分。誠如學者指出的，「政黨法」被視為治愈香港「責備症候群」（blame syndrome）的靈丹妙藥，但是卻往往忽視了該藥的配方。正如卡倫教授所指出的，香港現在對政黨法的討論集中在為政黨政治進行選舉政治的基礎設施建設（electoral-political-infrastructure，簡稱為 EPI）。毫無疑問的是，EPI 改革是這個靈丹妙藥的重要部分，但是卻難以看出其如何規範政黨形成、註冊、在競選活動中的行為、資金來源、披露義務以及類似可以單獨根治「責備症候群」的方案。所以，EPI 改革難以單獨產生療效，這個靈丹妙藥需要更多的元素。更為糟糕的是，EPI 改革必然涉及到對於政治結社自由的限制，這將容易被看作是由特區政府甚或是中央政府打壓香港民主派的舉動。[74]

香港政黨政治的碎片化表現為政黨林立、數目繁多，各個政黨之間又缺乏具有足夠區別度的政綱，僅是依賴個別政治人物的明星效應來識別和獲取選票。有學者將此種類型的政黨稱為「幹部黨」（cadre party），即候選人成立一些組織，協助其計劃和執行選舉工程。而當這些選舉組織在選後仍然為該政客繼續進行政治活動，並在日後繼續助力其選舉，由於這類型的政黨主要為個別參政者服務，故稱之為「幹部黨」。[75]加上《基本法》確立了以行政長官為核心的行政主導制，這要求立法會不能過於強勢，也不能被個別政黨所控制，所以議席宜分散

---

72. 政制事務局（2004）。《政府對引進政黨法的意見》。編號：法會 CB(2)607/04–05(03) 號文件；立法會秘書處（2005）。《有關在香港制定政黨法的意見》。編號：IN17/04–05。

73. 香港特別行政區基本法諮詢委員會政制專責小組（1987）。《立法會最後報告》。於 1987 年 6 月 12 日經執行委員會通過，7 頁。

74. Carter Ting-cheong Chim (2010). "Party Law as a Magic Potion for Hong Kong's Political Blame Syndrome," *Hong Kong Journal of Legal Studies*, 4: 119–140.

75. 余永逸（2007）。〈2005 年澳門立法會選舉：對澳門民主化的啟示〉，《香港社會科學學報》。32 期。

化。比例代表制也強化了議席分散的效果，決定了香港的政黨體制不是複合政黨體制中的兩黨制，而是多黨制。【76】根據比較研究的經驗，在以下情況下容易出現多黨制的局面：一、由於比例代表制（proportional representation）之選舉制度，但是比例代表制固然可刺激或便利多黨制之興起，但它並非多黨制產生的充分必要條件，比如 1919 年以前的德國與瑞士都是多黨制，但那時該兩國並未實行比例代表制，而愛爾蘭是實行比例代表制，卻是兩黨制的國家；二、由於異質性（heterogeneous）社會結構：一國之內有各種不同而相互衝突之宗教團體、階級意識、民族情緒等因素，較容易形成多黨制。【77】對於香港而言，實行的是比例代表制，並且也是作為統一國家內的異質地區（雖然香港市民構成相對單一，但是內部缺乏足夠的國家認同和政治共識，加之貧富懸殊等經濟問題，因而也是異質性的社會結構），這些均是孕育多黨制的温床。雖然學者把香港這種碎片化的政黨分佈歸為「極端多黨制」，但更多學者傾向認為香港尚未達到「極端多黨制」的局面，而是屬於「温和多黨制」。「光從直選議席的選舉振幅（electoral volatility），香港立法會選舉長期在七至九之間，遠高於世界不少成熟民主政體三至五；這間接反映選民的投票行為和議會政黨議席數目變動不穩定，再者往往振幅愈大，也反映政治光譜中的裂隙（cleavage）愈複雜。」【78】

　　更為關鍵的是，香港市民對於政黨表現的持續失望。根據香港中文大學香港亞太研究所 2014 年的民調，接近六成（59.4%）的受訪市民同意「政黨間經常互相爭拗，根本幹不了實事」，只有 15.7% 的受訪者不同意這個説法。另外，差不多一半（47.6%）受訪市民同意「加入政黨的人都是為自己爭取更多利益，並非真心為市民謀福利」，不同意這

---

76. 朱世海（2011）。〈論香港政黨體制與政制的關係〉，《「一國兩制」研究》。8 期。

77. 黃炎東（2014）。〈選舉制度與政黨制度對民主化影響之研究〉，《華人前瞻研究》。10 卷第 1 期。

78. 黎沛文、林朝輝（2015）。〈是時候重新檢視香港政黨體系〉，《明報》，10 月 26 日。

種説法的只有 14.4%。【79】造成這種情況的原因在於,香港政黨多數缺乏扎根基層的政治定力,也缺少具有吸引力的政綱,更多是經由媒體動員完成選舉策略,這是上文所述的「幹部黨」的內在弊端。因而若要贏得市民的持續支持,就需要完成由「幹部黨」轉型至「群眾黨」(mass party)。不僅需要在選舉期間利用政黨組織來爭取選票,更為重要的是要通過政綱吸收群眾黨員,並保持政黨機構的常態化運作。此外,市民對於政黨的普遍失望,也根源於香港政黨在政策形成中的有限作用。由於政黨主要通過在立法會中行使否決權,來監察政府權力的運作,因而其可見的作用往往是「成事不足敗事有餘」,即無法主導制定並施行政策,而是經常性的延宕政策。就這點而言,市民對於政黨的態度,與香港行政主導的體制有着密切的聯繫。

當然,如果將香港政黨政治嵌入到中央—特區關係的角度,便構成了建制派和民主派長期對峙的政治圖景。長期以來,雖然民主派選票總數多於建制陣營,但受制於功能組別和比例代表制,建制派和民主派的議席比例一般維持在「六四定律」,即在選票數量上,建制派獲得四成票源,民主派獲得六成票源,但在最後的議席分配上,建制陣營可以獲得全部議席中的六成,而民主派獲得四成。(比如在第五屆立法會中,不包括立法會主席在內,建制派議席總數為 42(其中分區直選 17 席,功能組別 25 席),而民主派議席總數為 26(其中分區直選 17 席,功能組別 9 席),另有獨立人士獲得 1 個議席。在這樣的格局下,建制派陣營可以佔據半數以上立法會議席,並在一般議題上對政府予以支持;但是建制派的議席數又尚未達到三分之二,因而在重要的政治議題(特別是關於政改的方案)上仍需與民主派議員達成共識。這也是民主派在立法會中形成「否決政治」(veto politics)的原因,這既是表達政治存在感和政治立場的途徑,也是對於「有票無權」的選舉體制的抗爭。

---

79. 香港中文大學香港亞太研究所電話調查研究室(2014)。《政黨互相爭拗幹不到實事市民對政黨印象更趨惡化》。

（三）香港政黨政治的變革路向

中央政府歷來強調「愛國愛港力量應在立法會中的主導地位」，有學者支持其背後的深層原因包括：一、只有立法會中愛國愛港力量佔多數，才能有效地打擊那些反對《基本法》，唯恐香港不亂的民主派議員對抗政府的種種言論和行為，保證立法會的順利運作，使其能更好地發揮配合政府施政，維護法治，促進社會穩定和經濟發展的重要作用；二、立法會中愛國愛港力量能夠明顯增強，佔大多數，這是落實《基本法》有關規定，兼顧各階層利益，社會各界「均衡參與」的結果；三、立法會中要保持愛國愛港力量佔大多數，起主導作用，就必須繼續堅持循序漸進地發展民主制度的原則。[80]概而言之，保證愛國愛港力量佔據立法會的多數議席，意在保證行政主導得以實現，並且可以保證均衡參與和民主制度的循序發展。以民建聯為例，其在回歸以來一直在立法會佔據 10 個以上的議席，在 2008 年以後在區議會的議席總數達到 110 個以上。作為香港第一大政黨，民建聯被行政長官稱為「一直堅定不移地愛國愛港，在監察特區政府施政的同時，也是特區政府的重要工作夥伴，相信民建聯會繼續成為愛國愛港的重要力量」。[81]然而需要指出的是，愛國愛港力量與建制派陣營並非完全等同，民主派政黨同樣也可以成為愛國愛港力量。以標籤化的方式區分「愛國」與「不愛國」顯然是不合理、不明智的，否則也就不會出現 2012 年政改時民主黨與中央政府的合作對話。2014 年 4 月，香港立法會議員到上海與中央政府部門進行交流時，時任香港中聯辦主任張曉明將愛國愛港的客觀標準歸納為三點：「是否擁護香港回歸祖國、是否做過損害國家利益和香港繁榮穩定的事情、是否擁護並遵守《基本法》」，並重申中央政府沒有「一竿子打沉一船人」，從來沒有說過所謂「泛民陣營」的人士都不符合愛國愛港的標準。[82]更為重要的是，雙普選對於「愛國愛港」

80. 周建華（2002）。〈從香港特區立法會的組成、運作實踐看香港民主發展進程〉，《嶺南學刊》。3 期。

81. 鄭治祖（2012）。〈民建聯慶 23 歲特首讚重要夥伴〉，《文匯報》，7 月 7 日。

82. 劉勇飛、林駿強（2014）。〈推港普選北京立場：四個一〉，《香港商報》，4 月 14 日。

的要求是不盡一致的：行政長官要求絕對的愛國愛港，而對於立法會而言，只需保證愛國愛港力量佔據主導地位即可，這也為香港政黨政治的多元化預留了空間。政治參與是防止極端化的最好方式，排斥民主派參與香港政治和管治，不僅在法律和技術層面難以實現，也將導致民主派滑向民粹主義甚或分離主義的極端。

事實上，香港的核心位置長期以來被公務員精英所把持。甚至在 2002 年實行「高官問責制」（The Principal Officials Accountability System）之後，無黨派的政客與前政府行政官員依然在政府中佔據高位。有政黨背景的人士被任命為高官時，他們也往往選擇脫離原黨派。政黨政治置身於權力核心的競爭，這項事實構成了用「極端多元主義」（polarized pluralism）去解釋香港政治體制的基礎。具體而言，其有三重含義：一、由於政治黨派沒有管治香港的經驗，甚至在現有憲制框架下根本沒有機會組建政府（無法成為執政黨），所以他們根本不受「將來有一天會正式肩負政府責任」想法的約束；二、儘管商業部門聲稱完全民主將會導致香港的福利主義，但是諷刺的現象是，香港的政黨卻非常熱衷於倡導各種福利，而罔顧福利主義對於香港社會的長期影響；三、意識形態的分歧已經在香港蔓延，由於行政長官在立法會中並沒有忠誠的支持者（loyal partners），當行政長官向立法會提出有爭議的建議時，很難獲得通過。因而在現有政治體制下，高效管治不過是海市蜃樓般的幻象而已。[83]

在目前特區政府的管治團隊中，不僅民主派人士鮮有機會參與其中，團隊中的建制派人士的數量並不多，而是以無黨派的公務員為主。雖然建制派人士在政府中的比例不斷上升，但是直至梁振英政府時期也並未超過 15%。由於行政長官不能具有政黨背景，政府管治團隊也基本上將政黨人士排除在外，因而香港政黨政治既無法成為「執政黨」，甚至連參與政府的機會都受到嚴格限制，這將導致以下後果。

---

83. Carter Ting-cheong Chim (2010). "Party Law as a Magic Potion for Hong Kong's Political Blame Syndrome," *Hong Kong Journal of Legal Studies*, 4: 119–140.

第一，立法會與區議會成為政黨政治能夠發揮作用的場域，對於議席的爭奪更加激烈。「爭奪立法會席位，成了香港政黨成立的基本目的和主要政治活動，選舉勝負，對一個政黨而言，是生死攸關的問題。」【84】特別是在比例代表制下，政黨的分化組合將更為頻繁，從而趨向於形成「極端多黨制」。第二，政黨難以介入政府的政策形成，因而其既難以了解施政的困難，也無法提出成熟的政綱，由此「共識政治」難以達成，「分裂政府」（divided government）就在所難免了。第三，由於政黨缺乏執政經驗，對於經濟和民生問題缺乏實際的理解，其所倡導和堅持的議題必然高度政治化，建制派和民主派的壁壘也將更加森嚴。第四，對於無法進入立法會的政黨，其將更加沉溺於街頭運動，利用極端主張獲得民眾關注。這使得設置政治議程的權力被極端政黨所把持，政府將疲於應對層出不窮的極端主張，而溫和民主派也將逐步被邊緣化。第五，市民將對政黨趨於失望，把政黨政治視為政治利益的爭奪。誠如學者所指出的，「香港政黨在管治層面發揮的影響力有限，吸引人才能力又不高，其功能或許就只剩下與公民社會的互動，動員人們參加公共及政治事務；不過本地傳統政黨連在這方面的影響力，也有漸漸褪色之虞，這點在往年發生香港近年最大型的群眾活動佔領運動一事中尤其明顯。」【85】

　　因而有學者建議應當為政黨政治發展提供制度空間，具體措施包括：第一，刪去法例規定行政長官必須退出政黨的規定；第二，開放「問責局長」的管治團隊，容許他邀請包括政黨成員入閣，擔當顧問或助理，令政黨成員有機會開始熟習政府運作；第三，把 18 個區議會重新整合，合併成諸如 5 個區域，然後把現在由政務官擔任的地區政務專員（District Officer）崗位，開放由選舉產生，好讓政黨有機會在基層累積執政經驗，為最終邁向「雙普選」作好準備。【86】在普選的語境下，發

84. 鍾麗瓊（2005）。〈香港立法會三大註冊政黨〉，《中國法律》。10 月號。

85. 智經研究中心（2015）。〈政黨政治路崎嶇政府市民也唏噓〉，《經濟日報》，7 月 16 日。

86. 蔡子強（2005）。〈提供制度誘因發展政黨政治〉，《明報》，8 月 10 日。

展香港的政黨政治更具現實緊迫性。在行政長官的提名和選舉中，政黨將在其中發揮不可替代的作用，雖然短期內改變「行政長官不具有政黨背景」規定的可能性並不大，但是允許行政長官候選人與政黨存在政治聯繫，使得政黨成為競選特首的「支持政黨」，可使選舉更符合民主價值要求。而在立法會普選時，無論功能組別是否延續，政黨均將繼續發揮重要作用。在立法會中具有政黨背景的議員數量將繼續增加，政黨對於議會政治的影響會更加突出。特別是在普選的語境下，致力改善行政與立法的關係，政黨也將在行政和立法之間發揮信息傳遞和政治調和的作用。

三、比例代表制的制度設計

就立法機關選舉的一般原理而言，候選人的個人品質、政治環境、競選策略（campaign strategy）、選舉經費、媒體覆蓋以及政黨和利益集團的活動，都會影響到最終的選舉結果。[87] 然而從更為基礎的角度而言，選舉制度對於選舉結果的影響更為根本，即採取何類選舉制度、議席如何分配、選票如何計算等「選舉技藝」對選舉結果影響甚大。香港自 1991 年立法會（局）選舉以來，經歷了頻繁的選舉制度改革，從 1991 年的雙議席雙票制（dual-seat constituency dual vote），到 1995 年的簡單多數制（simple plurality），再到回歸後的比例代表制（proportional representation）。並且香港關於功能組別議席的爭議持續不斷，廢除功能組別的聲音持續高漲。雖然基本法確定了立法會普選的制度演進目標，但是對於普選的具體方式仍無定論，本節回顧和前瞻立法會選舉制度，這有利於預判立法會普選的趨勢。

---

87. Paul S. Herrnson (2007). *Congressional Elections: Campaigning at Home and in Washington (Fifth Edition)*. Washington DC: CQ Press. pp. 245–256.

（一）議會選舉制度的基礎理論

　　廣義上的議會選舉制度包括選區劃分、選民登記、提名候選人、初選、正式選舉、選票點算、議席分配等一系列制度，是嵌入議會制度的核心環節。而狹義上的選舉制度僅是指議席分配的體制，即如何將選票轉化為相應數量的議席。學者對此指出，「選舉制度種類繁多，就各國實例而言，除了比例代表制（proportional representation）外，還有單一選區制（single-member districts）及有限投票制（limited vote）等；另外，許多學者專家不斷設計一些新的制度，供大家採行，如贊同投票制（approval voting）就是一例。」[88] 與議會制度的其他面向有所不同，選舉制度更加側重於技術層面，其基本的目標是將選民的投票率精確地轉化為議會的議席。

　　選擇何種類型的選舉制度有很多的影響因素，其中政體結構、政黨政治、歷史習慣、國民意向、選區分佈等均會影響與塑造選舉制度。當然最根本的原因還是政治精英的理性選擇（rational choice）──選民和領導人傾向選擇其容易勝選的制度，他們希望選舉制度和程序對他們希望當選的候選人或者派別最為有利。[89] 因而，選舉制度在現實中是各方利益主體博弈的結果。在前章的比較研究中，本書曾經講述了紐約的選舉制度在「簡單多數制」和「比例代表制」之間的改革，以及選舉制度對於議會席位數量的重要影響，就充分體現了各種政治力量關於選舉制度的博弈。就地方性政府而言，其選舉制度受到中央政府的深刻影響，特別是在某些國家中地方選舉同樣需要遵照和模仿中央選舉制度，此時地方議會就沒有選擇的空間。

　　選舉制度反過來會對現實政治產生影響，根據杜瓦傑法則（Duverger's Law），單一選區相對多數決，傾向產生兩黨制；比例代表制傾向於造就出多黨林立的型態；兩輪投票絕對多數決制，傾向於造就

---

88. 謝復生（1992）。《政黨比例代表制》。台北：理論與政策雜誌社。5–6頁。

89. Josep M. Colomer eds. (2004). *Handbook of Electoral System Choice*. London: Palgrave Macmillan. p. 6.

許多政黨間互相結盟的型態【90】——這就體現了選舉制度對於政黨政治的塑造。更有學者指出，比例代表制有可能導致民主的崩潰，其遵循着「分裂的政黨制度——意識形態上的極端主義——內閣的不穩定——民主的崩潰」的邏輯，「一些在二戰前數年中發生的歐洲議會民主制的失敗，本可以通過實行一個簡單的戰略而被化解掉，就是將複雜的比例代表制改為單一選區制。」【91】對於地方政府而言，選舉制度對於中央——地方關係也有重要影響，一般情況下中央傾向將有利於「親中央派」的選舉制度加於地方政府，從而維持中央政府在地方的影響力。

選舉制度按照不同的標準可以進行多元分類，比如按照選區數量可以分為「單一選區制」與「複數選區制」，按照選舉規則可以分為多數決制度、比例代表制、混合制以及其他類型的選制。在各類制度之下又可以進行細分，「多數決制度」包括了領先者當選制（FPTP）、兩輪選舉制（TRS）、排序複選制（AV）、全額連記制（BV）以及政黨連記制（BV）；「比例代表制」可分為競選名單制（List PR）與可轉移單票制（STV）；「混合制」可分為並立制（Parallel）與聯立制（MMP）；其他類型的選舉制一般包括了不可轉移單票制（SNTV）、有限投票制（LV）和博達計數法（BC）。

（二）港式比例代表制的實踐

在香港回歸前後，香港立法會（局）的選舉體制經歷了數次改革。在 1991 年立法局舉行的首次地區直接選舉中，採用了「雙議席雙票制」，即將全港分為 9 個選區（港島東、港島系、九龍中、九龍東、九龍西、新界北、新界南、新界東、新界西），每個選區設置 2 個議席，每個選民擁有 2 票，計票時採用簡單多數的形式，得票最多的 2 位候選人即可當選。這種選制的最大優點在於簡單易行，也符合民眾對於

---

90. Maurice Duverger (1954). *Political Parties: Their Organization and Activity in the Modern State.* Hoboken, NJ: Wiley. pp. 203–205.

91. 馬敏（2002）。〈德國選舉制度對政黨政治的影響分析〉，《德國研究》。1 期。

選舉中「票多者勝出」的合理期待。港英政府之所以採用這種體制，本想達到均衡參與的效果，即讓得票第二位的政治團體或獨立候選人也有勝選的機會，從而避免「一家獨大」的格局。在 1982 至 1991 年間，香港區議會選舉中，部分選區就採取了「雙議席制」，「有部分選民將手上的兩票分別投給一個民主派及一個保守派候選人，令兩者同時當選，因而較少出現民主派候選人或保守派候選人囊括兩個議席的情況。」【92】顯然港英政府也想借助這項制度，平衡兩派在立法會中的勢力。在 1990 年中英政府就立法會選舉問題達成的秘密協議中，中方也支持「雙議席雙票制」，以防止在「單議席制度」（single-member system）下民主派可能取得全部議席的情況發生。【93】但是事與願違，在進行直接選舉的 18 個議席中，民主派政黨「香港民主同盟」（港同盟）與「匯點」一舉獲得了 14 個議席，其中在 6 個選區中獲得全部兩個議席，再加上傾向民主派的 3 名獨立候選人和其他民主派人士，民主派事實上獲得了 17 個議席。而之所以出現這種「一邊倒」的情況，很大程度上是由於香港市民對於中央政府的民主期待發生了變化，特別是 1989 年的「北京學運」對於港人有很大觸動，進而導致其投票策略發生了改變。

　　與「雙議席雙票制」直接相關的就是「聯票效應」（Coat-Tail Effect），即同一黨派的候選人在同一選區內聯合競選，其中政治影響力較大的候選人可以提升其競選搭檔（campaign partner）勝出的機會。【94】學者進一步區分了在 1991 立法局直選中的兩種「聯票策略」：一種是「互相呼應型」，例如同屬「港同盟」的李永達和陳偉業一同參選「新界南」選區，李的基地在葵涌，而陳則扎根荃灣，他們在各自的地盤均有相當支持度，並交叉呼籲支持者把另一票投給自己的「拍檔」；另一種則

---

92. 馬嶽、蔡子強（2004）。《選舉制度的政治效果：港式比例代表制的經驗》。香港：香港城市大學出版社。19 頁。

93. Christine Loh (2010). *Underground Front: The Chinese Communist Party in Hong Kong*. Hong Kong: Hong Kong University Press. pp. 177–178.

94. Wing K. Fung (1993). "Measuring The Coat-Tail Effect — Is It Possible?," *Electoral Studies*, 12(3): 242–246.

純屬「揦衫尾效應」，即一個「吸票力」特強的「政治明星」領着另一位較弱的候選人，呼籲支持自己的選民把第二票投給自己的「搭檔」，例如當時知名度較低的李華明，其得票中即有 85% 與「超級巨星」司徒華重迭。[95] 因此，除了內地政治風波的影響，民主派候選人對於選舉策略的嫻熟運用，也是其贏得 1991 年立法局選舉的重要因素。事後對於選舉制度進行檢討時，對於「雙議席雙票制」產生了兩種對立的意見：社會中有聲音猛烈批評當時分區直選採用的「雙議席雙票制」產生的「聯票效益」，偏幫民主派政黨，因而有「多議席單票制」的建議；當時的政黨如「港同盟」和「匯點」（後合並成民主黨）支持維持「雙議席雙票制」，認為好處是簡單易明、點算容易、選民接受，及不應輕易改變行之有效的制度。[96]

1992 年彭定康出任香港總督，甫上任就發表施政報告，推行政制和選舉改革，改革要點包括：一、投票年齡由 21 歲降低至 18 歲；二、分區普選的投票制度，由雙議席雙票制改為單議席單票制；三、廢除區議會和市政局的全部委任議席；四、增設九個功能組別，新辦法差不多包含 270 萬名選民，實際上是行業性直接選舉；五、選出 10 個立法局議席的選舉委員會，將全數由直選出來的區議員組成。[97] 而根據事後英國外交及聯邦事務大臣向國會提交的白皮書來看，港英政府確定「單議席單票制」的原因包括以下幾點：一、單議席單票制是簡單的辦法，使每一選區的選民和他們選出的代表之間維持有明確的聯繫，香港的選民都熟悉這種已經在兩個市政局和大多數區議會的選舉中使用的投票方法；二、多議席單票制不會提供公平和公開制度，這種辦法人為地凍結 1991 年劃分的選區，沒有顧及香港人口分佈發展趨向，而且看來在於確保取得小部分選票的黨派可以贏取議席；三、香港立

---

95. 朝日。《香港選舉遞嬗概述（上）》，載「掌門天地」網站：www.tangsbookclub.com/2015/03/01/sensesense 隨筆 150301 香港選舉概述 2/

96. 鄭宇碩、羅金義編（1997）。《政治學新論：西方學理與中華經驗》。香港：香港中文大學出版社。187 頁。

97. 鍾士元（2001）。《香港回歸歷程：鍾士元回憶錄》，香港：香港中文大學出版社。148 頁。

法局本身在 1992 年 10 月投票贊成立法局選舉採用單議席單票制，而主要政黨在 1993 年 11 月也再次表明支持這項做法。[98]中方對於上述選舉體制改革表達了「有節制的反對」，即與取消委任議席、新增功能組別、改變選舉委員會的組成等方案所持的堅定反對立場不同，中方同意 1994 年和 1995 年市政局及區議會的所有選舉中採用單議席單票制，但他們仍拒絕接受立法局選舉也採用這種辦法。

在中英談判破裂後，「直通車計劃」也喪失了實施可能性。在 1995 年的立法局選舉中採取了單議席單票制，鞏固了民主派在立法會中的優勢。在 20 個地區直選議席中，民主派的民主黨和民協分別獲得 12 席和 2 席，而建制派的民建聯和自由黨僅分別獲得 2 席和 1 席；而在全部的 60 個議席中，民主派獲得 31 個席位，親北京或工商界獲得剩餘的 29 個席位。這也決定了「直通車計劃」已經斷無可能，中央政府顯然無法接受民主派佔半數以上議席的結果。由於較多選民支持反對派（民主派）的候選人，假如採用單議席單票制的話，則大部分地區直選的議席便會落入反對派候選人手中。[99]當然就技術而言，單議席單票制的弊端還在於其損害了少數群體的利益，由於獲得最多票數即可當選，因而無法準確的反映民意。比如在新界西北的選區中，登記選民數 113,799，投票人數 43,346，其中民主黨候選人黃偉賢獲得 21,527 票，獨立候選人鄧兆棠獲得 21,470 票，二人票數相距不過五十餘票，但是受制於單議席單票制的規則，民主黨候選人得以最終勝出——這雖然符合「多數決」的簡單民主規則，卻不符合公平原則，也無法準確反映民意分佈，使得少數群體的意志和利益難以得到體現。

更為關鍵的是，根據杜瓦傑法則，這種簡單多數的一票制，將有利於兩黨制的形成。[100]因而，如果在回歸後繼續沿用單議席單票制，

---

98. 〈香港代議政制白皮書〉（1994），《香港政制發展資料彙編》。香港：三聯書店（香港）有限公司。458–459 頁。

99. 劉兆佳（2014）。《香港的獨特民主路》。香港：商務印書館（香港）有限公司。93 頁。

100. Bernard Grofman eds. (2009). *Duverger's Law of Plurality Voting: The Logic of Party Competition in Canada, India, the United Kingdom and the United States*. New York: Springer. pp. 1–3.

將可能導致立法會中的政黨重新組合，取代建制派和民主派的二元分類，直接形成兩個支配性的政黨，甚或產生輪流「執政」的局面。在這種情況下，立法與行政的關係就可能演變成多數席位政黨與行政長官的關係，立法會與中央政府的關係也可能會異化為多數席位政黨與中央政府的關係。這將使得立法會的憲制地位產生異化，行政主導難以實現，中央政府的權力也難以落實。因而無論從技術層面，或是選舉結果及其政治影響，回歸後立法會的選舉顯然無法繼續沿用單議席單票制。

在 1996 年舉行的臨時立法會選舉中，特區籌委會設計了與之前迥異的選舉制度，該制度的要點包括：一、臨時立法會議員由「推選委員會」提名並選舉產生；二、每 10 名推選委員會委員可聯合提名一位候選人，每名推選委員會委員參與聯合提名的次數不得超過 5 次；三、臨時立法會議員由推選委員會委員以不記名投票的方式選舉產生；四、每名推選委員會委員在候選人名單的範圍內，有權投 60 人的票，但其中的非中國籍的候選人和在外國有居留權的候選人不得多於 12 人；五、候選人按得票多少排列次序，得票數名列前 60 名者當選。持平而論，這種「多議席單票制」較之於立法局選舉和其後的立法會選舉，民主元素無疑是大打折扣的。但是在當時特殊的政治環境下，直接選舉缺乏現實可行性，而臨時立法會作為過渡性的政權機構，在選舉中已經盡量體現了民主原則。誠如學者所指出的「這種選舉與西方國家選舉不同，與我國國內選舉也不同，整個選舉過程沒有出現暴力和黑金政治，候選人都是站在同一起跑線上進行公平競爭，他們沒有互相攻擊和辱罵，而是擺出各自觀點供選民選擇，而達至社會廣泛認同的選舉目的」。[101]

為了確定香港立法會在常態化運作後的選舉體制，特區籌委會設立了專門的「第一屆立法會產生辦法小組」，劉兆佳先生和許崇德教授分別擔任小組港方和內地召集人，並就選舉體制向社會進行諮詢。事

---

101. 李昌道（1997）。〈香港臨時立法會的產生和運作〉，《復旦學報（社會科學版）》。5 期。

實上，小組成員多數支持維持臨時立法會的「多議席單票制」——這樣可以迫使反對派候選人相互競爭，甚至「自相殘殺」，削弱其團結性，當然「愛國愛港」力量亦會同樣受害【102】——但後來首屆香港特區政府向中央提出，籌委會主張的多議席單票制被認為是壓制香港某些人士參政的手段，如果執意施行會輸掉民心，隨後籌委會把比例代表制一並列入考慮範圍，可這個方案受到小組成員的反對。【103】最後妥協產生的方案是，特區籌委會將「多議席單票制」與「比例代表制「一並作為備選方案，交由特別行政區政府自行決定。根據籌委會在 1997 年 5 月通過的《香港特別行政區第一屆立法會的具體產生辦法》，第一屆立法會的分區直接選舉採取多議席單票制或比例代表制，辦法分別如下：一、採取多議席單票制的選舉辦法，全香港劃分為 4 至 9 個選區，每個選區選舉產生 2 至 5 名議員，每位選民可在本選區內投票選舉一名候選人；二、採取比例代表制的選舉辦法，全香港劃分為 3 至 5 個選區，各政治團體、選舉組合根據其在各選區選舉中所得票的總數，按法律規定的計算辦法，確定各政治團體、選舉組合所獲得的相應議席。對於這項籌委會的決定，有媒體指出「第一屆立法會具體產生辦法的制訂過程，是一個民主、開放的過程；會前敞開大門徵求各方意見，進行了為期一個月的諮詢活動；會內民主空氣相當濃厚，委員們充分表達了自己的意見；制定辦法時十分尊重行政長官的意見，就直選方式、選區劃分、新增功能組別的確定等方面作出的規定有選擇餘地」。【104】

　　為了確定立法會選舉體制，臨時立法會在 1997 年於 6 月 20 日召集特別會議，就選舉投票的辦法進行討論。在該次會議上對採取哪種選舉體制亦存在爭論，比如楊森議員提出「比例代表制」具有以下缺點：一、「比例代表制」的投票及點票程序甚為繁複，並且不易明白；二、較大的選區會使經濟條件較差的候選人因未能在選區進行廣泛宣傳及

102. 劉兆佳（2014）。《香港的獨特民主路》。香港：商務印書館（香港）有限公司。94 頁。

103. 陳偉揚（2015）。〈論香港立法會地區直選制度的歷史演變〉，《世紀橋》。7 期。

104. 〈一項切合實際的重要決定〉，《大公報》，1997 年 5 月 24 日。

資源不足而在拉票時遇到困難；三、與「單議席單票制」比較，個別當選議員和選民之間並無清楚的責任交代關係。而憲制事務司黎以德先生卻指出，台灣已經廢除了「多議席單票制」，日本實行的「多議席單票制」不是已經廢除，便是會在短期內廢除（意味着「多議席單票制」是一種較為陳舊落後的體制）。【105】由此可見，即便是在籌委會確定兩種備選制度的前提下，香港社會對於選舉體制的爭論依然激烈——對於香港市民而言，其顯然希望能夠增強立法會議員的責任性，此時「多議席單票制」能夠強化議員與選區的聯繫；對於香港政府而言，其希望採用比例代表制，從而增強立法會的民主性和代表性。

基於籌委會的決定，在 1997 年 7 月 8 日特區政府首次行政會議上，決定採用比例代表制，並定於 1998 年 5 月 24 日舉行第一屆立法會選舉的決定。隨後，特區政府公佈了第一屆立法會的選舉方法，在地區直選方面，特區政府建議採用比例代表制並以名單投票制及最大餘額法計算，全港分為 5 個大選區，各有 3 至 5 個議席。【106】在經過公眾諮詢後，臨時立法會於 1997 年 9 月 27 日至 28 日審議通過了《立法會條例草案》，正式確定了回歸後香港代議機關的選舉體制。從 1998 年至今的六屆立法會選舉均使用了「比例代表制」及「最大餘額法」的選舉制度，其較之於從前所採用的三種選舉制度而言，顯然是一種更為複雜的議席計算與分配的制度。直選議席的比例代表制與功能組別議席結合起來，形成了香港立法會選舉的基本制度（在第一屆和第二屆立法會中分別保留了 10 個與 6 個選舉委員會的議席），大致保持了香港內部各政治派別之間的力量平衡，也使得香港的代議民主制度和行政主導制度得以運轉。

在這六屆立法會的選舉中，也不斷調整了地區直選和功能界別的議席數目，其基本趨勢是逐步縮小了兩者的差額，最終在 2004 年實現

---

105. 臨時立法會秘書處（1997）。《立法局憲制事務委員會特別會議紀要》。7 月 12 日。臨立會 CB(2)393 號文件。

106. 孟慶順（1998）。〈香港回歸與「一國兩制」的實踐〉，《當代港澳》。1 期。

了兩類數量的均等，並在 2012 年將二者數量均提升至 35 席。此外，對於立法會選舉體制影響最大的當屬 2012 年「一人兩票」制度的實施，即在維持原有功能組別議席不變的前提下，原來非功能組別的選民除享有地區直選的選舉權外，同時將自動登記為「區議會（二）」（又稱為「超級區議會」）的選民，從而使得所有選民均具有地區直選和功能組別選舉的兩張選票。原不隸屬於任何功能組別的 321 萬選民實現了形式上的平等。當然其不免被詬病存在選舉權的「實質不平等」，即 24萬功能組別選民可以選出 30 個傳統功能組別議席，而其餘 321 萬普通選民則只能選出 5 個超級區議會議席。但是如果將「一人兩票」制度放置到香港立法會發展的歷史脈絡之中，放置到香港的政治制度之中，放置到中央與香港特區的關係之中進行理解，則顯然具有一定的歷史合理性和進步性 —— 其在現有制度範圍內撐大了民主空間，也避免了立法會劇烈改革對行政主導和中央權力帶來的影響。正如學者所指出的，這種由特定功能界別提名，但由不具備功能界別投票權的選民選舉的方式，是功能界別制度的一次突破，這種方式實際上是將分區直選的制度內涵融合進入了功能界別制度，既保留了功能界別對議員候選人的影響力，又保障了不具備功能界別投票權選民的選舉權，充分增加了功能界別制度選民基礎和民主性。【107】

（三）香港選舉制度的改革策略

當然，伴隨着「比例代表制」的確立，有關其爭議也從未停止過。一般認為比例代表制的最大優點在於能夠忠實的反映民意，各政黨可以依據得票比例獲得立法會議席，使得小眾群體也可以在立法會中有自己的代表，小型政黨可以獲得立法會的議席，社會的結構可以如實地反映到立法會人員構成上。正如學者所概括的，比例代表制的突出優勢有以下三點：一、這種分配方式，容易使得各種不同的政見、意識形態甚至社會階層與類群團體，都有較大的機會在議會中擁有本身

---

107. 謝宇（2014）。〈香港立法會功能界別制度 30 年之重思與展望〉，《重慶行政（公共論壇）》。5 期。

的代言人；二、比例代表制也被認為較為突顯政黨色彩而淡化個人色彩，在比例代表制下的競選活動中，個別候選人的聲望與魅力，對選民而言固然不是全無影響力，但是政黨所代表的階級利益、意識形態與政綱政見，才是選民投票時的主要考慮因素；三、在比例代表制的多黨競爭下，選民有較多的選擇，並且不太會擔心浪費手中的選票，換言之，「策略性投票」的誘因將會降低，而較容易借由選票反映出選民內心真實的偏好。[108] 除此之外，比例代表制對於政黨的競選策略也產生了直接影響：一方面由於選區較大，政黨和候選人不能再倚重地區網絡的宣傳策略去爭取選票，於是候選人所屬政黨的形象及本身的知名度便成為在選舉中勝負的關鍵，這被稱之為「政黨明星效應」；另一方面在比例代表制最大餘額法下，無論是民主抑或親建制陣營，最重要的選舉工程，就是在不同名單下「配票」，以便在既有的固定票源下，獲取最多的議席。[109] 而在配票過程中，參選的候選人名單在爭取按最大餘額法分配的最後一個議席時最為激烈，因為只要獲得選區一成左右選票的比率就可以當選。香港採用比例代表制的選票轉換成議席的計數方法，不利於大中型政黨爭取最後 1 個議席。大黨採用了在同一選區分拆成不同名單參選的策略來爭取更多的議席。[110]

比例代表制的缺陷也一直飽受詬病，它固然可以保證各類群體的廣泛與均衡參與，但是也將導致立法會的政黨過於分散，降低了代議能力。現有的實證研究也證實了「杜瓦傑法則」，在比例代表制下將導致多黨制的產生，容易造成「小黨林立」的局面。在實行比例代表制的國家中，政黨數量明顯高於實行相對多數制與混合制的國家，並且內閣壽命偏短，容易發生「議會倒閣」的現象，這說明立法和行政的關係比較緊張。特別是香港所採取的「最大餘額法」也會產生以極低的得

---

108. 王業立（2011）。《比較選舉制度》。台北：五南圖書出版公司。51 頁。

109. 蔡子強（2012）。〈港式比例代表制如何締造四分五裂政局〉，《明報》，8 月 23 日。

110. 陳偉揚（2015）。〈香港立法會地區直選制度政治效應的實證分析〉，《重慶社會主義學院學報》。2 期。

票率取得議席的情況，從而背離了選舉的公平性原則，使得政黨可以利用制度漏洞獲得議席。以 2012 年的立法會選舉為例，根據學者的測算，在五大選區（香港島、九龍東、九龍西、新界東和新界西），最後一個當選議席的得票率分別為 8.3%、13.5%、14.9%、6.2% 及 6.8%。[111] 由此也提高激進政黨能進入立法會的機會，其可以依憑少部分的支持選票，在立法會中獲得議席，這擠壓了具有建設性的溫和政黨的生存空間，使得香港政治愈發激進化。誠如學者所指出的，在比例代表制下，激進派不需要考慮如何獲得多數共識，只需抓住一成最激進人的群，便可以立足。香港立法會選舉採取的比例代表制，意外地成為少數極端力量崛起的溫床。[112] 更為關鍵的是，政黨林立與激進政黨冒起的弊端，間接導致了特區政府的管治困境 —— 行政長官在立法會中缺乏強大的支持力量，在通過重要的議案或預算時，需要逐個進行政治游說；而激進政黨則是通過拉布、街頭運動等方式，使得政府管治更加困難。

對此學者提出了改進比例代表制的方案，建議引入「單一選區兩票聯立制」，即結合比例代表制和多數代表制（小選區制）的選舉制度。選民需要投兩票，一票選人，一票選政黨，區域候選人由第一票之得票率（在分區的排名）決定當選與否；而不分區候選人則由第二票之全國政黨總得票率按比例分配席次。也有學者建議，為了防止比例代表制下的政黨碎片化和激進政黨的產生，應當設計當選門檻，明確要求政黨只有在獲得以上特定數量或者比例選票時才能記為有效票否則所獲選票無效。[113] 這種制度設計意在防止激進政黨利用比例代表制下的「最大餘額法」，以小額支持率獲得立法會議席。另外，也有學者提議在比例代表制中引入「反對派制度」，以制衡激進黨派的冒起，並且可

---

111. 蔡子強（2013）。〈比例代表制：早知今日，何必當初〉，《明報》，8 月 1 日。

112. 方駿（2015）。〈比例代表製造就激進力量〉，《亞洲周刊》。第 29 卷第 39 期。

113. 謝宇（2014）。〈論香港立法會現行選舉制度的弊端及其完善〉，《行政法論叢》（第 16 卷）。北京：法律出版社。208–218 頁。

以激發選民的投票熱情。反對派制度意味着選民手持一票，可自行決定用於支持某一候選人，或者是用來反對某候選人。對候選人來說，反對票的數目須從支持票數中扣除，餘額就是最終總得票，有關明細必須在選舉結果中呈現。一旦引入反對票，候選人便不能忽視反對的聲音，日後他不單要照顧支持者利益，更須積極向全體選民負責。[114]這些制度構想為完善立法會的比例代表制提供了新思路，但是在可預期的時間內，改革難度也可想而知。在立法會普選的語境下，宜在保留比例代表制的基礎上，進一步提高選舉的公平性，並且要防止激進政黨利用制度獲取「超額議席」。

四、香港區議會選舉的影響

（一）香港地方政制的發展

香港區議會（District Council）是與立法會並存的代議制度，區議會的選舉對立法會選舉或普選有直接的影響。誠如評論指出的，「區議員的多寡對立法會選舉產生不可低估的影響，區議員是政黨的地區椿腳，對聯繫街坊、動員投票可發揮難以替代的作用；一般而言，區議員愈多，對政黨爭奪立法會直選議席愈有利，不能忽略的還有區議員的多寡與超級區議員的角逐有直接關係。」[115]換言之，區議會選舉與立法會分區直接選舉、區議會（第二）功能組別選舉有直接的聯繫，前者可以作為立法會選舉和政黨影響力的晴雨錶，而後者則是區議會與立法會選舉制度上的銜接（區議員擁有提名權和參選權，提名門檻為15名區議員）。當然也有分析指出，不應過分強調直接選舉中區議會與立法會選舉的關聯性，概因二者實行完全迥異的選舉制度，「區議會選舉是單議席單票制，故此候選人即使只多一票也當選；但立法會選舉

---

114. 黃友嘉（2012）。〈加強選票力量引入反對票提升投票率〉，《明報》，8月7日。

115. 宋立功（2015）。〈區議會選舉連鎖效應〉，《東方日報》，7月20日。

是比例代表制，按每張候選名單得票率分配議席，即使得票率不高也可分配一個議席；在這種情況下，選舉結果的變量增加了，例如每選區的參選名單多寡，投票率等。」[116] 持平而論，作為香港的兩級選舉制度，區議會選舉和立法會選舉雖然存在不同的層級、影響範圍、政策議題和選舉制度，但是在香港這個地狹人多的政治體內，二者互相產生了深刻的影響。

　　回顧歷史，區議會的產生可以追溯至 1960 年代港英政府的地方行政改革。在 1966 年總督戴麟趾的施政報告中即指出，「為了發揮地方主動性以管理純粹的地方性事務，我們需要找到不至於失控的途徑，能夠有效地做到這一點是任何一個國家的政府都珍而重之的一項能力，甚至幾乎是必不可少的一項能力」。根據此項改革意旨，在 1966 年 8 月《市政局未來範圍及工作特設委員會報告書》中提出在香港區分「中央事務」與「地方事務」的構想，即在總督之下設立大香港市政府（大香港市議會）作為統馭全港事務的強力行政機構，並在此之下設立若干基層行政組織的區議會。區議會由選民直接選舉產生，使人民有機會充分而自由表達共同意志。因而 1966 年的地方行政改革目標在於設立一個由總督獨裁領導下的三級代議機構，分別是立法局與行政局——大香港市政府（大香港市議會）——區議會所構成的。特別是 1967 年的「左派工人暴動」（反英抗暴運動）促使港英政府系統反思香港政制中的弊端，成為提高民主成分的契機，「騷亂爆發前行政局和立法局內的非官守議員一直反對推行社會改革，而暴動意外地為消解商界的反對聲音提供新的動力」。[117] 為此港英政府在 1969 年提出了《市政局地方政制改革報告書》，在報告中建議將市政局改名為「香港市議會」，增加民選議員的名額，並計劃在改革的第二階段取消官守議員，進行全港性及分區性之選舉。緊接着，在 1971 年港英政府發佈《市政局將來之組織、工作及財政白皮書》，概括了自 1966 年至 1970 年對於市政局改

---

116. 《思》編委會（2004）。〈從區議會選舉到民主實踐〉，《思》（雙月刊）。第 88 期。

117. 張家偉（2012）。《六七暴動：香港戰後歷史的分水嶺》。香港：香港大學出版社。10 頁。

革的討論，明確了市政局在公共環境衞生、康樂及市容、文化服務和公共屋宇等方面的職權，提出將賦予市政局獨立的財政權，並計劃所有官守議員退出市政局。因而 1960 年代的香港地方行政雖然提出了設立區議會的設想，但是最終是以改革市政局而結束，其主要方向在於將市政局予以實體化、着意提高市政局的民主性。正如英國外交及聯邦事務部香港科主管萊爾德（E. O. Laird）在 1970 年向上級官員報告中指出的，「香港的行政局和立法局議員是需要改變的，需要改變的不是議員們的活動範圍和所擁有的技能，而是被委任議員所持有的態度和價值，唯有如此，目前行政局和立法局橡皮圖章的形象或許才有所改變，而社會大眾才可以獲得更好機會參與更多香港事務的管理」。[118]

（二）區議會與立法會的關係

學者指出，從制度規範理論來看，香港的政治秩序，牽涉起碼兩個層次：第一是「宗主國」與香港的關係，這是主要的層次；第二是香港內部的權力關係，這是次要的、依附的層次 —— 第二層次制度的存在和變化，極大程度地依賴第一層次制度的存在和變化。[119]這種精闢入微的結論，基於對香港政制改革歷史的觀察，也是香港作為地方行政區域的必然結果。無論是港英政府推行的政制改革，還是回歸後的民主化進程，都是基於英國政府或中國政府的政治許可和推動，或是根源於中英兩國的政治博弈。香港區議會在 1980 年代的最終設立，也是在中國政府決定收回香港治權後，才激發了港英政府重提延滯已久的「基層政權」組建計劃。1981 年《香港地方行政白皮書》提出成立地區管理委員會，由多個政府部門的人員組成，以提高地方行政的效率；更重要的是，白皮書提出成立區議會，並在其中設置直選席位。當然，白皮書並未將區議會與地區管理委員會的關係明確為「立法—行政」的負責關係，而是設定區議會僅是向地區管理委員會提供意見，

---

118. 李彭廣（2012）。《管治香港：英國解密檔案的啟示》。香港：牛津大學出版社。167 頁。

119. 關小春（1998）。《轉化中的香港：身份與秩序的再尋求》。香港：香港中文大學出版社。81 頁。

「倘區議會認為地區管理委員會對其所提出的意見反應欠佳,則可以採取適當行動,訴諸有關部門的首長、民政署署長、民政司或新界政務司」。【120】這意味着白皮書所設計的區議會,並非是一級獨立的權力機關,而是具有民意認受性的諮詢機構,這種模式延續至今。正如學者所指出的,區議會諮詢功能的形式大於實質,「在政策諮詢問題上,政府對區議會的態度主要是把它作為解釋政策及取得支持的管道,至於在收集意見、建議方面,則還沒有達到十分重視的程度。」【121】

1982 年香港區議會進行首次選舉,其中新界地區和香港九龍市區分別舉行了選舉。在全部 490 個議席中,132 席為民選議席,134 席為委任議席,167 席官守議席和 57 席當然議席。在 1984 年 7 月《中英聯合聲明》草簽之前,港英政府又發佈了《代議政制綠皮書:代議政制在香港的進一步發展》,其中提出加強區議會的代表性,「準備在 1985 年使區議會的民選議員的人數增加一倍,並且打算在 1986 年成立一個新的區域議局,議員中相當大的數目為民選議員,為目前市政局職權範圍以外的區域服務」。在 1985 年的立法會選舉中取消了官守議員,將原來官守議員的議席交由民選產生,即在全部的 426 名區議員中的民選區議員已經達到 327 人,即超過三分之二的議席由民選產生。(見表 4.1)這事實上是在《聯合聲明》之外,對於香港區議會制度進行了重大的調整,只不過由於該調整局限於地方層面,因而並未引發中國政府的強烈反對。1992 年,港督彭定康上任伊始,就對區議會進行了大刀闊斧的改革,取消了區議會的委任議席;在 1994 年的選舉中,除新界以外,其他各區的區議員全部由選舉產生。【122】

事實上,在回歸之前的區議會在香港的代議制結構中扮演了非常重要的角色:一、實現直選制度在香港的啟蒙,「在 1985 年之前立法會

---

120. 余慧泓(2010)。《香港區議會職能的變遷及完善研究》,中山大學行政管理學碩士論文。16 頁。

121. 周帆、周和(2008)。〈香港區議會的功能發展〉,《江蘇行政學院學報》。4 期。

122. 孫瑩(2013)。〈香港特區區議會在香港政制架構中的地位和作用〉,《當代港澳研究》(第 8 輯)。廣州:中山大學出版社。69 頁。

並未實現直選，因而直選因素是由市政局與區議會在香港引入的」；[123]
二、形成了香港的「三級代議機構」，「第一級是立法局，其負責制
定法例、控制公帑、監察政府的運作和就政府決策反映民意；第二級
是市政局與區域市政局（新界），其提供公共衛生、文娛、康樂服務
等；第三級是區議會，其就地區事務和全港性重要事務向政府提供意
見」，[124] 從而形成了分級的完整政治框架和參與體系，為培養政治人才
提供了完善的渠道，區議員有機會進入市政局，為未來側身立法局議
員鋪平道路；三、作為港英政府「行政吸納政治」的諮詢體系的一部
分，區議會在反饋社區民意、分擔政府行政任務、調節基層糾紛和不
滿等方面發揮了關鍵作用，成立連接政府和民間的重要管道。

根據《基本法》第九十七條規定，「香港特別行政區可設立非政權
性的區域組織，接受香港特別行政區政府就有關地區管理和其他事務
的諮詢，或負責提供文化、康樂、環境衛生等服務」，這為保留區議會
和市政局提供了寬鬆的制度環境。而在回歸之後，由於「直通車」計
劃被迫廢止，因而在原來市政局和 18 個區議會的基礎上成立了臨時區
議會（Provisional District Boards）。但是與解散立法局、重新選舉臨時立
法會的「另起爐灶」式做法不完全相同的是，原來的區議會議員得以全
部過渡到臨時區議會之中 —— 這也說明由於區議會的非政權性質，得
以在回歸後保留原有人員。1999 年香港區議會進行了回歸後的首次選
舉，其恢復了被彭定康政府廢止的委任制，並且也小幅度提高了民選
議員的數量。而在新界區的 9 個區議會，仍有由鄉事委員會主席出任的
當然議員。

當然對於香港地方制度影響最為深刻的是，1999 年底特區政府正
式廢止了市政局與區域市政局（新界），這被稱之為「殺局」—— 其契

---

123. Willy Lam (2015). *Understanding the Political Culture of Hong Kong: The Paradox of Activism and Depolitization.* London & New York: Routledge Press. p. 232.

124. 林翠蓮、馮德聰（2007）。《區議員對〈政制發展綠皮書〉的響應：請為香港建立完整的「政治生態階梯」》。

表4.1：自1982年以來各屆區議會的組成【125】

年份	官守議員	委任議員	民選議員	當然議員	總數
1982–1985	166	135	132	57	490
1985–1988	–	132	237	57	426
1988–1991	–	141	264	27*	432
1991–1994	–	140	274	27	441
1994–1997	–	–	346	27	373
1997–1999	–	468	–	–	468
2000–2003	–	102	390	27	519
2004–2007	–	102	400	27	529
2008–2011	–	102	405	27	534
2012–2015	–	68	412	27	507
2015	–	–	431	27	458

* 不包括 30 名在 1989 年 4 月後不再擔任市區各個區議會議員的市政局議員。
（資料來源：香港立法會，其中 2015 年數據由作者補充）

機是 1998 年禽流感的爆發，使得特區政府認識到由市政局統籌公共衛生的模式，職權過於分散，從而傾向將該項權力收歸於特區政府。時任行政長官董建華在 1998 年的「施政報告」中，對於區域組織進行了檢討，提出在提供食物安全和環境衛生服務方面，建議設立的新架構應會較現行架構效率更高、效益更大，臨時市政局和臨時區域市政局議員任期在 1999 年年底屆滿後，並無必要保留兩個市政局。因而就改革意圖而言，1998 年的「殺局」着眼於提高行政效率，而並未對改革導致的代議政治影響進行充分評估。比如彼時的研究報告僅是提出，「過

---

125. 2013 年區議會（修訂）條例草案委員會（2013）。《立法會秘書處擬備的背景資料簡介》。立法會 CB(2)860/12-13(02) 號文件。

往政府將文化、康樂、環境衛生事務交由兩個市政局負責,部分原因是認為這些都是較次要的服務;但香港已發展成為國際大都會,公眾對上述服務的要求和期望大大提高,而這些服務在其他先進社會裏亦早已朝向專業化的發展,並且十分着重服務提供的公眾參與。」【126】有學者也認為,「特區政府成立後,在政制改革上較大動作的有兩個,其一是政府部門精簡化,把社會服務性質的政府部門盡量私有化,及公務員編制縮減,其二是將諮詢架構重組,把 80 年代的三層諮詢架構改為兩層,將市政局和區域市政局解散,另外則擴大區議會的職能。」【127】

廢止市政局,將三級代議機構削減為兩級,使得香港的代議政治趨於扁平化。但同時至少在三個方面產生了消極影響:第一,使香港政治人才培養的制度鏈條斷裂,原來由區議會—市政局—立法局的模式無法延續,「建制裏只有最低層的諮詢和最高級的立法代議架構,縱觀全域,香港的政治人才階梯是斷裂的,區議會和立法會在建制階梯上根本就無法接軌;」【128】第二,市政局原有的權力並未沉澱到區議會層面,而是集中到特區政府層面,這與權力下放的一般趨勢是相悖的,雖然政府在其後一直宣稱要增強區議會在地區管理中的角色,但是由於區議會並無獨立財政和執行機構,所以實際效果並不顯著;第三,在取消市政局之後,原區域市政局界別和市政局界別的議席由飲食界和區議會所取代,這導致區議會的政治化,區議會議席成為各政黨競爭的重要平台,特別是 2012 年立法會增設的 5 個「超級區議會」議席以及 2015 年實行的全部區議會議員由選舉產生,進一步推動了區議會的政治化 ——「區議會雖仍是非政權性質,政治性卻顯著提高。」【129】

---

126. 香港發展策略研究所(1998)。《香港區域組織發展方向研究報告》。5 頁。

127. 饒美蛟、楊偉文(2000)。〈論香港區域諮詢制度之發展及其政經功能〉,《亞洲研究》。37 期。

128. 林翠蓮、馮德聰(2007)。《區議員對〈政制發展綠皮書〉的響應:請為香港建立完整的「政治生態階梯」》。

129. 楊堅(2015)。〈今屆區議會競選的政治意義〉,《大公報》,10 月 19 日。

（三）區議會選舉的政治影響

伴隨着區議會政治性色彩的增強，政黨政治也逐步在區議會選舉中得以展開。在回歸以後的區議會選舉中，建制派一直處於上風，佔據半數以上席位。造成這種情況的原因主要在於區議會選舉中民生議題居於主要地位，選民更加關注候選人服務基層社區的意願和能力，因而長期扎根基層的建制派在選舉中更具優勢，更能贏得選民的支持。2003 年區議會選舉，建制派和民主派的席位數目最為接近（建制派 189 個議席，民主派 174 個議席），這也源於 2003 年的「二十三條立法」造成的政治風波，使選民藉由區議會選舉表達對於「二十三條立法」的擔憂和對於特區政府的不滿。這意味着區議會的「非政治性」具有條件和限度，一旦政治運動以基層動員的方式開展，區議會選舉也必然呈現出愈來愈強的「政治色彩」。就長遠看來，伴隨着香港社會的政治社會化（political socialization）不可逆轉趨勢，區議會和立法會在選舉上互相影響，政治與非政治的界限也會漸趨模糊。

值得注意的是 2015 年的區議會選舉，其不僅是最近的一次區議會選舉，也是回歸後投票率最高（達到 47.01% 的投票率）的區議會選舉，更是在區議會全部議席由直選產生的首次選舉以及「佔中運動」和「政改方案否決」後發生第一次大型選舉活動，其對於理解香港的民意走向和政治局勢具有風向標作用。在這次選舉中，建制派獲得 283 個議席，相對於 2003 年的 189 席，增幅將近 100 席；而民主派僅獲得 100 個議席，比 2003 年的峰值狀態減少了 74 個議席。另外值得注意的是，「傘兵」在該次區議會選舉中的不俗表現——「傘兵」被用來指「佔中運動」（雨傘運動）後成立的、以青年人為主體的政治團體。在參加競選的 48 名「傘兵」中有 7 人當選，這被認為是香港政治發展的標誌性事件。但是「傘兵」在區議會選舉中的突出表現，並不能被簡單解讀為極端政治的興起，而是「政治世代更替」下的特殊表現形式。比如民主黨參選者的平均年齡均較過去兩屆都低（僅為 42.3 歲），其中最為年輕的參選人年僅 21 歲。這說明區議會選舉已然成為各政黨培植青年力量的重要方

式，「區議員被視為各政黨在地方基層政治的樁腳基礎，所以區選結果也被視為各政黨在地區的實力消長。」[130]因而與立法會的競選策略有所不同，區議會選舉中以民生議題為主導，即使是「傘兵」也自覺的劃清與激進政治勢力的關係，淡化自身的政治態度，自知「佔中」對他們的影響是「雙刃劍」，而是強調重返社區，這代表了青年一代對於政治的反思。[131]這些政治效應已經在 2016 年的立法會選舉中充分顯現出來，證明了區議會選舉和立法會選舉的內在關聯。特別是青年激進勢力的迅速突起，成為該次立法會選舉「不意外的意外」。當然，「青年政治」興起的長期效應還有待觀察，「政治世代更替」的過程將非常漫長。

學者指出這次區議會選舉的結果令人頗感意外，其表現在於以下四點：一、有大量連任多屆的現任議員落選，據統計有多達 73 人，為以往所未見；二、有大量首次參選者當選，即所謂的「素人」，同樣是前所未有；三、「傘兵」不僅獲得突破，還取得了總共約 7 萬張選票；四、多位兼任立法會議員的候選人落馬，兩方陣營情況同樣如此。這些結構確實展現了香港政治的分裂之處，其既有對於原有模式的路徑依賴，也在不停展示對於傳統政治的突破。但是歸根結底在於區議會的性質，以及在其合法性和執行能力之間的懸殊。從根本上而言，區議會並非真正意義上的議會，其不是政權機關也無執行機構，因此常被認為是「權限不足」或「效能不彰」的基層組織。[132]因而在政治與非政治、諮詢制和代議制之間存在張力，這些影響到區議會的性質和作用。就長遠而言，應當使區議會回歸自身的位置，確立「性質—能力—責任」之間的合理關係。具體而言，其改革方向有以下三條不同路徑：將區議會改造成完全非政治化的基層社區服務機構，使其承擔服務與聯繫基層的社會組織功能；或者加強區議會的代議功能，使其成

130. 張仕賢、曾冠詒（2011）。〈2011 年香港區議會選舉與未來政制情勢觀察〉，《展望與探索》。第 9 卷第 12 期。

131. 楊堅（2015）。〈區選結果看香港社會政治化新現象〉，《大公報》，11 月 24 日。

132. 張峻豪（2014）。〈香港區議會與小區發展之研究〉，《東吳政治學報》。第 32 卷第 1 期。

為香港的基層政權機關，為普選累積經驗和政治人才；又或者是在現有框架下，進一步銜接立法會制度和區議會制度，使區議會在議席分配和人才培養方面發揮更大作用。

第五章

結語：通向立法會普選的道路

❧❧❧❧❧❧❧❧❧❧❧❧❧❧❧❧

　　關於立法會普選與香港民主化的研究，一方面應對具體的制度進行討論，另一方面應將其置於時間和空間的維度中，理解立法會普選的意義。此處所謂的時間維度，是指香港回歸已經二十餘年，《基本法》確定的「五十年不變」的期限也愈來愈近，這是香港憲制發展的關鍵時間節點；空間維度是指應該把立法會普選結合中央—特區關係問題，闡釋立法會普選與香港民主化對於整體中國的意義。換言之，只有香港民主制度具有時間上的持續性和空間上的輻射力，才能取得民主的發展和鞏固，避免民主的倒退和衰敗。據此，本章作為全書的結語部分，擬對兩個問題展開探討：第一是從制度層面上討論立法會普選的機遇、挑戰和路徑；第二是討論在時空維度下的立法會普選的意義。

一、立法會普選的機遇、挑戰和路徑

　　在 2015 年香港立法會否決政改方案之後，行政長官普選和立法會普選進程均陷入停滯。平心而論，此番停滯對於香港民主化而言，並非全然壞事：一方面，這為自 2004 年以來十餘年的政治動員提供了短暫平息和重新規劃的「政改空窗期」，各政治派別可以借機檢討自身政綱、培育政治新人，也給中央政府一定的政策調整緩衝期；另一方面，若 2015 年政改方案得以勉強通過，也必然帶來政治爭拗的進一步激化，刺激政治極端主義甚或分離主義的興起。但是可以預見的是，平靜必然是暫時的——由於「一國兩制」本身的實驗性質，以及《基本

法》預設的「雙普選」目標，香港政治（特別是選舉制度）將長期處於變動狀態，政改將持續成為政爭的焦點。事實上，自 2015 年至今「重啟政改」的聲音就未曾間斷過。比如 2017 年 5 月公民黨議員郭家麒向立法會提出「促請下任行政長官重啟政改」議案，該議案的核心內容包括促請下任行政長官提請中央政府、尋求全國人大撤銷「8‧31 決定」、重啟政改、行政長官普選可由公民提名，廢除立法會功能界別等。顯然，上述由民主派議員提出的「重啟政改」建議，缺乏基本的可操作性，其試圖把政改議程直接退回到「五步曲」的第一步，即由新任行政長官重新向全國人大常委會提出報告，這也就意味着否決了「8‧31 決定」的效力，這顯然是中央政府無法接受的。中央政府反覆強調，即便重啟政改，也必須以「8‧31 決定」為基礎，即只能從「五步曲」的第三步重新開始。2016 年 12 月，全國人大常委會法制工作委員會副主任張榮順明確強調，「人大 8‧31 決定規定很清楚，只要大家願意按有關規定凝聚共識，隨時提一個方案，政改就能簡單容易處理，以後重啟政改也必須按此框架進行」。

2017 年 4 月，香港中聯辦法律部部長王振民先生在學術會議上提出「未來五年並非啟動政改合適時間」，並建議香港應着力解決社會撕裂和民生問題，這代表了中央政府對於新一屆特區政府在政改問題上的期待。在林鄭月娥就任行政長官之後，對重啟政改表現出異常審慎的態度，認為「若要在 2022 年有普選，必先要創造有利環境、條件及氛圍；若馬上重啟政改，社會只會出現嚴重內耗、爭拗」。在 2017 年「行政長官施政報告」中，有關政改的篇幅非常有限，僅是重申「作為負責任並經歷選舉的行政長官，我絕對明白市民，尤其是青年人，對普選的訴求，但絕不能罔顧現實，貿然重啟政改。我將會在任內盡最大努力，在全國人大常委會的『八三一』框架下營造有利推動政改的社會氛圍」。[1] 因而就現時林鄭月娥的表態來看，她試圖回避政改這個極

---

1. 林鄭月娥（2017）。《行政長官 2017 年施政報告：一起同行 擁抱希望 分享快樂》，10 月 11 日。

具爭議的話題，無意推動在 2022 年實現普選，把自身的工作定位在為實現普選營造社會氛圍。

問題在於，基本法明確了實現雙普選需要遵循「根據特區實際情況」和「循序漸進」兩個基本原則——如果新任特首無意在其任期內推動普選，即便這符合「特區實際情況」，也難以完全符合「循序漸進」的含義。因此在「政改空窗期」內，如何漸進走向普選和民主化的目標，就成為必須面臨的現實問題。筆者認為，較之於行政長官選舉體制改革而言，立法會選舉存在較大的改革空間。雖然「8·31 決定」重申了「在行政長官由普選產生以後，香港特別行政區立法會的選舉可以實行全部議員由普選產生的辦法」的順序，但是該決定僅指向 2016 年立法會產生辦法，因而在實現行政長官普選之前，立法會選舉制度改革並非全無作為空間，而是有很大的變革可能性。具體而言，當下立法會選舉制度可以圍繞改革功能界別問題，不斷提高立法會的民主程度，契合「循序漸進」走向普選的原則，並為將來的立法會普選鋪墊基礎。在討論具體的技術路徑之前，先分析實現立法會普選的機遇和挑戰。

（一）立法會普選的機遇和挑戰

以「五十年不變」作為時間尺規，香港回歸 20 年標誌着「一國兩制」實踐和《基本法》實施已經進入「中期時代」。一方面，結合《基本法》確定的「五十年不變」和「循序漸進」原則，意味着需要在「五十年」的中後期實現雙普選，因而積極推動雙普選、為實現普選創造條件是中央政府和特區政府不可推脫、不可逃避的憲制責任。另一方面，「中期時代」也意味着多重政治和社會矛盾疊加，雙普選問題已經且將持續成為矛盾焦點。2017 年 10 月，中共國務院港澳事務辦公室黨組在中共中央機關刊物《求是》刊文指出，「隨着香港進入『五十年不變』的中期，在『一國兩制』、『港人治港』、高度自治取得舉世公認的成就的同時，一些長期積累形成的深層次問題和矛盾也日益顯露，

並相互交織影響。」[2] 有學者把這種多重矛盾疊加、前途晦暗不明、各種政治勢力泥沙俱下的階段稱為「中期危機」，並指出「中期危機」表現為行政主導出現制度性失能，司法過度地方化帶來國家利益漏洞，香港反對派及其社會運動出現激進化、民粹化和暴力化傾向、「泛本土派」的興起、「2047 議題」與「未來主義制憲運動」的勃興。[3] 因此，「一國兩制」的中期時代既意味着推動政改的迫切性和必要性，也預示着實施政改的艱難性和複雜性。機遇與挑戰並存，壓力和風險同在，並最終彙集到雙普選問題上。

可期待的方案是在長時間「政改空窗期」內，挾一國兩制「中期時代」對落實普選的迫切時間要求，充分利用立法會選舉制度的改革空間，釋放民間和政界關於改革的期待和訴求，提升立法會的民主化程度，加強立法會對政府的監督，嘗試建構更為良性的行政—立法關係，為行政長官普選和後續立法會普選創造條件。有利的條件是，在 2017 年特首選舉之後，香港社會呈現出局部的「去政治化」傾向。社會普遍期待以新任特首就職為契機，建立中央和特區、行政和立法、建制派和民主派的良性關係。標誌性事件就是 2017 年 4 月民主黨主席胡志偉提議新任特首同時特赦「佔中參加者」和「七名警員」，以此修補社會撕裂，達成「大和解」。然而「大和解」的提議，同時遭到了建制派和民主派的雙向討伐，迫使胡志偉很快收回了表態。儘管如此，在這個特殊的時間節點上，由民主派發出的「大和解」倡議，一定程度上代表了部分港人期待回到「共識政治」、避免政治上的尖銳對立局面的意願。特別是對於民主派而言，「政界不少人希望出現新中間路線，讓民主運動回到溫和軌道，香港社會能和諧發展，不會陷入內耗」[4]。因而在這種氛圍下，立法會選舉制度改革所面臨的阻力有所減少。

---

2. 中共國務院港澳事務辦公室黨組（2017）。〈引領「一國兩制」航船破浪前行 —— 黨的十八大以來港澳工作成就回顧〉，《求是》。20 期。

3. 田飛龍（2017）。〈一國兩制、人大釋法與香港新法治的生成〉，《政治與法律》。5 期。

4. 呂暢能（2017）。〈泛民大和解提議夭折之謎〉，《亞洲週刊》。4 月 30 日。

從技術層面上來看，經過 2016 年立法會選舉和 2018 年補選之後，立法會建制派議席達到 42 個，民主派議席縮減至 24 個，其他派別議席 2 個（另有梁國雄、劉小麗兩個空缺議席因正在上訴，暫未補選）。這意味着立法會中的「非建制派」以 26 席繼續保持「關鍵少數」的地位，能夠在政改問題上行使否決權。但是經由是次補選，建制派在地區直選議席中首次突破半數（17 席），超過了「非建制派」的地區直選議席數量，從而改變了回歸以來建制派在功能界別議席佔主導權、民主派在地區直選議席中佔主導權的定式。這進一步意味着，民主派喪失了對建制派議員所提議案、以及修改「立法會議事規則」等問題在分組表決時的否決權。在此背景下，香港回歸以來長期存在的「分裂政府」（divided government）和「否決政治」（veto politics），獲得了改變和重塑的機會。[5]行政長官在立法會中將獲得更多的政治支持，從而有望提高決策效率，建立更為良性的立法 — 行政關係。事實上，立法會和行政長官相互制衡和配合的「共識政治」，也是基本法制定者的初衷，即強調「行政機關與立法機關之間除了互相制衡的關係外，基本法還強調行政與立法機關二者之間的互相配合，這是香港特別行政區基本法起草委員會政治體制專題小組起草政治體制方面條文的一個重要出發點，也是香港特別行政區政治體制的一個特點，它與三權分立的觀點只講制衡是不相同的，他非常重視行政與立法機關之間的互相配合。」[6]因此，在第六屆立法會期間，基於創構「共識政治」的契機，立法會選舉制度的改革有良好的制度基礎。

然而，不可忽視的是，在實現行政長官普選前的長時間段內，立法會選舉制度改革存在諸多政治風險。在民主派人士無緣行政長官的前提下，立法會已經成為民主派發揮能量的主場。如果立法會改革削弱了民主派的政治空間，則勢必會引發民主派的激烈反對，並可能將

5.　李彭廣（2008）。〈從「共識政治」到「否決政治」：香港行政立法關係的質變〉，《香港社會科學學報》。34 期。

6.　王禹編（2015）。《蕭蔚雲論港澳政治體制》。澳門：三聯出版（澳門）有限公司。85 頁。

政爭由議會引向街頭。比如在 2017 年底，建制派議員主導修改「立法會議事規則」，主要內容包括在審議法案階段的法定人數由 35 人降至 20 人、呈請成立專責委員會的人數由 20 人提高到 35 人、賦予立法會主席不批准針對議案的修訂和合併處理相似修訂的權力等。建制派議員指出，修改議事規則意在解決「拉布」問題，恢復議會秩序，提高決議效率。但這也不免落下了「趁勢而為、強行通過」的口實，民主派號召民眾在立法會外通宵示威。關鍵問題是，這次修改舉措限制了民主派在立法會的作為空間，觸及民主派的「底線利益」，也為後續的立法會選舉制度的變革增加了變數。因而，為保證立法會選舉制度改革的順利開展，應秉持幾個基本理念：一、應不斷增加立法會的民主成分，這是選舉改革的總體方向，不能使立法會倒退回到更加保守和封閉的格局，以此體現「循序漸進」原則；二、應在選舉改革中均衡不同政治派別的利益，這是改革能夠順利落實的條件，不能使立法會選舉制度改革成為「贏者通吃」的零和博弈，而是應盡量保證議會的多元性，防止把民主派推向政治極端；三、應使改革獲得中央政府的支持和祝福，各項改革措施充分顧及中央政府的態度，不至於出現「與中央政府為敵」的立法會，不應把中央政府設定為「民主的假想敵」，而應積極爭取中央政府更大的授權和更多的信賴，充分發揮中央政府作為「主權者」的權力和權威。

（二）立法會普選的路徑和措施

在明確立法會選舉制度改革的機遇、挑戰和原則之後，可以具體討論通往立法會普選的路徑和措施。換言之，在行政長官普選實現之前的長時間內，立法會選舉制度應做何種積極變革，為導向立法會普選鋪平道路。在路徑和措施的設計上，主要應圍繞改革功能界別展開，不斷提高立法會的民主性和認受性，均衡各階層和各派別的利益，從而為實現立法會普選凝聚共識。

首先，宜儘早減少直至廢除功能界別的團體票，這是在保持功能界別選舉的大前提下，對功能界別進行的局部調整。目前功能界別團

體票被稱為「小圈子中的小圈子」，加劇了功能界別內部的不平等，與「一人一票」普選理念相去甚遠，難以與普選相容。比如在 2016 年立法會選舉時，「保險界」登記選民數量僅為 134（只有團體票），而「教育界」登記選民數量為 88,185（只有個人票），其數量懸殊可見一斑；且這兩個界別均只有一個席位，這顯然不符合「平等且普及」的普選原則。另外由於功能界別團體票的封閉性和排外性，通常通過「界內協調」的方式提名一人參選，導致功能界別自動當選人數居高不下，出現大量「不戰而勝」的情況，這也與普選的競爭性原則相悖。此外，功能界別團體票使得操縱選舉的風險上升，有媒體指出「大財團可透過多間附屬公司，在不同界別登記成選民，集團持有票數與其市值未必成正比」。[7] 基於這些原因，近些年香港社會呼籲廢除團體票的聲音持續高漲，要求把團體票轉化為「董事票」或者「個人票」。但是也有人提出，這種「一刀切」的轉化方式難以實施，一是個人票不能真正反映業界聲音和利益（最能代表商界利益的是公司老闆，而不是一般僱員），二是不具可行性（投票資格難以界定），三是不符合均衡參與原則（對於中小企業不利）。[8] 綜合以上討論，在功能界別團體票的具體改革策略上，可以考慮分步驟進行。在 2011 年 3 月立法會討論時，有議員就明確提出「就整個制度做出中期改革時，我們建議將選民資格擴展至董事、執委、管理階層的層面，到了朝向普選的下一步發展時，則必然要考慮擴展至整個界別的所有從業員，這是理所當然的」。[9] 因而在走向普選道路上，第一步可針對只有團體票、沒有個人票的界別，進行試點改革。比如「香港 2020」提出把「保險界、金融界及金融服務界」的團體票改為個人票，不失為一個實驗性方案。[10] 概因上述三個界別在香港從業人數眾多，登記選民和實際從業人數過於懸殊，因而可以作

7. 〈橫跨 9 界別 擁 107 票勝長和系 吳光正家族擁最多公司票〉，《明報》，2016 年 6 月 16 日。

8. 劉正平（2016）。〈鍾國斌建議公司票轉個人票不可行〉，《文匯報》，8 月 26 日。

9. 《立法會會議過程正式記錄》，2011 年 3 月 4 日，4763 頁。

10. 〈陳太倡三功能界別擴選民基礎〉，《信報財經新聞》，2016 年 1 月 20 日。

為切入點。把團體票改為個人票，根據實際從業人數設計提名門檻，保證適當和有序的競爭。第二步可對勞工界進行改革，把勞工界的團體票改為「工會成員票」，使得全港勞工有充分影響功能界別選舉的能力，這能在相當程度上對沖功能界別的「小圈子色彩」。在勞工界選舉問題上，各工會組織應主動提出改革方案，順應普選和民主化的總體趨勢。第三步把其他保留團體票的界別全部改為個人票，從而徹底廢除團體票，提升功能界別的開放性。在此過程中應充分體現行業自治的色彩，使得從業人員的範圍劃定、提名門檻人數、僱主和僱員比例等問題得到充分協商。

其次，宜重新討論和界定「區議會（第二）界別」（超級區議會界別）的性質。誠如上文所述，2010 年政改方案增設了「區議會（第二）界別」，變相實現了「一人兩票」的格局。儘管對於「區議會（第二）界別」的選民而言，投票權重較之於傳統功能界別頗有懸殊，並且參選權和提名權局限於區議會議員，但是此舉顯然提高了功能界別的開放性，順應了民主化的大趨勢。但是設立「區議會（第二）界別」的初衷，僅是作為「推動民主的過渡方案」，是順應民主化趨勢和尊重功能界別利益的妥協結果，也是彼時能夠達成共識的基點。作為過渡性方案，意味着不能把「區議會（第二）界別」固化為長期政策，而是應適時對其進行評估和檢討。特別是在走向普選的語境下，經過 2012 年和 2016 年兩次立法會選舉之後，需要重新審視「區議會（第二）界別」的性質、功能和變革方向。根據選舉事務處公佈的資料，2012 年「區議會（第二）界別」登記選民 321 萬餘人，投票率為 51.95%；2016 年該界別登記選民 347 萬餘人，投票率為 57.09%。就投票率而言，雖然仍稍遜於地區直選，但是已經充分發揮「一人兩票」的功能，也表明了選民對於「第二票」的珍視。在這兩次立法會選舉中，「區議會（第二）界別」的競爭最為激烈，這趨近於普選後的立法會選舉的樣態。特別是這兩次選舉的結果，「區議會（第二）界別」的席位均是建制派佔兩席、民主派佔三席，大致契合兩派在地區直選中的得票率。因而從投票率、競爭性和選舉結果的角度，「區議會（第二）界別」的性質和功

能更加接近於地區直選；甚至由於「區議會（第二）界別」把全港作為單一選區，這使其發揮民意風向標的作用。據此可以考慮擇機把「區議會（第二）界別」的席位劃入地區直選議席，以此擴充立法會選舉的民主性，提高立法會直接選舉的比例。在具體改革策略上，作為特殊的地區直選議席，這五個席位可保留區議會議員的提名權，但是被提名人選不再限於區議會議員，同時延續全港單一選區的特徵，使那些不屬於傳統功能界別的選民可以繼續擁有「一人兩票」。

再次，在暫時保留功能界別的前提下，可因應社會發展，對功能界別的劃分進行適當調整。回歸以來，立法會功能界別的劃分相對穩定，僅有局部微調。比如 2000 年立法會選舉設立了「飲食界」、「區議會」兩個新界別（取代「區域市政局」和「市政局」兩個功能界別），2012 年增設了「區議會（第二）界別」。質言之，回歸之後的功能界別設置並未充分反映迅速變化的社會和產業發展。問題在於政治利益格局一旦形成，自然趨於固化和保守，對於界別的調整難度隨之上升。近年來不斷有設立或撤銷個別功能界別的提議：一、香港澳洲商會向立法會議員提出設立外國商會界別，「由英、美、澳等商會聯手選出代表，幫居港外商發聲」；[11] 二、香港婦女組織提出「婦女人口超過本港總人口一半，無論是在社會工作或為全職家庭主婦，她們對本港的貢獻和意見是不可忽視的，但可惜目前立法會完全未有專門功能議席代表婦女，以致她們的意見，尤其是在婦女事務及培育下一代青少年方面，未能在立法會中直接表達」，因而建議功能組別中應至少包括一個婦女席位；[12] 三、有行業協會提出應增設代表該行業的功能界別，比如香港印刷媒體專業人員協會在 2010 年提出，香港印刷界有逾 4,000 家企業，立法會功能界別中本應有印刷界議席，但是印刷界被錯誤地編入保險界，而保險界代表也不曾為印刷行業反映意見，因而爭取在新

---

11. 〈發聲管道欠奉 外商盼增功能界別〉，《東方日報》，2013 年 5 月 12 日。

12. 〈香港各界婦女聯合協進會對〈政制發展專責小組第四號報告〉的意見〉，《香港婦協季刊》。39 期，2005 年 4 月。

增 5 個功能界別議席中能有一席之地；[13]四、有學者認為功能界別不僅不應增加，反而應分階段合併功能界別，比如取消選民人數較少的漁農界、保險界，把教育界、醫學界、法律界等界別合併為「專業人士界」。[14]這些建議均面臨着強大的現實阻力，特別是取消某些界別的建議，更會遭到利益相關者的強烈反對。比如漁農界候選人「直言漁農界功能界別不能取消，他批評政府過去是扼殺業界的幫兇，如果取消了漁農界，怎樣保障業界權益」。[15]之所以會出現這種競相爭取設置新的功能界別、以及盡量保留自身既存的功能界別的現象，都因功能界別議員確實在忠實地維護界別利益，所提訴求基本上以自身所在界別為受益對象，較少關注一般的公眾利益，成為特定職業在議會中的代言人。[16]這也成為縮減和調整功能界別的障礙，即職業群體認為在喪失功能界別後將無法表達利益和訴求。因而在對功能界別調整時需要滿足幾個基本標準：一、應使功能界別席位在數量上不再增加，為此減少或合併功能界別成為必要手段；二、應動態評估各界別的選民基礎，從而為調整功能界別提供依據；三、根據社會經濟發展需要，把落後產業的議席轉移給新興產業，從而促進新興產業的發展；四、對於利益受損的界別，應通過其他諮詢機制予以彌補，保證其利益能夠得到充分吸納和回饋。對功能界別進行調整，其目的是在保留功能界別的前提下，充分發揮功能界別「均衡參與」的功能，逐步縮減功能界別席位，為立法會普選創造條件。

最後，即便可以從理論上論證功能界別和普選的相容性，不過基於「普遍且平等」的原則，要循序變革功能界別佔立法會「半壁席位」的局面，逐步減少功能界別的席位。因而特區政府應制定削減功能界

---

13. 印刷媒體專業人員協會（2010）。《2012 年行政長官及立法會產生辦法意見書》2 月 1 日。

14. 郭天武、李建星（2015）。〈香港特區立法會選舉制度探析〉，《政法學刊》。4 期。

15. 屈俊樂（2012）。〈漁農界 2 人對壘 立場同樣保守〉，《明報》，8 月 15 日。

16. Ma Ngok (2016). "The Making of a Corporatist State in Hong Kong: The Road to Sectoral Intervention," *Journal of Contemporary Asia*, 46(2): 247–266.

別的時間表，在實現行政長官普選之前，就把功能界別席位減少到合理的規模，為之後的立法會普選鋪平道路。在操作方式上，減少功能界別席位可以與廢除團體票、重新界定「區議會（第二）界別」的性質、對功能界別進行動態調整等措施同步展開。在提高立法會民主性和開放性的同時，不斷優化功能界別的結構和功能。就長遠而言，台灣的「立法委員」選舉制度可作為參考，思考功能界別的最終出路。在 2005 年之後，台灣「立法委員」選舉採取了「單一選區兩票制」的方式，全部 113 名「立法委員」中有 73 席由地區直選產生，有 34 席是依政黨得票比例產生，其餘 6 席定向給原住民。值得注意的是台灣立法委員選舉中的「政黨票」，其在操作方式上有以下要點：一、政黨票是不分區投票，所以更能體現政黨的支持度；二、政黨席位按照比例代表制進行分配，能夠對沖地區選舉（單一選區簡單多數決制）帶來的「多數人暴政的危險」；三、政黨席位設置了 5% 的門檻，避免了政黨席位過於分散，也事實上排斥了邊緣政黨和極端政黨獲得席位；四、保證婦女的參政權，在各政黨的參選名單上，女性必須佔半數以上，且如果該政黨在比例代表制下只分到一個席位，該席位必須由女性候選人出任。因而有人建議香港功能界別改革可以台灣的「政黨票」作為藍本，認為該方案的優點包括兩點：一方面，政黨票能維持功能界別的設立原意，廣納各界別代表進入議會；另一方面，由於政黨議席的分配是根據比例代表制而行，得票門檻有利於資源較少的政黨走進議會，吸納更多不同派別的聲音到議事廳，避免小黨因選舉失利而走上「街頭政治」，減輕政治碎片化的問題。[17] 事實上，在 2013 年曾鈺成先生就提出過類似的方案，即「可考慮將議席分開，市民在分區直選投票後，除選出各區代表外，各政黨再按全港總得票的比例取得相若議席」，不過曾鈺成也隨即自我反問「如此一來，這樣仍是功能組別

---

17. 〈政黨票是功能界別改革的出路？〉，載香港 01 網站，www.hk01.com/01 觀點 /168973/ 議會改革 - 倡議 - 三 - 政黨票是功能界別改革的出路，2018 年 3 月 21 日。

嗎」。[18] 因此，功能界別改造成為「政黨票」雖不失為一條未來的可選方案，但是仍受限於《基本法》確定的制度框架，特別是面臨工商階層的既得利益阻力。

仍需要明確的是，思考和展望通往立法會普選的道路，除了功能界別改革之外，成熟的政黨制度、科學的選舉體制、良性的行政——立法關係、發達的諮詢和意見吸納機制等也是實現立法會普選必不可少的要素。圍繞立法會普選問題，以選舉制度為圓心，涉及到香港政制的各個層面，也必然涉及普選所依附的中央——特區關係。因而選舉工程（electoral engineering）需要配合以整體制度的發展，特別是相關的制度的創構、公民社會的成熟和中央——特區關係的調整，摒棄不必要的政治浪漫主義，在民主化和國家認同雙向強化的基礎上推進立法會普選。

二、香港立法會普選的時空意義

就其本質而言，香港立法會普選是在「一國兩制」下的地方政府議會的民主化改革，因而其必然會對「一國兩制」的憲制結構產生影響，同時這種影響實際上也是被嚴格限制的。誠如學者所指出的，香港的民主化為中央政府提出了兩項挑戰：一是香港可能成為境外反共勢力的管道，二是香港民主化可能對內地毗鄰省份或城市產生影響（repercussion）。[19] 這種影響如果放置到「一國兩制」的框架下理解，前者是對「一國」的影響，後者是對「兩制」的影響。因而關於香港立法會的普選，除了選舉制度和技術層面的討論，還需要把立法會普選置於「時空背景」下，討論其憲政意義。時間背景包括了兩個重要的尺規，一是香港回歸已逾 20 年，「一國兩制」應該走向政治成熟，致力平

---

18. 〈功能組別存廢爭持激烈〉，《明報》，2013 年 12 月 16 日。

19. Kit Poon (2008). *The Political Future of Hong Kong: Democracy within Communist China.* London & New York: Routledge. pp. 102–103.

衡民主化和國家認同的關係；二是《基本法》預設的「五十年不變」為現階段的香港前途提供了終極想像，因而需要正確理解「五十年不變」的政治意涵。空間背景就是需要把普選問題放置在中央——特區關係的總體背景下，才能理解香港普選（之於中國）的意義。

（一）「一國兩制」中期時代的普選觀

香港回歸已逾 20 年，這意味着「一國兩制」實踐進行中期時代。經過 20 餘年的政治調適，中央政府管治香港的模式已經基本成型，而特區各政治派別也大致摸清了中央政府治港的政策和底線。中央政府積極尋求和支援以愛國者為主體的「港人治港」，二者關係兼具「代理人模式」和「合作共治模式」的特徵：一方面，中央政府堅持「單一制」國家結構理論，強調香港特區的權力來源於中央授予，行政長官作為中央在特區的代理人，需要符合「愛國愛港、中央信任、有管治能力、港人擁護」四項標準；另一方面，中央政府按照「一國兩制、港人治港」原則賦予香港以較大自治許可權，給予民主派一定的政治寬容，並且公開表示「從來認為『泛民主派』的大多數人是愛國愛港的」，[20]僅是把「港獨」明確排除在「愛國愛港」的範圍之外。因而在雙普選問題上，中央政府的政治底線存在「差序格局」：中央政府對於行政長官人選採取絕對控制型的「代理人模式」，而對於立法會則採取維護建制派佔主體地位的「合作共治模式」。這種較為寬鬆的「合作共治模式」，使得在「一國兩制」的中期時代，立法會選舉制度改革有較大的政治空間。

在此階段中，國家認同和民主化問題將成為此後中央與特區關係的主軸，而兩者的發展進程並不相悖。民主化有利於建立穩定的國家認同，即民主國家更加易於獲得公民的制度認同，這比傳統的文化認同或是歷史認同要更加穩固和持久；而國家認同是實現民主化的前提，如果沒有穩固與充分的國家認同，民主化往往會加深社會的分

20.　鄭治祖（2014）。〈愛國愛港不排斥反對派 回到依法普選正路〉，《文匯報》，8 月 22 日。

裂、甚至會導致分離主義的興起。[21] 如果將國家認同與民主化問題放置到中央與特區關係的角度，國家認同就意味着建構更為合理的中央與特區分權關係，而民主化則要求中央政府與特區政府更能體現不同範圍公民的利益和訴求。這個過程可以看作是「兩次分權」，即首先中央與地方的分權（建立具有凝聚力的國家），然後再是政府與社會的分權（建立具有認受性的政府）——這也是本書所提出的研究框架中提出的兩對範疇。誠如學者所指出的，「要從根本上協調中央與地方關係，則有待於國家與社會的分權，明確政府與社會的關係，要注意發揮政府與社會、中央與地方兩對關係的聯動效應。」[22]

事實上，香港立法會普選的特殊性還在於其作為威權國家中的局部民主化的罕見個例。[23] 其成功與否不僅可以驗證威權國家對於民主化的制度包容力，而且將給世界其他地區處理中央與地方關係提供經驗借鑒，這是一項具有開拓意義的憲政工程。[24] 因而，香港民主化並非處於理念之中，而是需要顧及其所處的政治環境。誠如學者所指出的，「港式自由」的保障的確不僅僅取決於香港的政治制度，同時還決定於中國大陸的憲政發展以及中央政府和特區的憲政關係之達成；而香港的政治制度既不完善也沒有定型，如果要想創造性地轉化中國政治傳統做出貢獻，香港政治制度還有許多方面有待發展。[25] 更加不可忽視的是，中央政府與內地地方政府也在逐步走向更加民主的決策和治理模式——雖然其與經典意義上的多黨制和競選性的民主制度存在重大差異，但是不可否認的是中國正在走向更加公開與透明的政治模式。因

---

21. 沈旭暉（2014）。〈現實主義看佔中：我很不放心〉，《信報財經新聞》，10 月 13 日。

22. 薛立強、楊書文（2010）。〈從「中央地方關係」到「政府間縱向關係」——代表性觀點與理論趨勢〉，《雲南社會科學》。5 期。

23. 張健（2015）。〈香港社會政治覺醒的動因：階級關係、參政需求、族群認同〉，《二十一世紀》。2 月號。

24. 鄺健銘（2013）。〈世界視野下的中港矛盾〉，《明報星期日生活》，11 月 30 日。

25. 洪雪芬（2006）。《後殖民香港的文化認同變遷（1997-2005）》，淡江大學中國大陸研究所碩士班文化教育組碩士論文。

而，中央與香港的關係並不能置於「獨裁與民主」的語境下，而是應該轉化為國家認同語境下的「民主的同向異速」問題，即「香港的命運必然是和大陸緊密聯繫在一起，而大陸在國家制度建設和政治領域開放的趨勢又是無可規避的」。[26] 在此過程中，內地與香港共同通過民主化完成國家建構，進而在更加合理的中央與特區關係下度過「一國兩制」的中期時代，在妥協和共識的基礎上實現雙普選。

事實上，地方自治對於民主鞏固有着基礎性的作用。國家民主能否實現，與地方自治運行狀況關係密切。根據學者的統計，在 32 個第一波民主化國家中，15 個展開民主化時已經有地方自治基礎的國家，有 10 個國家的民主至今仍持續穩定，而 5 個未能度過第一波回潮考驗的國家，造成其民主崩潰的皆是外來因素（納粹德國的侵略）。另外 17 個並無地方自治基礎的第一波民主化國家，有 16 個國家的民主在第一波回潮中崩潰，撐過第一波回潮考驗的智利，也在第二波回潮中民主崩潰。而這 17 個民主未能持續穩定的國家，只有奧地利與捷克斯洛伐克是因為納粹德國的侵略而民主崩潰，其餘皆是因為國內因素而導致民主崩潰。就第一波民主化國家的發展而言，雖然造成民主崩潰的國內因素可能多種多樣，但由於缺乏地方自治傳統而無法培養人民深厚的民主素養，應是這些國家民主體制脆弱的重要原因。[27] 就這點來說，特別行政區的存在和深入民主化，是中國國家結構變革和整體民主化的良好契機。

從根源上，香港和內地均需建立現代憲政體制，不僅需要民主化改革，還需要確立以公民個體為本的憲政原則。學者據此指出，要避免中國傳統政治那種在中央集權制與區域寡頭制之間來回擺蕩的歷史迴圈，就要使中央權力的正當性基礎決不能僅來自於（從而依賴於）地

26. 嚴飛（2011）。〈香港大陸化，還是大陸民主化〉，《二十一世紀》。12 月號。

27. 陳建仁、謝秉憲（2010）。〈從第一波民族化國家發展審視地方自治對於民主穩定之影響〉，載宋興洲、陳建仁主編《公共政策與地方治理 —— 地方自治論文集》。台中：東海大學政治學系。313–321 頁。

方權力，而必須直接來自於全國公民，因為政治社會的唯一真實基礎只能是作為個人的每一公民，而非任何一級地方權力。中國政治改革的中心問題是要重新奠定中國中央權力的正當性基礎問題。[28]由此香港的民主化和普選實踐被賦予了新的意義，即對於橫向關係（香港市民與香港政府）和縱向關係（中央與特區）的雙重作用，而實現民主權利和鞏固自治權力正是中國實現憲政的基礎要素。香港民主化的進一步推進，可能要考慮兩點。第一，如何逐步克服其民主訴求的外向性。外向性最明顯的「港獨」思潮，其危險不在於它會導致分裂——這一可能性極小——而在於它可能扼殺香港民主運動中的積極因素，把社會中的積極能量導向所謂狹隘的「敵我」劃線問題。第二，香港的進一步民主化，必然是全中國政治文明演化的一部分。以自治求民主，以保持和中國內地的距離而發展民主，長期來看是行不通的。[29]

（二）2047 的政治隱喻與香港普選

1984 年 6 月 22 至 23 日，鄧小平分別會見香港工商界訪京團和香港知名人士鍾士元時公開提出「五十年不變」的政策，即「我們對香港的政策五十年不變。我們說這個話是算數的」。[30]他說，我們的政策，是實行「一個國家，兩種制度」，具體說，就是在中華人民共和國內，大陸 10 億人口實行社會主義制度，香港、台灣實行資本主義制度。在其後鄧小平又對「五十年不變」的內涵進行了闡發，具體包括：一、關於土地制度：我們同意可以批出 1997 年後 50 年內的土地契約，港英政府也可以動用賣地收入，但希望用於基本建設和土地開發，而不是用於行政開支；[31]二、基於內地經濟發展的需要：保持香港的繁榮穩定是符合中國的切身利益的。所以我們講「五十年」，不是隨隨便便、感情

---

28. 甘陽（1998）。〈公民個體為本統一憲政立國〉，《二十一世紀》。6 月號。
29. 項飆（2014）。〈反思香港：大眾運動中的民主訴求與政黨政治〉，《文化縱橫》。6 期。
30. 〈一個國家，兩種制度〉（1993），《鄧小平文選》（第三卷）。北京：人民出版社。58 頁。
31. 〈我們非常關注香港的過渡時期〉（1993），《鄧小平文選》（第三卷）。北京：人民出版社。68 頁。

衝動而講的，是考慮到中國的現實和發展的需要；【32】三、50 年以後沒有變的必要：香港在 1997 年回到祖國以後 50 年政策不變，包括我們所寫的《基本法》，至少要管 50 年。我還要説，就是 50 年以後更沒有變的必要；【33】四、內地與香港的共同發展：如果到下一個 50 年，這個政策見效，達到預期目標，就更沒有理由變了，所以我説，按照「一國兩制」的方針解決統一問題後，對香港、澳門、台灣的政策「五十年不變」，50 年之後還會不變。【34】

　　因而，鄧小平關於「五十年不變」的闡述，並不是孤立思考香港問題，而是在思考中國全域下的香港問題。而 50 年之期的確定，也是根據他對中國發展情況的預判，從而將香港政治制度的穩定期暫定為 50 年。但是 50 年後並不意味着變革期的必然到來，「更沒有變的必要」意味着彼時內地和香港已經在政治昌明和經濟發展上實現了同步，因而顯然沒有必要再次改變香港的政經體制。正如相關人士所解讀的，「一國兩制」啟動以後，我們要看到它運行的結局。無非是三種情況：永遠一國兩制；一個吃掉一個；這兩種結局都不可能。只有第三結局：兩種制度融合在一起，形成一種中華民族的政治、經濟、文化的新制度。五十年後不是香港內地化，也不是內地香港化。在「一國兩制」運行期間，社會主義向資本主義學習，資本主義也向社會主義學習，雙方取長補短、互相融合，50 年後形成一種新的、更美好的制度。鄧小平説「五十年不變」，實際上，50 年後更沒有必要改變。【35】

　　事實上，在「一國兩制」政策形成的過程中，50 年的期限並非一開始就形成的。在 1981 年 12 月中共中央書記處會議就解決香港問題舉行第二次會議後，廖承志根據鄧小平的指示，組織了一個五人小組進

---

32. 〈中國是信守諾言的〉（1993），《鄧小平文選》（第三卷）。北京：人民出版社。215 頁。

33. 〈會見香港特別行政區基本法起草委員會委員時的講話〉（1993），《鄧小平文選》（第三卷）。北京：人民出版社。215 頁。

34. 〈會見香港特別行政區基本法起草委員會委員時的講話〉（1993），《鄧小平文選》（第三卷）。北京：人民出版社。217 頁。

35. 楊繼繩（1998）。《鄧小平時代 —— 中國改革開放二十年紀實》。北京：中央編譯出版社。293–294 頁。

行聯合調查，有人提出要明確「對港政策長期不變」的具體期限，開始
有人提出 30 年，大家覺得 30 年太短，主張 50 年。【36】而在 1984 年 12 月
19 日，柴契爾夫人訪華並簽訂《中英聯合聲明》時，鄧小平詳述了確
立「五十年不變」的原因，一則是在彼時中國的經濟水準已經達到發達
國家水準，二則是可以據此保持台灣海峽長時間的和平。根據上述兩
則公開材料，可以佐證「五十年不變」的提出一方面是照顧香港市民的
政治感受，另一方面是考慮到內地的經濟發展和台海局勢的平緩。而
這兩方面可以歸納為一點，即「五十年不變」並非只是根據香港的局勢
而定，而是需要考慮中國整體的政治與經濟狀況。

「五十年不變」也不意味着香港政制將是封閉和保守的。事實上，
《基本法》確立的是開放與漸進的原則，因此「五十年不變」要與「循
序漸進原則」結合起來，才能反映香港政治未來的全貌。正如學者所指
出的，《基本法》所規定的香港政治體制，最有趣的特徵是其並非靜態
的，而是處於不斷的演化之中（not a static but an evolving one）。基本法規
定了政治體制演化的邏輯和機制，其最終目標是普選，按照循序漸進
的原則逐步提高直接民選議員的數量。【37】因而五十年不變並不是將香港
回歸後的政治體制「急速冷凍」起來，而是強調政制發展的穩定性和可
持續性。香港回歸以來的改革歷程也表明，五十年不變並沒有阻滯香
港的改革，但是改革的步驟和方式確實是受到限制的。

《基本法》所明確的「循序漸進原則」就是與「五十年不變」相互
呼應的——在 50 年內並不改變香港的資本主義制度和生活方式，即香
港不會「內地化」，不會將內地的一整套制度移用到香港，但是這並不
排斥香港順應世界潮流，在政治制度上開展漸進改革。學者進一步指
出，「循序漸進的原則」並沒有一個確定的含義，就其本身文義而言，
無法精確地闡釋循序與漸進的含義。邁向民主化的進程並非是無目的

---

36. 陳敦德（2009）。《香港問題談判始末》。香港：中華書局（香港）出版有限公司。63–64 頁。

37. Albert H. Y. Chen (2007). "The Basic Law and The Development of The Political System in Hong Kong," *Asia Pacific Law Review*, 15(1): 19–40.

的，而是在基本法中確定了明確的目標 —— 最終達至由一個有廣泛代表性的提名委員會按民主程序提名後普選產生的目標。在《基本法》的第六十八條，也同時規定了關於立法會普選的目標。由於最終目標既然已經確定，因而循序漸進不再是模糊或不確定的。即便是香港居民不再願意推進民主化和普選，他們仍舊受制於《基本法》的規定而需要往前走。[38] 因而《基本法》構築了以下的邏輯鏈條：資本主義制度和生活方式的五十年不變→政治體制改革以普選為目標→在實現該目標過程中需要根據香港的實際情況→實現的步驟需要遵循循序漸進的原則→中央政府作為最終的解釋者和判斷者。

　　因而在五十年不變的時間預期下、在中央 —— 特區關係的框架下、在「一國兩制」的憲制結構下，2047 問題與香港立法會的普選之間是相容與促進的關係。2047 為立法會普選提供了時間維度的計量，而中央 —— 特區關係為立法會普選提供了空間維度的意義，這些將賦予「一國兩制」新的時代意義。2047 問題意味着香港立法會的普選與香港民主化的進程不能停止和倒退，否則違背了《基本法》設定的目標和原則；中央 —— 特區關係則意味着香港的普選不能以犧牲和異化國家認同為代價，否則違背了「一國兩制」的制度初衷。普選進程需要與國家認同同步推進，才能獲得真正的生命力 —— 而這種生命力並非只是香港的地方性知識，其嵌入到中國政治發展的脈絡之中，是中國走向民主化的探索之路。

---

38. Ricky Y. H. Fong (2007). "Universal Suffrage in HK: Promise or Illusion? A Critical Analysis of NPCSC's Interpretation of HK Basic Law Annexes," *Pacific Basin Law Journal*, 24: 225–248.

後記

　　本書以我的博士論文為底本，精簡修訂而成。在拙著付梓之際，我的心情頗為複雜。首先是由「不確信」帶來的膽怯。我缺少在香港長期生活的經歷，對香港問題的認知基本上都是來自於文獻資料，這使我對本書的思考和結論自信不足。在博士論文寫作和書稿修訂過程中，我經常會質疑自己所理解的香港問題能否成為真的問題，是否尋到了接近正確的答案。時至今日，這種想法仍縈繞心頭，我也靜候和期待拙著公開出版後的學術批評。

　　其次是由「不堅定」帶來的猶疑。我反覆地提醒自己，研究香港問題要站在公允持中的立場上，冷靜地思考香港的政治前途。我在〈香港基本法研究的知識生產與價值反思〉一文中也曾批評內地學者研究香港問題時的實用主義和國家主義立場，提出基本法研究應秉持立憲主義的方法論。[1]然而，知易行難，本書仍有很多實用主義和國家主義的傾向，未能在方法論上一以貫之。作為憲法學者，我誠摯祝福民主制度能夠在香港生根發芽、健康發展；而作為帶有民族主義情結的青年學者，我也對香港政制改革中的歧異思潮深感憂慮。因此，拙著多次強調民主化和國家認同的雙向發展，並真誠企盼香港能為中國走出「歷史三峽」開闢新路。

　　再次是由「不滿足」帶來的懊惱。儘管拙著經過多次調整和修改，但仍不是一份完滿的答卷。在博士論文寫作過程中，我曾根據導師的建議，多次改善論文的結構和觀點表述。在書稿修訂過程中，大幅刪減了文獻綜述的內容，增加了關於立法會普選的制度建議。然而，拙

---

1. 王理萬（2017）。〈香港基本法研究的知識生產與價值反思〉，《中國法律評論》。3 期。

著仍存在諸多缺憾，包括章節佈局不夠均衡、理論框架有待推敲、實證研究不夠充分等。我認為之所以會產生這些缺憾，很大程度上是由於我對長文的駕馭能力不足，以致在寫作過程中很容易令論證方向有所偏移，大量的筆墨耗費在邊緣問題上，沖淡了核心問題的論證和思路。藉這次公開出版的機會，我已盡力矯正了這些問題，但仍未如理想。

最後是由「不放棄」帶來的敬畏。經過了這次撰寫和修訂的過程，雖然我深刻地體悟到學術之艱辛，但仍會堅持懷着學術志業的敬畏之心和赤子之心。我於 2016 年取得博士學位後，開始在中國政法大學人權研究院任教，將微薄的知識傳授給我的學生們。特別是在 2017 年開設的「港澳基本法」研究生課程上，我將拙著的大部分觀點與學生們分享和交流後，促使我調整了書稿的部分觀點。從教兩年以來，作為一名青年學者，我更加深刻地體悟為學為師的難處。尤其是在各種思潮湧動的當下，需要反覆告誡自己和學生們要堅持原則、守護常識。常識比創新更重要，如果新觀點與常識相悖，便需要接受更為苛刻的學術審視。基本法研究則更是如此，由於《基本法》的學術和實務貼合極為緊密，更加需要心懷敬畏、慎重待之。

在書稿的修訂過程中，我不斷想起我的博士生導師胡錦光教授對我的教誨。2012 年，我博士入學之時，胡老師就教導我為人為學一定要踏實勤懇、戒驕戒躁。彼時胡老師還承擔學院的行政職務，每日工作頗為繁忙。儘管如此，他還是堅持每周參加讀書會，帶領學生們閱讀經典，提高學生們的問題意識和論證方法。2013 年，我參與了胡老師主持的題為「憲法在特別行政區適用」的研究專案，本書的很多觀點都是那個時候受胡老師啟發而形成的。2014 年論文開題之時，我選定以香港普選問題作為寫作方向，無論是論文框架、寫作角度、論證技巧還是具體觀點，胡老師都給予了指導。甚至本書很多的參考資料，都是我從胡老師書架上「獲取」的。較之於胡老師的「溫而厲、恭而安」，師母劉齊女士給予了我和家人更多的慈愛和關照，為我每一個學術節點上微小的成功而給予鼓勵，使我和家人倍感溫暖和力量。

在我的第一本專著出版之際，我要誠摯感謝我的碩士生導師薛小建教授。她鼓勵我走上學術道路，寬容我遊移不定的研究興趣，為我攻讀博士、獲得教職不辭辛勞。猶記得第一次面見薛老師之時，我忐忑地呈上自己的「學術成果」──那些現在看來分外青澀的文字，竟然得到老師很高的讚許，這對於一個徘徊在學術之門的青年來說，帶來着莫大的信心和滿足。在碩士畢業時，我曾經幾度猶疑，要不要走上這條前景莫測的學術道路。薛老師為此與我數次深談，幫我分析利弊、推薦機會，促使我堅定決心。自我在中國政法大學碩士畢業後，薛老師對我的指導和關照從未間斷，使我以「畢業生」的身份得到「在校生」的待遇，時時獲得老師的幫助。她豁達樂觀、舉重若輕的風格和態度，一直影響着我，使我明白到學術並不是一項艱澀的任務。

在撰寫這篇後記時，我也分外懷念我的碩士生導師蔡定劍教授。雖然我與他僅有短暫的師生緣分，但是他的人格魅力、學術志趣，已印刻我心。2010 年冬季，蔡老師積勞成疾、駕鶴西去，使我至今覺得那是我經歷過最寒冷的冬天。在蔡老師去世後，我全程參與了「蔡定劍憲法學教育基金」的籌建與運作，我想這是對蔡老師的最好告慰。由此，也必須感謝劉星紅女士（蔡師母），她一直照顧着我的學習生活。在碩士階段，我曾跟隨蔡師母在律師事務所見習，當她得知我獲得博士入學機會時，鼓勵我繼續學業，還慷慨地把蔡老師留下的很多寶貴的憲法資料，給我深入學習。在蔡老師辭世後，劉小楠教授指導我繼續關注反歧視和平等權問題，在學業和生活上給我莫大的幫助。我的幾篇關於平等問題的習作和調研報告，都是在劉老師的直接指導下完成的。

作為本書底稿的博士論文，曾獲得中國人民大學法學院優秀博士論文獎。為此，誠摯感謝研究生階段的授課老師們：韓大元老師、李樹忠老師、焦洪昌老師、楊建順老師、莫于川老師、王人博老師、熊繼寧老師、田瑤老師、李元起老師、張翔老師、姚國建老師、王貴松老師、王旭老師、秦奧蕾老師、汪慶華老師、張呂好老師、張勁老師、周青風老師、王蔚老師、喻文光老師等 ── 他們傳授我法學知

識，又在學業上給予我很多指點和支持。感謝博士論文學位答辯委員會的焦洪昌教授、林來梵教授、王磊教授、任進教授及齊小力教授，他們為論文提出了很多寶貴的修改建議。感謝中國政法大學人權研究院的黃進教授、張偉教授、班文戰教授等領導和同事們，他們為我提供了寬鬆優渥的研究環境，支援我盡快將博士論文付梓出版。感謝在美國訪學期間給予我和妻子無私關照的房東夫婦 Haesook Kim 教授和 Paul Chaleff 教授。感謝紐約大學亞美法研究中心的孔傑榮教授和柏恩敬教授提供優良的訪學環境。感謝同門師友們的關懷，以及與我寒窗共度的小夥伴們。還有許多需要誠摯感謝的師友、前輩，限於篇幅，無法一一列舉，在此一併致謝。

本書有幸出版，得益於朱國斌教授的垂青。在 2017 年武漢大學主辦的基本法會議上，我報告了本書的部分章節，得到了朱教授的鼓勵，並給予拙著納入「基本法研究叢書」出版的機會。感謝香港城市大學出版社陳小歡編輯為拙著付出的心力，感謝匿名評審專家提出寶貴的修改建議。

最後感謝我的家人，是他們給予我堅持不懈的動力。在我撰寫博士論文之時，愛女剛剛出生，新生命的降臨帶給我很多快樂和滿足。而今，女兒已逾兩歲，她讓我忘記工作的疲憊、思考的焦灼，和教學科研的壓力。由此，誠摯感謝愛妻段玉燕女士，她的寬容和體諒，承擔了絕大部分的家務勞作，使我能夠從容完成博士學業。感謝我的父母和岳父母，感謝家人們，他們給予了我這個一直讀書的孩子最大的支持和信賴。

詞不達意，言盡至此，我想起路遙先生在《平凡的世界》後記中的那段話：（這本書）「包含着青春的激情，痛苦和失誤，包含着勞動的汗水、人生的辛酸和對這個冷暖世界的複雜體驗。更重要的是，它也包含了我對生活從未淡薄的摯愛與深情。」

王理萬

2018 年初夏於昌平寓所